DIANA
VERLAG

Michael Wolffsohn

Die ungeliebten Juden

Israel – Legenden und Geschichte

———

Diana Verlag
München Zürich

ISBN 3-8284-5009-1

Meinem Freund
Rabbiner Tovia Ben-Chorin gewidmet.
Er verkörpert das »Schöne Israel«
und das weltoffene Judentum.

Inhalt

III. Groß-Israel: 1967 bis 1996

IV. Versuch einer historischen Einordnung und Bilanz

Warum dieser Buchtitel keine
Provokation ist

Eine Provokation soll dieser Buchtitel sein? Er ist es nicht. Eine Provokation ist die Tatsache, die der Titel vermittelt: daß nämlich der Jüdische Staat ungeliebt und unbeliebt ist. Ist – und fast immer in seiner fünfzigjährigen Geschichte war; besonders in Deutschland und Europa, weniger in den Vereinigten Staaten von Amerika. Doch selbst die Israelverbundenheit der USA entwickelte sich erst allmählich. Seit dem Sechstagekrieg von 1967 und noch mehr seit dem Jom-Kippur-Krieg vom Oktober 1973 wurde sie politisch wirksam.

Wie den meisten anderen Staaten, mußte die Gründung Israels, die nunmehr vor fünfzig Jahren vollzogen wurde, auch den USA regelrecht abgetrotzt werden. Trotz Holocaust. Vor und auch nach dem Holocaust hielt sich die Begeisterung, in Nahost nach fast zweitausend Jahren wieder einen jüdischen Staat zu errichten, weltweit und regional in sehr engen Grenzen. Man könnte diesen Sachverhalt auch weniger diplomatisch umschreiben: Die Ablehnung war fast vollständig, und sie war sehr heftig.

Zynisch und bitter könnte man dies sagen: Zweitausend Jahre lang hatte die Welt, besonders die europäische, die Diasporajuden verfolgt. Dann widersetzte sie sich der Gründung des Jüdischen Staates. Zu dessen Erhalt tat sie wenig, weil sie ihn so heftig liebte wie einst (und heute?) die Diasporajuden.

»Starker Tobak«, werden manche einwenden. Mag sein. Das aber ist die Geschichte, das andere sind Legenden.

Der Antisemitismus ist heute in der westlichen Welt die Ideologie einer unverbesserlichen und unbelehrbaren Minderheit. Antiisraelismus oder zumindest Distanz zu Israel gehören inzwischen national ebenso wie international fast zum »guten Ton«. Die Bevölkerung der USA zählt zu den wenigen Ausnahmen.

Wer diesen Tatsachen nicht glaubt, schaue auf die Umfrageergebnisse. Wir werden sie später ausführlicher würdigen. Hier und jetzt sei nur auf dies verwiesen: In Westeuropa begann die Distanzierung von Israel in Politik und Öffentlichkeit 1967, in (West-)Deutschland 1981. Das ist die schlechte Nachricht. Man köpfe nicht den Überbringer, sondern zerbreche sich den Kopf und frage nach den Ursachen. Wir werden versuchen, sie aufzuspüren.

Noch eine Tatsache, die manche als Provokation empfinden mögen: Was einst der Antisemitismus, ist heute der Antizionismus beziehungsweise Antiisraelismus. Die Begründung ist ganz einfach: Selbst für Diasporajuden, die heute freiwillig außerhalb des Jüdischen Staates leben, ist Israel eine Art Lebensversicherung; für den Fall der Fälle. Es hat ja in der jüdischen Geschichte schon hier und dort völlig unerwartet antisemitische Verbrechen gegeben. Oder nicht?

Israel verleiht jedem Juden elementare physische und damit auch psychische Sicherheit. Existentielle Sicherheit also. Wer Juden diese Sicherheit raubt, trifft ihre Existenz. Antiisraelismus richtet sich daher, wie Antisemitismus, gegen die Existenz von Juden.

Keinesfalls darf Antiisraelismus mit Israelkritik verwechselt oder gar gleichgesetzt werden. »Das sei ferne.« Auch in diesem Buch wird heftige Kritik an Israels Politik und Gesellschaft geübt – aus Solidarität und Sorge, aber in Loyalität und innerer Verbundenheit.

Wer »für Israel« eintritt, bezieht wahrlich nicht »gegen die Palästinenser« und »die Araber« Position. Auch das »sei ferne«. Mir liegt an der Verständigung zwischen den Konfliktparteien. Verständnis soll beim Leser durch Verstehen und Wissen geweckt oder weiterentwickelt werden.

Verständigung, Verständnis, Verstehen, Versöhnung, Wissen. Darauf kommt es mir an.

Warum das winzige Israel bekannter
als das riesige China ist

Im Witz liegt Wahrheit. Wenigstens ein Körnchen. Nicht immer, aber oft und zumindest im Kern. Im folgenden Witz steckt mehr als ein Körnchen Wahrheit: Moische, Bürger einer israelischen Kleinstadt, trifft in Europa erstmals einen Chinesen. Neugierig fragt er ihn: »Wie viele Chinesen gibt es denn eigentlich?« »Mehr als eine Milliarde«, antwortet der Fernöstler dem Nahöstler. »Was«, ruft Moische erstaunt aus, »und trotzdem hört man so wenig von und über euch?«

Ist es nicht wirklich so, daß man sich hin und wieder fragt, weshalb denn ausgerechnet dieser jüdisch-nahöstliche Kleinstaat während seiner nun genau fünfzigjährigen Geschichte so viel Aufmerksamkeit erhalten und für so viel Aufregung gesorgt hat und sicherlich auch künftig sorgen wird? Kaum größer als Andorra oder Liechtenstein und Luxemburg, weit kleiner als eben China und trotzdem so sehr im Mittelpunkt des Weltinteresses. Warum?

Es gibt mehrere Antworten. Einige, wichtigere seien erwähnt. Die christliche Welt war und blieb allem Jüdischen gegenüber nie gleichgültig. Solange die Christen wirkliche Christen, also religiös waren, bekämpften sie, mal mit Worten, mal mit Waffen, aber stets zuverlässig und vehement die Juden als »Christusmörder«.

Der moderne Antisemitismus hat mit Religion sehr wenig und mit Rassismus sehr viel gemein. Noch schlimmer als die christlich-religiös motivierten Judenverfolgungen war die moderne Verfolgung und Ermordung der Juden. Trauriger Höhepunkt: der Holocaust, der millionenfache Judenmord. Dabei war der »Tod ein Meister aus Deutschland« (Paul Celan). Doch der deutsche Mordmeister hatte viele nichtdeutsche Gesellen, willige Gesellen; in Europa und auch anderswo. Die ganze Welt hat nicht nur weggeschaut, als und wie Juden millionenfach ermordet wurden, einige Völker haben willig mitgemacht und mitverfolgt und mitgemordet. Andere, weniger aktive, haben weggeschaut und nichts unternommen, um die Morde zu verhindern oder zu beenden. Selbst die so entfernten Vereinigten Staaten von Amerika haben Schuld auf sich geladen, als und weil sie nur wenige jüdische Flüchtlinge aus Nazi-Deutschland aufnahmen und 1944 nichts unternahmen, um das Vernichtungslager Auschwitz oder wenigstens die Zufahrt dorthin zu bombardieren. Das wäre möglich gewesen und hätte mindestens einer halben Million Juden das Leben gerettet.

Das bedeutet: Viele haben »den Juden« gegenüber ein schlechtes Gewissen, das Thema »Juden« läßt sie nicht los. Sie können »den Juden« gegenüber nicht gleichgültig sein. Natürlich gilt diese Unfähigkeit zur Gleichgültigkeit auch dem Jüdischen Staat.

Selbst die immer unreligiöser werdende Welt der Christen und natürlich auch der Muslime (religiös oder nicht, fundamentalistisch oder nicht) kommt an der einfachen Tatsache nicht vorbei, daß die Örtlichkeit jüdischer Staatlichkeit mit der Heiligkeit christlicher und islamischer Kultstätten nicht nur irgendwie, sondern zentral zusammenhängt. Das war und ist ein psychologischer und religionspolitischer Stachel. Einerseits beanspruchen beide, das Judentum sozusagen überwunden oder gar besiegt zu haben. Man denke an die Statuen, die wir alle aus Kirchen kennen: Da die »Siegreiche Kirche«, die »Ecclesia Triumphans«, dort die »Synagoga«. Vor ihren Augen ein Tuch, weil sie das Neue des Christentums nicht sah und sehen wollte, und in der einen Hand ein gebrochener Stab. Sinnbild dafür, daß die Auserwähltheit der Juden von den Christen gebrochen und damit eben die Macht der Synagoga (also des Judentums) zerbrochen wäre. Und siehe da: So gebrochen sind Juden und Judentum gar nicht – mehr. Hat gar Gott nicht mit ihnen gebrochen? Wir wissen es natürlich nicht. Ganz offensichtlich hängt hier und heute der Zugang zu den Heiligen Stätten der Christen und Muslime im Heiligen Land von »den Juden« ab. Was für eine religionspolitische und damit auch heilsgeschichtliche Schmach! Für diejenigen nur, die Religion heute wie damals mit Machtpolitik gleichsetzen und verwechseln.

Womit wir bei der reinen Politik wären: Politisch und geographisch liegt Israel bekanntlich an der Schnittstelle dreier Kontinente: Asien, Afrika, Europa. Schon immer prallten hier auch Kulturen und Religionen zusammen. Das hatte schon im Altertum viel mit Wirtschaft zu tun. Die politische Herrschaft des Mammon hat inzwischen nicht abgenommen, zumal im Zeitalter des Erdöls. Israel hat es nicht, die Araber haben es – und somit bekam der arabisch-israelische Konflikt von Anfang an eine weltpolitische und weltwirtschaftliche Dimension. Alles, was mit und um Israel geschah, hatte und hat ganz automatisch Auswirkungen auf die Weltpolitik und Weltwirtschaft.

Der israelisch-arabische Konflikt ist, wir sagten es, natürlich auch ein jüdisch-muslimischer Konflikt. Weil Millionen Muslime außerhalb des Nahen Ostens leben, in ganz Asien und bis ins südliche Afrika, sogar in den USA (»Black Muslims«) erhält der »Kampf um Israel« eine zusätzliche globale religionspolitische Dimension.

Schließlich prosaisch: Beim »Kampf um Israel« geschah in den vergangenen fünfzig Jahren sehr viel. Meistens handelte es sich dabei um »heiße Nachrichten«. Diese gehen, erst recht im Zeitalter der elektronischen Medien, in Windeseile um die ganze Welt, wo nicht immer soviel passiert wie im Nahen Osten. Das gilt zumindest für Andorra, Liechtenstein und Luxemburg – womit erklärt wäre, weshalb über Israel und »die Juden« mehr als über diese Staaten berichtet wird.

*

Wir wollen in diesem Buch eine kleine Geschichte Israels vorlegen. Eine innen- und außenpolitische, eine Geschichte der israelischen Gesellschaft, Wirtschaft und Kultur. Vor allem aber wollen wir den Mythen die Wirklichkeit Israels gegenüberstellen, den Legenden die Tatsachen, eben die Geschichte.

Geschichte muß – das ist mein Programm und meine Überzeugung – nicht langweilig und strohtrocken sein, selbst wenn sie seriös und wissenschaftlich ist. In diesem Sinne sei die Geschichte Israels von 1948 bis 1998 erzählt. Vorhang auf!

I. Gründungsmythen und Weichenstellungen
Die Gegenwärtigkeit und Zukunft
der Vergangenheit

Das Zerstören von Mythen und Legenden setzt die Kenntnis der Tatsachen voraus. Deshalb sei der historische Rahmen der Gründung Israels kurz skizziert, die wichtigsten Personen, Organisationen, Institutionen, Aktionen, Akteure und Ereignisse benannt. Am Anfang stehe deshalb die Grundinformation; Abschnitt für Abschnitt.

Blut für Boden: Zionismus und Araber

Das »Land ohne Volk für das Volk ohne Land«?

»Am Anfang schuf Gott Himmel und Erde.« So beginnt bekanntlich die biblische Schöpfungsgeschichte. Nun, so weit wollen wir nicht zurückgehen. Wenn wir uns mit der Neuzeit begnügen, die Historiker ungefähr um das Jahr 1500 beginnen lassen, können wir über den Anfang der Geschichte des modernen Israel folgendes sagen: Zuerst herrschten dort die Türken. 1517 hatten sie das Heilige Land erobert. Es gehörte genau vierhundert Jahre zu ihrem Osmanischen Reich.

Im Ersten Weltkrieg, in den Jahren 1917/18, entrissen es ihnen die Briten, die damals sowohl gegen das Osmanische Reich als auch gegen das Deutsche Kaiserreich kämpften. Türken und Deutsche waren in jenem Waffengang Verbündete. Großbritannien war weniger an der Heiligkeit des Heiligen Landes interessiert als an der Sicherung der Land- und Seeverbindung zu seiner wichtigsten Kolonie, Indien.

Vom Völkerbund bekam Großbritannien 1922 Palästina als »Mandat« (Treuhandgebiet) zugesprochen. Die Briten betrachteten die Treuhandschaft eher als Kolonie. Die Zionisten und palästinensisch-arabischen Nationalisten beanspruchten das Land jeweils für sich. Einig waren sich die beiden darin, daß sie die britische Fremdherrschaft überwinden wollten. Dies war allerdings die einzige Gemeinsamkeit der beiden Völker.

Im Jahre 70 nach Christus wurde das Königreich Judäa von den Römern zerstört. Die meisten jüdischen Einwohner wurden nach Europa verschleppt, doch »judenrein« war das Gebiet trotzdem fast nie. Ebenso gilt: Die Juden blieben in Palästina seitdem eine winzige Minderheit. Nur in Jerusalem gab es schon seit dem ausgehenden 19. Jahrhundert eine jüdische Mehrheit. Zionistisch waren diese Juden nicht. Das bedeutet: Sie lebten in Zion (Jerusalem), um dort zu beten, und nicht, um eine jüdische Gemeinschaft oder gar einen jüdischen Staat zu errichten.

Erst 1882 kamen aus dem zaristischen Rußland zionistisch motivierte Juden ins Land. Den antisemitischen Verfolgungen, denen sie in ihrer Heimat ausgesetzt waren, wollten sie entkommen, eine jüdische Gemeinschaft bilden. Das war die erste Einwanderungswelle (»Alija«). Bis zur Staatsgründung Israels folgten vier weitere. Die zweite (1904–1914) und dritte (1919–1923) waren ebenfalls Reaktionen auf blutigen Antisemitismus im zaristischen und dann kommunistischen Rußland. Die Angehörigen der vierten Alija (1924–1932) flohen vor den Judenverfolgungen des wiedererrichteten Polen. Von 1933 bis 1939 kamen ebenfalls polnisch-jüdische, doch, wegen der deutschen Nationalsozialisten, auch deutsch-jüdische Flüchtlinge.

Als politische Bewegung und Organisation wurde der Zionismus erst 1897 in Basel gegründet. Von Theodor Herzl.

Ab 1886 kam es, bis zur Staatsgründung Israels im Mai 1948, immer wieder zu gewalttätigen Auseinandersetzungen zwischen den zionistischen Neuankömmlingen und der alteingesessenen arabischen Bevölkerung.

*

Legion sind die Legenden über die Gründungsgeschichte Israels. Zu ihnen zählt auch folgende:»Die Zionisten haben die
Araberfrage übersehen.«Man findet auch diese Variante:»Daß
im 19. Jahrhundert fast nur Araber im Heiligen Land lebten,
haben die Zionisten übersehen (wollen).«

Tatsächlich gab es zionistische Politiker, die behaupteten,
»das Land ohne Volk warte auf das Volk ohne Land«. Das
Land war das »Heilige«, weil den Juden von Gott »Gelobte«
Land, das Volk waren die im Jahre 70 nach Christus aus ihrer Heimat zunächst nach Europa verschleppten Juden. Ernst
zu nehmen war diese Behauptung damals so wenig wie heutige Unterstellungen, daß »die Zionisten« die Araber im Heiligen Land, oder sagen wir Palästina, »übersehen« hätten.

Theodor Herzl (1860–1904) hat 1897 den Zionismus als
Organisation begründet. Wer auch nur einen flüchtigen Blick
in seinen literarisch nicht einmal mittelmäßigen, politisch freilich folgenreichen Roman *Altneuland* wirft, wird mühelos auf
die Araberfrage stoßen. Wie hätte Herzl oder irgendein anderer Zionist die fast einzigen Bewohner jenes Erdfleckens an
der Wende vom 19. zum 20. Jahrhundert »übersehen« können? Die Zionisten hätten ja mit Blindheit geschlagen sein
müssen.

Sie haben alle sehr wohl in ihren Schriften und Reden ihre
eigene Sichtweise betont, also das von ihnen beanspruchte
Recht der Juden, in die Heimat der Vorfahren zurückzukehren. Was sie als Recht verstanden, betrachteten die Araber im
allgemeinen und die Palästinenser im besonderen als Unrecht.
Darüber wollen wir hier nicht streiten. Entscheidend ist, daß
keine der beiden Seiten die andere übersehen konnte. Völlig
unübersehbar waren zudem die jüdischen Einwanderer, die
schon vor Gründung der Zionistischen Bewegung seit 1882
ins Land gekommen waren. Sie nannten sich noch nicht »Zionisten«, aber sie waren es, weil sie ganz bewußt nach »Zion«,
ins »Land der Väter«, zurückgekehrt waren, um hier eine jüdische Gemeinschaft aufzubauen.

»*Zion*«, das ist einer der Berge Jerusalems. Wie andere be-

deutende Städte der Weltgeschichte – man denke an Rom –
liegt diese Heilige Stadt natürlich nicht nur auf einem Berg.
Gläubige erinnern sich an den Ölberg, an dem, der jüdischen
Tradition zufolge, die Auferstehung der Toten beginnen wird.
Den Scopus-Berg kennen diejenigen, die wissen, wo 1925 der
alte und seit 1967 erneuerte Campus der Hebräischen Univer-
sität Jerusalems liegt. Eine bedeutende Stadt ohne namhafte
Berge ist offenbar nicht denkbar.

Jedenfalls wurde im Laufe der Geschichte der Berg »Zion«
mit der Stadt Jerusalem begrifflich gleichgesetzt, und das
Land mit der Stadt.

»Zionismus« ist die politische Bewegung, welche die Rückkehr der Juden nach Zion, in die »Heimat der Juden«, bezweckte. Er ist die Nationalbewegung der Juden. Und wie jede
Nationalbewegung ist er weder nur rechts, nur links oder nur
religiös oder nur liberal oder nur konservativ, und wie die unzähligen Etiketten sonst noch heißen.

Diese zionistischen Pioniere, die Rußland wegen der seit
1881 tobenden Pogrome verlassen hatten und in die »alte Heimat« einwanderten, wollten nicht länger von der Gnade der
nichtjüdischen »Gastvölker« abhängig sein. Schon ab 1886
kam es immer wieder zu blutigen Auseinandersetzungen zwischen Frühzionisten und Palästinensern.

Für verklärende, doch eben nicht aufklärende Legenden vom
»friedlichen Nebeneinander von Juden und Arabern« im ausgehenden 19. und frühen 20. Jahrhundert gibt es also keinen
Anlaß.

Grundlage jeder erfolgreichen Politik ist eine richtige Be-
standsaufnahme. Ohne Diagnose keine Therapie. Wollten die
Zionisten erfolgreich sein – und sie wurden es – , brauchten
sie eine klare Analyse. Schon deshalb konnten sie die Araber
nicht »übersehen«. Nachbarn kann man nicht übersehen, bestenfalls ignorieren. Doch auch das Ignorieren war unmöglich, weil »die Araber« durchaus erkannten, daß neben ihnen
eine neue Gemeinschaft entstand, die ihren Alltag zumindest
indirekt beeinflußte, ja, bedrohte.

22

Alles andere als das hatten die Frühzionisten gewollt. Bewirkt haben sie es trotzdem, ganz einfach durch ihre Gegenwart. Sie setzten sich ungebeten und ungewollt in der Welt der Araber fest. Kein Zweifel, das einstige Land der Juden war inzwischen arabisch. Politisch unterstand es seit 1517 dem Osmanisch-türkischen Reich. Um 1880 lebten in »Palästina« rund 350 000 Menschen, etwa 27 000 waren Juden. Der »Zusammenprall der Zivilisationen« von Juden und Arabern war seit 1882 programmiert. Eskaliert ist er allmählich ab 1886, in osmanisch-türkischer Zeit, und erst recht, nachdem die Briten 1917/18 das Land erobert hatten. Schon während ihrer Eroberung bemerkten die Briten sehr deutlich die zionistisch-palästinensischen Spannungen. Sie explodierten sehr bald: 1919 und noch stärker 1920/21, 1929 und 1936 bis 1939 und wieder ab 1944/45.

Jener Clash von Juden und Arabern war und ist eigentlich tragisch, denn seine Akteure waren von Anfang an schuldlos schuldig. Jede Seite wollte so leben, »wie sie wollte«. Doch genau das war unmöglich, ohne den anderen zu treffen oder gar zu töten. Jede Seite beharrte auf ihrem »Recht«. Nur eine Minderheit auf beiden Seiten erkannte den Ausweg aus der Sackgasse: den Kompromiß, den Verzicht auf alles, um etwas zu bewahren, vor allem das Leben. Nur in den Jahren 1993 bis Mitte 1996 gab es durch die Friedenspolitik von Rabin, Peres und Arafat wirkliche Hoffnung auf eine solche Entwicklung.

»Die Palästinenser sind die Ureinwohner des Landes«

Um 2000 vor Christus: Westsemitische Invasion in den Vorderen Orient. Ägypten kontrolliert die Region politisch.

Um 1500 vor Christus ist in ägyptischen Quellen erstmals von »Kanaanitern« die Rede. Damit waren zunächst Kaufleute gemeint, dann die Einwohner der Stadtstaaten im heutigen Israel.

Mitte des 13. Jahrhunderts vor Christus: Die Landnahme

durch die »Kinder Israels«. Nachlesbar in der Hebräischen Bibel.

12. Jahrhundert vor Christus: Aus dem Balkan kommen über Kreta die »Seevölker« in die Region des östlichen Mittelmeers. Leser der Bibel kennen sie als »Philister«.

*

Die nächste Legende, diesmal von palästinensischer Seite aufgetischt: Die Palästinenser wären als Nachfahren der Kanaaniter und Philister die Ureinwohner des Landes.

Was stimmt: »Palästina« trägt nach den Philistern seinen Namen. Die römischen Eroberer (sie kamen 63 v. Chr. ins Land) hatten nach einem besonders grausamen Krieg das besiegte »Judäa« in »Palästina« umbenannt, um die Schmach der Juden zu steigern. Es war eine doppelte Schmach, denn die Juden hatten im Laufe der Jahrhunderte die Philister ihrerseits besiegt. Leser der Hebräischen Bibel kennen die Philister und erinnern sich (hoffentlich) an den Riesen Goliath, der ein Philister war, oder an die Geschichte von Samson, den die ebenso schöne wie hinterhältige Philisterin Dalilah zuerst verführte und dann verriet, was ihn vernichtete. Das Schicksal Samsons ereilte später alle Philister. Sie wurden von den Juden im Laufe der Jahrhunderte assimiliert, integriert oder besiegt und auch vernichtet. Ein vernichtetes Volk kann unmöglich Nachfahren haben. Ergo sind die Palästinenser keine Nachfahren der Philister, zumal diese im 12. vorchristlichen Jahrhundert aus dem Balkan über Kreta ins (schon damals den Juden) Heilige Land als »Seevölker« kamen. Wer vom Balkan stammt, kann wiederum kein Araber sein. Man blicke auf die Karte. Araber aber sind die Palästinenser natürlich. Und als Araber können sie nicht vom Balkan stammen.

Die Palästinenser sind auch nicht die Nachfahren der Kanaaniter. Diese erfuhren und erlitten nach der Landnahme der Kinder Israels (um 1250 v. Chr.) nämlich das gleiche Schicksal, das den Philistern widerfuhr: Niederlage, Vernichtung, As-

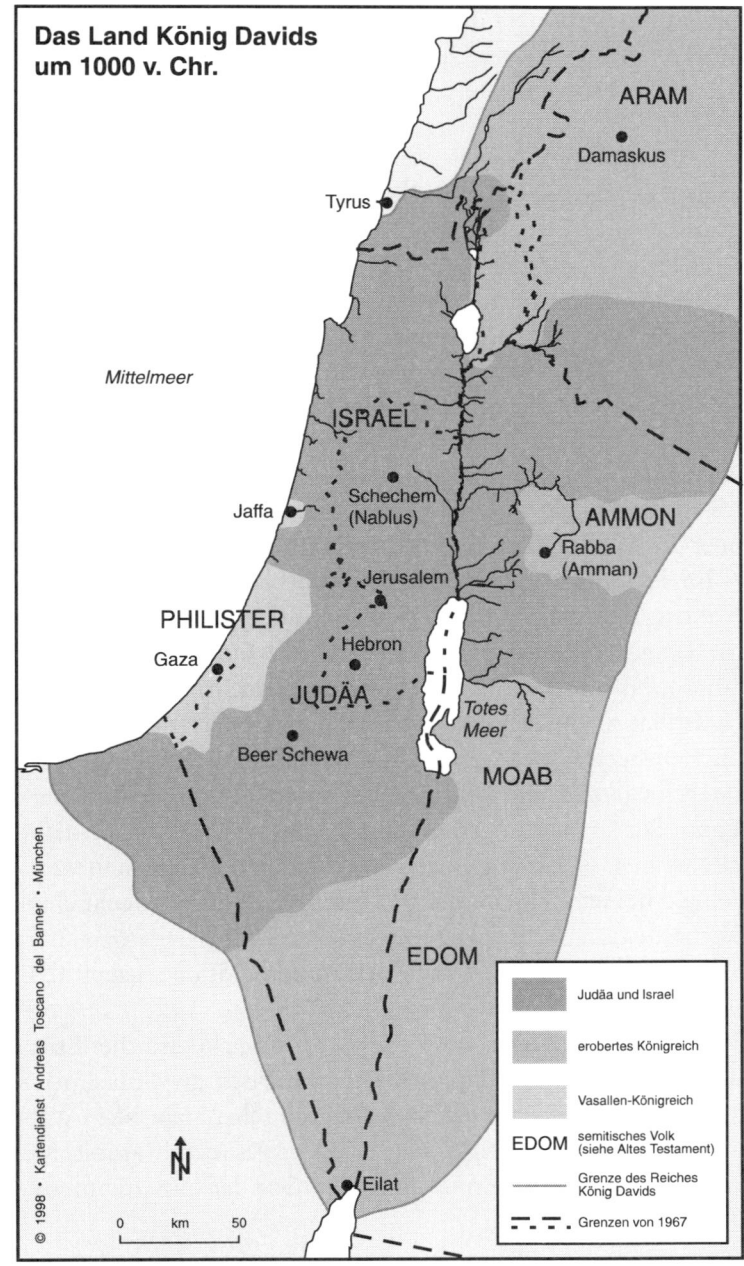

Das Land König Davids
um 1000 v. Chr.

ARAM

Damaskus

Tyrus

Mittelmeer

ISRAEL

Jaffa

Schechem
(Nablus)

AMMON

Rabba
(Amman)

Jerusalem

PHILISTER

Hebron

Gaza

JUDÄA

Totes
Meer

Beer Schewa

MOAB

EDOM

Eilat

© 1998 · Kartendienst Andreas Toscano del Banner · München

N

0   km   50

	Judäa und Israel
	erobertes Königreich
	Vasallen-Königreich
EDOM	semitisches Volk (siehe Altes Testament)
	Grenze des Reiches König Davids
	Grenzen von 1967

25

similation. Auch über diese Ereignisse erfahren Leser des Alten Testaments in schöner Offenheit sehr viel. Wir müssen es daher nicht vertiefen.

»Die Palästinenser haben das Land freiwillig verlassen«

Als sich 1944 der Sieg der Alliierten über Hitler-Deutschland abzeichnete, begann auch in Nahost das Ringen um eine Nachkriegsordnung. Zionisten und Araber gingen in die politische und auch militärische Offensive, um die britische Herrschaft zu beenden. In diesem Ziel waren sich sowohl die eher sozialdemokratische Untergrundmiliz »Hagana« als auch die nationalistisch-bürgerliche Untergrundarmee »Etzel«, die von Menachem Begin geführt wurde, einig. Uneinig waren sie sich über die Art der Vorgehensweise, auch gegenüber den Arabern.

Im Februar 1947 war die britische Regierung mit ihrem Nahost-Latein am Ende. Sie übergab das Palästina-Problem der neugegründeten UNO. Deren Vollversammlung beschloß am 29. November 1947 mit Zweidrittelmehrheit die Teilung Palästinas in je einen jüdischen und einen palästinensisch-arabischen Staat. Schon einen Tag danach, am 30. November 1947, begannen die Palästinenser ihren bewaffneten Widerstand. Die Errichtung eines jüdischen Staats wollten sie nicht hinnehmen. Den Bürgerkrieg entschieden die Zionisten weitgehend für sich. Flucht und Vertreibung der palästinensischen Araber waren die Folge.

Am 14. Mai 1948 wurde der Jüdische Staat ausgerufen: »Israel«.

Seit dem 15. Mai 1948 rollte die Invasion arabischer Staaten gegen Israel, das diesen Krieg militärisch gewann. Im Januar 1949 schloß Ägypten als erster arabischer Staat einen Waffenstillstand mit Israel, keinen Frieden. Als letzter arabischer Frontstaat folgte Syrien im Juli 1949 dem Beispiel Ägyptens.

*

Falsch war schon die erste Legende: daß das Land ohne Volk auf das Volk ohne Land geduldig gewartet hätte, um endlich erlöst zu werden. Genauso falsch ist im Zusammenhang mit Israels Staatsgründung die Legende vom freiwilligen Weggang der Palästinenser.

Wer nur auf die Zahlen schaut, wird in die Irre geführt. Zunächst die Zahlen, dann die Erklärung. Im Jahr 1945 lebten in Palästina 1,256 Millionen Palästinenser, im Jahre 1948 gab es in Israel nur noch 156 000. Demnach wären mehr als eine Million Palästinenser geflohen oder vertrieben worden. Tatsächlich findet man diese Angabe. Sie ist jedoch eine von arabischen Propagandisten gegen Israel gerichtete Übertreibung des palästinensischen Flüchtlingselends, das an sich schon schlimm genug war und der Übertreibung nicht bedurfte. Die Daten für 1945 umfassen nämlich die Bevölkerung des britischen Mandatsgebiets »Palästina«, also des Gebiets, das später »Israel« wurde, *und* das Westjordanland *und* den Gazastreifen.

Die UNO spricht von rund 750 000 palästinensischen Flüchtlingen. Im israelischen Kabinett sprach Außenminister Mosche Scharett auf der (wie immer geheimen) Sitzung vom 4. November 1951 von 600 000 palästinensischen Flüchtlingen.[1] Genauere Angaben lassen sich nicht ermitteln. Wie auch immer, jede ist hoch, menschlich zu hoch.

Heute spräche man weniger von »Flucht« oder gar nur von »Weggang«, sondern, eher in Anlehnung an den Krieg im ehemaligen Jugoslawien, von »ethnischer Säuberung«. Diese Bezeichnung ist nun wieder zu stark, obwohl es durchaus Fälle »ethnischer Säuberungen« gab. Ein Drittel der Flüchtlinge wurde von den Israelis mit militärischer Gewalt regelrecht vertrieben aus den Gebieten, die im Teilungsplan der UNO dem Jüdischen Staat zugesprochen waren. »Plan D« hieß die entsprechende Aktion der zionistischen Streitkräfte – noch vor der Staatsgründung. Am 14. Mai 1948 waren die Ziele von »Plan D« weitgehend erreicht: die geographische Geschlossenheit und Verteidigungsfähigkeit der jüdischen Siedlungsblöcke.

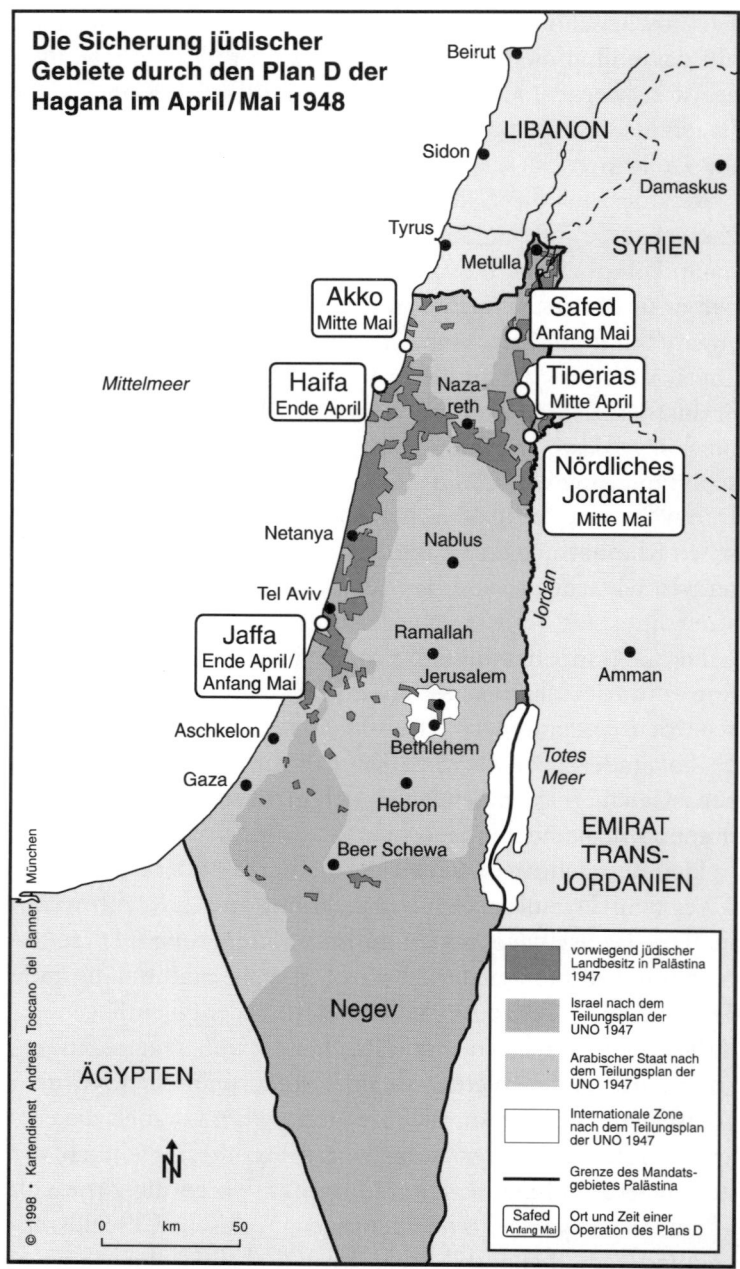

Die Sicherung jüdischer Gebiete durch den Plan D der Hagana im April/Mai 1948

Beirut

LIBANON

Sidon

Damaskus

Tyrus

SYRIEN

Metulla

Mittelmeer

Akko
Mitte Mai

Safed
Anfang Mai

Haifa
Ende April

Naza-
reth

Tiberias
Mitte April

Nördliches
Jordantal
Mitte Mai

Netanya

Nablus

Jordan

Tel Aviv

Jaffa
Ende April/
Anfang Mai

Ramallah

Jerusalem

Amman

Aschkelon

Bethlehem

Gaza

Totes
Meer

Hebron

Beer Schewa

EMIRAT
TRANS-
JORDANIEN

vorwiegend jüdischer
Landbesitz in Palästina
1947

Israel nach dem
Teilungsplan der
UNO 1947

Arabischer Staat nach
dem Teilungsplan der
UNO 1947

Negev

Internationale Zone
nach dem Teilungsplan
der UNO 1947

ÄGYPTEN

Grenze des Mandats-
gebietes Palästina

N

Safed
Anfang Mai

Ort und Zeit einer
Operation des Plans D

0   km   50

© 1998 · Kartendienst Andreas Toscano del Banner, München

28

Nach Abschluß der Kampfhandlungen ließ die zionistische Untergrundmiliz »Hagana« (sie war von den Briten verboten), aus der später Israels Streitkräfte »Zahal« hervorgingen, die Bevölkerung abziehen. Gewalt wurde dann gegen die wenigen angewandt, die sich weigerten oder weiterkämpften. Anders verhielt sich die von Menachem Begin geführte Untergrundmiliz »Etzel«. Entgegen ihren Behauptungen hat sie sehr wohl nach Abschluß der Kampfhandlungen auch unter Zivilisten Massaker verübt; zum Beispiel am 9. April 1948 im Dorf Dir Jassin bei Jerusalem (heute als »Givat Schaul« ein Teil der Stadt). Die dritte Untergrundmiliz, »Lechi« (von den Engländern »Stern-Bande« genannt), griff unverfroren zum Terrorismus.

Die unfreiwillig Flüchtenden hinterließen – ebenfalls unfreiwillig, versteht sich – beträchtliche Sachwerte. Auf der bereits erwähnten Kabinettssitzung vom 4. November 1951 nannte wieder der als kompromißbereite »Taube« bekannte Außenminister Scharett eine genaue Zahl: Werte von einer Milliarde US-Dollar. Erst im Frühjahr 1997 wurden diese Dokumente vom Israelischen Staatsarchiv veröffentlicht. Umgerechnet auf den Wert des US-Dollars im Frühjahr 1997 wären dies sechs Milliarden – ohne Zinsen.

Selbst die »Taube« Scharett ließ seinen Ministerkollegen gegenüber keinen Zweifel daran aufkommen, daß Israel diese Summe nie und nimmer aufbringen könne oder wolle: »Die Verantwortung für das Geschehene tragen die Araber. Die Araber haben eine Invasion gegen uns gestartet. Die Araber haben uns provoziert, und sie haben den UNO-Teilungsplan torpediert.«[2]

Gerade weil diese Äußerungen auf einer geheimen Sitzung fielen, und nicht der Öffentlichkeit vorgetragen wurden, sind sie besonders aufschlußreich. Hier wurde nämlich sozusagen ungeschützt gesprochen.

Nur in einem Punkt ließ die israelische Regierung mit sich reden: Sie gab 1952 die Bankeinlagen arabischer Flüchtlinge frei. Sie lagen fast ausschließlich bei der britischen »Barclays

Bank«. Die Summe betrug rund eine Million Britische Pfund. Im Gegenzug gab die Regierung in London grünes Licht für den Transfer der Bankeinlagen von Juden aus Großbritannien nach Israel. Deren Wert betrug circa fünf Millionen Britische Pfund.[3]

*

Bleiben wir bei der wirtschaftlichen Verflechtung von Flucht und Vertreibung. Mehr als sechzig Prozent des Bodens im neuen Staat hatten zuvor Arabern gehört. Kostengünstig konnten hier neue Städte für neue jüdische Einwanderer entstehen oder alte arabische Stadtteile oder gar Städte (wie Akko, Lydda bzw. Lod, Ramlah, Jaffo, Migdal, Beit Schean) Juden zugeteilt werden. Auch die landwirtschaftlichen Siedlungen profitierten von der Situation: Kostenlos konnten sie zusätzliches Land unter den Pflug nehmen.

Die Kibbutzim der linkssozialistischen Mapam, die stets für einen friedlichen Ausgleich mit den Palästinensern eingetreten war, wurden ebenfalls großzügig bedacht. Und was man ihnen gab, nahmen sie, wenngleich mit schlechtem Gewissen.

Die Judaisierung des »verlassenen Bodens«, der einst arabisch war, wurde gesetzlich am 30. Juni 1948 und dann durch weitere Bestimmungen rechtlich abgesichert. 350 der 370 Siedlungen, die zwischen 1948 und 1953 in Israel gegründet wurden, hat man auf »verlassenem Boden« errichtet. Ungefähr ein Drittel der jüdischen Landesbevölkerung lebte 1954 auf »verlassenem« Grund. Es waren überproportional viele orientalische Juden, denn gerade sie wurden in den von Arabern »verlassenen« Städten und Dörfern angesiedelt.

Rechtlich war dies einwandfrei. War es auch rechtens? Darüber kann man streiten.

*

Kein ernstzunehmender Israeli kann und würde heute die hier gegebene Darstellung der palästinensischen Fluchtwelle bestreiten. Daß zum Beispiel die Städte Lydda und Ramlah (in der Nähe Tel Avivs) »gesäubert« wurden, hat einer ge- und beschrieben, der es wissen mußte: Jitzchak Rabin. Er plante Operation »Dani«, die Rückeroberung beider Städte im Juli 1948. Mit seinem Chef Jigal Allon (von 1974 bis 1977 Außenminister unter Premierminister Rabin) kam er zum damaligen Ministerpräsidenten und Verteidigungsminister Ben-Gurion. Die beiden fragten den »Alten«, was mit der arabischen Bevölkerung Lyddas und Ramlahs geschehen solle. »Ben-Gurion hatte darauf nicht geantwortet. Nach weiterem Drängen schob er die Frage schließlich mit einer Handbewegung beiseite, deren Bedeutung klar war: ›Hinaus mit ihnen!‹ So wurden 30 000 Araber aus Lydda vertrieben und ins Gebiet der Arabischen Legion Jordaniens geschickt. Rabin hatte deswegen kein schlechtes Gewissen. Mitten im Krieg, begründete er den Schritt später, konnte man keine 10 000 feindlich gesonnenen Araber in der Nähe eines so wichtigen Verkehrsknotenpunkts wie Lydda lassen.[4] Selbst in der wissenschaftlich hochkarätigen »Hebräischen Enzyklopädie« wird diese Vertreibung als »Flucht« beschrieben.[5] Im Jubiläumsbuch »Israel 50« der zweitgrößten Tageszeitung des Landes, dem *Maariv*, wird der eigene Bericht vom Juli 1948 zitiert: »Tausende der Einwohner sind vor (den israelischen) Streitkräften zur östlichen Grenze geflohen.«[6]

Es bleibt dabei: Die »Flucht« war zum großen Teil eine regelrechte Vertreibung. Durch diese Art der »Säuberungen« packte das zweite Drittel der Araber die Panik. Die psychologische Kampfführung der Israelis, tendenziöse und zusätzlich erschreckende Darstellungen des Geschehens in arabischsprachigen Sendungen, verstärkten den Panikeffekt.

Das dritte Drittel der Palästinenserflüchtlinge zog es schließlich vor, die umkämpften Gebiete rechtzeitig zu räumen – bevor sie von den überlegenen Israelis erobert wurden. Sie hofften auf eine Wende des Kriegsglücks, um dann in ihre Heimat zurückkehren zu können. Diese Wende blieb aus – womit wir bei der dritten Legende wären.

»David gegen Goliath«: Der Unabhängigkeitskrieg 1948/49

Durch sowjetische Waffenlieferungen war Israel militärisch gar nicht so schwach, wie allgemein dargestellt. Wir widmen uns dem Unabhängigkeitskrieg.

Daß der kleine zionistische David den übermächtigen arabisch-palästinensischen Goliath besiegen mußte, um Israel errichten zu können, gehört ebenfalls zum Schatz der Legenden, die sich um die Staatsgründung Israels ranken. Vor den Kriegen der Jahre 1956 und 1967, militärische Triumphe, konnte sich Israel in der Weltöffentlichkeit als kleiner David darstellen.

Keine Legende ist allerdings dies: Eine militärische Niederlage konnten sich die Israelis nicht leisten. Sie wäre die »Endlösung« des zionistischen Problems im Nahen Osten geworden, also die Vernichtung des Jüdischen Staats. Anders die Araber und Palästinenser. Trotz Niederlagen und Leid war ihre physische Existenz nie gefährdet. Unerreicht blieb bislang ein palästinensischer Staat, wenngleich es eine palästinensische Staatlichkeit als »Autonomie« seit 1994 gibt – erfreulicherweise. Die Gründung eines Palästinenserstaates ist nur noch eine Frage der Zeit. Aufgehalten werden kann diese Entwicklung nicht.

Zurück zur militärgeschichtlichen Seite der Gründung Israels: Natürlich waren die Araber der gesamten arabischen Welt und auch die Palästinenser im (noch) Mandatsgebiet zahlreicher als die dort lebenden Juden. Militärisch konnten sie mehr Menschen und Material mobilisieren. Gut organisieren konnten sie diese nicht. Sie waren miserabel vorbereitet, hatten sich übermütig in Sicherheit gewiegt und sprachen großspurig vom Endsieg über den zionistischen Feind. Doch die zionistische Führung hatte sich rechtzeitig und wirksam vorbereitet, obwohl, nein, gerade weil sie an Menschen und Material unterlegen war. Deshalb konnte Israel den »Unabhängigkeitskrieg« (15. Mai 1948 bis Januar 1949) militärisch gewinnen.

Damit war wirklich nicht zu rechnen gewesen. Der Chef der israelischen Militäroperationen, Jigael Jadin (er wurde später als Entdecker der Festung »Massada« am Toten Meer weltberühmt), schätzte im Mai 1948 die militärischen Sieges- und damit Überlebenschancen Israels, einer vertraulichen und daher glaubwürdigen Quelle zufolge, mit »fünfzig zu fünfzig« ein. Er mußte es wissen. Ähnliches darf man vom britischen Feldmarschall Bernard Montgomery erwarten. Er gab Israel »drei Wochen«. Hinzu kam, daß Israels Geheimdienste seinerzeit im dunkeln tappten. Sie waren, so Benny Morris, der ausgewiesenste Fachmann auf diesem Gebiet, sogar »blind«. Sie wußten nicht einmal, ob und wann die arabischen Staaten Israel angreifen würden. Benny Morris hat dies in seinem Buch *Israel's Secret Wars* nachweisen können.[7]

In den ersten vier Kriegswochen sah es finster für Israel aus. Am 29. Mai 1948 standen ägyptische Truppen vor Aschdod, 32 Kilometer südlich von Tel Aviv. Die Stadt selbst wurde bereits am 15. und 18. Mai von ägyptischen Flugzeugen bombardiert, und die südliche Negevwüste war am 17. Mai 1948 vom übrigen Land abgeschnitten. Die »Arabische Legion« Jordaniens hatte das jüdische Viertel Ost-Jerusalems am 28. Mai 1948 erobert und besetzte am 1. Juni die Städte Ramlah und Lydda sowie das dortige Flugfeld (heute Israels internationaler Ben-Gurion-Flughafen). Die Syrer drangen bis zum 21. Mai, und besonders vom 6. bis zum 10. Juni 1948, in Galiläa weit auf israelisches Gebiet vor.

In Windeseile vermochten Israels Politiker und Militärs alle erdenklichen Kräfte und Reserven zu mobilisieren: Am 15. Mai, als die Invasion der ägyptischen, transjordanischen, irakischen, syrischen, libanesischen und saudi-arabischen Truppen von Norden, Osten und Süden gleichzeitig begann, verfügte Israel über 30 573 Soldaten. Ihnen standen rund 30 000 gesamtarabische sowie 10 000 einheimisch-palästinensische Kämpfer gegenüber. Einen einzigen Panzer hatten die Israelis, 40 die

Araber. Zwei gepanzerte Fahrzeuge mit Geschützen fuhren die Israelis auf, die Araber 200. Fünf Artilleriegeschütze hatten die Israelis, 140 die Araber. Kein einziges Kampfflugzeug konnten die Israelis starten lassen, die Araber 74.

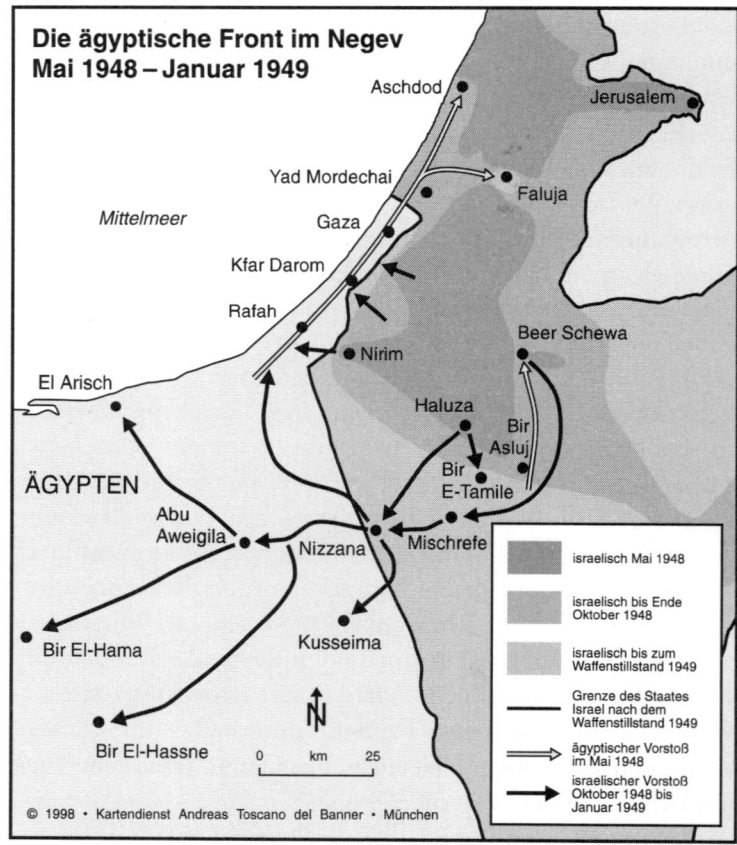

Die ägyptische Front im Negev Mai 1948 – Januar 1949

	israelisch Mai 1948
	israelisch bis Ende Oktober 1948
	israelisch bis zum Waffenstillstand 1949
	Grenze des Staates Israel nach dem Waffenstillstand 1949
	ägyptischer Vorstoß im Mai 1948
	israelischer Vorstoß Oktober 1948 bis Januar 1949

© 1998 · Kartendienst Andreas Toscano del Banner · München

Mitte Oktober 1948 sah alles ganz anders aus. Unglaublich, aber wahr: Nun kämpften 99 300 israelische Soldaten gegen 70 000 Araber. 15 Panzer hatten die Israelis, 45 die Araber. Nun hatten die Israelis 29 Kampfflugzeuge, die Araber 107. Sogar eine israelische »Flotte« kreuzte und schoß mit ihren fünf Schiffen gegen 16 arabische.

Je länger der Krieg dauerte, desto überlegener wurden die Israelis. Nur der konzertierte Druck der USA und Großbritanniens rettete die Araber vor einem verheerenden militärischen Desaster.

Abkommen über einen Waffenstillstand zwischen Israel und den arabischen Nachbarstaaten wurden geschlossen, keine Friedensverträge. Sie bewahrten besonders Ägypten vor territorialen Verlusten, denn in ihrer Gegenoffensive hatten die Israelis am Ende des Kriegs bereits die internationale Grenze zum Nilstaat weit überschritten.

Ägypten unterzeichnete am 24. Februar 1949 das Waffenstillstandsabkommen, der Libanon am 23. März, am 3. April Transjordanien (das durch die völkerrechtswidrige Einverleibung des Westjordanlandes sowie Ost-Jerusalems bald »Jordanien« wurde), und Syrien folgte als letzter Frontstaat am 20. Juli 1949.

Begonnen hatte der Krieg als Bürgerkrieg. Er brach einen Tag nach dem Beschluß der UNO-Vollversammlung aus, Palästina in je einen jüdischen und palästinensischen Staat zu teilen, also am 30. November 1947. Mit Terroraktionen hofften die Palästinenser die Zionisten in die Knie zu zwingen. Anfang Januar 1948 bekam der Krieg internationale Dimensionen: die ersten arabischen »Freiwilligen« trafen aus Syrien, Transjordanien und dem Irak ein. Im Februar und März 1948 begannen sie, gemeinsam mit den Palästinensern, den »Krieg der Straßen«. Sie versuchten, die Zufahrtswege von und zwischen den jüdischen Siedlungsgebieten zu blockieren. Jerusalem wurde wochenlang belagert, die Bevölkerung sollte ausgehungert werden. Im April und Mai begannen die Zionisten die Gegenoffensiven.

Einen Tag nachdem Ben-Gurion Israels Unabhängigkeit verkündet hatte, also am 15. Mai 1948, griffen die Streitkräfte von sechs arabischen Nachbarstaaten den jungen Staat an. Der »Spaziergang« wurde für sie ein militärisches Debakel. Nur die Armee »Transjordaniens« hielt sich (dank tatkräftiger britischer Nachhilfe) wacker. Sie eroberte das Westjordanland

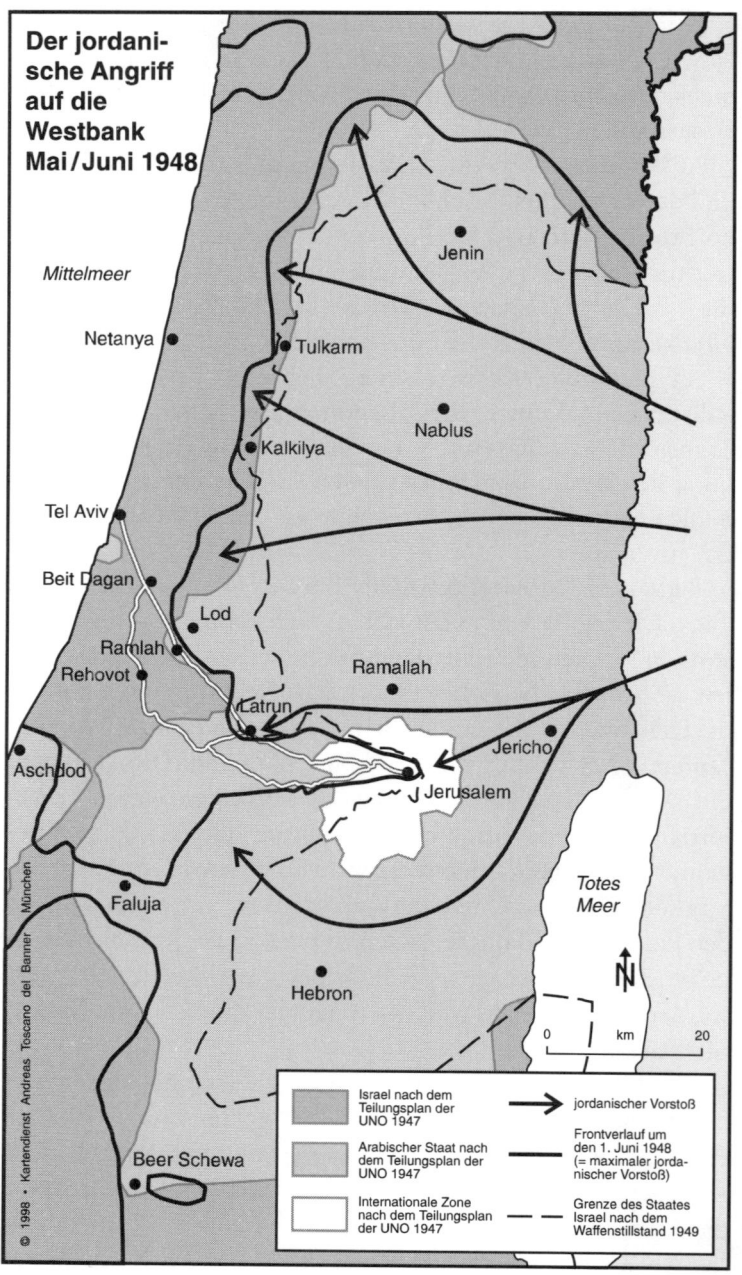

Der jordanische Angriff auf die Westbank Mai/Juni 1948

Mittelmeer

Netanya
Tulkarm
Jenin
Kalkilya
Nablus
Tel Aviv
Beit Dagan
Lod
Ramlah
Rehovot
Ramallah
Latrun
Jericho
Aschdod
Jerusalem
Faluja
Totes Meer
Hebron

Beer Schewa

© 1998 · Kartendienst Andreas Toscano del Banner · München

Israel nach dem Teilungsplan der UNO 1947	jordanischer Vorstoß
Arabischer Staat nach dem Teilungsplan der UNO 1947	Frontverlauf um den 1. Juni 1948 (= maximaler jordanischer Vorstoß)
Internationale Zone nach dem Teilungsplan der UNO 1947	Grenze des Staates Israel nach dem Waffenstillstand 1949

0   km   20

N

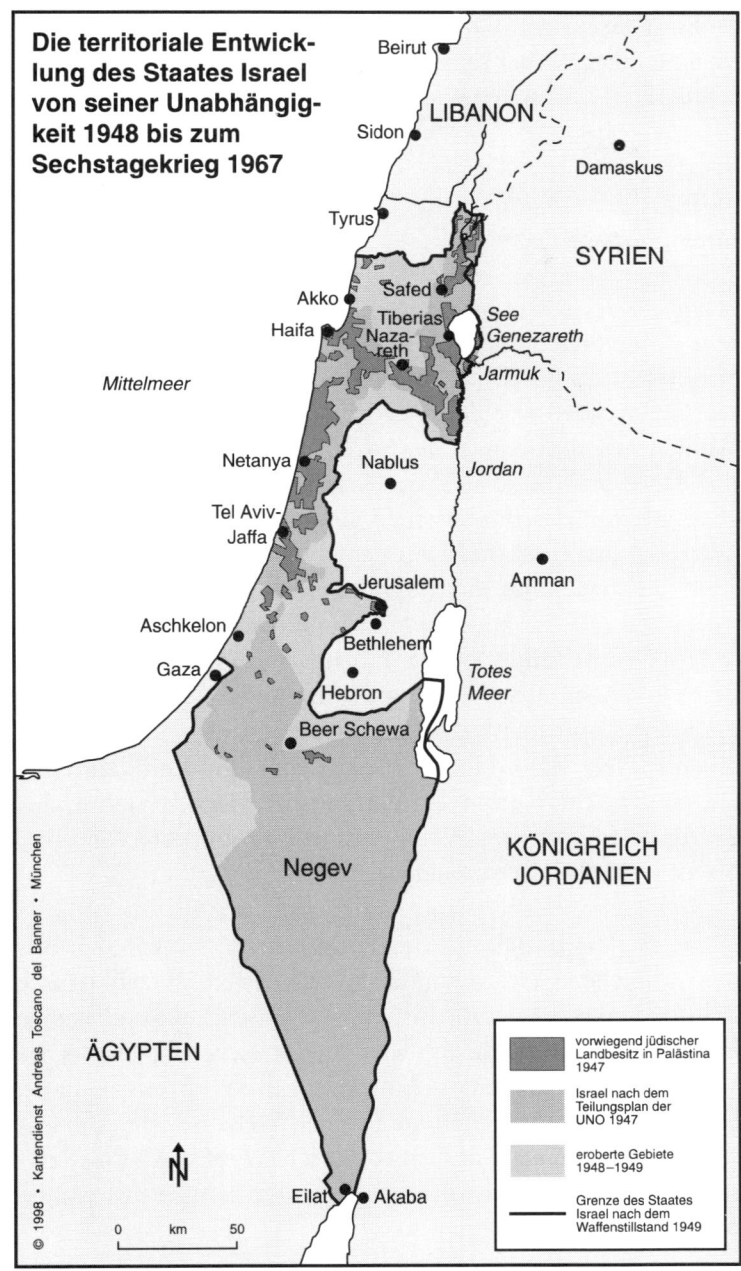

Die territoriale Entwicklung des Staates Israel von seiner Unabhängigkeit 1948 bis zum Sechstagekrieg 1967

Beirut

LIBANON

Sidon

Damaskus

Tyrus

SYRIEN

Akko Safed
Haifa Tiberias See
Naza-reth Genezareth
Jarmuk

Mittelmeer

Netanya Nablus Jordan

Tel Aviv-Jaffa

Jerusalem Amman

Aschkelon
Bethlehem
Gaza Hebron Totes
Meer
Beer Schewa

KÖNIGREICH
JORDANIEN

Negev

ÄGYPTEN

	vorwiegend jüdischer Landbesitz in Palästina 1947
	Israel nach dem Teilungsplan der UNO 1947
	eroberte Gebiete 1948–1949
—	Grenze des Staates Israel nach dem Waffenstillstand 1949

↑N

0   km   50

Eilat Akaba

© 1998 · Kartendienst Andreas Toscano del Banner · München

37

und Ost-Jerusalem. Womit wir uns der nächsten Legende widmen können. Vorher sei jedoch eine andere Legende durch geschichtliche Tatsachen widerlegt.

»Die äußeren Feinde haben Israel innenpolitisch geeint«

Scharfe Gegensätze bestimmten von Anfang an die zionistische Bewegung. Sie war praktisch in drei Lager gespalten: Die Sozialisten, die Bürgerlichen und die Religiösen. Stärkste Gruppierung wurden seit den 1920er Jahren, für Jahrzehnte bei Wahlen unangefochten, die Sozialisten und Sozialdemokraten. Doch auch ihr Lager war keineswegs einheitlich. Ähnliches gilt für die Bürgerlichen und Religiösen. Uneinigkeit herrschte innerhalb der Lager sowohl über die strategischen Ziele als auch über die mögliche oder unmögliche Zusammenarbeit mit den anderen beiden politischen Lagern.

Jedes hatte seine eigene Führungspersönlichkeit. David Ben-Gurion stand seit Anfang der dreißiger Jahre umkämpft, doch fast unumstritten, an der Spitze der größten sozialistischen Partei, der »Mapai«. Menachem Begin dominierte die nationalistische Rechte seit Anfang der vierziger Jahre, aus der 1948 die »Herut«-Partei entstand. Er amtierte von 1977 bis 1983 als Ministerpräsident.

Nicht nur politisch, auch militärisch war die zionistische Gemeinschaft gespalten. Die »Hagana« war die von den Briten verbotene Untergrundmiliz der Sozialisten. »Etzel« nannte sich das bürgerlich-nationalistische Gegenstück. Grundlegende Meinungsverschiedenheiten bestanden zwischen ihnen über die Vorgehensweise gegen die »Arabische Revolte« 1936 bis 1939. Etzel-Extremisten wollten im Zweiten Weltkrieg eher die britische Kolonialmacht als Deutschland bekriegen. Ab 1945 zerstritt man sich über den Kampf gegen die britische Mandatsmacht.

*

38

Die Legende lautet: »Die äußeren Feinde haben Israel innenpolitisch geeint«. Wir nennen nur einige Fakten: Die ideologische Polarisierung zwischen dem linken Lager, das in seiner Frühzeit den Sozialismus wirklich ernst nahm, sowie den Bürgerlichen und Religiösen kann gar nicht stark genug betont werden. Politik, Gesellschaft, Kultur, Wirtschaft und Wissenschaft, auch das Militär, waren in vorstaatlich-zionistischer und frühstaatlich-israelischer Zeit weltanschaulich bestimmt. Es waren vor allem die jeweiligen Lager-»Eliten«, also die Spitzenpolitiker, die den Kompromiß suchten, um ein Überschwappen der Rivalitäten auf die gesamte jüdische Gemeinschaft zu verhindern.

Trotzdem gab es auch angesichts der Bedrohung von außen große innere Spannungen. Schon in den zwanziger Jahren wurde der Konflikt zwischen Religiösen und Nichtreligiösen nicht nur mit Argumenten ausgetragen. Auch Rechte und Linke befehdeten sich – wörtlich – bis aufs Messer.

Im Jahre 1933 wurde einer der führenden sozialdemokratischen Politiker, Chaim Arlosoroff, von Rechtsnationalisten ermordet. Die zionistische Rechte hatte ihn und die gesamte sozialdemokratische und sozialistische Führung des Jischuw, der jüdischen Gemeinschaft in Palästina, beschuldigt, mit Adolf Hitler, dem schlimmsten Antisemiten, im Juli 1933 einen »Teufelspakt« vereinbart zu haben: das »Transfer-Abkommen«. Es erlaubte deutschen Juden die Ausreise nach Palästina. Allerdings mußten die Auswanderer einen Großteil ihres Vermögens in Deutschland zurücklassen. Die Führung des Jischuw brauchte Einwanderer und wollte daher Juden nach Palästina »hereinholen«, während Hitler ein »judenfreies« Deutschland anstrebte und jüdisches Vermögen für seine Aufrüstung brauchte.

Der Arabische Aufstand der Palästinenser gegen Zionisten und Briten in den Jahren 1936 bis 1939 spaltete dann den Jischuw. Die sozialdemokratisch geführte Hagana-Untergrundmiliz plädierte für Zurückhaltung (»Hawlaga«), der nationalistisch-bürgerlich-»revisionistische« Etzel zog es vor, zurückzuschlagen und den Terror der Palästinenser mit Gegenterror zu beantworten.

Im Mai 1939 verhängte Großbritannien praktisch ein Einwanderungsverbot für Juden, die nach Palästina wollten. Im September begann Deutschland den Zweiten Weltkrieg. Nicht einmal der Kampf gegen Adolf Hitler einte alle Zionisten. Hagana und Etzel sagten nun »trotz allem« ja zur Partnerschaft mit den Briten, weil Deutschland als noch größeres Übel angesehen wurde. Nein, konterte »Lechi«: Deutschland sei weit, Großbritannien nah und es verhindere den Jüdischen Staat. Mit Deutschland solle man gegen die Briten Krieg führen. Diese Minderheit setzte sich nicht durch, aber es gab sie.

Zur Jahreswende 1943/44 war die Niederlage Deutschlands absehbar. Am 1. Januar 1944 verkündete Etzel-Chef Menachem Begin den »Aufstand«, die »Revolte«, gegen Großbritannien. Das hielt die Hagana für falsch. Erst müsse Hitler wirklich besiegt sein. Um ihrer Position Nachdruck zu verleihen, wurden die von den Briten verfolgten Etzel-Mitglieder nun auch von ihren zionistischen Brüdern und Schwestern gejagt und an die Mandatsmacht verraten. Das Kriegsende vom Mai 1945 sowie die unverändert aufrechterhaltene Weigerung der britischen Regierung (bis Juli 1945 unter Churchill, dann Atlee von der Labour Party), Juden nach Palästina einwandern zu lassen, brachte das Ende dieser innerjüdischen Verfolgungspolitik, die als »Jagdsaison« in die Geschichte Israels eingegangen ist.

Der »Jagdsaison« folgte die »Jüdische Widerstandsfront«. Sie zerbrach, weil der Hagana der massive Etzel-Terror gegen Briten und Araber schließlich zu weit ging.

Als Israel endlich am 14. Mai 1948 gegründet wurde, bestanden drei, eigentlich sogar vier unterschiedliche Kampfverbände: Hagana und Palmach, Etzel und Lechi. Trotz der militärischen Bedrohung von außen, blieben – auch im Kampf ums Überleben – die Spannungen bestehen.

Mit rigoroser Härte hatte David Ben-Gurion, als erster Ministerpräsident und Verteidigungsminister Israels, 1948 sowohl die Etzel-Miliz der rechtsnationalistischen »Revisionisten« (ab 15. Juni 1948 »Herut«-Partei) als auch den rechtsextremistischen Lechi und die linkssozialistische Elitetruppe der »Mapam«-Partei, den Palmach, auflösen lassen. Gegen die Rechten wurde Gewalt angewendet, bei den Linken reichte massiver politischer Druck.

Die Hagana-Miliz der Sozialdemokraten wurde am 31. Mai 1948 zur offiziellen »Verteidigungsstreitmacht Israels« (Zahal) erklärt. Fortan galt hier das Prinzip der »Staatlichkeit« im Gegensatz zur Parteilichkeit – wenngleich lange Zeit nur ehemalige Offiziere der Hagana Spitzenpositionen erreichten. Jitzchak Rabin wurde 1964 der erste Generalstabschef aus den Reihen des einstigen Palmach. Ein Etzel- oder Lechi-Mann erklomm diese Stufe nie. Dafür wurde mit Jitzchak Schamir einer der drei letzten Lechi-Kommandeure israelischer Ministerpräsident. Er amtierte 1983/84 und von 1986 bis 1992.

Worin unterschieden sich Hagana und Palmach? Hagana und Ben-Gurion planten für »Zahal« eine reguläre, hierarchisch organisierte Wehrpflichtarmee mit Rangunterschieden. Die »Palmachnikim« zielten als aufrichtige demokratische und etwas utopische Linkssozialisten auf eine egalitäre, durch und durch gleiche Freiwilligenarmee ohne Rangunterschiede. Der Pragmatiker Ben-Gurion hielt das eher für linke Spinnerei, für einen Luxus, den sich ein Staat nicht leisten könne – ein bedrohter Staat noch weniger.

Lechi ging unmittelbar nach der Staatsgründung in der staatlichen Armee Zahal auf. Mit einer Ausnahme: Die Lechi-Verbände in Jerusalem blieben bestehen. Am 17. September 1948 ermordeten Lechi-Mitglieder den UNO-Vermittler Graf Bernadotte. Unverzüglich verhängte Ben-Gurion ein Verbot über diese Kampfgruppe.

Am 1. Juni unterstellte Etzel-Führer Begin seine Truppen den staatlichen Streitkräften. Dort kämpften sie zunächst in gesonderten Einheiten. Mitte Juni 1948 hatte das Schiff »Altalena« Waffennachschub aus Südfrankreich für den Etzel an

Bord. Vehement widersetzte sich Ben-Gurion einer solchen Sonderlieferung. Er verlangte am 20. Juni 1948 die bedingungslose Übergabe der gesamten Lieferung an Zahal. Begin stellte Bedingungen, Ben-Gurion lehnte ab – und ließ am 22. Juni 1948 die vor Tel Aviv liegende »Altalena« beschießen. Palmach-Chef Jigal Allon, Israels Außenminister der Jahre 1974 bis 1977, leitete den Befehl weiter: an Jitzchak Rabin. Beim »Altalena-Zwischenfall« waren 18 Tote und zehn Verletzte zu beklagen.

Etzel-Führer Begin gab schließlich mit folgender Parole nach: »Juden schießen nicht auf Juden.« Ben-Gurion hatte das staatliche Gewaltmonopol mit Gewalt durchgesetzt.

Seltsame Zionsfreunde: Außenpolitische Voraussetzungen

Die Briten als »Geburtshelfer Israels«?

Die Beute des Osmanischen Reichs wollte Großbritannien im Ersten Weltkrieg zunächst mit seinen französischen, italienischen, griechischen und russischen Verbündeten teilen. Immer größer wurde dann Londons Anteil am osmanisch-türkischen Kuchen.

Fast unvermeidlich ist die Begegnung mit der folgenden Legende über die Gründung des Jüdischen Staats: »Großbritannien war durch die Balfour-Erklärung vom 2. November 1917 der entscheidende Geburtshelfer des jüdischen Staats.«

Tatsache ist, daß Großbritannien 1917/18 die Türkei aus »Palästina« vertrieb und es danach praktisch als Kolonie betrachtete und behandelte, wenngleich es vom Völkerbund nur die »Treuhandschaft« für das Gebiet erhalten hatte.

Tatsache ist, daß Großbritannien, Frankreich, das zaristische Rußland, Italien und Griechenland schon seit März 1915 planten, die osmanische Beute unter sich aufzuteilen.

Tatsache ist, daß Großbritannien und Frankreich im Mai 1916 genauere Vereinbarungen trafen (Sykes-Picot-Abkommen). Tatsache ist, daß Großbritannien, im McMahon-Brief vom 24. Oktober 1915, den Arabern Teile Palästinas versprochen hatte – aus taktischen Gründen. Die Araber sollten für den Kampf gegen das Osmanische Reich gewonnen werden. Tatsache ist, daß Großbritannien hierfür auch die Juden innerhalb und außerhalb Palästinas umwarb. Mittel zu diesem Zweck war die »Balfour-Erklärung«. Diese Erklärung war genaugenommen ein Brief vom 2. November 1917. Der Brief des damaligen britischen Außenministers Arthur James Balfour (1848–1930) an den britisch-zionistischen Politiker (und später ersten Staatspräsidenten Israels) Chaim Weizmann (1874–1952). Hierin versprach Großbritannien, »im Namen der Regierung Seiner Majestät die Errichtung einer nationalen Heimstätte in Palästina für das Jüdische Volk mit Wohlwollen« betrachten zu wollen.

Es war also nicht von einem Staat die Rede, sondern von einer »nationalen Heimstätte«. Nicht ganz Palästina sollte diese »nationale Heimstätte« werden. Sie sollte vielmehr »in Palästina« errichtet werden, also nur in Teilen dieses Gebietes. Versprochen wurde eigentlich nichts Handfestes. »Wohlwollen« statt dessen. Weniger noch: »Betrachtet« werden sollte dieses Vorhaben »mit Wohlwollen«.

Nichts als Taktik. Eine Schaukelpolitik war es, und sollte es sein, um Zionisten und Araber gegeneinander auszuspielen. So hat jeder zugleich recht und unrecht, der behauptet, die Briten seien »prozionistisch« oder die Briten seien »proarabisch« gewesen. »Divide et impera«, teile und herrsche.

Mit Händen und Füßen, nein, mit Waffen haben sich die Briten dagegen gewehrt, das Mandat über Palästina zu verlieren. Sowohl Palästinenser als auch Zionisten (nicht alle, doch viele) haben die Briten aus Palästina regelrecht hinausgebombt. Aus Verzweiflung, Hilf- und Ratlosigkeit, auch um das Gesicht zu wahren, nicht aus Mitleid mit den Juden nach dem millionenfachen Judenmord, reichte die britische Regierung das Problem Palästina an die Vereinten Nationen weiter.

Am 29. November 1947 entschieden zwei Drittel der UNO-Vollversammlung, Palästina in je einen jüdischen und einen palästinensischen Mini-Staat zu teilen. Seither regiert unter den nahöstlichen Kontrahenten die Gewalt. Schon am 30. November brach in Palästina der Bürgerkrieg aus, der nach der Staatsgründung Israels (14. Mai 1948) in einen internationalen Krieg überging: hier Israel, dort die Palästinenser mit ihren Verbündeten.

Einer dieser De-facto-Verbündeten war Großbritannien. Britische Truppen entwaffneten noch bis zum Unabhängigkeitstag Israels alle jüdischen Soldaten, derer sie habhaft werden konnten.[8] Fast alle hohen Offiziere der jordanischen Truppen (der »Arabischen Legion«) waren Briten; ebenso ihr Kommandeur, Glubb Pasha. Die britische Regierung billigte ausdrücklich diese tätige Hilfe bei der jordanischen Kriegsführung.

Das Königreich Jordanien war den Palästinensern so wenig verbunden, daß es sich nach der Eroberung Ost-Jerusalems und des Westjordanlandes, die eigentlich den Kern des arabischen Palästina-Staates bilden sollten, diese Gebiete gleich selbst einverleibte. Faktisch geschah dies im Dezember 1948, »amtlich« 1950. Nur zwei Staaten der »Völkergemeinschaft« haben diese Annexion anerkannt: Großbritannien und Pakistan.

Die Briten halfen auch den Ägyptern im ersten Arabisch-Israelischen Krieg. Gemeinsam mit den USA sorgte London durch massiven Druck für den letzten Waffenstillstand. Am 7. Januar 1949 trat er in Kraft. Er rettete Ägypten vor weiteren Gebietsgewinnen der Israelis auf der Sinai-Halbinsel. Schon Ende Dezember 1948 hatten britische Piloten aus Spionageflugzeugen das Kampfgeschehen »beobachtet« und an die Ägypter wertvolle Informationen weitergeleitet, die diese jedoch nicht verwerten konnten. Am 7. Januar griffen britische Kampfflugzeuge dann die Israelis direkt an. Diese beschränk-

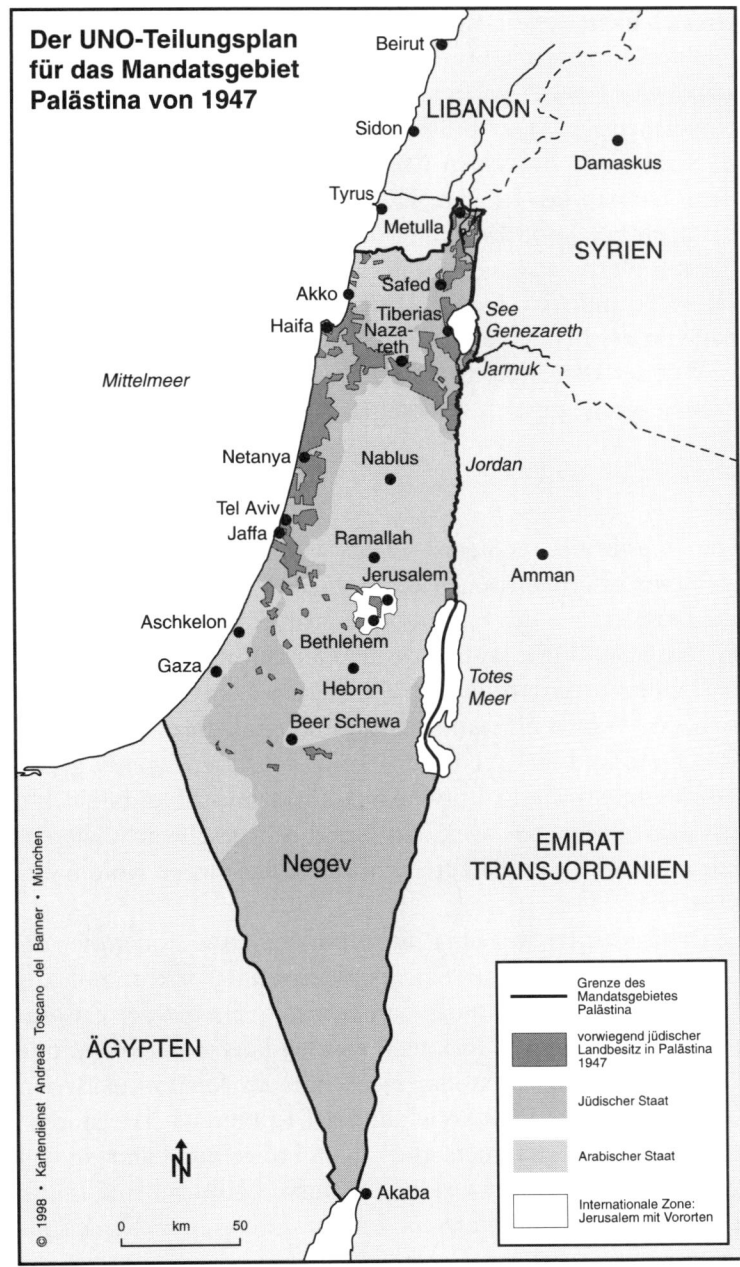

Der UNO-Teilungsplan
für das Mandatsgebiet
Palästina von 1947

Beirut

Sidon   LIBANON

Damaskus

Tyrus

Metulla

SYRIEN

Akko   Safed

Haifa   Tiberias   See
         Naza-   Genezareth
         reth

Mittelmeer   Jarmuk

Netanya   Nablus   Jordan

Tel Aviv
Jaffa   Ramallah

Jerusalem   Amman

Aschkelon

Gaza   Bethlehem

Hebron   Totes
          Meer

Beer Schewa

EMIRAT
TRANSJORDANIEN

Negev

ÄGYPTEN

N

Akaba

0   km   50

	Grenze des Mandatsgebietes Palästina
	vorwiegend jüdischer Landbesitz in Palästina 1947
	Jüdischer Staat
	Arabischer Staat
	Internationale Zone: Jerusalem mit Vororten

© 1998 · Kartendienst Andreas Toscano del Banner · München

45

ten sich nicht auf die Rolle des passiven Zuschauers oder Opfers und aktivierten ihre Mini-Luftwaffe. Fünf britische Flugzeuge wurden abgeschossen. Einer der gefeierten Piloten war Israels heutiger Staatspräsident Ezer Weizman.

Nach jener britischen Militärhilfe platzte auch US-Präsident Truman der Kragen: Er kritisierte die britische Aktion, die auch innenpolitisch außerordentlich umstritten war. Bald darauf allerdings zogen London und Washington wieder am selben Strang: Mit sanftem Druck sorgten sie für Israels Rückzug von der bereits teilweise eroberten Sinai-Halbinsel.

Wie der Druck aussah? London drohte, militärisch einzugreifen – gegen Israel, versteht sich.

*

Der – aus britischer Sicht – Verlust »Palästinas« muß in einen größeren welthistorischen Zusammenhang gestellt werden: in die Entwicklung der Entkolonialisierung; besonders in Asien. Hier spielte Indien schon seit dem ausgehenden 19. Jahrhundert eine Vorreiterrolle. Auch arabische Nationalisten in Syrien und Ägypten begannen in dieser Zeit ihre Aktivitäten. Der Erste und erst recht der Zweite Weltkrieg waren große Beschleuniger dieser Entwicklung. Weil die Kolonialmächte durch den Zweiten Weltkrieg erheblich geschwächt waren, begann nach 1945 die Totenglocke des westlichen Kolonialismus zu läuten.

Das bedeutet: Wer über die Gründung Israels oder die verhinderte Errichtung des Staates »Palästina« spricht, muß zugleich von der Entkolonialisierung reden. Das ist der Zusammenhang. Zahlreiche Kolonien wurden kurz nach Kriegsende zumindest formal unabhängig: schon im Jahr 1946 Syrien und Libanon von Frankreich und das Königreich Transjordanien von Großbritannien, 1947 dann Indien und Pakistan von Großbritannien, 1948 Ceylon (heute Sri Lanka) ebenfalls von London und 1949 schließlich Indonesien von den Niederlanden.

Die zweite Welle nachkolonialer Staatsgründungen rollte in der zweiten Hälfte der fünfziger und in den frühen sechziger Jahren in Afrika.

»Ohne Holocaust kein Israel«?

Am 30. Januar 1933 erfolgte in Deutschland die Machtübergabe an Hitler und die Nationalsozialisten. Sie begannen unverzüglich, ihren antisemitischen Parolen Taten folgen zu lassen. Schon im März 1933 kamen die ersten Juden in die Konzentrationslager Dachau und Oranienburg. Bis 1939 wanderte die Hälfte der rund 500 000 deutschen Juden aus. Nur ein Bruchteil kam nach Palästina.

Nach dem millionenfachen Judenmord (»Holocaust«) wollten viele Überlebende ins »Land der Väter«. Doch die britische Mandatsmacht hielt die Tore Palästinas fest verschlossen. Seit Oktober 1946 appellierten die Amerikaner an die britische Regierung, ihren Kurs zu ändern. Vergeblich. Doch selbst die USA, auch Frankreich und die meisten anderen Staaten unternahmen nach dem Holocaust nur wenig, um bei der Gründung eines jüdischen Staats zu helfen.

In der innerisraelischen Diskussion über die Rechtfertigung der Staatsgründung blieb bis 1961 (Prozeß gegen den NS-Schreibtischmörder Adolf Eichmann) der Holocaust weitgehend unerwähnt.

Inflatorisch gebraucht wird diese Legende: »Ohne Holocaust kein Israel« oder »Ohne Hitler kein Israel«.

Die Legende »Ohne Holocaust kein Israel« scheint wie Balsam auf jüdische wie nichtjüdische Seelen zu wirken; nicht alle, doch recht viele. Sie klingt so tröstlich. Wirklich?

Zunächst: Großbritannien blieb auch nach dem Holocaust den Zionisten gegenüber auf Distanz. Selbst Überlebende der NS-Vernichtungshöllen ließ London nicht nach Palästina einwandern – aus Angst, das Wohlwollen der Araber zu verlieren. Vor allem aber fürchtete Großbritannien, daß jeder weitere Jude in Palästina ein weiteres Argument und Gewicht zugunsten zionistisch-jüdischer Pläne sei.

Ergo: Der Holocaust blieb wirkungslos. Erst die Entkolonialisierung und der bewaffnete Widerstand der Zionisten zwangen London zur Aufgabe. Gewiß, in den UNO-Debatten war der Holocaust ein Argument, aber bestimmend blieb die Regionalpolitik.

In ihrer deutschen Besatzungszone zeigte sich die britische Labour-Regierung ebenso hartherzig gegenüber den Schwierigkeiten, mit denen die jüdischen Holocaustüberlebenden zu kämpfen hatten, wie ihre konservativen Vorgänger unter Chamberlain und Churchill es in ihrer Politik seit 1939 gewesen waren. Ab Juli 1946 wurden Juden nicht einmal mehr in den »Displaced Persons«-Lagern der britischen Zone aufgenommen. Das waren die aus Osteuropa stammenden, entwurzelten und in deutsche Lager gepferchten Juden. Auch das Schiff »Exodus«, das 1947 Holocaustüberlebende nach Palästina bringen sollte, schickten die Briten zurück nach Deutschland.

٭

Tröstlich ist die Legende »Ohne Holocaust kein Israel« nicht zuletzt für »die deutsche Seele«. Doch wie man es dreht und wendet, das Argument ist falsch, weil es unhistorisch ist. Die vorstaatliche Gemeinschaft der Zionisten in Palästina (der »Jischuw«) war bereits seit 1882 und noch energischer seit 1904/5, als die zweite Einwanderungswelle (»Alija«) aus Rußland eintraf (mit der auch der erste Ministerpräsident Israels, David Ben-Gurion, kam), auf dem Weg zur Staatlichkeit. Folgerichtig nennt man in der israelischen Geschichtsschreibung diese Epoche bis 1948 »Der Staat auf dem Weg«.

Eine stattliche Staatlichkeit ohne Staat hatten die Zionisten besonders zwischen 1919 und 1948 aufgebaut. Sie verfügten über ein demokratisch gewähltes Parlament, in dem Sozialdemokraten und Sozialisten eindeutig dominierten. Natürlich gab es auch andere aktive Parteien. Im bürgerlichen Lager sind hier besonders die rechtsnationalen, genauer, nationalistischen Revisionisten zu nennen. Linksliberale gab es auch, und, wie fast überall in der westlichen Welt, neigten diese koalitionspolitisch eher zu den Sozialdemokraten. Die Zusammenarbeit suchten – und fanden – auch die Nationalreligiösen. Vor der Staatsgründung waren sie noch in je eine bürgerliche (»Misrachi« = geistig-geistliches Zentrum) und eine linksreligiöse Partei (»Hapoel Hamisrachi« = Misrachi-Arbeiter) gespalten. Die extrem Orthodoxen entzogen sich zwar der Mitarbeit in den »gotteslästerlichen« zionistischen Institutionen, doch hatten sie ebenfalls eine eher bürgerliche (»Agudat Israel« = Verband bzw. Bund Israels) und eine linke Partei (»Poale Agudat Israel«). Jedes der drei politischen Lager (Linke, Bürgerliche und Religiöse) verfügte über eigenständige Schulen und Gewerkschaften, ja sogar Sportvereine. Zwei hervorragende, schon damals weltweit geachtete Universitäten gab es im Jischuw vor der Staatsgründung: die Technische Universität in Haifa (»Technion«), die 1912 gegründet und an der seit 1924 gelehrt wurde, sowie die Hebräische Universität Jerusalem, die 1925 den Lehrbetrieb aufnahm.

Das Quasi-Parlament wählte und kontrollierte die Quasi-Regierung, deren unumstrittener Chef in den dreißiger Jahren David Ben-Gurion wurde. Militärischer Arm dieser »Regierung« war, wenngleich von den Briten verboten und im Untergrund tätig, die Hagana.

Nicht der geringste Zweifel bleibt: Schon lange vor und völlig unabhängig vom Holocaust hatten die zionistischen Gründer umfassende Staatlichkeit organisiert. Die Staatsgründung war nur noch eine Frage der Umstände und der Zeit.

Trotz der umfassenden zionistischen Vorstaatlichkeit während der britischen Mandatszeit mußte der Jüdische Staat der regionalen und globalen Welt abgetrotzt werden. Trotz heftigster innerarabischer Gegensätze bestand in einem Punkt Einigkeit: »Israel? Nein, danke!« Die oft zitierte »Weltmeinung« kümmerte sich um die Juden wenig. Bestenfalls – selten genug – heuchelte sie ein nachträgliches Interesse an den Überlebenden des Holocaust. Nicht während, sondern erst Jahrzehnte nach der Holocaust-Periode wurde der Holocaust eine Art Menschheitsschock – vor allem durch die 1978/79 ausgestrahlte, in Deutschland dünkelhaft als »Hollywood-Seifenoper« bezeichnete Fernsehserie »Holocaust«.

Sogar in einem so aufgeklärten Land wie Frankreich, das mit der deutschen Besatzung von 1940 bis 1944 recht willig zusammengearbeitet hatte, waren Gesellschaft und Regierung(en) gar nicht einmal so unglücklich darüber, daß in ihrem Lande weniger Juden lebten. In meinem Buch *Meine Juden – Eure Juden* habe ich das dokumentiert.[9]

Selbst den Vereinigten Staaten von Amerika mußte Israels Staatsgründung abgetrotzt werden.

Was heute vergessen wird: Über den millionenfachen Judenmord haben unmittelbar nach 1945 weder die Überlebenden der Todeslager noch die Täter viel gesprochen.

Das große Interesse der israelischen Öffentlichkeit am Holocaust begann 1961 mit dem Eichmann-Prozeß. Bis dahin hatte es in Israel zum »guten Ton« gehört, auf die Diasporajuden herabzusehen, weil sie sich »wie Lämmer zur Schlachtbank« der deutschen Nationalsozialisten hätten führen lassen. Über jüdische Partisanen im Osten Europas wußte die breite Öffentlichkeit damals wenig. Sie feierte den heldenhaften Widerstand der Juden vom Warschauer Ghetto. Die hatten im Frühjahr 1943 den Aufstand gewagt, wohlwissend, daß sie nicht siegen konnten, doch entschlossen, kämpfend zu sterben. Das genau entsprach dem zionistischen Ideal: Nicht mehr, »wie die Diasporajuden« der letzten zweitausend Jahre alles passiv hinnehmen und erdulden, sondern aktiv das Schicksal gestalten – selbst im Untergang.

In den Mittelpunkt israelischer Geschichtspolitik und Identität rückte das Erinnern an den Holocaust zunehmend seit den Wahlen vom 17. Mai 1977: Die extremen Nationalisten des Likud unter Menachem Begin nahmen gemeinsam mit den Religiösen das Ruder des Staatsschiffs in die Hand, und seit

1982 gibt es »Holocaustunterricht« an den Schulen. Moshe Zimmermann hat in seinem Buch *Wende in Israel. Zwischen Nation und Religion* diesen Wandel dargestellt und erklärt.[10] Heute ist, Umfragen dokumentieren es, der Holocaust sowohl für Nichtreligiöse (»Säkulare«) als auch Nationalreligiöse und Orthodoxe das »wichtigste Ereignis der jüdischen Geschichte«.[11] Noch in der Unabhängigkeitserklärung wurde der Holocaust als einer von sechs Faktoren – und eben nicht als der erste und einzige – genannt, der zur Staatsgründung geführt habe. Im Mittelpunkt dieses nationalen Schlüsseldokuments stand die Beziehung zwischen Volk und Land, nicht zwischen Volk und Massentod. Der Toten wurde 1948 auch hier sehr wohl gedacht, doch zuerst und vor allem feierte man die nationalstaatliche Wiedergeburt, das Gegenteil des Todes also.

Außerdem hatten sich die führenden zionistischen Politiker des Jischuw während des Holocaust ohnehin kaum um das Schicksal der europäischen Juden gekümmert. Das ist eine der zentralen Thesen »postzionistischer« Historiker (wohlgemerkt: »post-«, also »nach-« und nicht antizionistischer) im israelischen Historikerstreit. Hätten, so die bohrende Frage dieser Auseinandersetzung (die auch noch andere Facetten trägt) die zionistischen Politiker damals mehr tun können, ja, mehr tun müssen, um die bedrohten Juden zu retten? Hatten sie, hatte vor allem die wichtigste zionistische Führungspersönlichkeit, David Ben-Gurion, nicht den Holocaust gar als Mittel seines Kalküls zynisch benützt? Um den innerjüdisch zuvor höchst umstrittenen und nur von einer Minderheit vertretenen Zionismus zu legitimieren, also zu rechtfertigen? Beklemmende Fragen, deren Diskussion in Deutschland kaum wahrgenommen wird.

Es bleibt dabei: Wer behauptet »Ohne Holocaust kein Israel« beziehungsweise »Ohne Hitler kein Israel«, kennt weder die Geschichte des Zionismus und des Jischuw noch die europäische oder Weltgeschichte im 20. Jahrhundert.

»Israel war von Anfang an die nahöstliche Speerspitze des US-Imperialismus«

Trotz vieler Juden in seiner Regierung war auch US-Präsident Franklin D. Roosevelt kein Förderer des zionistischen Ziels. Das zeigte, kurz vor seinem Tod, auch sein Treffen mit dem König Saudi-Arabiens. Roosevelts Nachfolger Truman verhängte im Dezember 1947 ein Waffenembargo über den Nahen Osten. Das traf besonders Israel. Erst nach dem Sechstagekrieg von 1967 wurden die USA Israels wichtigster Partner und Waffenlieferant. Seitdem sind die Israelis strategischer Partner Amerikas.

*

Roosevelt hatte im Februar 1945 dem saudischen König gegenüber alles andere als eine prozionistische Politik signalisiert. Doch Präsident Truman ließ seinen Vertreter in der UNO am 29. November 1947 zugunsten der Teilung Palästinas abstimmen, also für die Gründung eines jüdischen Staates. Weiter ging sein Israel-Engagement aber nicht. Bereits Anfang Dezember 1947 verhängte er ein Waffenembargo für den gesamten Nahen Osten. Das traf, angesichts der militärischen Kräfteverhältnisse, Israel weit heftiger als die arabischen Staaten. Schon vor der UNO-Abstimmung hatte das US-Außenministerium dringend empfohlen, an keine der Konfliktparteien Material zu liefern. Mit amerikanischen Waffen sollten weder Araber auf Juden noch Juden auf Araber schießen. »In jedem Falle würde man gegen uns bittere Vorwürfe erheben«, meinte der Leiter der Nahostabteilung am 10. November 1947.[12] Am 14. November 1947 wurde diese Empfehlung die amtliche Linie des State Department.[13]

Das bedeutet: Am 29. November 1947 trugen die USA eine Entscheidung mit, deren Umsetzung sie eigentlich zu hintertreiben beabsichtigten. Als die Juden Jerusalems wegen der Blockade durch die Palästinenser zu verhungern drohten, war der amtierende US-Außenminister Lovett zwar sehr »besorgt«, aber kühl teilte er dem amerikanischen Generalkonsul in Jerusalem mit: »Eine Änderung der Waffenexportpolitik nach Palästina wird nicht erwogen.«[14] Der Verteidigungsminister notierte unverblümt in sein Tagebuch, daß der Teilungsplan der UNO für die USA unverbindlich, weil ohne Gewaltanwendung unrealisierbar sei.[15]

So schlug die US-Administration am 19. März 1948 vor, den Teilungsbeschluß der UNO, also auch die Gründung Israels, einstweilen zurückzunehmen. Bis sich die Konfliktparteien einigten, sollte eine UNO-Treuhandschaft eingerichtet werden.[16] Man kann sich denken, daß die zionistischen Politiker über diese Kehrtwende wenig glücklich waren.[17]

Trumans Freundschaft zu Holocaustüberlebenden zeigte auch an anderer Stelle ihre Grenzen: 1946 tat er nichts dafür, daß die erbberechtigten Nachfahren Zugriff auf die Schweizer Konten der NS-Opfer erhielten. In einer konzertierten Aktion des Weißen Hauses und des Außenministeriums wurde hinter den Kulissen, gegen den Rat des »verjudeten« US-Finanzministeriums (so die Sichtweise der britischen Regierung),[18] eine Mauschelregelung mit der Schweiz vereinbart – auf Kosten der Erben. Im Mai 1997 hat dies eine amtliche US-Kommission im sogenannten »Eizenstat-Bericht« bestätigt.[19]

Verzweifelt suchte der junge Jüdische Staat jüdische Soldaten, natürlich auch unter den in West-Deutschland zunächst wider Willen siedelnden Juden: den sogenannten »Displaced Persons« (DPs). Da die meisten dieser DPs in der amerikanischen Besatzungszone lebten, achteten besonders die USA darauf, daß die UN-Auflagen des jeweiligen Waffenstillstands im Krieg zwischen Israel und den Arabern nicht verletzt wurden. Israel durfte weder »kämpfendes Personal« noch »Männer im militärfähigen Alter« einwandern lassen. Diese Bestimmung galt allgemein, also auch für die DPs in Deutschland. Israel wollte (und mußte wegen seiner militärischen Notsituation) diese Auflagen natürlich umgehen und wehrfähige Männer ins Land bringen. Die Initiative zu dieser antiisraelischen Auswanderungspolitik war von der ehemaligen Mandatsmacht Großbritannien ausgegangen. Israel setzte in Washington alle Hebel in Bewegung, um diese Beschränkungen widerrufen zu lassen. Sogar beim US-Präsidenten und natürlich im State Department wurden israelische Diplomaten vorstellig. Israels Sorge galt dabei nicht nur dem Soldatennachschub. Da die meisten männlichen DPs im wehrfähigen Alter waren, fürchtete man, daß auch ihre Frauen und Kinder ohne die Familienväter nicht ins Land der Väter kommen würden. Die Einwanderung war also grundsätzlich gefährdet. Die Israelis mußten vor der Ausreise der DPs den US-Behörden Namenslisten der Auswanderungskandidaten übergeben. Die Amerikaner prüften, ob keine Männer im wehrfähigen Alter dabei waren. Offenbar drückten sie auf Veranlassung des Militärgouverneurs der Amerikanischen Besatzungszone, General Lucius D. Clay, alle Augen zu. Jedenfalls brachten die Israelis im Sommer 1948 monatlich zwischen 3700 und 6000 Juden aus der US-Zone nach Israel. Clay selbst bedauerte, die Anweisungen des Außenministeriums nicht aufheben zu können.

Die gründungssichernden, lebensrettenden Waffen bekam Israel damals vor allem von der Sowjetunion über die Tschechoslowakei. »Operation Balak«, so das Codewort für die Luftbrücke, dauerte vom 31. März bis zum 12. August 1948. Mitte Februar 1948 hatten sich die Kommunisten in Prag an die Macht geputscht, und schon ab September 1948 änderte Moskau den proisraelischen Kurs. (Dies werden wir noch ausführlicher zu erklären haben.) Immerhin: Für 20 Millionen US-Dollar hatte Israel 25 M-109 »Messerschmidt«-Kampfflugzeuge und 350 Tonnen Munition gekauft. Ermöglicht wurde die Luftbrücke durch Zwischenlandungen auf Korsika und in Jugoslawien. Die französische Kooperation förderte Maurice Papon, der im Vichy-Frankreich durch Kollaboration Tausende von Juden in Todeslager hatte bringen lassen.

Israel als Gotteswerk? Zionismus und Religion

Israels Gründung als »Erfüllung religiöser Verheißung«?

Das Land Israel dem Volk Israel, also den »Kindern Israels«. Das ist die Verheißung, die wir aus der Hebräischen Bibel (»Altes Testament«) kennen. Wurde sie auch politisch für die Staatsgründung bedeutsam? Die scheinbar so eindeutige Problematik sei überprüft.

Nicht nur »den Deutschen« spendet die Legende »Ohne Holocaust kein Israel« Trost, sondern auch vielen Juden. Sogar in eine Art heilsgeschichtlichen Ablauf wird der Holocaust dabei gestellt.

Der Gedankengang ist einfach wiederzugeben: Ebenso wie in biblischen Zeiten dem Sklavenleid der Kinder Israels in Ägypten ihre gelungene Flucht, die Offenbarung am Sinai und die Rückkehr ins Gelobte Land folgte, stieg das gedemütigte und scheinbar von Gott verlassene Jüdische Volk als »Phönix aus der Asche« zu neuer Staatlichkeit in Israel auf.

Eindrucksvoll und aus seiner Sicht sehr überzeugend hat Schalom Ben-Chorin diesen Gedanken vorgetragen. Die »beiden Pole Holocaust und Errichtung des Staates Israel« müsse man »in den Blick bekommen ... Der Holocaust war nicht das letzte Wort, war eben *nicht* die Endlösung, als die er gedacht war von Gehirnen, von Haß vernebelt und zerfressen.«[20]

Israels Staatsgeschichte wäre demnach Teil der jüdischen Heilsgeschichte. Man kann es auch so sehen. Muß man es so sehen? Nur glauben oder nicht glauben kann man es – und damit sind wir bei der »Jüdischen Theologie im 20. Jahrhundert«. Sie ist aber nicht unser Thema. Doch wer mehr dazu wissen möchte, schlage im gleichnamigen Buch Schalom Ben-Chorins nach.[21] Nachdrücklich empfohlen sei ebenfalls Verena Lenzens grundlegendes Werk über *Jüdisches Leben und Sterben im Namen Gottes.*[22]

Abgesehen von den historischen Einwänden sei an ein gewaltiges moralisches Problem in diesem Zusamenhang erinnert: Sollte der Holocaust nicht nur ein Teil neujüdischer Geschichte, sondern auch Heilsgeschichte sein? Wäre der millionenfache Mörder Adolf Hitler ein Werkzeug Gottes gewesen? Natürlich meint Schalom Ben-Chorin dies ganz und gar nicht, aber logisch zu Ende gedacht, läßt sich dieses Gegenargument nicht einfach wegwischen. Daß der Judenmörder indirekt, subjektiv ungewollt, doch objektiv die Wiedergeburt des Jüdischen Volkes bewirkt haben sollte, ist aber weder logisch, noch richtig; auch wenn die extreme jüdische Orthodoxie, unter ganz anderen Vorzeichen, Hitler eine ähnlich seltsame Rolle zuweist.

✳

Schalom Ben-Chorin ist einer der geistig und menschlich herausragenden Denker des Reformjudentums. Die jüdische Orthodoxie sieht das alles ganz anders und doch wieder nicht unähnlich. Sie sagt, zusammenfassend und vereinfacht, dies: Geschichte, natürlich auch jüdische, ist Gotteswerk, nicht Menschenwerk. Deshalb ist Geschichte stets und überall zugleich auch Heilsgeschichte – zu der auch, von Gott gewollt, das jeweilige Unheil in der Geschichte gehört. Weil Geschichte Gotteswerk ist, so weiter die extreme jüdische Orthodoxie, dürfe der Mensch keinesfalls in den Gang der Geschichte eingreifen. Menschen, die diesem Gebot zuwiderhandeln, begehen »Gotteslästerung«, denn sie meinen, befugt und fähig zu sein, in Gottes Werk einzugreifen. Der Mensch habe nie und nimmer Gott, sozusagen, Nachhilfe zu geben. »Ketzerei« wäre dies.

Soviel, in gebotener Kürze und Vereinfachung, zum allgemeinen Geschichtsbild der Orthodoxie. Zur Frage neujüdischer Staatlichkeit sagt die extreme jüdische Orthodoxie dies: Wie bei den biblischen Propheten nachzulesen, sei die Zerstörung jüdischer Staatlichkeit Gottes immer wieder angedrohte und angekündigte Strafe für die »Sünden Israels« gewesen. Gott habe damals (im Jahr 70 unserer Zeitrechnung) die Zerstörung jüdischer Staatlichkeit durch die Römer gewollt; auch die »Zerstreuung« der Juden unter die Völker der Welt, also die »Diaspora«, das Exil. Erst wenn Gott es wolle, nahe das Ende des Exils, sei neujüdische Staatlichkeit – die Gründung Israels also – gestattet. Weil und indem der Zionismus die Wiedererrichtung eines jüdischen Staats als Menschenwerk anstrebe, sei er »Gotteslästerung«. Der (zionistische) Mensch maße sich an, Gott zu sein. Eine der Strafen für diesen ungeheuerlichen Frevel sei – logisch überzeugend, doch unglaublich – der Holocaust.

Wir sehen: Auch mit der »religiösen Verheißung« haben wir nicht unbeträchtliche Probleme, besonders moralische, von den historischen ganz zu schweigen.

Eine andere Frage bleibt ungeklärt: Weshalb beteiligen sich aber die Orthodoxen an der israelischen Regierung, wenn sie diesen Jüdischen Staat für »Gotteslästerung« halten? Darauf gibt es vor allem zwei Antworten.

Die erste: Die Orthodoxen haben tatsächlich zunächst ihre Mitarbeit an den zionistischen und dann, abgesehen von einem kurzen Zwischenspiel, den staatlichen Institutionen Israels verweigert.

Die zweite: Nach den Erdrutschwahlen vom 17. Mai 1977, die erstmals den rechtsnationalistischen und besonders religionsfreundlichen Likudblock unter Ministerpräsident Menachem Begin an die Macht brachten, erkannten die Orthodoxen, daß Regierungsbeteiligung auch Pfründeverteilung bedeutet. Weil und indem sie die Koalition direkt oder indirekt stützten, erhielten sie zum Beispiel Gelder für ihre eigenen Kindergärten, Schulen und Ausbildungsstätten. Außerdem konnten sie durch Gesetze die weniger und nichtreligiösen Juden geradezu zwingen, sich gewissen religiösen Regeln zu unterwerfen: So kann eben selbst der unfrömmste Israeli am Sabbat oder an Feiertagen bestimmte Dinge nicht erledigen, weil sie durch Gesetze oder Verordnungen religiös geregelt wurden. Man denke an den öffentlichen Nahverkehr, der am Sabbat weitgehend ruht.

Noch etwas Grundlegendes hat sich in der Orthodoxie verändert: Ein großer Teil hat allmählich an Groß-Israel Gefallen gefunden. Daß »ganz Eretz Israel« eigentlich das den Juden versprochene, das Gelobte Land war, hatten sie nie bestritten. Nur daß der Mensch hierfür streiten und kämpfen müsse, widersprach ihrem gottbezogenen Geschichtsbild. Warum, so ihre neue und in sich durchaus widerspruchsfreie Logik, sollte man jüdisches Landeigentum, das jetzt aus welchen Gründen auch immer in jüdischem Besitz ist, Nichtjuden zurückgeben?

Die Judaisierung der »unjüdischen Juden« des Jüdischen Staates und Landes ist aus orthodoxer Sicht alles andere als »Gotteslästerung«. Es ist die Erfüllung einer göttlichen »Mitzwah«, also eines göttlichen Gebots. Sie zu suchen und zu versuchen, bedeutet nicht, den Versuchungen des israelischen »Sündenbabels« zu erliegen. Ganz im Gegenteil. So können sie guten und besten Gewissens den Jüdischen Staat ausnutzen, ohne ihn anzuerkennen, zumal sie als Mehrheitsbeschaffer umworben werden.

Das sieht in der Praxis der späten 1990er Jahre so aus: Rabbiner Miller von der orthodoxen Agudat-Israel-Partei bekleidet in der (jüdisch gesehen) Stadt der Städte, in Jerusalem, ein staatliches Amt. Er ist stellvertretender Bürgermeister. Für ihn ist die Staatsflagge »ein Stück Putzlappen«. Das verkündete er im Sommer 1996 den Zuschauern eines Fernsehinterviews. Diesen »Putzlappen« verbrannten im Mai 1997 Orthodoxe in Bnei Brak (bei Tel Aviv) und im Jerusalemer Stadtteil Mea Schearim, wo noch extremere Gotteseiferer leben. Ein vierzehnjähriger Junge, der sich an dieser Aktion der brennenden Vaterlandsliebe beteiligt hatte, gab der Polizei zu Protokoll: »Dieser, euer Staat, ist nicht mein Staat. Ich habe zu diesem Staat keinerlei Beziehung.«[23]

Von diesen Orthodox-Religiösen fühlten sich auch die Nationalreligiösen provoziert. Sie stehen von jeher ohne Wenn und Aber zum Zionismus und zum Jüdischen Staat, den sie immer jüdischer gestalten wollen. Als Zeichen ihres Protests hißten sie, noch im Mai 1997, im Flaggenstreit auf den Dächern der Häuser ihrer Jugendbewegung »Bnei Akiva« Israels

Fahne. Dies ist die eine Seite. Die andere: Einige Bnei-Akiva-Mitglieder feierten fast zur gleichen Zeit den Geburtstag des Rabin-Mörders Jigal Amir. Für ganz Orthodoxe, wie den mehr als hundertjährigen Rabbiner Schach und seine Jünger, sind die Nationalreligiösen freilich »Schlangen und Skorpione«,[24] sozusagen die scheinreligiöse Mogelpackung der »zionistischen Ketzer«.

Ein anderes Beispiel orthodox-jüdischer Zionsliebe. Ort: wieder Jerusalem. Zeit: kurz vor dem Unabhängigkeitstag Israels im Mai 1997. Der Abgeordnete Benisri von der orientalisch-orthodoxen »Schass«-Partei wird gefragt, ob er und seine Freunde beim Gedenken an die in den Kriegen gefallenen israelischen Soldaten wie alle Bürger stehend und schweigend die Gedenkminute einlegen werden. Seine Antwort: »Ich werde eurer Gefallenen gedenken, wenn ihr meines Sabbats gedenkt.« Gleichgesinnte bewarfen am Unabhängigkeitstag in Jerusalem die Polizei mit Steinen. Der Grund? Sie repräsentiere den ketzerischen Staat. Ebenfalls in Jerusalem, am selben Tag: Andere Seelenfreunde jener Herren veranstalten auf dem »Munitionshügel« ein Picknick – auf dem Gedenkstein für die im Junikrieg 1967 dort Gefallenen.

Anfang Juni 1997 gedachte man des dreißigjährigen Jahrestages jenes Kriegs. Der Chefredakteur der orthodoxen Zeitung *Jated Neeman* präsentierte seinen Lesern eine spannende Interpretation des israelischen Sieges. Er setzte sich dabei zugleich von den Erklärungen rivalisierender Orthodoxer ab, die freilich ebenfalls antizionistisch waren. Nein, beharrte der fromme Chefredakteur, das Wunder von 1967, Israels militärischer Sieg, sei nicht das Werk des Satans, sondern Gotteswerk. Nicht wegen der zionistischen Ketzer und ihrer nationalreligiösen Kollaborateure, sondern trotz dieser Gesetzesbrecher, vor allem jedoch wegen der wahren Thorajünger sei der Sieg errungen worden. Regierten sie den Jüdischen Staat, hätte es überhaupt keine jüdischen Opfer gegeben.[25] Jüdische Solidarität?

Nicht nur mit Steinen, sondern sogar mit Fäkalien bewarfen wenige Wochen später Orthodoxe in der Nähe der »Klagemauer« Reform- und konservative Juden, deren Judentum von den Strenggläubigen bestritten wird.

Nicht nur die politische Rechte umwirbt diese Glaubenseiferer, auch die politische Linke kann inzwischen ohne oder gar gegen sie kaum noch Mehrheiten erringen.

Der gesamtjüdische, sozusagen »weltjüdische« Preis für diese Mehrheiten ist immens hoch, denn er könnte zum Bruch zwischen dem Jüdischen Staat und dem übrigen Jüdischen Volk führen. Seit 1977 gingen die Orthodoxen nämlich, gemeinsam mit den Nationalreligiösen, zur Großoffensive gegen das konservative und Reformjudentum über. Ihr Hebel ist das Rückkehrgesetz. Dieses besagt, daß jeder Jude, der nach Israel einwandern möchte, automatisch die israelische Staatsbürgerschaft erhält. Wer aber ist Jude? Die religiösen Eiferer sagen: »Nur, wer der Halacha, dem jüdischen Religionsgesetz entsprechend, als Jude geboren oder zum Judentum übergetreten ist«. Dabei versteht sich von selbst, für die Frommen jedenfalls, daß nur der Übertritt bei einem orthodoxen Rabbiner anerkannt werden kann. Proteststürme, besonders der Konservativen und der Reformrichtung aus den USA, haben dies bislang vereiteln können. Aber wie lange noch? Wer wird sich durchsetzen? Will sich die israelische Orthodoxie auf Kosten der »Weltjuden« von der Diaspora befreien oder »emanzipieren«. Will, kann die israelische Regierung, gleich welcher Koalition, ihren einzig wirklich zuverlässigen Bündnispartner im Ausland so vor den Kopf stoßen? Manchmal hat man den Eindruck, daß dies der angepeilte Weg sei. Er kann nur in den Abgrund führen, zumindest zur Spaltung des Jüdischen Volkes. Doch diese Sichtweise entspricht eben nicht der orthodoxen Wahrnehmung. Für die Orthodoxen sind die Konservativen und die Reformjuden gar keine Juden, sondern »Angehörige eines anderen Glaubens, der sich nur jüdisch darstellt«.

Die Orthodoxen treiben damit nicht nur einen Keil zwischen Israel und das Jüdische Volk, sondern auch in die israelisch-jüdische Gesellschaft.

Einen bemerkenswerten Mittelweg fand das nationalreligiöse und aufgeklärt orthodoxe Judentum. Es sagt: Gewiß, Geschichte und erst recht die ersehnte Erlösung Israels sei Gotteswerk, aber der Mensch dürfe »den Beginn der Erlösung« (hatchala degeula) einleiten und beschleunigen. Konkret: das staatlich-zionistische Aufbauwerk könne vom Menschen begonnen werden, vollenden würde es freilich Gott.

Auch mit den tatsächlich oder vermeintlich erlösten Juden haben die Orthodoxen und Nationalreligiösen im Jüdischen Staat ihre Probleme – und umgekehrt die weltlichen Israelis mit »den Frommen«. Die Weltlichen fühlen sich von den Religiösen nicht nur bevormundet, sondern regelrecht »vergewaltigt«. Eine »Vereinigung gegen die Vergewaltigung durch die Religiösen« haben sie deshalb im Laufe der Jahre gegründet.

Umgekehrt schimpfen die Religiösen: Israels Großstädte, Tel Aviv besonders, und auch die (einstmals wirklich sozialistischen) landwirtschaftlichen Kommunen (»Kibbutzim«) seien ein einziges »Sündenbabel«. Und weiter: Die weltlichen Israelis wären gar keine wirklichen Juden mehr, sondern »wie alle Völker«, »wie alle Gojim«. Schlimmeres kann ein Jude dem anderen kaum noch sagen. Seit der Staatsgründung tobt ein mal mehr, mal weniger heftiger »Kulturkampf« zwischen diesen beiden Lagern, die ansonsten in anderen Fragen alles andere als einheitlich und geschlossen denken und handeln.

Wie groß sind die jeweiligen Lager? Die Umfragen seit der Staatsgründung sind eindeutig: Bis in die achtziger Jahre waren knapp 30 Prozent der Israelis »religiöse oder orthodoxe« Juden, 70 Prozent eher »weltlich-nichtreligiös«. Inzwischen stieg jedoch der Anteil der Religiösen und Orthodoxen auf rund 40 Prozent.

Weshalb? Weil die alten sozialistisch-sozialdemokratischen Ideale der zionistischen Gründergeneration ebenso zerbrachen wie der pure bürgerliche Konsumismus. Weder für dieses noch jenes wollen viele ihr Leben aufs Spiel setzen. Genau das jedoch verlangt dieses Land. »Ein Land, das seine Einwohner frißt«, heißt es in der Bibel.

Viel über und gegen die Orthodoxen kann man sagen. Nur nicht, daß sie resignativ wären. Alles andere als das. Kreativ und in der Methode wahrlich nicht konservativ sind sie dabei auch. Eins von vielen Beispielen: »Du sollst dir kein Bildnis machen«, schreibt das erste Gebot vor. Dies ist der Kern des bei den frommen Juden geltenden Bilderverbots. Dem zufolge müßte natürlich auch das Fernsehen bei Frommen verpönt sein. War es einmal, ist es nicht mehr. Inzwischen bedienen sich selbst die bekanntesten orthodoxen Rabbiner der modernen TV-Technologie. Der einstige Oberrabbiner Ovadia Josef läßt allwöchentlich seine Predigten aufnehmen und dann im In- und im Ausland verbreiten. Die Nachfrage steigt ständig, weil sich die Sinnfrage des Lebens auch bei Juden, innerhalb und außerhalb Israels, mehr denn je stellt.

Zionismus als weltlicher Messianismus?

Die große Mehrheit der Zionistischen Bewegung war von Anfang an weltlich, also nichtreligiös.

Das Kommen des Messias bereitete – wen wird es wundern – den weltlichen Zionisten keine großen Sorgen. Das heißt: er war ihnen gleichgültig.

Weil und indem sie die Gründung einer »zionistischen Heimstätte«, dann eines Staates erstrebten, meinten sie auf ihre (die für sie einzig richtige) Weise, die Rettung und Erlösung des Jüdischen Volkes erreichen zu können.

»Rettung« und »Erlösung« bedeutete für sie die Rettung und Erlösung des Jüdischen Volkes vom Diaspora-Joch der mordenden Nichtjuden, die bestenfalls zeitweilig tolerant waren – solange sie die Juden brauchten.

Pseudo-messianische, bzw. ins Weltliche übertragene religiös-messianische Töne erklingen auch in den Schriften von zahlreichen Denkern und Politikern der zionistisch-israelischen Gründungsgeneration. Eine »gerechte«, eine »menschliche«, »wahrhaft tolerante« Gesellschaft wollten sie im Land der Väter aufbauen. Fast so etwas wie das Paradies auf Erden. Eine Utopie war das von Anfang an. Die Meßlatte wurde sehr hoch gelegt – zu hoch, wie bei jeder Utopie. Das ist keine zionistische Besonderheit.

So weltlich und teilweise antireligiös sich gerade die sozialistischen Gründer gern darstellten (sie waren die eindeutige Mehrheit der Juden im Jischuw), so traditionalistisch waren sie im Grunde genommen doch. Sie wollten eben im »Land der Väter« siedeln. Und diese »Väter« hatten ja etwas mehr als nur etwas mit der Bibel, also der jüdischen Heilsgeschichte, zu tun. Nicht nur mit der Heils-, sondern auch mit der Realgeschichte der Juden. Jedenfalls lehnten sie grundsätzlich die zeitweise von einigen Politikern erwogene Idee ab, eine jüdische »Heimstätte« in Argentinien oder (ein Gedanke, mit dem auch Theodor Herzl liebäugelte) Uganda zu gründen.

Selbst die zionistischen Revolutionäre waren letztlich Traditionalisten, die Geschichte und Heilsgeschichte vermischten, ja, vermischen mußten, um erfolgreich zu sein. Aber sie waren zweifellos auch Revolutionäre. Schon die Wiederbelebung der toten (genauer: der nur im religiösen Bereich gebrauchten) hebräischen Sprache war eine revolutionäre Tat. Sprache prägt das Denken und damit das Wollen und Wirken.[26]

Nicht alle zionistischen Revolutionäre wollten gar so revolutionär sein. Deutsch sei als Sprache der zivilisierten Welt durchaus ebenbürtig, meinten manche im Jischuw noch in den ersten Jahrzehnten dieses Jahrhunderts. Sie konnten sich nicht durchsetzen.

Die wirklichen zionistischen Revolutionäre wollten einen »neuen jüdischen Menschen« schaffen. Eines ihrer Mittel sollte die Sprache sein. Sie wurde es, denn der idealtypische Israeli, zumindest das selbstgewählte Klischee war die zionistisch-israelische Gegenthese zur diasporajüdischen These. Deutlicher: Nicht mehr passiv-duldend, sondern aktiv-gestaltend und notfalls auch gewalttätig sollte der neue jüdische Mensch in der jüdischen Heimstätte sein. Sein Tätigkeitsfeld sollte wirklich ein Feld sein: das Feld des Bauern, des »Chalutz«, des landwirtschaftlichen Pioniers. Die Rettung und Erlösung sollte durch den Boden kommen. »Blut und Boden« werden deutsche Seelen rufen. Sie irren. Obwohl das alles nicht unähnlich klingt, ist es doch ganz anders. Nicht, weil bei Juden automatisch alles anders wäre, sondern weil die Juden zweitausend Jahre keinen Boden als Landwirte bearbeiten durften, schon gar nicht ihren eigenen, in Zion. Da der Boden in Zion sozusagen Eigentum des Jüdischen Volkes war, sollte Privatbesitz an Boden weitgehend unmöglich gemacht werden. Die Folge: Kommunen (»Kibbutzim«) oder Genossenschaften (»Moschawim«) bestimmten das Bild der zionistisch-israelischen Landwirtschaft.

Widerlegung der christlichen Heilslehre?

Noch eine notwendige und erlaubte Vereinfachung: Gott, so die traditionelle christliche Weltsicht, habe dem Alten Bund den Neuen, dem Alten das Neue Testament folgen lassen. Einst waren die Juden Gottes Auserwähltes Volk, dann wurde der Stab der »Synagoga« gebrochen (Statuen in zahlreichen mittelalterlichen Kirchen versinnbildlichen dieses Verständnis), die Kirche (»Ecclesia«) des Christentums habe triumphiert. Gottes neues Volk seien die Christen, die Juden habe er verworfen.

Wir müssen nicht über Fortentwicklungen im und des Christentums streiten. Sie sind auch mir bekannt, doch zur religionsgeschichtlichen Wahrhaftigkeit gehört die Erwähnung dieser Tradition.

Für sie ist die Gründung Israels eine fundamentale Herausforderung. Wenn Gott die Juden tatsächlich verworfen haben sollte, ist es doch eher seltsam, daß er die Wiedererrichtung eines jüdischen Staates zuließ. Wie konnte das überwundene, gebrochene Volk als Volk, ja sogar staatlich gefestigt, wiederauferstehen? Niemand wundere sich, daß der Vatikan mit Israel lange Zeit nicht nur realpolitische, sondern auch und besonders heilsgeschichtliche Probleme hatte.

Die realpolitischen sind inzwischen nicht vollständig gelöst, doch erheblich entkrampft. Strittig ist, völlig verständlich, vor allem die Jerusalem-Frage, auch die Palästinenserpolitik Israels, doch das sind Reibungsflächen, die auch nichtreligiöse Staaten mit Israel haben. Und umgekehrt: Im Jahre 1964 besuchte Papst Paul VI. als erstes Oberhaupt der Katholiken das Heilige Land, 1994 nahmen Israel und der Vatikan diplomatische Beziehungen auf.

Auch und gerade die den Dialog suchenden und pflegenden Christen und Juden sollten sich dennoch keinen Illusionen hingeben. Weil und wenn die Christen glauben, das Christentum habe das Judentum sozusagen überwunden und Jesus sei der »Christus«, der Messias, werden und müssen die Verständigungsschwierigkeiten bleiben; nicht nur allgemein für ihre jeweilige Glaubenswelt, sondern auch für die politische. Das ist nicht polemisch gemeint, wohl aber realistisch festgestellt. Für Kreuzzüge besteht deshalb nun wahrlich keine Veranlassung. Man kann ja darin übereinstimmen, daß man nicht übereinstimmt. Das allein ist Toleranz.

Widerlegung der islamischen Heilslehre?

Der Koran ist die Heilige Schrift der Muslime. Die meisten Araber, auch die palästinensischen, sind Muslime. Araber und Juden, diese beiden Völker, beanspruchen jeweils nur für sich dieses eine Land. Die Juden berufen sich nicht zuletzt auf ihre Heilige Schrift, die Hebräische Bibel. Stärkt der Koran die arabisch-muslimische Rechtfertigung? Eigentlich würde man dies erwarten, zumal beispielsweise im Oktober 1997 die islamischen Fundamentalisten der palästinensischen »Hamas«-Bewegung aller Welt mitteilten, daß Allah den Muslimen dieses Land versprochen habe. Sie dürften es deshalb weder den Juden noch anderen überlassen.

Wenig Toleranz bringen wir der folgenden Legende entgegen: Daß Israels Gründung der islamischen Heilslehre widerspräche. Ganz im Gegenteil. Man lese doch einmal den Koran oder wenigstens Auszüge, bevor man über die Heilige Schrift der Muslime redet. Ich überspitze absichtlich und sage: Der Koran ist fast eine zionistische Quelle. Weshalb? Der Prophet Mohammed stellte sich ohne Wenn und Aber in die Tradition des Judentums, also der Hebräischen Bibel. In dieser Bibel wird den Juden das Heilige Land von Gott versprochen.

In der Sure 10, 94 lesen wir: »Wir hatten den Kindern Israels eine dauerhafte Wohnung (im Lande Kanaan) bereitet.« Es gibt noch mehr Belege.[27]

»Für Juden der toleranten arabisch-islamischen Welt war Israel unnötig«

Im »christlichen Abendland« gehörte jahrhundertelang der Antisemitismus zum »guten Ton«. Oft ist zu hören, daß es den Juden in muslimischen Gesellschaften besserging.

Von christlicher Intoleranz zur islamischen. Im Vergleich zur christlichen Welt des Mittelalters und der Neuzeit schneidet die islamische keineswegs schlecht ab. Wie gesagt, »im Vergleich«.

Seit Gründung der Zionistischen Bewegung im Jahr 1897 schwappte der Konflikt in und um das Heilige Land zunächst auf die gesamte arabische, dann die islamische Welt über. Blutige Ausschreitungen, Judenmorde blieben nicht aus. Bis Ende der vierziger Jahre dieses Jahrhunderts war die arabisch-islamische Welt den bei ihr lebenden Juden so überdrüssig, daß ungefähr 600 000 von ihnen zwischen 1948 und 1951 die Auswanderung ins neu gegründete Israel vorzogen.

Zerbrochene Ideale

Landwirtschaftliche Pioniere (»Chalutzim«)

Lange Zeit galt: Wer »Israel« sagt, denkt an Kibbutzim und an »Chalutzim«. Der erste Kibbutz, Degania, wurde 1908 von den sozialistischen Pionieren der zweiten Einwanderungswelle am Südufer des Sees Genezareth gegründet. »Chalutzim« sind Pioniere. Gemeint waren damit besonders die landwirtschaftlichen Pioniere der Kibbutzim, die dem steinigen Boden förmlich jede Ernte abtrotzten und »die Wüste zum Blühen« brachten.

Tatsächlich ist die Leistung der Chalutzim höchst eindrucksvoll, und die Produkte der israelischen Landwirtschaft erfreuen tatsächlich seit Jahrzehnten auch die immer verwöhnter werdenden Feinschmecker Deutschlands und Westeuropas. Tatsache ist aber auch, daß schon zur Gründung Israels keine Rede davon sein konnte, Israel wäre eine Gesellschaft von Chalutzim gewesen. Nicht einmal 8 Prozent der Juden Israels lebten 1947/48 in Kibbutzim, heute sind es etwas mehr als 2 Prozent. Und trotzdem denkt »Otto Normalverbraucher« hierzulande, wenn er »Israel« hört, an Jaffa-Orangen oder Avocado oder eben an Landwirtschaft. Legenden sind hartnäckiger als Fakten, auch dauerhafter als die amtliche Statistik, die zeigt, daß Israels Export 1949 zwar zu 63 Prozent aus Zitrusfrüchten bestand, agrarische Produkte inzwischen (1997) aber nur 3 und Zitrusfrüchte nur ein Prozent der israelischen Ausfuhr ausmachen.

Nicht die Zahl der Kibbutzim und Kibbutzbewohner (»Kibbutznikim«), sondern ihre unbestreitbaren Leistungen für das zionistische Gemeinwesen und ihr Gemeinschaftsgeist machten sie so wichtig für Israels Geschichte. Fast überall, wo Gemeinsinn und Risikobereitschaft nötig waren, fand man erstaunlich viele Frauen und Männer aus diesen Kommunen. Sie verkörperten sozusagen den Geist des Jungen Israel, sie stellten ein großen Teil seines Führungspersonals und nur einen kleinen seiner Gesamtbevölkerung. Bis in die siebziger Jahre wurden die großen Leistungen dieser Mini-Gesellschaft von »den Israelis« gewürdigt. Das hat sich dramatisch geändert. Weshalb? Verschiedene Gründe sind zu nennen.

Sozialismus

Seit den 1920er Jahren gaben sozialistische Parteien den politischen Ton im jüdischen Gemeinwesen an, besonders die »Mapai«. Bis 1977 war die »Mapai« so etwas wie Israels Staatspartei. Ihre Wurzeln reichen bis ins Jahr 1905 zurück. Mit anderen, nicht mehr gar so linken Linksparteien schloß sich die Mapai 1968 zur »Israelischen Arbeitspartei« (IAP) zusammen. Eigentlich handelte es sich dabei um eine Wiedervereinigung mit früheren Mapai-Abspaltungen. Undenkbar schien bis 1977 ein Machtverlust der Sozialisten, aus denen immer gemäßigtere Sozialdemokraten wurden.

Das Junge Israel war wirklich sozialistisch. Allmählich und immer stärker entstand jedoch eine bürgerliche Gesellschaft, eine bürgerliche Konsumgesellschaft. Hier gilt der Ohnemichl mehr als der aufopferungsvolle Pionier, den man – bestenfalls – als liebenswerten Spinner belächelt. Das ist ein Grund für die eingetretene Entfremdung zwischen der israelischen Gesellschaft und den Kibbutzim.

Auch dieser Grund ist zu nennen: Die einstigen landwirtschaftlichen Pioniere wurden vor allem von den Israelis orientalischer Herkunft, den Unterschichten also, als dickbäuchige Pflanzeraristokratie, als Herrschafts- und Oberschicht, als »Establishment«, betrachtet. Ganz falsch war das nicht.

Ein dritter Grund: Die dicken Bäuche der Kibbutznikim sind mittlerweile erheblich abgespeckt worden. Gegen die Gesetze der Marktwirtschaft im Inneren und Äußeren konnte sich die Utopie der Kibbutzwirtschaft, trotz aller Erfolge, nicht durchsetzen. Die Krise der Kibbutzim ähnelt der Krise des westeuropäischen Wohlfahrtsstaats: wunderschön, aber unbezahlbar. Die Mehrheit der Israelis weigert sich jedenfalls, diesen Wunschtraum auf Dauer zu finanzieren.

Ein vierter Grund: Die Gesetze der extrem arbeitsteiligen und spezialisierten Wirtschaft und Gesellschaft sind mit den arbeitstheoretischen Vorstellungen des Kibbutz nicht vereinbar. Heute muß der erfolgreiche Landwirt von Landwirtschaft wirklich etwas verstehen. Die Begeisterung, auf einem Traktor zu sitzen oder Bananen zu pflanzen und Getreide zu säen, reicht nicht aus. Fachleute werden benötigt. Man hat sie natürlich in den Kibbutzim, doch man konnte und wollte sie nicht heute im Kuhstall und morgen beim Abtrocknen in der Küche einsetzen.

Für das sozialistische Ideal der Kibbutzim war das ein weiterer Todesstoß, denn ursprünglich sollte ja gerade die Arbeitsteilung aufgehoben werden. Jeder sollte alles können und alles machen können. Grau ist alle Theorie!

Ein fünfter Grund: Die Gesellschaft in den Kibbutzim selbst wurde immer bürgerlicher. Längst essen die Familien im eigenen Häuschen, anstatt in den allgemeinen Speisesaal (»Chadar Haochel«) zu gehen. Die Kinder liefert man nicht mehr im Kinderhaus ab, sie wohnen bei den Eltern. Die »bürgerliche Familie«, einst Inbegriff des Spießertums, feierte in den Kibbutzim ihre Wiederauferstehung.

II. Klein-Israel: 1948 bis 1967

Der Staat Israel bestand eigentlich schon, bevor er am 14. Mai 1948 von David Ben-Gurion ausgerufen wurde. Funktionierende zionistische Institutionen gab es seit Jahrzehnten; in Politik und Militär, Wirtschaft und Gesellschaft, Kultur und Wissenschaft, eigentlich überall. Wir sagten es im vorigen Kapitel: Der jüdischen Staatlichkeit fehlte nur noch formal der Staat.

So klein dieser Staat, so gewaltig seine Probleme in den Gründerjahren. Der Sicherheitspolitik dieser Jahre wenden wir uns besonders intensiv zu. In jenen Jahren wurden nämlich wichtige Weichen gestellt.

Von Krieg zu Krieg zu Krieg

Weil auch nach dem Unabhängigkeitskrieg (November 1947 bzw. Mai 1948 bis Januar 1949) der Kampf ums Überleben zentral für Israel blieb, übernahm die zentrale politische Persönlichkeit des Landes, Ministerpräsident David Ben-Gurion (1886–1973) auch das Verteidigungsressort.

Mindestens genauso wichtig: Ben-Gurion war durch und durch ein Zivilist, ein Gesinnungszivilist sozusagen. Auch als leitender zionistischer Politiker der vorstaatlichen Zeit hatte er nie Zweifel daran aufkommen lassen, daß die Politik die Gewehrläufe zu bestimmen habe, nicht umgekehrt.

Auf vier Ebenen hat Israel fast von Anfang an Sicherheitspolitik betrieben: Sicherheitspolitik als Anti-Terror- und als konventionelle Kriegsführung, als Nuklear- und auch als Friedenspolitik. Bis 1978 (Abkommen von Camp David mit Ägypten) waren die Israelis auf den ersten drei Ebenen erheblich erfolgreicher, und die Friedenspolitik war weder innen- noch außenpolitisch unumstritten.

Fenster zum Frieden?

Sicherheitsfragen blieben für die Israelis allgegenwärtig und fast allentscheidend. Und das so sehr, daß ein Teil der israelischen Öffentlichkeit und Politik das hier und dort zum Frieden geöffnete Fenster nicht mehr erkennen konnte oder wollte. Besonders tragisch war diese Schwierigkeit, die Möglichkeit zum Frieden wahrzunehmen, als in den Jahren 1993 bis 1996 Ministerpräsident Rabin, Außenminister Peres und Palästinenserpräsident Arafat aktive und durchaus vielversprechende, wenngleich von Rückschlägen nicht freie, aber eben entschlossene Friedenspolitik betrieben. Doch greifen wir nicht vor.

»Die Welt verfolgt uns, ist gegen uns, wir sind ständig bedroht.« Diese Weltsicht hatte natürlich ihre tiefen historischen Wurzeln. Der Holocaust war eine davon, doch keineswegs die einzige. Im Lauf der zweitausendjährigen Diasporageschichte mußten und haben »die Juden« Überlebensgespür und Überlebensmechanismen entwickelt.

Der entscheidende Überlebensmechanismus eines existentiell gefährdeten Staats ist eben das Militär. Deshalb, und wegen der wahrnehmungsprägenden Leidensgeschichte des Jüdischen Volkes, wurde das Militär so etwas wie eine »Heilige Kuh« Israels. Doch einmal mehr: Am Anfang war die Angst. Die Angst der Israelis, militärisch geschlagen und dann, wie die Vorfahren, vernichtet zu werden. Im Mittelpunkt stand und steht der Kampf ums Überleben. Ein Volk im Dauerstreß.

Verbunden war diese psychische Anstrengung mit erheblichen Opfern: volks- und privatwirtschaftlichen ebenso wie individuellen. Die allgemeine Wehrpflicht war von Anfang an wirklich weitgehend allgemein, und sie wurde immer länger: 1949 hatten Männer 24 und Frauen 12 Monate zu dienen. Seit 1968 sind es bei den Männern 36 Monate. Die Wehrpflicht der Frauen dauert derzeit, seit 1995, 21 Monate.

In den Gründerjahren von 1949 bis 1956 flossen zwischen 30 und 40 Prozent aller staatlichen Ausgaben in den Verteidigungshaushalt. Ein gigantischer Anteil. Eigentlich war er noch größer, wenn man bedenkt, daß sich in jener Zeit Israels Einwohnerzahl mehr als verdoppelte.

Frieden mit Syrien und Ägypten – vertan?

Ägypten und Syrien waren von Anfang an die wichtigsten Frontstaaten. Im Unabhängigkeitskrieg von 1948/49 kämpften sie gegen Israel. In den frühen fünfziger Jahren nutzten die Palästinenser den ägyptisch verwalteten Gazastreifen zu Attacken auf israelische Zivilisten. Israels Militär schlug zurück, was zu einer Verschärfung der ägyptisch-israelischen Spannungen führte. Sie nahmen auch deshalb zu, weil Ägyptens Präsident Nasser es nicht zuließ, daß Schiffe aus, von oder nach Israel den Suezkanal passierten. Die Schließung der Meerenge von Tiran führte sowohl 1956 als auch 1967 zu Kriegen zwischen beiden Staaten. Nasser war objektiv ein Scharfmacher. Subjektiv, das wissen wir heute, war er durchaus um Entspannung bemüht – allerdings benutzte er die völlig falschen Mittel.

Im israelisch-syrischen Konflikt wurde seit den fünfziger Jahren vornehmlich um die Nutzung des lebenswichtigen Rohstoffs Wasser gestritten und gekämpft. Zwei große Waffengänge fallen in die Klein-Israel-Periode: 1948/49 und 1967.

Daß »alle Araber sich mit Israel nie und nimmer abfinden wollten«, ist auch eine der vielen Legenden, die sich um den Israelisch-Arabischen Konflikt ranken. Nicht einmal für die Gründerjahre stimmt sie.

Der syrische Armeechef Husni Zaim hatte sich am 30. März 1949, also nach dem militärischen Desaster im ersten Krieg gegen Israel, in Damaskus – unblutig – an die Macht geputscht.

Bereits im Mai 1949 war er bereit, sich mit Israels Ministerpräsident Ben-Gurion oder Außenminister Scharett zu treffen. Mehr noch: Er signalisierte seine Bereitschaft, 300 000 palästinensische Flüchtlinge in Syrien anzusiedeln, also regelrecht zu integrieren und nicht »zeitweilig« in Flüchtlingslagern dahinvegetieren und auf Rache gegen Israel und andere sinnen zu lassen. Nun begingen die Israelis einen verhängnisvollen Fehler: Nur die zweite Garnitur sollte mit dem Syrer verhandeln. Der sagte daraufhin ab.[28] Nach außen drang das alles damals nicht durch; weder Syriens dramatische Geste noch Israels ebenso dramatische Panne. Trotzdem streckten Syrien und Israel auch in den folgenden Wochen Friedensfühler aus. Zaim ließ die Israelis sogar wissen, daß er zu Friedensverhandlungen bereit sei. Wurde er deshalb am 14. August 1949 von seinen Militärs abgesetzt und ermordet? Das wissen wir nicht, denn die syrischen Dokumente hierüber – sofern überhaupt vorhanden – sind nicht zugänglich. Daß etwas hinter den syrisch-israelischen Kulissen seinerzeit ablief, erfahren wir aus den israelischen Quellen. Sie sind jedermann zugänglich und zum größten Teil sogar veröffentlicht.[29]

Nie wieder waren bislang Syrien und Israel einem Frieden so nahe. Kein Zweifel: Israel hat damals unter Ben-Gurion eine einzigartige Friedenschance nicht genutzt. Wie sicher wäre aber ein Frieden mit Zaim gewesen? So sicher wie seine Präsidentschaft? Wäre sie durch einen Frieden mit Israel gefestigt oder zusätzlich geschwächt worden? Letzteres scheint wahrscheinlicher, denn Zaim wurde, abgesehen von innerarabischen Motiven, wohl auch wegen seiner Friedensbereitschaft ermordet.

Trotzdem: Die Regierung Ben-Gurions hat diese Möglichkeit zu leichtfertig vertan. In den Dokumenten findet man immer wieder das Argument, man solle nichts »überstürzen« und nicht »hastig« verhandeln, denn jede Friedensvereinbarung hätte von Israel territoriale Zugeständnisse verlangt. Den israelischen Mini-Staat weiter zu verkleinern schien den Israelis nicht sonderlich attraktiv. Dieser Perspektive zog zumindest Ben-Gurion die Waffenstillstandslinien vor; auch nach 1949.[30] Über die Weisheit dieses Ansatzes kann man natürlich streiten. Und genau das geschieht in Israel, seitdem man die Dokumente kennt.

Doch auch nach Zaims Ermordung waren noch nicht alle Friedenslichter ausgeschaltet worden. Inoffizielle Gespräche führte die syrische Regierung auch noch 1950 mit den Israelis. Nein, einen regelrechten Friedensvertrag wollte sie mit dem Jüdischen Staat nicht schließen, wohl aber praktische Abkommen über Einzelfragen, sogar einen Nichtangriffspakt. Ähnliches schlugen die Ägypter den Israelis im Februar 1950 bei Geheimgesprächen in den USA vor. Gewiß, ihr Preis war hoch: Sie verlangten Grenzkorrekturen im südlichen Negev und in der Region Eilat, denn dieses Stück Land hatte sich wie ein Keil zwischen die Arabische Welt geschoben. Zwischen dem arabischen Osten und Westen gab es durch dieses Stück Israel um Eilat keine territoriale Durchgängigkeit mehr.[31]

Hatten die Israelis diese Stadt am Roten Meer seinerzeit nicht sozusagen im Handstreich genommen? Ja. Seit dem 7. Januar 1949 galt die Feuerpause nach dem ersten Nahostkrieg, am 24. Februar hatte Ägypten den Waffenstillstand unterzeichnet, und am 10. März hatte Zahal Ägyptern und Jordaniern das Gebiet um und die Stadt Eilat (damals einige armselige Hütten) entrissen – obwohl die Waffen eigentlich »schweigen« sollten. Das ist die eine Seite.

Es gibt auch eine andere: Der am 29. November von der UNO angenommene Teilungsplan für Palästina hatte dieses Gebiet dem Jüdischen Staat zugeschlagen. Das hinderte selbst die USA nicht daran, noch 1949 vorzuschlagen, daß Israel den gesamten Negev, die südisraelische Wüste, aufgeben und den Arabern überlassen solle. Jordanien oder Ägypten? Das ließen die Amerikaner offen. Die Israelis widersetzten sich dem amerikanisch-arabischen Druck.

Heute kaum glaublich: Durch die inoffiziellen syrisch-israelischen Verhandlungen fühlte sich die US-Regierung unter Präsident Truman an den Rand gedrängt. Sie bevorzugte außerdem einen größeren internationalen Verhandlungsrahmen und pochte auf Lösung des Flüchtlingsproblems.[32]

Hatte Israel noch eine Friedenschance vertan? Möglicherweise. Wieder ein »Aber«: Schon damals, 1950, stand der Thron des ägyptischen Königs Faruk auf tönernen Füßen. Am 23. Juli 1952 wurde Faruk gestürzt und verjagt. Wäre dies nicht geschehen, wenn es Frieden mit Israel gegeben hätte? Oder wäre es früher geschehen? Wer weiß? Dennoch, auch diese Möglichkeit hat die Regierung Ben-Gurion vertan. Was hätte sie tun können? Auf Eilat verzichten? War dieses ägyptische Angebot nicht vielleicht Teil einer »Salamitaktik«? Einer Salamitaktik, die auch das nachkönigliche, republikanische, sich selbst »sozialistisch« nennende Ägypten unter Staatspräsident Nasser verfolgte? Erst ein Stück vom Süden Israels, dann das eine oder andere mehr nördliche, und so weiter? Alles Spekulation. Sie führt nicht weiter. Wenn Politik »die Kunst des Möglichen« ist, dann hat Israel während der Gründerjahre, also in der Zeit der entscheidenden Weichenstellungen, nicht alle Möglichkeiten zum Frieden genutzt. Das kann man sicher feststellen.

Man schaue auf das Jahr 1951: Im Frühjahr beschloß die Regierung Ben-Gurion, den vom Fluß Jordan gebildeten Hule-See in Nordisrael trockenzulegen. Zwei Ziele wollte man dadurch erreichen: die Verringerung der Malariagefahr und landwirtschaftliche Selbstversorgung. Das feucht-warme Klima der Jordansenke und der sumpfige Boden, so die damalige Annahme, böten ein ideales Treibhausklima. Mit zwei oder sogar noch mehr Ernten im Jahr rechnete man; noch mehr Einwanderer, die ernährt werden mußten, erwartete man. So weit, so gut, weil eigentlich unpolitisch. Politisch wurde die Geographie der für die Planerfüllung notwendigen Bohrungen. Sie lagen in der entmilitarisierten Zone zwischen Israel und Syrien.

Die Bohrgeräte und Maschinen, so die israelische Seite, seien keine militärischen Güter und könnten dorthin gebracht werden. Nein, beharrten die Syrer und pochten darauf, daß Israels Vorhaben eine Verletzung bestehender Vereinbarungen sei. Es kam, wie es kommen mußte: Geschossen wurde, und zwar sehr heftig.[33]

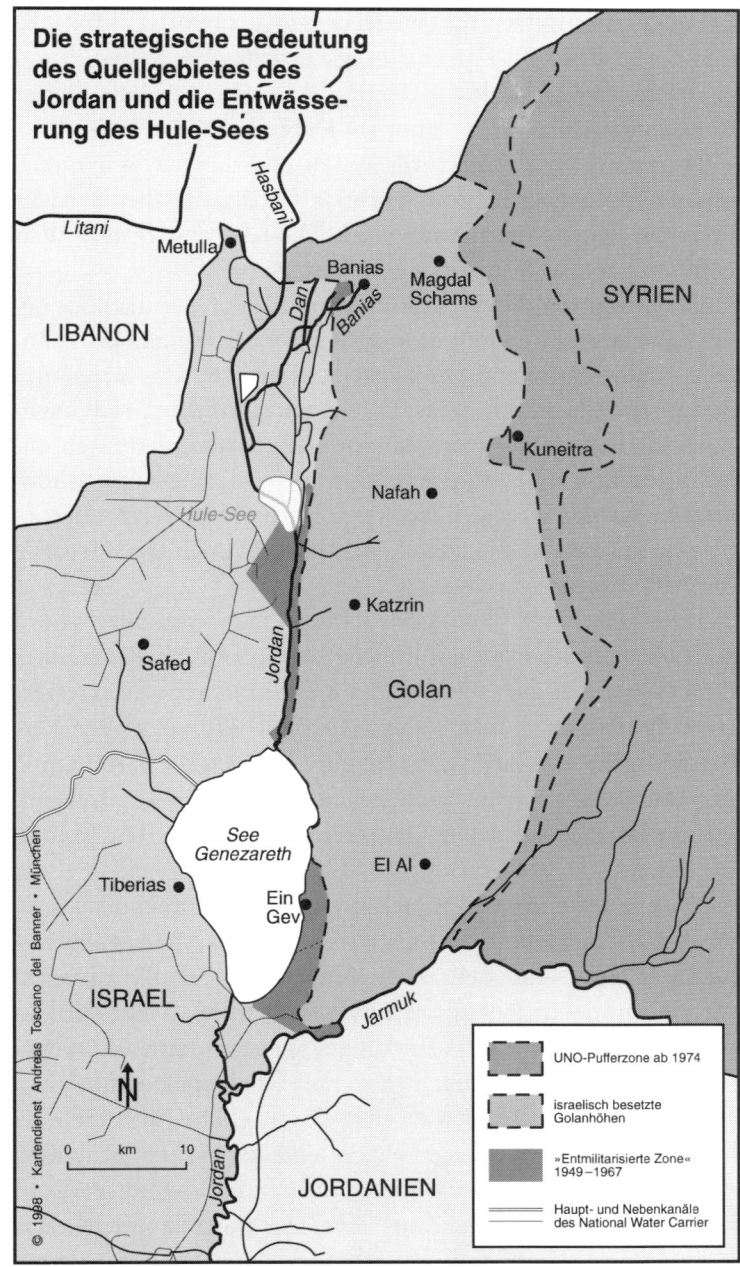

Die strategische Bedeutung des Quellgebietes des Jordan und die Entwässerung des Hule-Sees

Litani

Metulla

Hasbani

Banias

Dan

Banias

Magdal Schams

SYRIEN

LIBANON

Kuneitra

Hule-See

Nafah

Katzrin

Safed

Jordan

Golan

See Genezareth

El Al

Tiberias

Ein Gev

ISRAEL

Jarmuk

N

0   km   10

Jordan

JORDANIEN

© 1998 · Kartendienst Andreas Toscano del Banner · München

UNO-Pufferzone ab 1974

israelisch besetzte Golanhöhen

»Entmilitarisierte Zone« 1949–1967

Haupt- und Nebenkanäle des National Water Carrier

Israelische Spitzenmilitärs steuerten – ohne Rücksprache mit den politischen Entscheidungsträgern – einer Eskalation zu. Noch empörter als die übrigen Kollegen war Außenminister Scharett, die Super-Taube im Kabinett.[34] Nicht nur im Konflikt mit Syrien war diese Auseinandersetzung bedeutsam. Um das Primat der Politik über das Militärische wurde hier gerungen. Nicht zum ersten und nicht zum letzten Mal in Israels Geschichte.

Da die Syrer die Provokationspatrouille der Israelis beschossen hatten, meinte nun auch die Regierung, »keine andere Wahl« zu haben, als zurückzuschießen. Das wiederum erregte die UNO und, für Israel viel unerfreulicher, weil wichtiger, die USA. Israel entschuldigte sich, Syrien zeigte sich unbeeindruckt und startete Anfang Mai 1951 eine Kommandoaktion, bei der vierzig Israelis getötet wurden. Dem internationalen Druck sich beugend, stellte Israel noch im Mai 1951 die Arbeiten ein – zeitweilig.

Und wieder ergriffen die Syrer die politische Initiative: Man solle und könne, sogar auf hoher Ebene und auch direkt, über die Frage der Souveränität in der entmilitarisierten Zone verhandeln. Falken in Israels Regierung und Militär hielten Verhandlungsbereitschaft schon für ein »Zeichen der Schwäche«, die Tauben unter Außenminister Scharett rieten zur Aufnahme der vorgeschlagenen Gespräche, zumal die USA hierzu drängten.

Die außenpolitische Empfehlung war dann Ergebnis des innerisraelische Kompromisses. Ein Ja, aber. Ja, man wolle verhandeln. Aber man stelle Bedingungen: Syrien solle zunächst vorschlagen, worüber genau zu verhandeln sei. Nicht nur Damaskus, sondern auch Washington reagierte enttäuscht. »Halsstarrig« seien die Israelis, hieß es im State Department.[35]

Kein Zweifel: Israel war »halsstarrig«. Das war die eine Seite der Medaille. Wieder gab es eine zweite: Israel wußte, das Ergebnis von Verhandlungen konnte nur Gebietsverzicht in der entmilitarisierten Zone sein. Das hätte langfristig das Hule-Entwässerungsprojekt verhindert. Hierauf konnte Israel jedoch nicht verzichten, wollte es in Versorgung seiner Bevölkerung unabhängig sein. Das war eine Lebensfrage. Die andere, ebenso wichtige lautete: Krieg oder Frieden? Aus sicherer räumlicher und zeitlicher Entfernung kann man leicht urteilen und verurteilen. Wie hätte man selbst gehandelt? Hätten Ben-Gurion und seine Kollegen damals gewußt, was wir heute wissen, hätten sie gewiß anders gehandelt. Die Böden im Hule-Tal sind für Landwirtschaft nicht sonderlich geeignet, und Israel kann seine gewachsene Bevölkerung dennoch ernähren.

Im November 1951 wurde in Syrien wieder geputscht. Der neue starke Mann hieß Schischakli. Für die geplante Sanierung der syrischen Wirtschaft setzte er auf einen prowestlichen Kurs. Krieg mit Israel konnte er weder für dieses noch jenes gebrauchen. Im Oktober 1952 wurde mit Israel direkt über eine Teilung der entmilitarisierten Zone verhandelt.[36]

Gab es darüber für Israel wirklich etwas zu verhandeln? Unsere Antwort ist bekannt. Trotzdem taktierte Israel – unter dem Einfluß des stets gemäßigten Außenministers Scharett – behutsam. Das strategische Ziel eines eventuellen Friedens schien Sondierungen wert. Aber dann mußte es wirklich ein Frieden sein, der nicht nur so genannt wurde, zumindest ein Nichtangriffspakt. Wieder setzten sich die Falken um Ministerpräsident Ben-Gurion durch. Wenn keine Seite die andere angreift, entwickle sich die Situation zum ständigen Nichtangreifen von allein. Einen Nichtangriffspakt benötige man dann nicht. Das Faktische entscheide, beharrte Scharett. Richtig, meinte auch Ben-Gurion, doch er erkannte keine Zweiseitigkeit. Israel würde auf Land und Wasser verzichten, ohne daß Syrien irgend etwas Konkretes gäbe.[37] Vertane Chancen?

Das Nein der Israelis wurde 1953, trotz neuerlicher syrischer Vorstöße für eine Teilung der entmilitarisierten Zone, noch energischer, denn nun wollte man nicht nur den Norden ent-, sondern die südliche Negevwüste bewässern: mit Jordanwasser. Der Jordan hat bekanntlich drei Quellflüsse: den Dan, der im Norden Israels entspringt; den Hasbani, dessen

Quelle im Libanon liegt, und den Banias auf syrischem Gebiet. Gehörte also das Jordanwasser nur Israel? Eine nicht nur völkerrechtlich interessante, sondern eine politisch entscheidende und für Israel wegen der allgemeinen Wasserknappheit lebensentscheidende Frage. Hier konnte und wollte Ben-Gurion noch weniger nachgeben als in der Auseinandersetzung über die Trockenlegung des Hule-Sees. Sein Spielraum war eng. Der syrische war kaum breiter, denn objektiv entwendete Israel ein kostbares Gut, das nicht sein ausschließliches Eigentum war. Außerdem regte sich 1953 in Syrien die Opposition gegen die Diktatur Schischaklis. Die islamistischen Muslimbrüder schürten das innenpolitische Feuer gegen den starken Mann, der sich außenpolitische Schwächen wie einen Kompromiß mit dem »zionistisch-jüdischen Feind« nicht leisten konnte. War in diesem Geflecht wirkliche Friedenspolitik möglich? Für Israel? Für Syrien? Wer konnte und wollte welches Risiko eingehen, ohne entweder sich selbst, die Interessen seines Staates oder beides zu gefährden?

Des Jordanwassers wegen kam es schließlich zum Krieg: Am 5. Juni 1967. Auf den Tag genau drei Jahre zuvor hatte Israel den »National Water Carrier«, die Nationale Wasserleitung, in Betrieb genommen. Sie leitete Jordanwasser in den Süden des Landes. Als arabische Antwort hatte Syrien von der Arabischen Liga einen Krieg gegen Israel verlangt. Die »gemäßigte« Linie setzte sich durch. Statt eines Kriegs wollte die Mehrheit auf der Arabischen Gipfelkonferenz von Kairo am 13. Januar 1964 Israel nur das Jordanwasser abgraben. Hierfür sollten die Jordan-Quellflüsse Hasbani und Banias umgeleitet werden.

Die darauf folgenden Signale Israels waren eindeutig: Die Verwirklichung dieses »gemäßigten« Plans, der Israel austrocknen und lebensunfähig machen sollte, bedeute Krieg. Militärisches Geplänkel, alles andere als unblutig und durchaus von Israel begonnen und eskaliert, war das Vorspiel zum Sechstagekrieg des Jahres 1967.

»Begonnen?« War diese Notwehr tatsächlich ein Angriff?

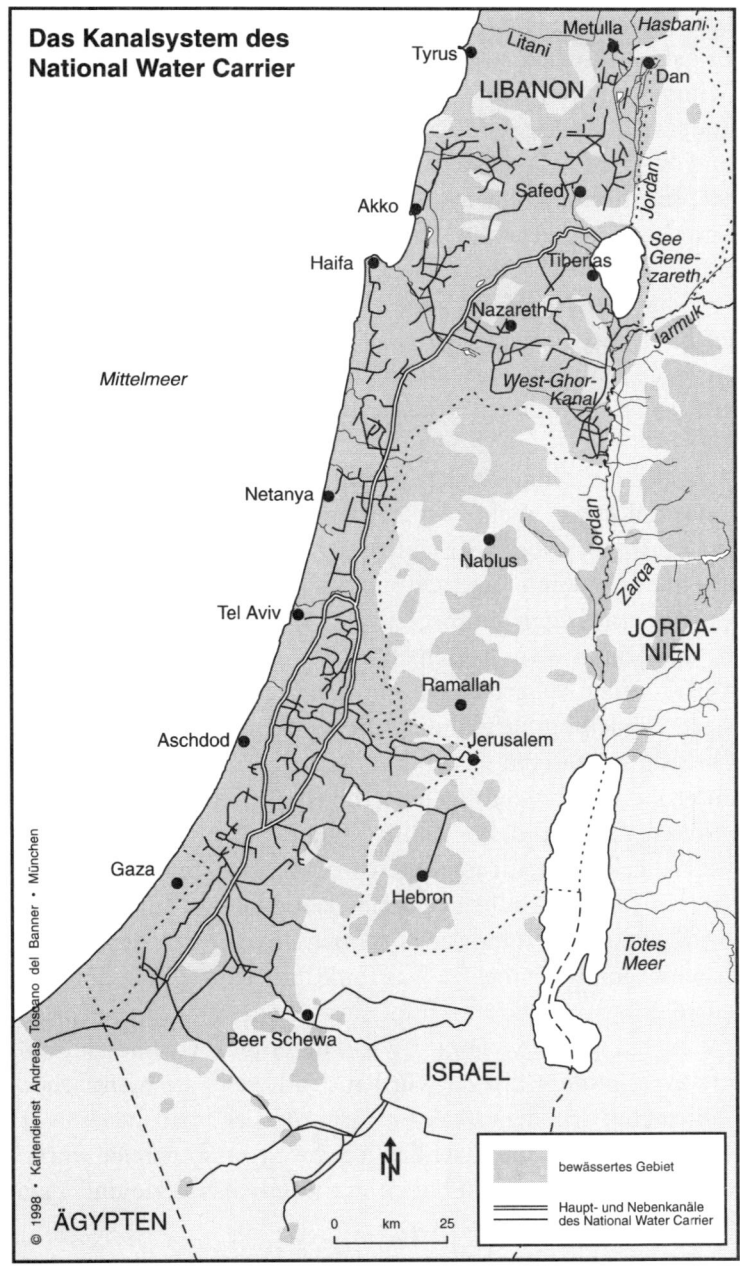

Das Kanalsystem des
National Water Carrier

Tyrus
Litani
Metulla   Hasbani
LIBANON
Dan
Jordan

Akko
Safed

Haifa
Tiberias
See Gene-zareth

Nazareth

Jarmuk

Mittelmeer

West-Ghor-Kanal

Netanya

Nablus

Jordan

Zarqa

Tel Aviv

JORDA-NIEN

Ramallah

Aschdod
Jerusalem

Gaza

Hebron

Totes Meer

Beer Schewa

ISRAEL

N

bewässertes Gebiet

0   km   25

Haupt- und Nebenkanäle
des National Water Carrier

© 1998 · Kartendienst Andreas Toscano del Banner · München

ÄGYPTEN

81

Ursache, doch nicht unmittelbarer Anlaß des Sechstagekriegs. Es gab noch einen zweiten Anlaß: Landhunger. Zumal Israels Militärs und Politiker – anders als die Weltöffentlichkeit und anders als die eigene Propaganda – sehr wohl wußten, daß und wie sehr Zahal den syrischen und übrigen arabischen Streitkräften überlegen war. Die Steigerung der Spannungen und den Krieg gegen Syrien hat Israel provoziert. Kronzeuge für diese Sichtweise ist kein Geringerer als Mosche Dajan, der »strahlende Kriegsheld Israels«. Als Generalstabschef führte er im Herbst 1956 höchst erfolgreich den Sinaifeldzug gegen Ägypten und als Verteidigungsminister den Sechstagekrieg von 1967. Er muß eigentlich gewußt haben, wovon die Rede war.

In der funktionierenden Demokratie des Jüdischen Staates kann auf Dauer nichts verschwiegen oder vertuscht werden. Im April 1997 veröffentlichte der israelische Journalist Rami Tal in der größten Tageszeitung des Landes ein Interview, das er 1976 mit Dajan geführt hatte.[38] Aus dem Grab heraus teilte uns Dajan diese Geschichte mit, denn gestorben war er 1981. »Viele Feuerwechsel mit den Syrern hat Israel provoziert. Die Kibbutzbewohner (am See Genezareth, am Fuß der Golanhöhen) übten Druck auf die Regierung aus, den Golan zu erobern. Weniger aus sicherheitspolitischen Gründen. Sie wollten Ackerland. Er selbst, Dajan, habe 1967 Syrien im Sechstagekrieg nicht angreifen wollen. »Die Syrer waren am vierten Tag (des Sechstagekriegs) keine Gefahr für uns ... Ich weiß genau, wie mindestens achtzig Prozent der Zusammenstöße begonnen haben ... Das funktionierte so: Wir schickten einen Traktor in die entmilitarisierte Zone, wo man eigentlich gar nichts machen konnte. Wir wußten von vornherein, daß die Syrer dann schießen würden. Und wenn sie nicht schossen, sagten wir dem Traktorfahrer, daß er noch weiter vorstoßen solle, bis dann schließlich die Syrer so gereizt waren, daß sie schossen. Dann haben wir unsere Artillerie und Luftwaffe eingesetzt. So war das.«

Ausgerechnet Verteidigungsminister Dajan gab aber am vierten Kriegstag, Generalstabschef Rabin sowie Ministerpräsident Eschkol umgehend, den Befehl, die Golanhöhen zu erstürmen. Weshalb? Seine eigene Erklärung: Um ein Faustpfand für eine günstige Friedensregelung zu erzielen, nicht jedoch wie die Kibbutzlobby, um fruchtbares Ackerland zu gewinnen oder gar das Gebiet Israel einzuverleiben.[39] Einen Sturm der Entrüstung entfachte der tote Dajan bei den Kibbutzim:»Kein Kibbutz hat durch die Eroberung des Golan Land bekommen«, konterte Muki Zur von der Vereinigten Kibbutzbewegung.[40] Auch das ist nicht die ganze Wahrheit, denn einige Kibbutzim haben sich dort angesiedelt und betreiben mit großem Erfolg zum Beispiel Weinbau.

*

Auch über die tatsächlich oder vermeintlich vertanen Friedensmöglichkeiten mit dem nachrevolutionären Ägypten sollte man nicht vorschnell urteilen. Gewiß, die»Freien Offiziere« um Naguib, Nasser und Sadat, die König Faruk vertrieben hatten, knüpften Gespräche mit Israel an, doch zugleich bildeten sie die Speerspitze antiisraelischer Propaganda und Politik auf der Weltbühne.[41]»Doppelstrategie« nennt man so etwas in Deutschland seit den siebziger Jahren.

Trotzdem, Verpackung und Stil der ägyptischen Politik wurden sanfter. Und die Substanz? Kaum. Die alten Gräben klafften: Ägypten wollte die palästinensischen Flüchtlinge aus dem Gazastreifen loswerden, Israel sie nicht aufnehmen, denn man hatte ja den Jüdischen Staat gegründet und war nicht unglücklich darüber, daß man weniger Araber integrieren mußte. Durch den Suezkanal durften israelische Schiffe auch nach dem Putsch nicht, und nach wie vor verlangte das neue Ägypten einen Landkorridor durch die südisraelische Negevwüste nach Jordanien. Welchen politischen Spielraum hatte Israels Regierung da wirklich? Präsentierte Ägypten nicht alten Wein in neuen Schläuchen, die nahöstliche Salamitaktik? Ohne die ägyptischen Dokumente zu kennen, wird man diese Frage nicht wirklich beantworten können. Die Mehrheit der israelischen Entscheidungsträger entschied sich jedenfalls gegen das Risiko einer solchen Friedenspolitik.

Eine kleine Minderheit israelischer Politiker, angeführt von Israels Botschafter in den USA und bei den Vereinten Nationen, Abba Eban, neigte trotz aller Bedenken zum friedenspolitischen Wagnis. Im März 1953 unterbreitete Eban einen geradezu sensationellen Plan.[42] In direkten Verhandlungen sollte Israel den Arabern unter anderem eine Landverbindung zwischen Ägypten und Jordanien sowie finanzielle Hilfen bei der Um- und Ansiedelung der im Gazastreifen lebenden palästinensischen Flüchtlinge auf dem Sinai, im Irak und in Syrien zusagen. Das ging nicht nur dem pragmatischen Falken und Regierungschef Ben-Gurion, sondern sogar der Taube Scharett zu weit.[43] Nur eine kleine Gruppe im Außenministerium unterstützte Ebans Vorschlag nachdrücklich.[44] Die Mehrheit der israelischen Entscheidungsträger zog Umwege vor: Die USA wollte man bitten, auf Ägypten Druck auszuüben, damit es direkte Verhandlungen mit Israel über ein regionales Sicherheitsabkommen aufnehme.[45] Druck auf Ägypten lag der damals erst seit wenigen Wochen amtierenden Eisenhower-Dulles-Regierung fern. Im Gegenteil, sie suchte bessere Beziehungen zur neuen Führung Ägyptens, die sich im Juli 1952 an die Macht geputscht hatte. Im »Roll Back« gegen die kommunistische Welt hoffte Washington auf die Hilfe der Araber. Israel störte dabei und schien »hartnäckig«. Die USA waren von Israel und Israel von den USA enttäuscht.[46] Bei seinem Israelbesuch am 13. und 14. Mai 1953 redete US-Außenminister John Foster Dulles Tacheles. Anders als die vorangegangene Truman-Regierung der Demokraten werde seine Administration nicht von jüdischen »pressure groups« beeinflußt und übersehe daher nicht die berechtigten arabischen Wünsche. Präsident Eisenhower wolle das Vertrauen der Araber für die USA gewinnen.[47] In einer Radioansprache nach seiner Rückkehr verlangte Dulles auch öffentlich von Israel »Konzessionen« zugunsten einer Friedensregelung.[48]

Mit Ebans Vorschlägen hätten die USA, Ägypter und anderen Araber besser leben können. Doch genau diese »Konzessionen« hielt die Mehrheit der israelischen Entscheidungsträger in Politik und Militär für lebensgefährlich.

Hatten sie recht oder unrecht? Jedenfalls war der gute Rat aus Washington so gut nun auch wieder nicht, denn die Ägypten-Politik der Regierung Eisenhower-Dulles endete in einem Fiasko.

Spätestens im Februar 1955 driftete Ägypten ins Lager Moskaus. Hätte Israels Entgegenkommen diese Entwicklung verhindert? Man kann es drehen und wenden wie man will, keiner weiß es wirklich. Wir zeichnen hier allein die Möglichkeiten nach. Es gab sie, und sie werden oft übersehen oder auch willentlich und wissentlich verschwiegen. Verschwiegen oder vergessen wird auch die Tatsache, daß die Eisenhower-Dulles-Administration und auch die britische Regierung schon Anfang 1956 Nasser zum Zündeln geradezu verführt hatten, indem sie die im Mai 1950 gemeinsam mit Frankreich ausgesprochene Existenzgarantie für Israel erheblich verwässerten.

Die freie Passage durch die Straße von Tiran war jedenfalls nach dem Waffengang vom Herbst 1956 gesichert. Öleinfuhren aus dem Iran erreichten Israel ungehindert, und der Seeweg ermöglichte es Israel, die Beziehungen zu den jungen Staaten Asiens und Afrikas auszubauen.

1967 folgte die Neuinszenierung des Tiran-Schauspiels durch Nasser. Ja, er hatte wieder die Initiative ergriffen und an der Meerenge von Scharm el-Scheich wieder seine Artillerie postiert. Daß dies der Casus belli war, wußte er natürlich.

Nach dem Suez-Krieg des Jahres 1956 war die Grenze zu Israel weitgehend ruhig, denn als »Beobachter«, faktisch als Puffer, waren UNO-Soldaten stationiert worden. Auf diese Weise erhielt Nasser eine elegante Möglichkeit, Aktivitäten der palästinensischen Fedajin nicht selbst eindämmen zu müssen, um israelische Vergeltungsschläge zu vermeiden, die ihn unter Handlungszwang gesetzt hätten. Sonst hätte er natürlich weiterhin Terrorüberfälle der palästinensischen Fedajin auf israelische Ziele dulden müssen. Nichts anderes hätte er sich als Führer der Panarabischen Bewegung leisten können. Sonst wäre er als Verräter der »palästinensischen und arabischen Sache« gebrandmarkt worden. Trotzdem geriet Nasser in gesamtarabischen Zugzwang – durch eigene Ungeschicklichkeiten. Er hatte sich militärisch in den seit 1962 tobenden jemenitischen Bürgerkrieg eingemischt. Ägyptische Soldaten unterstützten die republikanischen gegen die monarchistischen Kräfte. Die Intervention wurde für Ägypten eine Blamage ersten Ranges. Und eben dieser erste Rang Nassers in der Arabischen Welt war 1966/67 deshalb äußerst gefährdet. Außerdem drängten die Palästinenser zu Aktionen. Seit 1965 war Jassir Arafats Fatach mit syrischer Hilfe aktiv und startete auch von Jordanien aus Kommandounternehmen gegen Israel. Im Herrschaftsbereich Nassers wurden die Palästinenser durch UNO-Soldaten daran gehindert. Das wiederum setzte Nasser zusätzlich unter Druck. Er war eher der Getriebene als der Treibende und wurde auf diese Weise in die militärische Eskalation getrieben. Nassers Flucht in den Aktionismus war ein Weg in die Sackgasse, ein Weg in die vorhersehbare Niederlage gegen Israel.

Zu diesem Aktionismus gehörte die Wiederaufnahme der Fedajin-Nadelstiche gegen Israel. Die Stationierung der UNO-Soldaten hatte dies unmöglich gemacht. Also mußte die UNO weg. Das verlangte Nasser am 16. Mai 1967 und ließ seine zwei Tage zuvor mobilisierten Streitkräfte gleich auf der Sinai-Halbinsel vorrücken. Der schwache UNO-Generalsekretär, U Thant aus Burma, gab sofort nach. Am 19. Mai zogen sich die UNO-Truppen von der ägyptisch-israelischen Grenze sowie aus Scharm el-Scheich zurück. Radio Kairo jubelte: Das, Araber, ist unsere Chance, Israel den Todesstoß zu versetzen, es von unserem heiligen Land auszuradieren.«

Das den Fedajin gegebene grüne Licht förderte einerseits Nassers Prestige, andererseits schwächte es ihn, weil Israel nach jedem Terrorschlag noch heftiger zurückschlug. Israel wollte – und mußte zum Schutz seiner Bürger – abschrecken. Krieg mit Israel war also in Sicht. Das wiederum bot Ägypten eine andere Chance: sich ohne Gesichtsverlust aus dem Jemen zurückzuziehen. Zu seiner Glaubwürdigkeit mußte Nasser nun weiter an der Eskalationsspirale drehen. Er tat es. Am 16. Mai rückten ägyptische Streitkräfte auf der Sinai-Halbinsel vor, am 22. Mai 1967 ließ Nasser die Straße von Tiran erneut für Israel schließen, und am selben Tag verkündete er: »Das arabische Volk ist entschlossen, Israel von der Landkarte verschwinden zu lassen.«

Hat sich nun Nasser selbst in die Sackgasse des Sechstagekriegs manövriert, oder wurde er von Israel hineingezogen? War die Schließung der Straße von Tiran die Flucht nach vorn, die Offensive aus einer Position der Defensive? Offensiv und provokativ und für Israel lebensbedrohlich war es auf jeden Fall. Wie auch immer, Nasser war nicht in der Lage, die Situation selbst zu steuern. Sein angeblich so schwächlich-dümmlicher Gegenspieler in Israel, Ministerpräsident Levy Eschkol, vermochte das mit Nachhilfe anderer Partner sehr wohl und in diesem Ausmaß für Ägypten offenbar völlig unerwartet erfolgreich.

Nasser spielte mit dem Feuer und hat sich verbrannt. Wollte er durch jenen noch begrenzbaren Brand einen unbegrenzten, genauer, nuklearen verhindern und den Ausbau des Atomwaffenprogramms im südisraelischen Reaktor von Dimona auf diese Weise stoppen? Einige, erst seit kurzem zugängliche, Dokumente deuten diese Möglichkeit an.[49] Mag sein. Klar erkennbar war dieses Ziel weder für Eingeweihte noch für Außenstehende. Um ein Ziel erreichen zu können, muß man es zumindest einigen Partnern verdeutlichen, sonst erreicht man es nicht. Nasser hat es nicht erreicht.

Eine Legende sollten wir im Zusammenhang mit dem Waffengang von 1967 noch erwähnen: Die in Israel gern – und auch wörtlich – gehegte Legende von der »Sauberkeit« der eigenen Waffen. Wir haben schon gesehen, daß sie bereits 1947/48 nicht ganz »sauber« waren. Inzwischen haben israelische Historiker festgestellt, daß sowohl im Krieg von 1967 als auch 1956 gar nicht so wenige ägyptische Soldaten, die sich ergeben hatten, von Israelis unverzüglich erschossen und nicht als Kriegsgefangene interniert wurden. Das ist die schlimme Seite. Die ermutigende: Israelische Historiker haben selbst dieses dunkle Kapitel thematisiert.

Frieden mit Jordanien – vertan?

Obwohl weder Israel noch Jordaniens König Krieg wollten, brach er 1948 aus. Danach gewährte Jordaniens König Abdallah den Palästinensern Schutz, Staatsbürgerschaft und neue Heimat. Dadurch wurde es Teil der oft gewaltsamen Spannungen zwischen Israel und den Palästinensern. Diese benutzten schon in den fünfziger Jahren Jordanien als Operationsbasis. Außer dem Gazastreifen hatten sie keine andere. Israel schlug zurück, verletzte dabei die Souveränität Jordaniens und aus dem zweiseitigen Konflikt wurde ein dreiseitiger.

König Abdallah von Jordanien fühlte sich vom selben Feind bedroht wie Israel: von der palästinensischen Nationalbewegung. Deshalb hatten schon vor der Staatsgründung Zionisten und Abdallah zusammengearbeitet, nicht sichtbar, aber wirkungsvoll.[50] Der Feind des Feindes war nicht Freund, wohl aber Partner der Israelis.

Daß und weshalb die Palästinenser ihrerseits Israel beanspruchten, ist bekannt. Sie waren zudem die Einheimischen auch im Gebiet östlich und westlich des Jordans. Britischer Gnade, genauer, dem schlechten Gewissen der Briten hatte es Abdallah zu verdanken. Die Briten hatten nämlich während des Ersten Weltkriegs Abdallah und seinem Vater ein Großarabisches Königreich versprochen. Später haben sie diese Zusage gebrochen. Zur Entschädigung erhielt Abdallah das Emirat »Transjordanien«, also das Gebiet östlich des Jordans. Er wurde den einheimischen Palästinensern sozusagen aufgepfropft. Daß sie über dieses britische Geschenk nicht sonderlich begeistert waren, kann man verstehen. Auch ihre geringe Begeisterung darüber, daß Abdallah (seit 1946 »König«) im ersten Israelisch-Arabischen Krieg das Westjordanland und Ost-Jerusalem zunächst eroberte und dann seinem »Transjordanien« einverleibte, das auf diese Weise »Jordanien« wurde. König Abdallah und Israel kann man ebenfalls verstehen: Ein nicht bestehender Palästinenserstaat war beiden viel lieber als ein bestehender.

So einfach scheint das alles, war es aber nicht. Eine genaue Prüfung der Quellen, kontert der in London lehrende Israeli Efraim Karsh, beweise, daß Israel die Gründung eines Palästinenserstaates 1947/48, nach und wegen des UNO-Teilungsplanes weder torpedierte noch boykottierte und auch nicht mit Abdallah kollaborierte. Nur König Abdallah habe dies systematisch getan, so Karsh.[51]

Kenner der Nahostgeschichte wissen, daß König Abdallah kurz vor Beginn des ersten Israelisch-Arabischen Kriegs mit der zionistischen Abgesandten Golda Meir (damals noch Meyerson, der späteren Außenministerin und Ministerpräsidentin) zusammentraf, um den Krieg zu vermeiden. Abdallah wollte ihn so wenig wie die Israelis. Aber dann griff seine Arabische Legion eben doch in den Krieg ein, gewann Gebiete, sogar Ost-Jerusalem (das jüdische Viertel verloren die Israelis am 28. Mai 1948) und das Westjordanland – und annektierte sie 1948 faktisch, 1950 amtlich. Erinnert uns Europäer dieser Abdallah nicht etwas an das Verhalten der österreichischen Kaiserin Maria Theresia bei der ersten Teilung Polens: »Sie weinte, und sie nahm«, hat ihr »Freund« und Feind Friedrich II., der Große, gesagt. Das Muster wiederholte sich übrigens im Juni 1967, als Abdallahs Enkel, König Hussein, im Sechstagekrieg – ebenfalls widerwillig – gegen Israel kämpfte. 1973, im Jom-Kippur-Krieg, verhielt er sich geschickter und schickte ein eher symbolisches Kontingent an die syrische Front gegen Israel.

Wenn man zum Beispiel die außenpolitischen Schlüsseldokumente Israels allein für die Monate Mai bis Dezember 1949 auswertet, stellt man fest, daß sich Israel auch intern keineswegs einem Palästinenserstaat in den vom UNO-Teilungsbeschluß vorgesehenen Grenzen widersetzte.[52] Begeistert waren die Israelis über den Kriegsverlauf und -ausgang an der jordanischen Front wahrlich nicht. Sie hatten viele Soldaten verloren und auch die Altstadt von Jerusalem, bei deren Eroberung die britisch geführte »Arabische Legion« brutal vorging. Den Weg zur Hebräischen Universität auf dem Scopus-Berg versperrte Jordanien nach dem Krieg ebenso wie den Zugang zur Altstadt. Jerusalem war eine geteilte Stadt.

Übergeordnete, realpolitische Interessen führten Israel und Jordanien wieder zusammen; zunächst hinter den Kulissen. Ein Erstarken der Palästinenser sollte verhindert werden. Abdallah mußte jederzeit damit rechnen, daß sie ihn und seine Familie stürzen wollten. Israel fürchtete palästinensische Terroraktionen von jordanischem Gebiet aus. Es hoffte, gemeinsam mit den jordanischen Sicherheitskräften die palästinensischen Fedajin bekämpfen und deren Aktionen im Keim ersticken zu können.

Vom Sommer 1949 bis zum März 1950 verhandelten Israel und Jordanien fieberhaft. Die Initiative hierzu war nicht von Israel, sondern vom jordanischen König ausgegangen.

Mitte Dezember 1949 hatte man sich auf einen Rahmenvertrag geeinigt. Weil Wille zur Einigung und zum Frieden bestand, rangen sich beiden Seiten zu weitreichenden Zugeständnissen durch. Jordanien, das mit Ausnahme seines Landzipfels am Roten Meer ein Binnenstaat war, sollte einen Landkorridor zum Mittelmeer erhalten, nach Gaza. Israel sollte die Souveränität über das jüdische Viertel der Jerusalemer Altstadt sowie Zugang zur »Klagemauer«, der Westmauer des 70 nach Christus zerstörten Zweiten Tempels, sowie zum Scopus-Berg erhalten, auf dem die Hebräische Universität lag. Am 24. Februar 1950 wurde das Rahmenabkommen paraphiert, doch wenige Tage später verlangte König Abdallah

Nachverhandlungen. So weit, fürchtete er, könne er doch nicht gehen, ohne seine innenpolitische und innerarabische Position dramatisch zu schwächen.[53] Das schon vor Israels Staatsgründung eher antizionistische Großbritannien und die arabischen Staaten erfuhren vom Fortgang der Gespräche. Sie waren am Abbau der Spannungen mit Israel uninteressiert und setzten alle Hebel in Bewegung, um die Unterzeichnung des Friedensvertrags zu sabotieren. König Abdallah fühlte sich verunsichert und haderte und zauderte. Dann war es zu spät: Am 20. Juli 1951 wurde vor der El-Akza-Moschee in der Jerusalemer Altstadt der Mordauftrag des extremen Palästinenserführers Amin el-Husseini vollstreckt. Neben seinem Großvater stand damals der heutige, seit 1953 regierende König von Jordanien: Hussein. Friedenspolitik als innenpolitisch unausweichlicher Selbstmord. Das war leider nicht die letzte Tragödie. Es gab weitere: 1981 wurde Ägyptens Präsident Sadat, 1995 Israels Ministerpräsident Rabin ermordet.

Terror und Gegenterror

Rund 700 000 palästinensische Flüchtlinge hatten zwischen 1947 und 1949 ihre Heimat verloren. Damit wollten sie sich verständlicherweise nicht abfinden. Sie verlangten ihre Rückkehr. Israel lehnte das ab, und die arabischen Staaten hießen ihre Brüder und Schwestern aus Palästina nicht gerade willkommen. Über eine reguläre Armee verfügten die Palästinenser nicht. Was sollten sie tun? Sie konnten nur »Nadelstiche« gegen Israel, also Terroraktionen versuchen.

Diese Politik führte zunächst dazu, daß die israelische Seite Terror mit massivem Gegenterror beantwortete, was auch abseits stehende Zivilisten traf und betraf. Besonders in Jordanien waren nichtpalästinensische Zivilisten hierüber empört. Verantwortlich machten sie dafür nicht nur das reagierende Israel, sondern auch die zuvor agierenden Palästinenser.

Die Folge: Die innenpolitischen Spannungen zwischen Palästinensern und Nichtpalästinensern in Jordanien nahmen zu. Die Palästinenser gerieten zwischen den israelischen Hammer und den jordanischen Amboß. Wie die anderen arabischen Staaten wollte auch Jordanien deshalb die Palästinenser möglichst rasch nach Israel zurückkehren sehen.

Aus gesamtarabischer und auch palästinensischer Sicht war die Maximalforderung nach Rückkehr aller Flüchtlinge ebenso verständlich wie aus israelischer die Ablehnung dieses Ansinnens. Selbst US-Präsident Truman, der im Mai 1949 von Israel die Wiederaufnahme der Flüchtlinge verlangt hatte, biß bei Ben-Gurion auf Granit.[54] Doch Israels Premier traf auf internen Widerstand. Als Reaktion auf den Druck aus den USA schlug Außenminister Scharett dem Kabinett vor, Israel möge 100 000 Flüchtlinge aufnehmen. Er setzte sich durch, im Juli 1949 teilte man den USA diese Entscheidung mit.[55] Israels Öffentlichkeit reagierte verärgert. Dieser innenpolitische Sturm verlieh den »Falken« amerika- sowie palästinapolitischen Rückenwind, und den Palästinensern brachte diese Alles-oder-nichts-Politik wieder das gleiche wie zuvor: nichts. Bald schon, 1950, zog Israel sein Angebot zurück.

Die Folge: Die Palästinenser ließen vom Terror nicht ab. Die Konsequenz ließ nicht lange auf sich warten: Gegenterror Israels. Einen »Namen« machte sich dabei, als Kommandant der berühmt-berüchtigten »Einheit 101«, Ariel (Arik) Scharon, später General und Leiter verschiedener Ministerien, auch des Verteidigungsministeriums. Selbst israelische Minister, das zeigen die Dokumente, waren über die Härte und Brutalität der Männer um Scharon entsetzt. Aufschlußreich ist die Lektüre der Protokolle der Kabinettssitzung vom 18. Oktober 1953.[56] Drei Tage zuvor hatten Scharon & Co. das westjordanische Dorf Kibije überfallen und dabei 69 Palästinenser ermordet, darunter auch Frauen und Kinder.

Amtlich hieß es immer wieder »ejn brera«, anders geht es nicht. Doch darüber kann man streiten.

Nicht streiten kann man darüber, daß es auch hier eine andere Seite gibt: die israelischen Opfer. Zwischen 1951 und 1955 wurden 466 Israelis bei Terroraktionen von jordanischem Gebiet aus ermordet. Knapp fünfhundert in vier Jahren, knapp hundert bei einer Aktion. Mit Zahlen kann man alles rechtfertigen – und auch nichts, zumal nicht erst die Zahl das Grauen bestimmt.

Nicht streiten kann man darüber, daß sich bei dieser Aktion – wieder einmal – das israelische Militär über die politischen Entscheidungsträger (mit Ausnahme Ben-Gurions) hinwegsetzte und Jordanien in erhebliche Schwierigkeiten brachte. Außen- und sicherheitspolitisches sowie innenpolitisches Ringen waren eng miteinander verflochten.[57]

Unbestreitbar ist zudem die Tatsache, daß Israels Vorgehen die an sich kooperationswillige Regierung und das Militär Jordaniens an den Rand der Selbstaufgabe drängte. Einerseits wollte auch die jordanische Führung Aktivitäten der palästinensischen Fedajin gegen Israel kontrollieren und bekämpfen. Jede Stärkung der Palästinenser bedeutete eine Schwächung der Haschemitendynastie in Jordaniens Hauptstadt Amman. Der König Jordaniens mußte einen Drahtseilakt vollbringen: Kontrolle der Fedajin ohne Kungelei mit dem vermeintlichen »Erzfeind Israel«. Aufgrund des immens hohen Anteils von Palästinensern an der jordanischen Bevölkerung war und blieb jede zu offensichtliche oder sichtbare Zusammenarbeit mit Israel für den König in Amman ein politisches und physisches Risiko. Sie durfte bestenfalls unsichtbar sein. Jedes Zuschlagen der Israelis auf jordanischem Gebiet schwächte aber den König ebenfalls. So gesehen, hätte Israel die Fedajin nicht auf jordanischem Gebiet treffen dürfen.

Doch gerade bei diesem Konflikt, wo immer alle alles zu wissen vorgeben, muß man jede Aussage gewissenhaft prüfen: Wie konnte Israel seine eigene Bevölkerung gegen die Fedajin wirksam schützen? Jordanien vermochte es nicht. Das war auch nicht die Aufgabe der Regierung in Amman. War aber ein möglicher Umsturz in Jordanien, gefördert und bedingt durch Israels Aktionen auf jordanischem Gebiet, nicht eine noch viel größere Gefahr für den Staat Israel und seine Bürger? Langfristig bestimmt, doch kurzfristig mußte Israels Regierung auf die Herausforderung des palästinensischen Terrors reagieren. Allein 1953 wurden 124 Israelis bei Überfällen aus dem Westjordanland und 38 bei Attacken aus dem Gazastreifen ermordet.

Wie auch immer man die Fragen beantwortet: Scharon und seine Mannen schossen damals – in jeder Hinsicht – weit über das eigentliche Ziel der Terrorbekämpfung hinaus. Ihre Vergeltungsschläge schadeten Israel regional und weltpolitisch enorm.[58] So berechtigt ihr Kern war, sie führten zu einer Verrohung der Mentalität von Israels Politik, Militär und Gesellschaft. Die Araber machte es nicht sanfter. Die Spirale der Eskalation drehte sich weiter. Ein Teufelskreis wurde es. Er dreht sich noch immer.

Schon damals ging die Rechnung der israelischen Falken weder politisch noch militärisch auf.

Jordanier und Palästinenser im von Jordanien annektierten Westjordanland sollten erkennen, daß der antiisraelische Terror Ursache ihres eigenen Leids, die Kontrolle und Bekämpfung des palästinensischen Terrors ein gemeinsames Anliegen von Israelis sowie friedfertigen Arabern sei. Das erkannten die friedfertigen Araber, die es natürlich gab, durchaus. Der israelische Gegenterror, der nicht selten blind unter der Zivilbevölkerung wütete, wirkte freilich nicht als Sympathiewerbung für Israel. Auch nicht bei der politischen und militärischen Führung des Königreiches Jordanien. Israels Vorgehensweise hat Jordanien geradezu in kriegerische Handlungen, ja, in den Krieg von 1967 regelrecht hineingezogen. Jene fortdauernden Überfälle auf das eigene Staatsgebiet und den fortgesetzten Bruch jordanischer Souveränität konnte Amman nicht hinnehmen, ohne die ohnehin schon unsichere Herrschaft über das Westjordangebiet und somit im ganzen Reich zu riskieren.

Geld, Atom und Abschreckung

Die militärische Nuklearisierung des Nahen Ostens hat Israel in den fünfziger Jahren begonnen. Schauen wir auf die Zusammenhänge.

Geld hatte Israel kaum und Menschen, trotz der »Massen«-einwanderung, wenig. Von beidem hatte es jedenfalls erheblich weniger als die arabische Seite. Diese grundlegenden Tatsachen führten die Militärplaner des Jüdischen Staates zu folgender Überlegung: Im herkömmlichen Rüstungswettlauf könne Israel langfristig unmöglich bestehen, überleben und gewinnen. Militärische Abschreckung blieb jedoch unverzichtbar. So kam man in Israel auf den gleichen Gedanken, den man nach 1945 in den USA und dann bei der NATO entwickelte. Man glaubte, das militärische Ei des Kolumbus gefunden zu haben: atomare Aufrüstung und »massive Vergeltung«.

Diese Nuklearisierung schien existentielle Sicherheit zu gewähren, vergleichsweise kostengünstig und zudem wahrlich abschreckend. Was NATO und USA zuerst im Korea-Krieg lernten, blieb auch Israel nicht erspart: Atomare Aufrüstung bleibt nicht einseitig, und nicht jeder Angriff kann »massiv vergolten« werden. »Flexible Antworten« der herkömmlichen (konventionellen) militärischen Art waren unvermeidbar. Einer dritten Art der Kriegsführung mußte Israel zudem von Anfang an gewachsen sein: dem Terror der Fedajin-Kommandos.

Bleiben wir beim Atom. Mit wem und von wem konnte man es bekommen?

Frankreich als militärischer Partner

Seit 1954 wurde Frankreich Israels wichtigster Partner, politisch ebenso wie militärisch. Beide Seiten brauchten einander. 1956 kämpften sie gemeinsam gegen Ägypten. Seit der Unabhängigkeit Algeriens (1962) kriselte es jedoch zwischen beiden Staaten, 1967/68 war die Partnerschaft zu Ende.

Frankreich arbeitete fieberhaft an seiner atomaren Aufrüstung. Ab 1954 bahnte sich eine enge politische und militärische (auch militärisch-nukleare) Zusammenarbeit mit Frankreich an. Der Atommeiler von Dimona im Süden Israels, in der Negevwüste, ist ihr sichtbares Zeugnis.

Seit 1954 fürchtete Frankreich den Verlust seiner wichtigsten Kolonie: Algerien. Offiziell war Algerien ein Teil der französischen Republik, doch heftig widersetzten sich die Araber Algeriens dieser Bindung. Ende 1954 griffen sie zu den Waffen. Es begann ein von beiden Seiten bis 1962 brutal geführter Krieg, bei dem die Aufständischen von Ägyptens Präsident Nasser unterstützt wurden. Ägypten war als stärkster arabischer Nachbarstaat die größte Gefahr für Israel. Eine Ausweitung des Macht- oder auch nur Einflußbereichs Ägyptens nach Algerien beunruhigte den Jüdischen Staat zusätzlich.

Der Suez-Krieg und das
Ende der Liebelei mit Frankreich

Nach dem Motto »Der Feind meines Feindes ist mein Freund« fanden Israel und Frankreich zusammen. Im April 1956 wurde die informelle und sehr wirksame »Allianz« geschmiedet. Frankreich wurde Israels wichtigster Rüstungslieferant und -partner, konventionell und nuklear.

Vom 29. Oktober bis 5. November 1956 schlugen Frankreich und Israel gemeinsam mit Großbritannien zu: Sie überfielen Ägypten. Alle drei fühlten sich dazu berechtigt. Die Franzosen und Briten, weil Staatspräsident Nasser »ihren« Suezkanal verstaatlicht hatte.

Frankreich und Großbritannien meinten 1956, wie in alten Kolonialzeiten auftrumpfen zu können. Sie hatten noch gar nicht bemerkt, daß der Kolonialismus sich überholt hatte.

Israel hatte nie einen Zweifel an Kriegsgründen aufkommen lassen: Als Casus belli konnte, so hatte man es definiert und aller Welt signalisiert, gelten: 1) Die Störung des israelischen Alltags durch Terroraktionen. 2) Die Sperrung der Luft- und Seefahrtswege von und nach Eilat, der südisraelischen Hafenstadt am Roten Meer. 3) Strategische Veränderungen des militärischen Kräfteverhältnisses zwischen Israel und den Arabern. 4) Die Stationierung fremder (besonders irakischer oder syrischer) Truppen in Jordanien. 5) Eine Dreierallianz zwischen Ägypten, Syrien und Jordanien.

Alle fünf Gefahren schienen Israels Führung 1955/56 gegeben. Seit August 1955 schickte Ägyptens Präsident Nasser wieder vermehrt palästinensische »Fedajin«-Kämpfer vom Gazastreifen aus nach Israel. Ab April 1956 kamen sie zudem aus Jordanien. Die Seefahrt nach Eilat hatte Ägypten schon zuvor be- und sogar verhindert: Seit dem 29. September 1950 blockierte der Nilstaat die Passage aller Schiffe von und nach Eilat durch den Suezkanal. Völkerrechtswidrig und schädlich, doch nicht existentiell, war diese ägyptische Maßnahme, denn Israel verfügte mit Haifa und Tel Aviv (seit den sechziger Jahren auch Aschdod) über zwei Mittelmeer-Häfen. Sie sicherten die Seeverbindung nach Europa.

Viel schwerwiegender und bedrohlicher war zunächst die Behinderung und dann Verhinderung des Eilat-Schiffsverkehrs durch die Meerenge von Tiran.

Wer seit 1953 durch die Straße von Tiran, am Südzipfel der Sinai-Halbinsel, mit dem Schiff nach Eilat wollte, mußte die Passage den ägyptischen Behörden 72 Stunden vorher ankündigen. Eine ähnliche Regelung hatten sich die Ägypter für Flugzeuge einfallen lassen. Überflugrechte von und nach Israel waren seitdem ebenfalls drei Tage vorher einzuholen. Nur Ausländer erhielten die Genehmigung, israelische Reeder oder Fluggesellschaften konnten sich den Antrag gleich sparen. »El Al«, Israels staatliche Fluglinie, mußte daraufhin ihren Flugverkehr nach Afrika einstellen.

Im Mai 1955 war es vereinbart worden, am 23. September 1955 erfuhr es die ganze Welt: Die Sowjetunion rückte zum wichtigsten Waffenlieferanten Ägyptens und Syriens auf. Die strategische Wende der Sowjetunion ins arabische Lager war damit vollendet. Begonnen hatte sie zum Jahreswechsel 1948/49, als das Ende des sowjetisch-israelischen Honigmondes sich anbahnte. Die Kremlführung unter Stalin hatte damals erkannt, daß die Unterstützung Israels das delikate Gleichgewicht ihrer Nationalitätenpolitik im Sowjetreich gefährdete. Weil und indem sich die Juden mit »ihrem Israel« identifizierten, so die Befürchtung, könnten sie andere Volksgruppen mit dem nationalen Bazillus infizieren. Vor allem innenpolitische Motive bestimmten also diesen Kurswechsel. Es gab freilich auch außenpolitische: Die Arabische Welt war größer, gewichtiger, wohlhabender und in der internationalen Welt, besonders bei den Blockfreien, erheblich einflußreicher. Wozu brauchte Moskau Israel? Außerdem hatte Stalin von 1949 bis zu seinem Tod am 5. März 1953 eine antisemitische Kampagne im gesamten Ostblock inszeniert, die sich nicht unbedingt segensreich auf die Beziehungen zum Jüdischen Staat auswirkte. Als Reaktion auf den immer offeneren und aggressiveren Antisemitismus Stalins explodierte am 9. Februar 1953 vor der sowjetischen Botschaft in Tel Aviv eine Bombe. Zwei Tage später brach Moskau die diplomatischen Beziehungen zu Israel ab. Schon bald nach Stalins Tod, am 21. Juli 1953, wurden sie wieder aufgenommen, aber die Herzlichkeit aus dem Jahre 1947 war längst verflogen.

Anfang September 1955 fühlte sich Ägyptens Präsident Nasser so stark und sicher, daß er die Meerenge von Tiran sperren ließ. Einige wenige Artilleriegeschütze reichten hierfür aus.

Kleine Mengen, große Wirkung. Für Israel ging es tatsächlich um lebenswichtige Interessen. Die fortgesetzte Sperrung hätte nicht nur die südisraelische Hafenstadt Eilat, sondern den gesamten Staat Israel stranguliert, weil wirtschaftlich ausgetrocknet. Ausgetrocknet wäre nämlich die Öleinfuhr Israels. Die Lieferungen aus dem Iran (dort regierte damals noch der

Schah) wären ausgeblieben. Schließlich wäre die Seeverbindung nach Afrika und Asien verhindert worden. Ein Lebensnerv Israels war bedroht. Anders als bei der Blockade des Suezkanals verfügte Israel über keine geographischen und damit auch keine wirtschaftlichen Alternativen.

Dies war der entscheidende, nicht der einzige Kriegsgrund aus israelischer Sicht. Der von Nasser geschürte Terror der palästinensischen Fedajin aus dem ägyptisch verwalteten (nicht zu Ägypten gehörenden!) Gazastreifen hatte das Alltagsleben der Israelis erheblich beeinträchtigt.

Am 25. Oktober 1956 schloß sich Jordanien dem Militärpakt an, den Ägypten, Syrien und Saudi-Arabien gegen Israel geschlossen hatten. Das militärische Kräfteverhältnis hatte sich seit 1955, durch die sowjetischen Waffenlieferungen an Ägypten und Syrien, ohnehin zuungunsten Israels verschoben. Bevor die Ausgangslage noch ungünstiger wurde, wollte Israel zuschlagen. Daß es zuschlagen würde, mußten die arabischen Staaten erwarten, denn ein möglicher Casus belli war eindeutig mitgeteilt worden.

Scharm el-Scheich wurde erobert, die Straße von Tiran war wieder frei. Die Sinai-Halbinsel war in israelischer, die Suezkanalzone in französisch-britischer Hand.

Was dann geschah, ist kurz erzählt: Die Sowjetunion drohte einzugreifen, sogar mit Atomwaffen, und die USA verlangten den unverzüglichen Rückzug der Briten, Franzosen und Israelis. US-Präsident Dwight D. Eisenhower, ein von amerikanisch-jüdischen Wählern ganz und gar unabhängiger Republikaner, und, wie sein Außenminister John Foster Dulles, kein Freund Israels, fürchtete die Gefahr eines Weltkriegs. Man bedenke, daß im Herbst 1956 die zwar ungerechte, aber recht und schlecht funktionierende Nachkriegsordnung grundsätzlich zusammenzubrechen drohte: In Polen kriselte es, und in Ungarn probte die Bevölkerung den Aufstand gegen die kommunistische Herrschaft. Und dann eben der Suez-Krieg mit britischer und französischer Beteiligung sowie der Gefahr einer atomaren sowjetischen Intervention. Alarmstufe

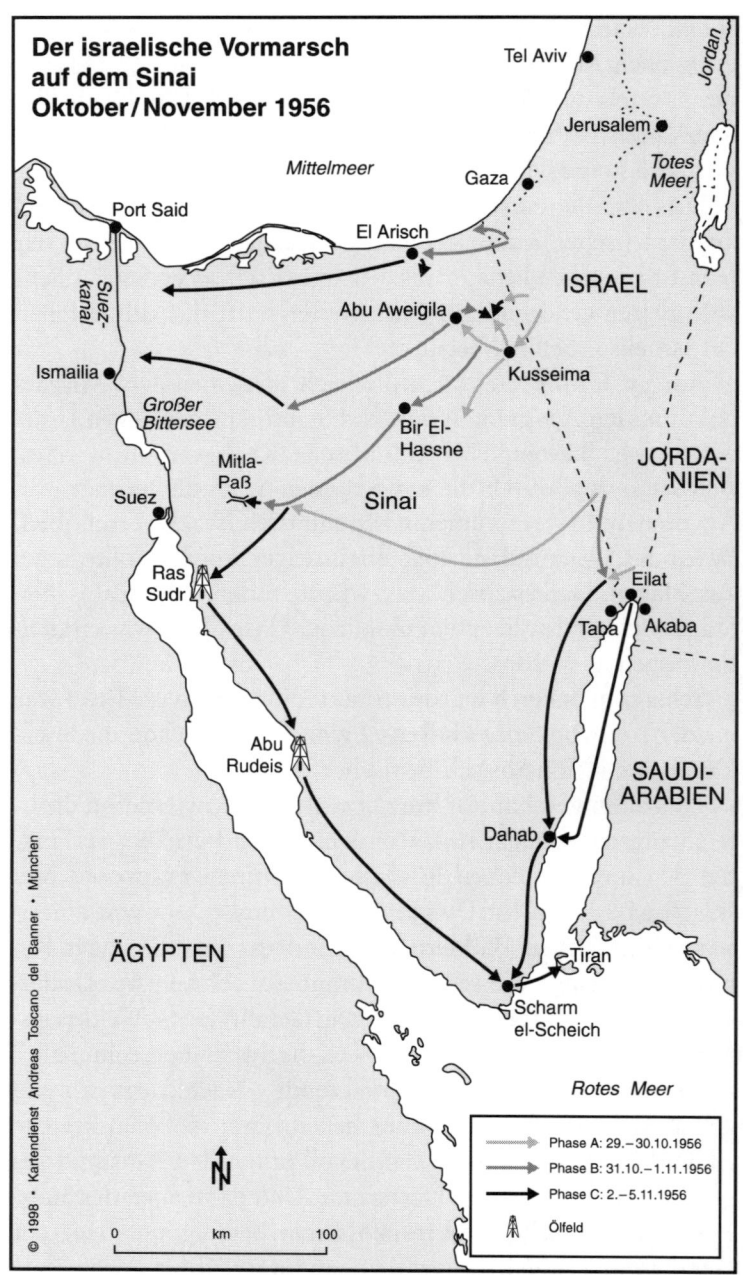

Der israelische Vormarsch
auf dem Sinai
Oktober/November 1956

Tel Aviv

Jerusalem

Mittelmeer

Gaza

Totes
Meer

Jordan

Port Said

El Arisch

Suez-
kanal

ISRAEL

Abu Aweigila

Ismailia

Kusseima

Großer
Bittersee

Bir El-
Hassne

JORDA-
NIEN

Mitla-
Paß

Sinai

Suez

Ras
Sudr

Eilat

Taba

Akaba

Abu
Rudeis

SAUDI-
ARABIEN

Dahab

ÄGYPTEN

Tiran

Scharm
el-Scheich

Rotes Meer

© 1998 · Kartendienst Andreas Toscano del Banner · München

N

0   km   100

Phase A: 29.–30.10.1956
Phase B: 31.10.–1.11.1956
Phase C: 2.–5.11.1956
Ölfeld

eins, obwohl gerade Eisenhower nicht im Verdacht stand, das kommunistische System stützen zu wollen. Das nicht, aber der Status quo der Weltordnung sollte nicht verändert werden – um den Frieden zu erhalten, auf Kosten der Menschen im Ostblock.

Man übersehe nicht, daß der sowjetische Ministerpräsident Nikolai Bulganin in einem Schreiben an Israels Ministerpräsidenten Ben-Gurion am 5. November 1956, am letzten Tag der Kämpfe, ziemlich unverblümt gedroht hatte. Wörtlich hieß es: »In diesem Augenblick leitet die Sowjetunion Maßnahmen ein, die das Ziel haben, den Krieg zu beenden und die Aggressoren zu bändigen. Wir erwarten, daß Israels Regierung zu Verstand kommt, bevor es zu spät ist, und deshalb die Militäroperationen gegen Ägypten einstellt.«[59] Mag sein, daß Ben-Gurion den Kreml-Chef überinterpretierte, indem er dessen Brief als »Drohung gegen Israels Existenz und Wohlergehen« bezeichnete,[60] aber von sowjetischer Zurückhaltung konnte nicht die Rede sein.

Noch zur Jahreswende 1956/57 widersetzte sich Israel den amerikanisch-sowjetischen Rückzugsforderungen. Frankreich und Großbritannien hatten schon im November 1956 die eroberte Kanalzone verlassen. Israel räumte am 3. Dezember 1956 widerwillig 30 Meilen der westlichen Sinai-Halbinsel am Suezkanal, nicht aber den ägyptisch verwalteten (eigentlich dem Staat »Palästina« zugedachten) Gazastreifen und auch nicht den Ostteil der Halbinsel im Abschnitt zwischen Eilat und Scharm el-Scheich. Um den Druck auf Israel zu intensivieren, schlug Eisenhower Bundeskanzler Adenauer Mitte Februar 1957 sogar vor, die bundesdeutschen Wiedergutmachungszahlungen einzufrieren. Erst nach Räumung der restlichen Gebiete sollte Bonn sie wieder freigeben. Adenauer ließ sich darauf nicht ein, doch Israel fügte sich auch ohne deutsche Strafmaßnahmen. Im März 1957 verließ es – eher unfreiwillig und voll Sorge – die eroberten Gebiete. UN-Truppen wurden an der ägyptisch-israelischen Grenze im Nord-Sinai sowie im Süden, in Scharm el-Scheich, stationiert.

Als Gegenleistung bekam Jerusalem die »Eisenhower-Doktrin«. Sie garantierte die freie Passage der Straße von Tiran und war nicht einmal das Papier wert, auf dem sie stand. 1967 wiederholte nämlich Ägyptens Präsident Nasser die Sperraktion. Anders als »versprochen«, griff niemand ein, weder die USA noch die UNO. »Die ganze Welt ist gegen uns«, sagten und sangen in einem beliebten Schlager die Israelis. Die Welt sah es anders, auch Teile der »Fachwelt« und natürlich die *Legenden*stricker: Für sie war Israel 1948, erst recht 1956 und 1967, eigentlich immer ein militärisches und politisches Hätschelkind der USA. Fakt ist, daß die USA erst Anfang 1968 Israels wichtigster Waffenlieferant und politischer Garant wurden, weil sie Israel seither für den einzig zuverlässigen Partner in Nahost hielten. Vorhang auf für die amerikanisch-israelische Partnerschaft.

Herunter ging der Vorhang des französisch-israelischen Zwischenspiels. »Der Mohr hat seine Schuldigkeit getan, der Mohr kann gehen.« So oder ähnlich dachte der große Gallierpräsident Charles de Gaulle spätestens seit 1962.

Weshalb seit 1962? Weil in jenem Jahr Algerien unabhängig wurde. Der Mann im Elysee war klug genug, das siebenjährige Blutvergießen in Nordafrika zu beenden. Er brauchte daher keine israelische Hilfe mehr bei der Niederschlagung des algerischen Aufstands und der Eindämmung des ägyptischen Präsidenten Nasser. Im Gegenteil: De Gaulle suchte die Nähe zur Arabischen Welt. Hierfür benötigte er Nasser und wahrlich nicht Israels Ministerpräsidenten Ben-Gurion, der bis 1963, oder dessen Nachfolger Levy Eschkol, der von 1963 bis 1969 amtierte.

Von einem Tag auf den anderen konnte de Gaulle natürlich nicht die Seiten wechseln. Das wäre politisch unglaubwürdig gewesen. Der scheinbar überzeugende Anlaß, jedenfalls die gute Gelegenheit, bot sich im Juni 1967, vor, im und wegen des Sechstagekriegs. Israel gewann ihn mit französischen Waffen. Es begann diesen Krieg, so die Lesart de Gaulles, und wurde dafür bestraft: mit einem Waffenembargo, einem Seitenwechsel zur Arabischen Welt und mit harschen Verurteilungen.

Es war eine vorauseilende Strafe, denn schon am 2. Juni 1967 hatte de Gaulle das Exportverbot für Waffen an Israel verhängt, das erst zwei Tage später die arabischen Staaten angriff.

Selbst bezahltes Kriegsgerät lieferten seitdem de Gaulle und sein Nachfolger Georges Pompidou nicht mehr. Der israelische Geheimdienst nahm dann einiges selbst in die Hand. Bei einem weihnachtlichen Abstecher zum französischen Hafen Cherbourg entführte er am Heiligen Abend des Jahres 1969 fünf Schnellboote. Deren finanzieller Gegenwert füllte schon französische Tresore. Kampfflugzeuge des Typs »Mirage« schickte Paris ebenfalls nicht mehr nach Israel. Wieder wußte der Mossad zu helfen: Man verschaffte sich die Blaupausen.

Nicht ungelegen kam 1967 dem französischen Staatspräsidenten de Gaulle die Tatsache, daß Israel nicht auf ihn gehört hatte: »Schießen Sie nicht zuerst«, hatte er seit der neuerlichen Blockade der Straße von Tiran noch kurz vor Beginn der Kampfhandlungen energisch nach Jerusalem signalisiert. Wie jedermann wußte auch und gerade Charles de Gaulle, daß jene Maßnahme für Israel aber der Casus belli war, ja, sein mußte. De Gaulle inszenierte eine Komödie, denn gerade er hatte seit 1960 wiederholte Aufforderungen der Israelis, die Meerespassage durch gemeinsame israelisch-französische Seepatrouillen offen zu halten, kategorisch abgelehnt.

Der Sechstagekrieg 1967 und die Supermächte

Am 5. Juni 1967 begann Israel den Krieg gegen Ägypten und Syrien. Da Jordanien sich an die Seite beider Bruderstaaten stellte, attackierte Israel auch das Land von König Hussein. Nur sechs Tage dauerte der Dreifrontenkrieg, an dessen Ende aus Klein-Israel Groß-Israel geworden war. Dazu gehörten die Sinai-Halbinsel, die man Ägypten entrissen hatte, die syrischen Golanhöhen sowie das 1948 Jordanien einverleibte Westjordanland samt Ost-Jerusalem.

Die dreifache Vorgeschichte des Sechstagekriegs haben wir bereits in ihren Einzelteilen erzählt, als wir uns mit dem zunächst gar nicht unmöglichen, doch nicht erreichten Frieden zwischen Israel, Jordanien, Ägypten und Syrien beschäftigten. Nein, gewollt und geliebt haben alle drei und die übrigen arabischen Staaten ihren jüdischen Nachbarn nicht, aber es gab mehr Friedenschancen, als in Politik, Propaganda, Publikationen und Plappereien im allgemeinen erkennbar oder bekannt ist.

Wir haben geschildert, daß Israel auf Abschreckung setzen mußte, um seine Bürger zu schützen, die Zufahrtswege zur See und in der Luft, die Wasserversorgung und letztlich die staatliche Existenz zu sichern. Wir haben auch geschildert, daß diese Abschreckung zugleich einige der vorhandenen Friedensmöglichkeiten nicht nur vereitelte, sondern den Krieg geradezu provozierte. Einerseits hatte Israel zur Abschreckung keine Alternative, andererseits führte die Abschreckung zur alternativlosen Steigerung des Schreckens, also in den nächsten Krieg.

Ägypten, Syrien und Jordanien spielten ihrerseits mit dem Feuer und verbrannten sich. Hätten sie den Mut gehabt, Israels Existenzrecht ohne Wenn und Aber anzuerkennen, wäre alles anders gelaufen. Das ist sicher und wäre die beste Sicherheitspolitik gewesen.

Im November 1966 schlossen Ägypten und Syrien einen Militär- und Beistandspakt. Nachdem sich am 30. Mai 1967 König Hussein von Jordanien diesem Bündnis angeschlossen hatte, sah sich Israel einer Dreierallianz gegenüber.

Die Israelis zitterten, und die westliche Welt zitterte: Sollte, würde es wieder einen Holocaust an den Juden geben? Diesmal in Nahost? Nicht gezittert haben, sondern siegesgewiß waren Israels Militärs. Vier Tage vor Ausbruch des Krieges weilte Geheimdienstchef Meir Amit in Washington. US-Verteidigungsminister Robert McNamara stellte ihm lediglich zwei Fragen: Wie lange wohl der Krieg dauern würde und mit wie vielen Kriegstoten Israel rechnete. Amit fackelte nicht lange: Rund eine Woche würde der Krieg dauern, und im israelischen Militär rechne man mit deutlich weniger Opfern als im Unabhängigkeitskrieg von 1948/49.[61] Er behielt recht.

Das damalige Selbstvertrauen des Mossad-Manns überrascht, denn im israelischen Kabinett mehrten sich im Mai 1967 kritische Stimmen, weil der Geheimdienst noch kurz zuvor geglaubt hatte, daß Ägyptens Präsident Nasser aufgrund seiner Verwicklungen im Jemen keine Risiken Israel gegenüber eingehen würde. Eine neuerliche Schließung der Straße von Tiran hielt der Mossad für ausgeschlossen. Und dann kam sie doch. Hatte sich nicht nur der Geheimdienst getäuscht, sondern auch ganz Zahal? Einen Tag danach, am 23. Mai 1967, erlitt Generalstabschef Jitzchak Rabin einen Nervenzusammenbruch, und auch die übrigen Spitzenoffiziere wurden nervös und auch unsicherer über die militärischen Aussichten.[62] Sie waren über die israelische Regierung empört, besonders über Ministerpräsident und Verteidigungsminister Levy Eschkol. Während sie frühzeitig und schnell zuschlagen wollten, bevorzugten die Politiker eine Hinhaltephase, um außenpolitische Verbündete zu gewinnen. Daß mit Frankreich nicht zu rechnen war, erkannten sie schon vor Ausbruch der Kampfhandlungen, denn Präsident de Gaulle hatte bereits am 2. Juni ein Waffenembargo gegen Israel verhängt. Londons Premier Harold Wilson reagierte auch eher verhalten auf Israels Bitten. Auf den US-Präsidenten Lyndon B. Johnson hoffte die israelische Ministerrunde. Zu Recht. Seine Regierung verhinderte in den ersten Kriegstagen 1967 im Sicherheitsrat der UNO ein Veto der Sowjetunion, was Israel Zeit auf dem Schlachtfeld verschaffte. Erst als Zahal seine strategischen Ziele erreicht hatte, stimmte Washington UN-Aktivitäten zu. Noch wichtiger: Anders als in den vorangegangenen Kriegen von 1948 und 1956 bestanden die USA nicht mehr auf einem bedingungslosen israelischen Rückzug aus den eroberten Gebieten. Eschkol, der verlachte Zauderer, der am 28. Mai 1967 in einer Radioansprache an die Nation seine Landsleute über den Ernst der Lage informiert hatte, behielt recht, nicht die

Militärs. Eschkols Strategie hatte die militärische politisch unterfüttert und damit gesichert. Hätte er, wie von den Militärs gefordert, früher zugeschlagen, wäre Israel ohne US-Hilfe geblieben.

Bis zum Ausbruch der Kämpfe wurde auch die Heimatfront politisch-psychologisch gestärkt: Am 1. Juni wurde eine große Koalition gebildet. Erstmals saß der scheinbar ewige Oppositionsführer Menachem Begin von der Herut-Partei als Minister ohne Geschäftsbereich im Kabinett, und auch Ben-Gurion, der 1964/65 mit Eschkol gebrochen hatte, ließ seinen Mitstreiter, Ex-General Mosche Dajan, als Verteidigungsminister ins Kabinett eintreten. Ganz so selbstlos war das vom »Alten« freilich nicht, denn auf diese Weise verlor sein Erzrivale Eschkol diesen Posten und danach den politischen Siegerkranz an Dajan. Dabei hatte der, wie man heute weiß, zunächst weder die Eroberung der Jerusalemer Altstadt noch der Golanhöhen gewollt. Seine Motive bezüglich der Golanhöhen haben wir im Zusammenhang mit der Syrien-Politik Israels erwähnt. Die Überlegungen zur Jerusalemer Altstadt waren ähnlich.[63] Durch den militärischen Sieg über die arabischen Staaten peilte Dajan eine umfassende Friedensregelung auf der Grundlage der Vorkriegsverhältnisse an. Große Gebietsveränderungen lehnte er ab. Die eroberten Gebiete waren ihm als Faustpfand lediglich Mittel zum Zweck. Nicht mehr und nicht weniger.

Oft ist zu lesen, die Sowjetunion hätte das nahöstliche Feuer geschürt, bis es endlich lichterloh brannte. Daß in Moskau keine Friedensengel saßen, weiß man. Doch kriegslüsterne Abenteurer waren die sowjetischen Kommunisten auch nicht. Durch gezielte Falschinformationen über angebliche »israelische Kriegsvorbereitungen« zündelten sie zweifellos an der Lunte. Daß sie dann Feuer fing, scheint auch sie überrascht zu haben, wenn man den internen Bemerkungen ihres damals stärksten Mannes, Leonid Breschnew, vertraut.

Besonders die israelische Regierung bezichtigte seinerzeit die UdSSR, Ägyptens Präsidenten Nasser und den Syrer Atassi zur Eskalation angestachelt zu haben. Dadurch wären die

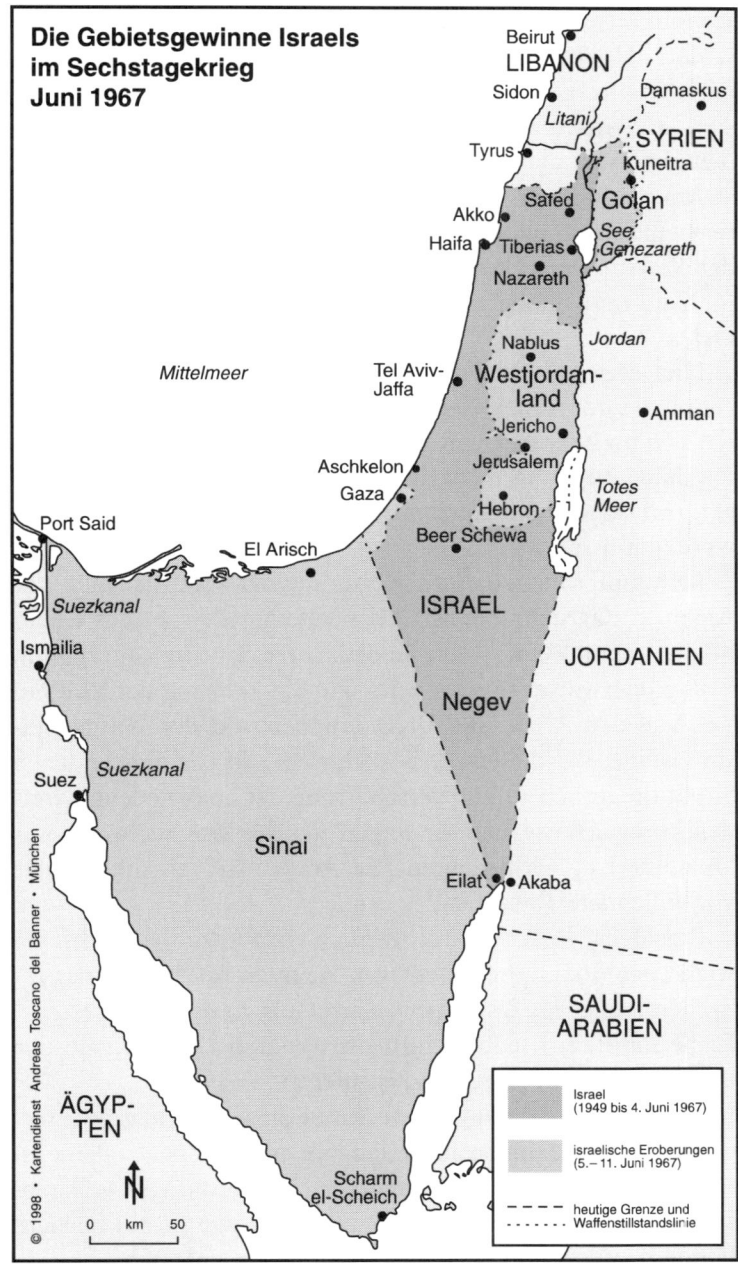

Die Gebietsgewinne Israels
im Sechstagekrieg
Juni 1967

Beirut
LIBANON
Sidon
Litani
Damaskus
Tyrus
SYRIEN
Kuneitra
Safed
Golan
Akko
Haifa
See Genezareth
Tiberias
Nazareth
Mittelmeer
Nablus
Jordan
Tel Aviv-Jaffa
Westjordan-land
Jericho
Amman
Aschkelon
Jerusalem
Gaza
Totes Meer
Hebron
Beer Schewa
El Arisch
ISRAEL
Suezkanal
Ismailia
JORDANIEN
Negev
Suez
Suezkanal
Sinai
Eilat
Akaba
Port Said
SAUDI-ARABIEN
ÄGYP-TEN
Scharm el-Scheich

© 1998 · Kartendienst Andreas Toscano del Banner · München

0   km   50

N

	Israel (1949 bis 4. Juni 1967)
	israelische Eroberungen (5.–11. Juni 1967)
- - -	heutige Grenze und
.....	Waffenstillstandslinie

Kommunisten zu Anstiftern des von den Arabern damals gewollten Holocaust gegen den Jüdischen Staat geworden. So der Vorwurf. Er ist nicht haltbar. Sowjetische Dokumente, die sich (in deutscher Übersetzung) unter den DDR-Akten befinden, entlasten die sowjetischen Politiker weitgehend.[64]

Am 20. Juni 1967 ergoß der Genosse Leonid Iljitsch Breschnew eine seiner endlosen Reden über das Juniplenum des ZK der KPdSU. Sein Thema: »Über die Politik der Sowjetunion im Zusammenhang mit der Aggression Israels im Nahen Osten«.[65]

Hier einige Auszüge: »Wir haben den arabischen Staaten geholfen und werden das auch weiterhin tun, vor allem denen, wo sich fortschrittliche Regimes durchgesetzt haben. Wir helfen ihnen durchaus nicht deshalb, weil wir etwa die Idee einiger arabischer Führer teilten, daß der Staat Israel vernichtet werden müsse ...«

»Ich muß sagen, daß die Regierung der VAR (gemeint war Ägypten, das sich damals VAR – Vereinigte Arabische Republik – nannte) eine Reihe unbedachter Schritte unternahm. Völlig unerwartet für uns verlangte die Führung der VAR am 19. Mai den Abzug der UNO-Truppen von der Waffenstillstandslinie. Bei diesem ... Beschluß, der in der entstandenen Situation als Schritt zur Verschärfung der Lage gedeutet werden konnte, hatte sich die Regierung der VAR nicht mit uns konsultiert.« Das bedeutet: Die Araber stellten die Sowjets vor vollendete Tatsachen.

Präsident Nasser habe schließlich am 22. Mai 1967 den sowjetischen Botschafter über einen weiteren Beschluß der ägyptischen Regierung informiert, »den Golf von Akaba für israelische Schiffe sowie für Schiffe dritter Länder, die strategische Güter für Israel befördern«, zu sperren.

»Unter diesen Bedingungen war es die einzig richtige Linie, einerseits Maßnahmen zu treffen, um die aggressiven Pläne Israels zu durchkreuzen und andererseits auf die VAR (= Ägypten) und Syrien dahingegend einzuwirken, daß sie mit Bedacht handeln und sich nicht auf Provokationen einlassen.«

Die Sowjetunion habe die »höchsten Vertreter Syriens und der VAR« aufgefordert, ihre »politische Rhetorik gegenüber Israel zu mäßigen«. Militante Erklärungen könnten Israel als »Brennstoff« dienen.

Auch nach den ersten, vernichtenden Militärschlägen Israels hätten die Araber nicht sofort den Ernst der Lage erkannt: »Davon zeugen zumindest folgende Tatsachen: Am zweiten Tag des Krieges, am 6. Juni, um 8 Uhr morgens, wurde der sowjetische Botschafter zu Nasser gerufen, der dem Verlauf der Kampfhandlungen eine recht optimistische Einschätzung gab.« Sie war völlig falsch, denn faktisch hatte Ägypten schon den Krieg verloren. Militärische Hilfe konnte auch der große sowjetische Bruder in der gebotenen Eile nicht leisten. Die Sowjetunion trieb nicht die Araber, sie wurde getrieben. Zu Beginn des zweiten Kriegstags, um ein Uhr nachts, beschloß das Politbüro der KPdSU, allein auf die politische Karte zu setzen.

Mittags am 10. Juni wurde Israel eine Note übermittelt, in der die Sowjetregierung den Abbruch der diplomatischen Beziehungen erklärte.

Während des Sechstagekriegs stellte sich die DDR an die »Spitze der Bewegung« der »Gutwilligen und Gutmeinenden«. Zwei Tage nach Beginn des Krieges, am 7. Juni 1967, beschäftigte sich das Politbüro der SED mit der »Lage im Nahen Osten« und der »Hilfsaktion für die arabischen Staaten«.[66] Darunter verstand die DDR-Führung weitgehend militärische Hilfe. Daß ein deutscher Staat dem Jüdischen Staat gegenüber zumindest eine besondere Verantwortung oder Skrupel bei Waffenlieferungen an die Kriegsgegner Israels haben könnte, wurde nicht einmal thematisiert.

Am 14. Juni 1967, nach Ende des Sechstagekriegs, wandte sich Ulbricht an den Chef der KPdSU: »Teurer Genosse Leonid Iljitsch Breschnew, ... Das Politbüro des ZK unserer Partei hält es für notwendig, daß die Regierungen der sieben sozialistischen Staaten im Sinne der gemeinsamen Erklärung weitere Maßnahmen zur Koordinierung ihrer Aktionen unternehmen.«

Abgesehen von Propagandamaßnahmen gegen Israel schlug Ulbricht »eine möglichst wirksame, koordinierte und schnelle politische und materielle Hilfe« für die arabischen Staaten vor. Die kam auch bald, denn nur wenige Wochen später begann der Ostblock, Ägypten und Syrien wieder aufzurüsten.

*

Ungewollt hatten 1967 die arabischen Staaten durch diesen Krieg Israels Sinn- und Seinskrise beendet. Mehr denn je fühlten sich die Juden der Welt Israel und die Israelis den Juden der Welt verbunden, denn der Rest der Welt, so schien es, war »gegen Israel«. Ein Ruck ging durch das Volk in Israel und durch das Jüdische Volk in der gesamten Diaspora. Nicht aus Kriegsbegeisterung, sondern weil man plötzlich deutlicher als zuvor den historischen und geradezu existentiellen Stellenwert des Jüdischen Staats für das Jüdische Volk erkannte.

Die territorialen Veränderungen jenes Krieges kennt jeder. Auf einen Schlag wurde aus Klein-Israel nun Groß-Israel: Die Golanhöhen im Norden waren erobert, die Hauptstadt Syriens, Damaskus, lag in Reichweite der israelischen Artillerie. Ost-Jerusalem und das Westjordanland wurden dem Königreich Jordanien entrissen, der Gazastreifen und die Sinai-Halbinsel Ägypten. Am Ostufer des Suezkanals stand Zahal, Israels Streitmacht. Über Nacht war Israel eine Besatzungsmacht geworden. Als »wohlwollende, gute Besatzer« sahen sich damals die Israelis. Im Taumel der Begeisterung erkannten nur wenige, wie der Jerusalemer Philosoph, Naturwissenschaftler und Judaistikgelehrte Jischajahu Leibowitz, daß jede Besatzungsmacht über kurz oder lang von den Besetzten als Last und Joch und Pein erlebt wird, der »Schöne Besatzer« sich schnell in einen häßlichen verwandelt. Der »Häßliche Israeli« war geboren.

Das war die eine Seite. Es gab auch hier eine andere: Führende sozialdemokratische und liberale Politiker Israels sahen damals in den eroberten Gebieten, die andere gern die »befreiten« nannten, ein Faustpfand. Man hätte fast alle zurückgegeben und nur einen Preis verlangt: Friedensverträge und die Anerkennung des eigenen Existenzrechts; weitgehend in den Grenzen vor dem Krieg, also den Linien vom 4. Juni 1967. Dieses Ziel unterschied sich kaum vom Willen der Weltmehrheit, erkennbar am Beschluß des UNO-Sicherheitsrats Nummer 242 vom 22. November 1967. Wie so oft bei Entschließungen der UNO war auch jene unterschiedlich auslegbar. Besonders dieser Satz, der im englischen Original so formuliert wurde: »Withdrawal of Israeli armed forces from territories of recent conflict.«

War mit »from territories« gemeint, daß sich Israels Streitkräfte aus *allen* Gebieten zurückziehen sollten? Wie auch immer: Unstrittig ist selbst in dieser absichtlich schwammigen Formulierung das Prinzip »Land für Frieden« gemeint. Landverzicht durch Israel und Frieden für und mit Israel; natürlich auch die Anerkennung Israels, wie aller Staaten der Region, »every state in the area«.

Das vierfache Nein der Arabischen Liga auf dem Gipfeltreffen in Sudans Hauptstadt Khartum gab im August 1967 freilich den israelischen Falken Argumente und Auftrieb. Ihr Nein galt grundsätzlich der Rückgabe aller »befreiten« Gebiete. Gerade wenn man die damalige Kompromißbereitschaft der politischen Klasse Israels betont, darf man nicht unerwähnt lassen, daß die überwältigende Mehrheit der israelischen Bevölkerung gegen eine Rückgabe der Gebiete war. 1968 betrug ihr Anteil knapp 90 Prozent. Zum Vergleich 1994: 35 Prozent.[67]

Spiegelbildlich zur harten Haltung der Mehrheit in Israel war die der arabischen Staats- und Regierungschefs im August 1967. Das vierfache Nein der arabischen Gipfelkonferenz bestand aus dem Nein zum Frieden mit Israel, dem Nein zur Anerkennung Israels, dem Nein zu Verhandlungen mit Israel und dem Nein zum Verzicht auf die Rechte der Palästinenser als Nation.

Die ersten drei Neins waren gerade aus arabischer Sicht

töricht, denn dadurch wurde die Chance vertan, ohne große Schwierigkeiten erobertes Land von Israel zurückzubekommen. Fast alle Territorien. Das vierte Nein war durchaus verständlich, denn von den Palästinensern sprach man damals, auch in der UNO-Entschließung 242, in der Regel nur als »Flüchtlinge«. Daß sie eine Nation waren, wurde willentlich und wissentlich mißachtet.

Die zweite Staatsgründung und die Neue Gesellschaft

Rassismus in Israel?

Mit der Staatsgründung vom 14. Mai 1948 setzte die Masseneinwanderung von Juden nach Israel ein. Innerhalb von nur drei Jahren verdoppelte sich Israels Bevölkerung. Es kamen nicht nur europäische Überlebende des Holocaust, sondern vor allem auch Juden aus islamisch-nahöstlichen Staaten, aus Nordafrika und Westasien. Das bewirkte erhebliche Spannungen zwischen den »modernen« Israelis euro-amerikanischer Herkunft und den neueingewanderten orientalisch-jüdischen Unterschichten.

Daß Israels Gesellschaft ein »Schmelztiegel« sei, ist oft zu hören und zu lesen. Legende, antworten wir einmal mehr und sagen: Israel ist seit der Staatsgründung zunehmend eine »plurale Gesellschaft« geworden. Das bedeutet: Die verschiedenen Herkunftsgruppen sind nicht zu einer neuen israelischen Einheit verschmolzen. Sie haben ihre Vielfalt (Pluralität) bewahrt. Und das ist, fügen wir hinzu, auch gut so, denn eine Verschmelzung hätte den unwiderbringlichen Verlust bemerkenswerter Traditionen bedeutet.

Pluralität ist selten spannungsfrei. Sie ist es auch in Israel nicht. Sie erzeugt zusätzliche politisch-kulturell-gesellschaftliche Spannungen, manchmal fast so etwas wie Rassismus. Fachleute, Politiker und Presse Israels wählen einen wattierenden Begriff, der die Gegensätze wenigstens sprachlich entschärfen soll, und sprechen vom »ethnischen Faktor« in der israelischen Gesellschaft und Politik.

Hat nicht schon der eine oder andere Israelbesucher gehört, daß und wie verachtungsvoll manche Israelis euro-amerikanischer beziehungsweise »aschkenasischer« Herkunft über ihre Landsleute sprechen, die entweder selbst oder deren Eltern und Großeltern aus arabisch-islamischen, besonders aus nordafrikanischen Staaten stammen? »Die Schwarzen« oder andere böse Wörter kommen diesem oder jenem »weißen« Israeli über die Lippen, wenn er jene orientalischer beziehungsweise »sephardischer« Herkunft meint.

Nicht weniger rassistisch kontern »Schwarze« und beschimpfen »Die Weißen« als »Aschkenazim«, also als Mischung aus »Aschkenasim« und »Nazis«. Wie in Deutschland bedient man sich auch in Israel gern des »Nazi«-Schimpfworts als Instrument der politischen Verunglimpfung.

Im Frühjahr 1997 gerieten Ministerpräsident Netanjahu, einige seiner Minister sowie Arje Deri, Spitzenpolitiker der marokkanisch-orthodoxen »Schass«-Partei, in politische Turbulenzen. Von Korruption, von Täuschung und von Vertrauensbruch war die Rede. Dann platzte die Bombe: Anklage erheben wollte der Generalstaatsanwalt nur gegen Deri, den Liebling und »Führer« der marokkanisch-jüdischen Unterschichten Israels. Prompt reagierten nicht nur Schass-Politiker und -Anhänger, sondern auch zahlreiche orientalische sowie wohlmeinende aschkenasische Israelis: »Wieder einmal geht es nur gegen die Sepharden«, klagten sie. Die Entscheidung des obersten Anklägers Israels war für sie ein neuerlicher Beweis für den alltäglichen Rassismus, für die »Rassen-« und »Klassenjustiz« des »weißen« Establishments Israels. Die glühenden Anhänger Deris empfanden nicht das Unrecht, das er (nicht zum ersten Mal) begangen hatte, weil sie Israels Recht nicht als Recht aller für alle, sondern als Instrument der reichen Aschkenasim gegen die armen Sepharadim betrachteten. Staatspräsident Ezer Weizman, auch ein Aschkenase, platzte schließlich der Kragen: Er warnte besonders die Schass-Partei, den »ethnischen Geist nur ja nicht aus der Flasche zu lassen«.[68] Wer hat nun recht? Diejenigen, die über »Rassismus« in Israel klagen, oder jene, die beinahe hymnisch die gelungene Integration der »Orientalen« beziehungsweise »Sepharden« feiern? Beide. Das ist die Antwort, die wir geben wollen, bevor wir kurz die Geschichte ihrer Einwanderung und Eingliederung erzählen.

Die Lücke zwischen den Aschkenasim und Sepharden ist beinahe in jedem Lebensbereich Israels nachzuweisen.[69] Doch trotz der vorhandenen Gegensätze und Lücken, sozialen Distanzen und rassistischen Dissonanzen sind die Errungenschaften der Eingliederung beachtlich. Auf allen Gebieten haben die »Orientalen« dramatisch aufgeholt. Der Prozeß ist immer noch im Gange. Zur Zeit der Staatsgründung mußte man Orientalen in Spitzenpositionen von Israels Politik, Wirtschaft, Militär und Kultur mit der Lupe suchen. Im Kabinett Netanjahus stellten sie 1997 die Mehrheit der Minister.

Dies festzustellen bedeutet aber keineswegs eine Lobpreisung Netanjahus, seiner »Likud«-Partei oder der ihn tragenden Koalition, aber es deutet auf die politische Soziologie, also auf die gesellschaftlichen Stützen jener Regierung. Sie waren und sind aufgrund der russisch-jüdischen Einwanderung seit 1989 die »ethnische« Minderheit der jüdischen Israelis. Weil mehrheitlich religiös, sind sie in der zu 60 bis 70 Prozent nichtreligiösen Gesellschaft Israels in einer zusätzlichen Position der Minderheit.

Man nennt die orientalischen Israelis auch das »Zweite Israel«. Indem Angehörige des Zweiten Israel »Likud«, »Schass« oder andere orientalisch orientierte Parteien wählen, versuchen sie, in der Politik die erste Geige zu spielen, aus der Addition von Minderheiten eine parlamentarische Mehrheit zu zimmern. Das ist ihnen erstmals bei den Wahlen vom 17. Mai

1977 gelungen. Deshalb war dieser Urnengang so etwas wie Israels zweite Staatsgründung. Damals hatten die Orientalen auch zahlenmäßig in der Gesellschaft Israels ungefähr den Gleichstand mit den Euro-Amerikanern erreicht. Gemeinsam mit den anderen tatsächlich oder vermeintlich zu kurz Gekommenen, den russischen Einwanderern, verhalfen sie 1996 der Netanjahu-Koalition zum Wahlsieg. Wer genau hingesehen hatte, wußte es längst: Die orientalischen Israelis waren schon seit den Gründerjahren Israels treue Wähler der Likud-Vorläufer. Das war und blieb eine Art Protest gegen die »weiße« Elite. Und dieses »weiße Establishment« war von Anfang an, schon vor der Gründung des Staates, aschkenasisch. Es zog den einen oder anderen Quasi-Repräsentanten der Orientalen hier und dort hinzu und hievte ihn in dieses oder jenes Amt. Das waren aber nur »ethnische« Feigenblätter. Wirkliche Repräsentanten der orientalischen Basis hatten lange eigentlich nur im Likud (und seinen Vorläufern) und dann eben in »Schass« (gegründet 1984) oder bei den Nationalreligiösen, die sich zunehmend orientalisierten, eine echte Chance.

Das ist die Wurzel der politisch-psychologischen Entfremdung zwischen »schwarzen« und »weißen« Israelis, trotz der fulminanten und unbestreitbaren Erfolge bei der Eingliederung jener Herkunftsgruppe, die vor ihrer Einwanderung nach Israel kaum etwas von der modernen Zivilisation wußte.

»Die Schwarzen kommen«

Nicht nur Sitzungsprotokolle beweisen es: Begeistert war das aschkenasisch-israelische Establishment über die orientalische Einwanderung nicht wirklich.

Zweite Wahl war dieses entstehende zweite Israel für die Repräsentanten des ersten. Das ist wieder nur die eine Seite, denn auch die zweite ist schnell zu erkennen: Israel wurde zunächst und vor allem gegründet, um allen Juden der Welt

Sicherheit, Schutz und Unterkunft zu gewähren. Das war das innere, seelische Gesetz des Jüdischen Staats und der zionistischen Ideologie. Um glaubwürdig zu bleiben, mußten Israels Politiker daher alle Hebel in Bewegung setzen, um diesen Juden tatsächlich zu helfen.

Als und weil der Israelisch-Arabische Konflikt in den vierziger Jahren zunehmend auf die gesamte Arabische Welt überschwappte, gerieten die orientalischen Juden in Gefahr. Mit den europäischen Judenverfolgungen waren diese antijüdischen Ausschreitungen, auch Morde, zwar nicht vergleichbar, aber jüdisches Leben war fortan im arabischen Orient weder angenehm noch sicher. Erst die »normative Kraft des Faktischen«, nicht die Ideologie, machte die Juden der arabisch-islamischen Welt zu »Zionisten«, zumal sich die Zionistische Weltorganisation seit ihrer Gründung kaum jemals mit ihnen beschäftigt hatte – obwohl auch jemenitische Juden schon seit 1881/82 und 1905 ins Heilige Land gekommen waren, um dort eine neue jüdische Gemeinschaft aufzubauen.

Wieder kann man den zionistischen Politikern niedrige Motive unterstellen: daß Israel damals aus militärischen und wirtschaftlichen Gründen jeden Einwanderer brauchte, egal, ob orientalisch oder nicht. Der weltbekannte amerikanische Nahostforscher George Lenczowski betont diesen Gedanken.[70] Das scheint nur auf den ersten Blick, nicht jedoch bei näherer Betrachtung überzeugend. Die ersten orientalischen Juden, die nach der Staatsgründung ihre arabische Heimat verlassen durften und nach Israel einwandern konnten, waren die Jemeniten. Für sie organisierte Israel von Dezember 1948 bis September 1950 das »Unternehmen Zauberteppich«. Rund 50 000, fast alle Juden des Jemen, wurden aus Aden ausgeflogen. Für jeden mußte »Kopfgeld« gezahlt werden. Ein kostspieliges Unternehmen für einen Staat, der damals so arm war wie die legendäre Kirchenmaus.

Das militärische Argument sticht ebenfalls nicht, denn im Dezember 1948 zeichnete sich der Sieg Zahals gegen die arabischen Streitkräfte längst ab, seit dem 7. Januar 1949 schwiegen die Waffen, ein neuer Waffengang war zwar keinesfalls auszuschließen, jedoch nicht absehbar.

Die Masseneinwanderung der knapp 160 000 irakischen Juden, »Operation Ezra und Nehemia«, konnte Israel vom April 1950 bis Mai 1951 organisieren.[71] Unmittelbar nach Israels Staatsgründung trat im Irak ein Gesetz in Kraft, das Zionismus zu einem todeswürdigen Verbrechen erklärte. Wie überall fanden sich Kollaborateure. Der prominenteste im Irak war damals Oberrabbiner Sasson Kaduri. Er verurteilte den Zionismus öffentlich. Geholfen hat dies keinem Juden, am wenigsten dem jüdischen Geschäftsmann Ades. Weil er angeblich Waffen an Israel geliefert hatte, wurde er zum Tode verurteilt und vor den Augen des jubelnden Mobs hingerichtet. »Zionistischer Agitation«, die manch einer den israelischen Einwanderungsfunktionären unterstellt,[72] bedurfte es also gar nicht. Hier und dort liest man, daß Agenten des israelischen Geheimdiensts am 10. Mai 1951 ein Bombenattentat in einem jüdischen Handelshaus ausgeführt hätten, um die irakischen Juden zur Auswanderung zu bewegen. Auch diese Behauptung ist eine Geschichtslegende. Inzwischen steht fest, daß sie im Hauptquartier der irakischen Polizei geschmiedet wurde.[73]

Wieder bestand für Israel der militärische Zwang der irakisch-jüdischen Masseneinwanderung nicht mehr. Die wirtschaftliche Seite war für Israel noch ungünstiger, weil noch mehr Menschen ausgeflogen und danach eingegliedert werden mußten. Nur beim Transport von 61 Prozent der irakischen Juden durfte der direkte Luftweg von Bagdad nach Israel benutzt werden. Ansonsten mußte der Umweg über die Türkei und Zypern gewählt werden. Vor ihrem Abflug mußten die Ausreisenden ihren gesamten Besitz zu Schleuderpreisen veräußern. Bettelarm kamen diese Menschen ins arme Israel. Ein wirtschaftlicher Nutzen für Israel war das sicher nicht. Eine Be- und nicht Entlastung des jungen Jüdischen Staats war das Unternehmen Masseneinwanderung. Es war vor allem eine moralische Verpflichtung – die Israel ernst nahm.

Möglicherweise hat Israel bei der Auswanderung der irakischen Juden jedoch eine Friedenschance vertan. Iraks Ministerpräsident Nuri Said hatte nämlich 1951 dem israelischen Geheimdienstler, der die Aktion »Ezra und Nehemia« mit ihm organisierte, angedeutet, daß man danach »größere Dinge anpacken« könne.[74] Meinte er Frieden? Der Mossad-Mann glaubt es noch heute, die israelische Regierung sah es anders.[75] Jedenfalls kam es auch ganz anders.

In Ägypten lebten 1948 knapp 80 000 im allgemeinen sehr wohlhabende und bestens ausgebildete Juden. Sie wurden seit 1946 zunehmend drangsaliert, zunächst wirtschaftlich, dann auch politisch und physisch. 1949 begannen sie, ihre Koffer zu packen. Was Theodor Herzl, der Gründer des politischen Zionismus vorausgesagt hatte, trat einmal mehr ein: Nur die »Desperados«, die Armen oder gar die Ärmsten der Armen, kamen in den Jüdischen Staat, die wohlhabenden Juden zogen bei ihrer Ausreise andere Ziele vor. Zwischen 1949 und 1951 fanden 10 000 über Marseille ihren Weg ins »Land der Väter«.

Nach dem Suez-Krieg wurden die verbliebenen 27 000 Juden des Landes verwiesen, 14 000 wurden Israelis. Insgesamt waren nur rund 30 000 der 80 000 ägyptischen Juden nach Israel gekommen.

Nicht anders als die wohlhabenden und gut ausgebildeten ägyptischen Juden verhielten sich die nordafrikanischen, besonders die marokkanischen. Nach Frankreich, dessen Kolonie Marokko bis 1956 war und dessen Sprache sie beherrschten, gingen sie.

Mit den schlecht ausgebildeten, vormodernen, jüdischen Unterschichten der städtischen Handwerker sowie der Landbevölkerung Marokkos mußte sich der Jüdische Staat begnügen. Wie fast alle Juden fühlten sich auch die marokkanischen in ihrer islamischen Umwelt nach Israels Staatsgründung nicht mehr sicher. Bleiben konnten sie nicht, nach Frankreich hätten sie nur auf eigene Kosten gehen können, den Weg nach Israel zahlte und organisierte der Jüdische Staat. Zweite, aber dennoch die eigentlich einzige Wahl war Israel auch für marokkanisch-jüdische Unterschichten, die führungslos wurden, weil ihre geistigen, politischen und wirtschaftlichen »Eliten« ins vermeintliche Land Gottes gegangen waren, eben nach Frankreich.

Israel war für jene Juden Marokkos zweite Wahl, und sie selbst waren für Israels euro-amerikanisch sozialdemokratisches Establishment ebenso zweite Wahl. Man ließ es sie spüren, und sie empfanden es natürlich – so unnatürlich es war, denn waren nicht alle Israelis »einfach Juden« und der egalitären, sozialdemokratisch bestimmten zionistischen Ideologie zufolge »alle gleich«? Gewiß. Doch auch in Israel war es wie in George Orwells *Farm der Tiere*: Alle Tiere waren »gleich«, doch einige waren »gleicher«.

Da jedoch keine anderen Juden nach Israel einwanderten, erst recht nicht massenhaft, und man aus politischen, wirtschaftlichen und nicht zuletzt militärischen Gründen dringend Neubürger benötigte, wollte die politische Führung Israels auch die zweite Wahl nicht verlieren. Sicherheitshalber wurden Ende der fünfziger Jahre die Pässe von 22 500 marokkanischen Juden beschlagnahmt. Sie sollten das Land nicht verlassen können. Aus den Erfahrungen der Jahre 1952/53 hatte die Jewish Agency, die für diese Politik verantwortlich zeichnete, gelernt. Enttäuschte marokkanische Einwanderer waren damals nach Frankreich gegangen.[76]

Mit gleicher Münze zahlten es die marokkanischen Einwanderer der sozialdemokratischen Führungselite allmählich heim. Ihr Zahltag war der nächste Wahltag. Immer mehr schwoll ihr Groll an, am 17. Mai 1977 führten sie den Machtwechsel herbei, indem sie Begins Likud-Partei und die Nationalreligiösen an die Macht brachten, die seitdem umverteilt wurde, politisch ebenso wie wirtschaftlich.

Dabei hatten es sich die alten Eliten so schön gedacht: Sie gliederten die Neueinwanderer in ihr Klientelwesen ein. Das glich einem regelrechten Schacher um die politischen Seelen der marokkanisch-jüdischen Neubürger. Doch stets geschah es gönnerhaft und von oben herab, was Ephraim Kishon in unzähligen Satiren karikierte.

Das Gönnerhafte war die sanfte Variante, sie war – gottlob – die Regel. Doch es gab auch weniger sanfte Methoden, um den vom Ersten Israel erhofften »Schmelztiegel«, aschkenasisch dominiert, herzustellen: Frischgebackenen Eltern jemenitischer Herkunft wurde mitgeteilt, daß ihr Kind nach der Geburt gestorben wäre. Tatsächlich hatte man es zur Adoption durch euro-amerikanische Israelis freigegeben. Jahrzehnte später deckte Israels Presse diesen Skandal auf. Mehr noch: Der neue Vorsitzende der Arbeitspartei entschuldigte sich im Oktober 1997 bei allen orientalischen Israelis für diese und vergleichbare Roheiten während der Gründerjahre. Der Parteitag billigte diese Entschuldigung mit überwältigender Mehrheit. IAP-Angehörige der Gründergeneration, auch Schimon Peres, waren über diese Entschuldigung keineswegs glücklich. Sie hielten sie für unangebracht.

Natürlich trug auch das gestiegene Selbstbewußtsein der orientalischen Israelis zur Aufdeckung bei. Früher hatten sie geschwiegen, seit den siebziger Jahren gingen sie in die Offensive.

Begonnen hatten damit wenige. Einer von ihnen war 1951 der Polizeiminister der sozialdemokratischen Mapai-Partei, Bechor Schitritt. Er stammte aus dem Irak und galt als Vertreter der »Sepharden« in der Regierung. Er beklagte sich im Oktober 1951 und im Mai 1953 über die Benachteiligung »sephardisch«-orientalischer Juden bei Ämterbesetzungen.[77] »In eurem Unterbewußtsein seid ihr alle gegen uns Orientalen eingestellt«, explodierte er im Kabinett am 1. Dezember 1953.

Er sprach aus, was viele Israelis orientalischer Herkunft erlebt hatten. Ein freudiges »Willkommen« hatten ihnen zum Beispiel alteingesessene Arbeitslose aschkenasischer Herkunft im April 1950 entgegengeschleudert: Vor die Wellblechhütten der Neueinwanderer waren sie gezogen, um die neuen Mitbürger, die ihnen angeblich Arbeitsplätze wegnahmen, zu verprügeln.

Nachum Goldmann, Präsident des Jüdischen Weltkongresses sowie der Zionistischen Weltorganisation (ZWO), ein westeuropäischer Gentleman vom Scheitel bis zur Sohle, schien über die Orientalisierung Israels nicht ganz glücklich. Er schlug 1952 der israelischen Regierung vor, rund 100 000 Juden marokkanischer und irakischer Herkunft in ihre alte Heimat zurückzuschicken. Ein kategorisches Nein setzte dem Israels Ministerpräsident Ben-Gurion entgegen.[78] Auf Dauer ließen sich die orientalischen Israelis das alles nicht mehr bieten. Anfang Juli 1959 kam es zu gewalttätigen Ausschreitungen marokkanisch-jüdischer Einwanderer im »Wadi Salib«-Bezirk Haifas. Ihre Landes- und Leidensgenossen in Beer Schewa, Migdal Haemek und Kirjat Schmonah, folgten diesem Beispiel wenige Tage später. Sie wollten ernst genommen und nicht nur als Stimmvieh benutzt werden. Das Gefühl, daß sie dazugehörten, vermittelten die Parteien der Opposition, die eben auch »draußen vor der Tür« standen, mehr als die Regierung, die »Aristokratie« der Staatsgründer. Nestwärme erhielten sie beim Likud-Vorläufer »Herut«, der Partei Menachem Begins. Auch die Nationalreligiösen sorgten für Heimatgefühl, denn traditionell religiös waren und sind die orientalischen Israelis in der Regel häufiger als die euro-amerikanische Mehrheit. Die Früchte dieser Arbeit konnten Herut-Likud und Nationalreligiöse nicht unverzüglich, aber seit 1977 dauerhaft und recht zuverlässig ernten. Wer Israels Politik und Gesellschaft seit 1977, also auch die heutige, verstehen will, muß die Mechanismen der orientalischen Einwanderung und Eingliederung kennen. Sonst verkennt man das Wesen der innerisraelischen Auseinandersetzungen, die nur scheinbar ideologisch und friedenspolitisch, tatsächlich aber vor allem »ethnisch« bedingt sind. Mindestens zwei Welten prallen hier aufeinander. Vereinfacht: Hier die euro-amerikanisch-bürgerlich-sozialdemokratisch-linksliberale-nichtreligiöse Oberschicht und dort die Welt der afro-asiatisch-rechtsliberal-religiösen Unterschichten.

In zwei Wellen kamen die nordafrikanischen Juden: Von 1948 bis 1951 waren es 40 000, zwischen 1955 und 1957 dann 80 000. Daß die französische Kolonialmacht in Marokko während des Holocaust oder auch nur auf dem Höhepunkt der ersten arabisch-israelischen Spannungen von 1947 bis 1949 die Juden Marokkos besonders geschützt hätte, darf man ohne Bedenken als Legende bezeichnen, Geschichte ist es nicht. Das Kollaborationsregime von Vichy gehörte, wir wissen es heute genau, zu Hitlers willigen und eifrigen Vollstreckern, im Mutterland und in den Kolonien. Nicht wesentlich judenfreundlicher verhielt sich das Frankreich der frühen Nachkriegszeit, der Vierten Republik. Deren Politiker hofften, das Wohlwollen der Araber zu gewinnen, indem sie zu Juden, Zionisten und Israel auf Distanz gingen. Nein, richtig überfallen durften die Muslime die Juden Marokkos nicht, doch bei deren Auswanderung gaben sich die französischen Behörden nicht gerade entgegenkommend.

1956 wurde Marokko unabhängig und die Auswanderung von Juden verboten. Israel mußte sie in der Illegalität durchführen.

Unerwartete und geschichtspolitisch heikle Hilfe erhielt es dabei vom spanischen Diktator Franco, dem Hitler und Mussolini in den Jahren 1936 bis 1939 zur Macht verholfen hatten. Israel brachte bei dieser illegalen Unternehmung Juden in die spanischen Enklaven Ceuta und Mellila, teilweise auch, wieder mit Billigung Spaniens, ins britische Gibraltar. Warum der Antisemit Franco diese abenteuerliche Unternehmung förderte? Weil er, wie unzählige andere Nichtjuden auf dem Erdball, an das Märchen von der Allmacht der US-Juden in der amerikanischen Politik, also an eine Variante der »Jüdischen Weltverschwörung« glaubte. Der rote Teppich zum Weißen Haus führe über den Jüdischen Staat, dachte er.[79]

Weil Marokkos König ab 1961 die Nähe des Westens, besonders der USA suchte, wurde die Auswanderung von Juden wieder gestattet. Insgesamt waren von 1948 bis 1961 rund 180 000 marokkanische Juden nach Israel eingewandert. Angesiedelt wurden sie meistens in den sogenannten Entwicklungsstädten, die eigens zu diesem Zweck aus dem Boden gestampft wurden, sowie in den neuen, nach 1948 errichteten landwirtschaftlichen Genossenschaftssiedlungen (»Moschawim«). Hier entstanden die orientalisch-jüdischen Hochburgen von Likud und Nationalreligiösen, ab 1984 der marokkanisch-orthodoxen »Schass«-Partei. Auch in Ortschaften, die von palästinensischen »Flüchtlingen« geräumt wurden, siedelte man die orientalisch-jüdischen Neuankömmlinge an. Das war einerseits funktional sinnvoll, andererseits schuf gerade diese Ansiedlungspolitik zugleich politische Tatsachen, die als Signal zu verstehen waren: An eine Rückkehr der Palästinenser sei nicht zu denken.

Die orientalischen Juden waren zwar Israels zweite Wahl, aber andere einwanderungswillige jüdische Großgruppen, die auch ausreisen konnten, gab es bis in die achtziger Jahre, als »die Russen« kamen, nicht.

Europäische Einwanderer

In den Gründerjahren strömten aschkenasische Einwanderer durchaus noch ins Land der Väter. Da gab es zunächst die Überlebenden der nationalsozialistischen Vernichtungslager, die aus Osteuropa stammten, dort entwurzelt waren (»Displaced Persons«) und bis 1948 der britischen Politik wegen nicht ins Land durften. Ab September 1948 war der junge Jüdische Staat organisatorisch so weit, daß auch diese »Alija«, die Einwanderung nach Israel, beginnen konnte. Allein bis zum Juli 1949 wurden 52 000 DPs aus Deutschland nach Israel gebracht. Im ganzen Jahr 1949 passierten 64 000 Marseille, 38 000 Bari, 6000 wurden von Deutschland eingeflogen. Eine enorme logistische Leistung und finanzielle Anstrengung Israels. Ebenfalls 1948/49 führte man 30 000 Flüchtlinge heim, die zuvor von der britischen Mandatsmacht in Lager gepfercht worden waren.

In Osteuropa, wo der Antisemitismus seit je gewütet hatte, waren die neuen kommunistischen Herren zwischen 1948 und Oktober 1951, zum Teil bis Mitte 1953, über die Auswanderungswilligkeit ihrer jüdischen Bürger keineswegs unglücklich. Die jüdische Diaspora Bulgariens, Polens und Rumäniens schrumpfte. Die »Alija« aus Polen umfaßte rund 100 000 Juden, aus Rumänien 120 000 und aus Bulgarien 45 000.

Eine zweite Welle der osteuropäischen »Alija« folgte 1955 bis 1957; erstens wegen eines kurzen »Tauwetters« dem Westen und Israel gegenüber, zweitens weil es in den kommunistischen Staaten brodelte. Im Februar 1956 hatte Parteichef Chruschtschow auf dem XX. Parteitag die Entstalinisierung eingeleitet, wenige Monate später kriselte es in Polen und krachte es in Ungarn. 1956/57 durften etwa 50 000 Juden Polen und Ungarn, 30 000 Rumänien verlassen.

Dann die bis zum Zusammenbruch der kommunistischen Welt letzte größere Welle (ost)europäischer »Olim« (Einwanderer): 64 000 in den Jahren 1958 bis 1960.

Es fehlen in dieser Auflistung der euro-amerikanischen Einwanderer Westeuropäer und Amerikaner. Der Grund ist einfach: Sie blieben, wo sie waren, in der nun ganz und gar freiwilligen Diaspora, die sie keineswegs als »Gottes Strafe« betrachteten. In den ersten Jahren verursachte ihnen ihre eher platonische Liebe zu Israel, ihr Salon-Zionismus, noch ein schlechtes Gewissen – mit dem sie komfortabel und immer komfortabler lebten. Gewiß, einzelne Idealisten wanderten nach Israel ein. Die überwältigende Mehrheit machte es sich aber lieber in der Wohlstandswelt des Westens bequem. Das Land ihrer Wahl war und blieb das jeweilige »Gastland«, das natürlich ihre Heimat war.

Die große Mehrheit aller Gründer des »Jischuw«, des vorstaatlich-zionistischen Gemeinwesens in Palästina, sowie des Staates Israel stammte aus Osteuropa. Die osteuropäischen Neueinwanderer, die ab 1948 ins Land strömten, waren ihnen deshalb als wirkliche und nicht nur propagandistische »Brüder und Schwestern« willkommen.

Das wiederum bedeutet: Das europäisch geprägte Israel war und ist vor allem osteuropäisch. Auch an der Folklore, nicht zuletzt der Volksmusik Israels, ist dies zu erkennen.

Am Tag der Staatsgründung lebten in Israel 650 000 Juden. Allein in der Zeit vom 15. Mai 1948 bis Ende 1951 kamen 685 000 Einwanderer. Israels jüdische Bevölkerung hatte sich in diesem kurzen Zeitraum mehr als verdoppelt.

Bürger zweiter Klasse?
Die palästinensisch-arabische Minderheit

Dies ist nicht ihr Staat

1948 lebte im neugegründeten Jüdischen Staat nur eine winzige arabische Minderheit, die rasant wuchs. Außer den innerjüdischen Spannungen zwischen »Weißen« und »Schwarzen« entstand ein zweiter gesellschaftlicher Zündstoff.

Wie können die meist palästinensisch-arabischen Nichtjuden den Jüdischen Staat als »ihren« Staat betrachten? Gar nicht. Ein inneres Verhältnis können Nichtjuden zum Jüdischen Staat natürlich nicht entwickeln. Schon deshalb wird die innere Lücke zwischen Juden und Arabern im Jüdischen Staat bleiben; unabhängig von den politischen Konflikten. Ein funktionales und deshalb auch loyales Verhältnis ist dennoch möglich. Warum auch nicht? Trotz offenkundiger Defizite in der Araber- bzw. Palästinenserpolitik Israels, auch trotz der äußeren Wohlstands-, Wohlfahrts-, Bildungs- und Statuslücke zwischen Juden und Arabern im Jüdischen Staat, kann nicht bestritten werden, daß es den Arabern Israels im Laufe der Jahre immer besserging. Derzeit würden ungefähr 80 Prozent der in Israel lebenden Araber aus dem Jüdischen Staat *nicht* auswandern, um in ihren Staat »Palästina« überzuwechseln, wo auch immer ein solches Gemeinwesen gegründet würde. Hier, in Israel, ist nämlich ihre Heimat. Umfragen haben dies im vergangenen Jahrzehnt immer wieder belegt. Das war nicht immer so. Angefangen hat für die Araber Israels alles ganz anders.

»Araber Israels«? Schon die Bezeichnung ist heikel. Die amtliche Bezeichnung im Jüdischen Staat lautet so. Die Betonung, das politische Gewicht liegt hier auf dem Wort »Israel«. Die »Araber Israels« sind eben Teil der Arabischen Welt, die in sich vielfältig ist und keinen Gesamtstaat ernsthaft anstrebt. Sie gelten eben nicht als Palästinenser.

Der jüdische Nationalstaat – bi-national?

Bei jüdischen Israelis steht in Paß und Personalausweis unter »Nationalität« das Wort »Jude«, bei den arabischen Staatsbürgern »Araber«. Aber beide sind Israelis. Nationalität und Religion werden gleichgesetzt. Darüber kann man sehr unterschiedlicher Meinung sein; weniger darüber, daß auf diese Weise die Entfernung zwischen Juden und Arabern im Jüdischen Staat aufrechterhalten wird. Sie sind zwar alle Bürger Israels, aber eben doch ganz unterschiedliche. Sie besitzen dieselbe Staatsbürgerschaft, doch unterschiedliche »Nationalitäten«. Die Behörden des Jüdischen Staates haben auf diese Weise den bi-nationalen Charakter Israels aktenkundig gemacht.

Rechtlich gleichgestellt sind die beiden »Nationalitäten« als Staatsbürger. Die arabischen hatten von Anfang an fast dieselben Rechte wie die jüdischen. So genossen sie sofort das aktive und passive Wahlrecht.

Die rechtliche Gleichstellung fand jedoch eine dramatische Begrenzung: die Militärverwaltung. Bis zum 1. Dezember 1966 lebte ein großer Teil der israelischen Araber unter der Verwaltung des Militärs.

Fast unmittelbar nach Ausrufung der israelischen Unabhän-gigkeit wurden die im Lande verbliebenen Araber der israeli-schen Militärverwaltung unterstellt. Rechtlich wurde dies durch die Notstandsbestimmungen ermöglicht, die man von der britischen Mandatsmacht übernommen hatte. Angst vor der »fünften Kolonne« hatten Israels Regierung und die jüdische Gesellschaft aus verständlichen Gründen. Woher und weshalb sollten die Araber loyale Staatsbürger sein oder werden? Flucht vor den und Vertreibung durch die Israelis wirkten sicherlich nicht als vertrauensbildende Maß-nahmen. Sicherheitshalber sollten sich, so wollten es die Len-ker des neuen Jüdischen Staats, die Sicherheitskräfte der Ara-ber annehmen, besonders der Araber jener Gebiete, die im UNO-Teilungsplan ursprünglich nicht Israel zugeschlagen wur-den: Galiläa im Norden, das sogenannte Kleine Dreieck nord-östlich von Tel Aviv an der Grenze zu Jordanien, die Wüste Negev im Süden sowie die Städte Ramlah, Lod (Lydda), Jaffa und Madjdal (Aschkelon).

Die Zahl dieser Bezirke wurde allmählich verringert. Es wurden weniger, aber es waren eben doch viele. Seit 1957 konnten sich die Palästinenser aus Afula (Nordisrael) und Akko, seit 1959 die aus dem Kleinen Dreieck in ihrer Region ohne Sondergenehmigung bewegen. Im selben Jahr erhielten die Beduinen im Süden die Erlaubnis, zweimal wöchentlich zum Markt in Beer Schewa zu kommen. Seit 1962 durften sich die Drusen frei an jedem Ort im Land bewegen.

Angenehm war das alles nicht, und es war auch innerjü-disch umstritten. Eine in sich höchst widersprüchliche Oppo-sition hatte sich formiert: die Linkssozialisten von der »Ma-pam«-Partei auf der einen Seite und die Rechtsnationalisten von der »Herut« Menachem Begins auf der anderen. Sie ver-langten nachdrücklich die rechtliche Gleichstellung der palä-stinensischen Araber Israels. Im Jahre 1962 stimmten 55 Ab-geordnete des Parlaments für die Aufhebung der Militärver-waltung, 59 waren für deren Verlängerung. Ein Jahr später war aus der dünnen eine hauchdünne Mehrheit von einer

Stimme geworden. Immerhin, das waren deutliche Fortschritte, aber auch sie konnten nichts daran ändern, daß die Araber Israels Bürger zweiter Klasse blieben. Sie wurden so behandelt, und sie fühlten sich so, und sie waren auch wirtschaftlich und sozial die zweite Klasse. Sie verrichteten nämlich alle schlecht bezahlten Arbeiten, für die sich keine Juden fanden. In den »proletarischen« Berufen fand man weit mehr Araber als Juden. Und wenn man dort Juden fand, dann waren es orientalische, die nicht ungern auf die hinabschauten, die noch weiter unter ihnen standen. Man kennt dieses Phänomen, das alles andere als »typisch jüdisch« ist.

Nach der »Katastrophe«:
Führungslos und orientierunglos

Am Anfang war die Katastrophe, die Katastrophe von Flucht und Vertreibung. Am Tag der israelischen Unabhängigkeit, am 14. Mai 1948, waren nur noch 156 000 Araber bzw. Palästinenser im Land.[80] Das Problem schien durch welche Form der »ethnischen Säuberung« auch immer »gelöst«. Ein Irrtum, denn die kleine Minderheit wuchs auf mittlerweile etwas mehr als eine Million (mit Ost-Jerusalem). Somit wurde Israel in fünf Jahrzehnten doch wieder ein bi-nationaler, also jüdisch-arabischer Staat. Bevölkerungswissenschaftler sagen voraus, daß die Araber ungefähr im Jahre 2050 auch im israelischen Kernland die Mehrheit stellen werden.

Völlig verunsichert und führungslos waren die »Araber Israels« nach jener »Katastrophe«. Dieses Wort haben wir nicht zufällig gewählt. Erstens benutzen es die Palästinenser selbst, wenn sie von jenen Ereignissen und Zeiten sprechen, und zweitens zeigt es, daß und wie spiegelbildlich die israelische und palästinensische Wahrnehmung von Geschichte ist: Den Begriff »Katastrophe« gebrauchen die Palästinenser, um das aus ihrer Sicht schrecklichste Ereignis ihrer Geschichte zu benennen, und denselben Begriff »Schoah« (Katastrophe) gebrauchen auch die Israelis, um in ihrer Sprache das aus ihrer Sicht schrecklichste Ereignis ihrer Geschichte zu benennen.

In Israel geblieben waren nach 1948 nur die ärmsten der armen Palästinenser und die am schlechtesten ausgebildeten der meistens schlechter als die Juden ausgebildeten Palästinenser. Ihre Eliten und die Reichen sowie ihre politisch-gesellschaftlichen Führungsgruppen waren ins Exil, in arabische Staaten gegangen. Gewiß, nicht nur die Eliten waren ins Exil gegangen. Sonst gäbe es ja keine Flüchtlingslager. Dorthin zog es die Elite nicht.

Bevor sie sich politisch artikulieren und organisieren konnten, mußten sich die Araber Israels selbst erst einmal finden. Sie brauchten auch ein festeres Fundament: etwas mehr Wohlstand und Lebensqualität, eine bessere Ausbildung, politische Kenntnisse. Genau dies erreichten sie im Laufe der Jahre. Nein, die jüdisch-arabische Lücke wurde (bis heute) nicht geschlossen, aber erheblich verkleinert.[81]

Lebensqualität statt Wolkenkuckucksheim

Wie verhielten sich die palästinensischen Araber Israels politisch? Zunächst passiv. An die Gründung einer eigenen, rein arabischen Partei dachten sie zunächst nicht. Sie wählten entweder die Kommunisten oder arabische Listen der zionistischen Parteien.

Beides klingt zunächst seltsam, doch beides ist verständlich; je nach Wahrnehmung. Den Kommunisten gaben die Araber ihre Stimme nicht wegen ihrer revolutionären Ideologie, die sie kalt ließ. Sie wählten die internationalistisch orientierten Kommunisten, weil es die einzige nichtzionistische Partei Israels war. Opposition gegen den jüdischen Nationalstaat war also das Wahlmotiv. Für die arabischen Listen der zionistischen Parteien, vor allem der Sozialdemokraten (»Mapai«) und Sozialisten (»Mapam«) entschieden sich diejenigen Palästinenser, die konkrete Vergünstigungen und Verbesserungen im Hier und Heute erwarteten. Die konnte das israelisch-jüdische »Establishment« eher liefern als die Kommunisten, die Lichtjahre vom Macht- und somit Verteilungszentrum des Staates entfernt waren. Bis weit in die siebziger Jahre prägte diese Einstellung das Wahlverhalten der meisten palästinensischen Araber Israels.

Hier einige Zahlen: 1949 bekamen die arabischen Minderheitenlisten der zionistischen Parteien knapp 52 Prozent aller arabisch-israelischen Stimmen, 1965 waren es noch 41 Prozent. Die zionistischen Parteien selbst kamen bei den Arabern 1949 auf 26 und 1965 auf 33 Prozent. Für die Kommunisten stimmten 1949 22 Prozent der israelischen Araber und 1965 nicht wesentlich mehr, 23 Prozent.

Die Wahlbeteiligung blieb hoch, von Verweigerung keine Spur. Sie betrug 1949 79 und 1965 sogar 87 Prozent. Das muß keineswegs überraschen, denn trotz, nein, wegen ihrer fundamentalen Distanz zum Jüdischen Staat wußten oder spürten die meisten Palästinenser Israels sehr genau, daß sie nur innerhalb und mit diesem Staat konkrete Verbesserungen im eigenen Leben erreichen konnten. Sie entschieden sich für die sehr reale Politik im Jüdischen Staat und gegen die damalige Utopie vom palästinensischen.

Wer die »Katastrophe« als junger Mensch erlebt hatte, erholte sich schneller. Und von den Jüngeren wiederum besser die gut ausgebildeten Palästinenser. Wie Heranwachsende aller Länder suchten sie eher die Utopie. Gesamtarabisch-nationalistische Intellektuelle regten sich erstmals in den späten fünfziger und frühen sechziger Jahren. Sie gründeten 1959 eine Zeitschrift mit dem Namen *Al-Ard* (Das Land). Sie bekämpften Israel in seinen Grenzen von 1949 und verlangten die Verwirklichung der UNO-Entschließung vom 29. November 1947, also einen noch viel kleineren jüdischen und die Gründung eines palästinensischen Staates. Sie widersetzten sich zugleich den traditionellen Oberhäuptern der arabischen Großfamilien, also dem noch verbliebenen Rest traditioneller Führung in der palästinensischen Gesellschaft Israels. Von den

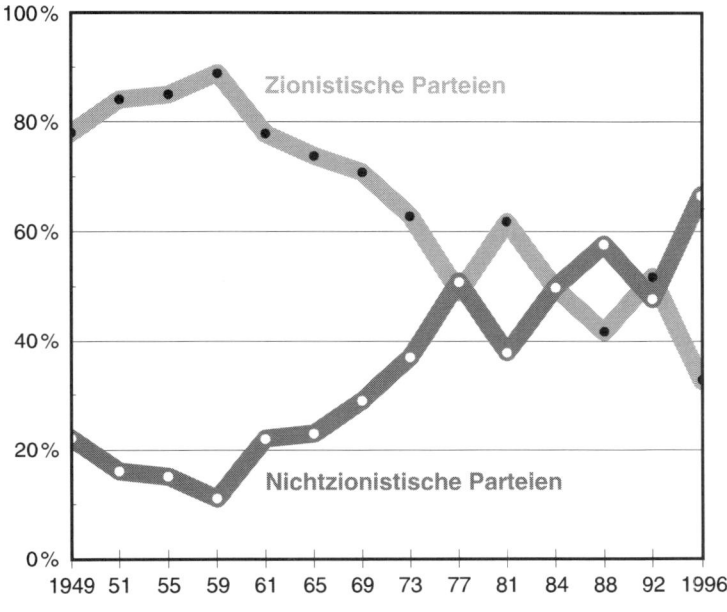

100 %

80 %

60 %

40 %

20 %

0 %

Zionistische Parteien

Nichtzionistische Parteien

1949 51 55 59 61 65 69 73 77 81 84 88 92 1996

Arabisches Wählerverhalten 1949–1996

Kommunisten hielten sie wenig, weil diese von den Juden beherrscht würden.

1964 wollte sich die Al-Ard-Gruppe als Al-Ard-»Bewegung« eintragen lassen und damit faktisch eine Partei werden. Nun zeigte der Oberste Gerichtshof des Landes, daß Israel eine (im Sinne der zionistischen Gründer) wehrhafte Demokratie war. Die Eintragung wurde im November 1964 nicht genehmigt, und der Verteidigungsminister ließ Al-Ard gleich darauf verbieten. Zu den Knessetwahlen wollten die Jungnationalisten 1965 als »Arabisch-Sozialistische Liste« antreten, doch die zentrale Wahlkommission schmetterte dieses Anliegen ab, weil in den Statuten dieser arabischen Parteiung keine Rede von »Israel« war.[82] Letztlich, so das Oberste Gericht, richte sich diese Gruppierung gegen die Existenz des Staates. Gerichtspräsident Agranat formulierte es so: »Der Staat Israel besteht, und an seiner Existenz darf nicht gerüttelt werden ... Es ist die Aufgabe seiner Parlamentsmitglieder, die Existenz und Integrität des Staates zu sichern.« Eine Wahlliste, deren Kandidaten gegen dieses Prinzip verstoßen, könne daher nicht zugelassen werden.[83]

Weshalb wurde dann aber die nichtzionistische Kommunistische Partei immer wieder zugelassen? Es lebe der kleine, doch feine Unterschied: Sie war nichtzionistisch, Al-Ard war antizionistisch.

Die Zeit ging weiter, und trotz allem ging es für die Araber Israels nicht nur vorwärts, sondern auch aufwärts. Auch die Zahl ihrer Repräsentanten in politischen Ämtern stieg allmählich. In der Knesset, im Parlament Israels, saßen 1949 nur drei Araber, 1965 waren es schon sieben und (wir greifen voraus) 1996 sogar 12.

Modernisierung, Palästinensierung, Urbanisierung, Radikalisierung und Verjüngung

Die meisten Araber Israels, rund 50 Prozent, leben vor allem im Großen Dreieck Galiläas, wo man sogar mehr Araber als Juden findet, weshalb israelische »Falken« immer wieder die »Judaisierung Galiläas« fordern. Ungefähr 12 Prozent der Araber siedeln im Kleinen Dreieck, nordöstlich von Tel Aviv, an der Grenze zum Westjordanland. Etwa 10 Prozent findet man im Süden, meistens Beduinen. In den seit 1947/48 »gemischten«, jüdisch-arabischen, zuvor fast rein arabischen Städten Akko, Haifa, Lod (Lydda) und Ramlah wohnen die übrigen.

Etwa 75 Prozent der Nichtjuden Israels sind sunnitische Muslime, rund 15 Prozent Christen und 10 Prozent Drusen. Wir wollen doch noch einige Daten nennen, um zu zeigen, daß und wie die Modernisierung der nichtjüdischen Gesellschaft Israels zugleich mehr Lebensqualität brachte. Das wiederum bedeutete: Im Laufe der Jahre wurde das politische Bewußtsein der Araber geschärft. Sie fühlten sich zunehmend als »Palästinenser« und nicht einfach als »Araber«. Sie wandten sich

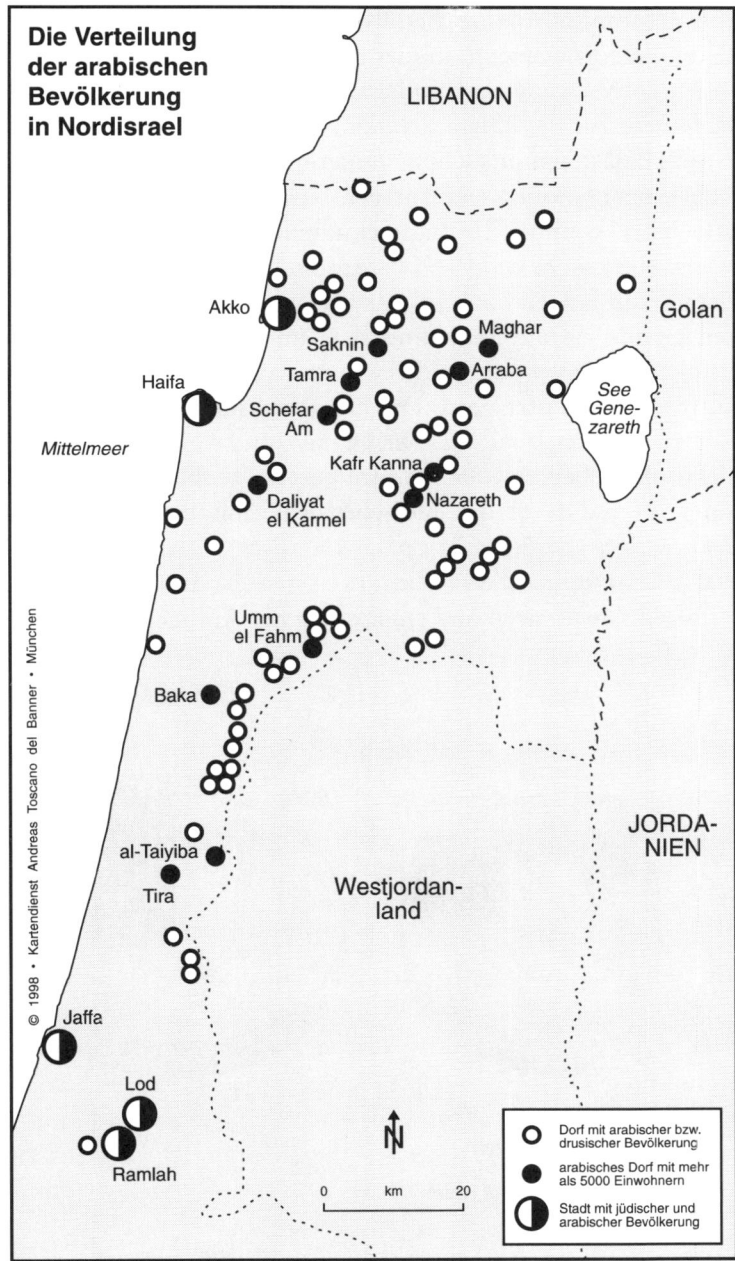

Die Verteilung der arabischen Bevölkerung in Nordisrael

LIBANON

Golan

Akko

Maghar

Saknin

Haifa

Tamra

Arraba

Mittelmeer

Schefar Am

See Gene- zareth

Kafr Kanna

Daliyat el Karmel

Nazareth

Umm el Fahm

Baka

al-Taiyiba

Westjordan- land

JORDA- NIEN

Tira

Jaffa

Lod

N

Ramlah

0   km   20

○ Dorf mit arabischer bzw. drusischer Bevölkerung

● arabisches Dorf mit mehr als 5000 Einwohnern

◐ Stadt mit jüdischer und arabischer Bevölkerung

© 1998 · Kartendienst Andreas Toscano del Banner · München

(bis zur iranisch-islamischen Revolution des Jahres 1979 und deren Folgewirkungen) immer mehr von der Religion ab. Modernisierung als Säkularisierung und Palästinensierung bedeutete zugleich auch Radikalisierung. Konkret hieß das: Israels Palästinenser suchten immer häufiger nichtzionistische oder gar antizionistische Partner. Besonders bei jungen Palästinensern konnte diese Entwicklung beobachtet werden.

Bis 1979, dem Umbruch der Iranischen Revolution, waren gerade die Jungen auch religiös gleichgültiger. Dann erkannten gerade sie die antizionistische und antiwestliche Wirksamkeit des Islam, der seither wieder verstärkt als politisches Instrument genutzt wird. Das erwähnte Radikalisierungspaket aus Modernisierung, Verjüngung und Palästinensierung der israelischen Araber wäre ohne eine verbesserte Ausbildung im und durch den Jüdischen Staat unmöglich gewesen: 1949 gab es gerade mal 14 palästinensisch-arabische Gymnasiasten, 1970 schon 8050 und 1995 gar 42 032.

Noch 1961 waren nur 1,4 Prozent der Araber Israels Aka-

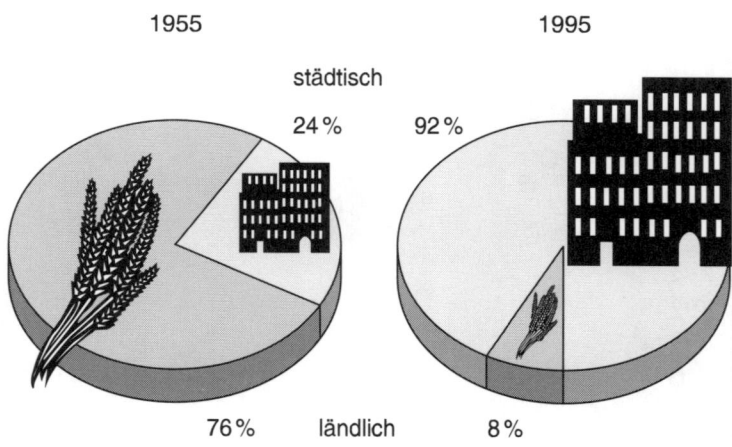

1955   1995

städtisch

24 %   92 %

76 %   ländlich   8 %

Daten: Statistical Abstract of Israel

Verstädterung der arabischen Bevölkerung

demiker, 1994 schon 7,9 Prozent. Ja, bei den Juden fand man 1961 schon 6,4 und 1994 gar 20,6 Prozent Akademiker, aber, wie gesagt, die Entwicklungsrichtung ist unverkennbar.

Dem Stichwort von der Radikalisierung der israelischen Araber fügen wir noch ein Schlagwort hinzu: Verstädterung. 1948 war fast die gesamte arabische Bevölkerung Israels ländlich, 1955 noch 76 Prozent, aber 1995 nur noch 8 Prozent.

Schwindsucht, Boom und Krise: Die Wirtschaft

Rahmenbedingungen

Krieg, Kampf gegen Terror und Masseneinwanderung stellten Israels Wirtschaft in den Anfangsjahren vor ständige Zerreißproben. Die Wirtschaftskrise drohte zur Katastrophe zu werden. Sie gefährdete besonders in den frühen fünfziger Jahren den Fortbestand des Staates.

Allen Feinden und den eher wort- als tatenreich helfenden »Freunden« zum Trotz verschwand Israel weder militärisch noch politisch-staatlich von der neuen Landkarte des Nahen Ostens. Doch der ökonomische Untergang drohte lange.

Zunächst und vor allem verschlangen die militärische Absicherung und Abschreckung Unsummen. Was die arabischen Staaten militärisch nicht erreichen konnten, schien ihnen allein durch die finanziellen Folgen des Wettrüstens zu gelingen: Israels Auslöschung.

Mit der Macht des Geistes konnte Israel lange Zeit die militärische und wirtschaftliche Lücke zur arabischen Welt schließen. Das kam auch dem Militär zugute, weil man schon in den fünfziger Jahren mit eigener Waffenproduktion begann. Sie war zwar kostspielig, aber sie verschaffte mehr außenpolitischen Manövrierraum durch weniger Abhängigkeit vom Wohlwollen des Auslands.

Wieder sollen die Leser nicht durch Zahlen übermäßig strapaziert werden, wir beschränken uns auf wenige Daten.[84] Im ersten Jahrzehnt des staatlichen Bestehens ließ Israels Regierung pro Jahr zwischen 25 und 40 Prozent aller staatlichen Ausgaben in den Verteidigungshaushalt fließen. Die Einwanderung und Eingliederung der Neueinwanderer, für die zunächst Baracken in Übergangslagern und dann Städte oder landwirtschaftliche Genossenschaftssiedlungen aus dem Boden gestampft wurden, waren ebenfalls nicht zum Nulltarif erhältlich. Und weil die Masseneinwanderung riesige Summen verschlang, erwog man in der Regierung, sie zumindest zu drosseln. Ministerpräsident Ben-Gurion lehnte dies kategorisch ab. Im März 1949 verabschiedete das Kabinett ein wirtschaftliches Notprogramm, das am 12. Mai von der Knesset gebilligt wurde. Lebensmittel wurden rationiert, die Einfuhr von Waren drastisch verteuert und die Ausfuhr von Devisen verhindert.

Als ungünstige Rahmenbedingungen der israelischen Wirtschaft wären zu nennen:

- Ein kleiner und von seiner geographischen Umwelt abgeschlossener Binnenmarkt. Erst die Friedenspolitik von Rabin, Peres und Arafat öffnete die Türen zu arabischen Märkten einen Spaltbreit.
- Israel verfügt über keine nennenswerten Bodenschätze.
- Wasser ist in der heißen Region des Nahen Ostens im allgemeinen und in Israel im besonderen ein äußerst knappes und umkämpftes Gut.

Nicht zu vergessen sind die hausgemachten Probleme: Die politisch bedingte und gewollte Aufblähung des staatlichen Sektors in Israels Wirtschaft. Sie war Ergebnis der Gründerideologie, genauer: der Mehrheitsideologie der Gründer. Als überzeugte Sozialdemokraten der damals gar nicht alten Schule und als Sozialisten – zuvor waren nicht wenige glühende kommunistische Klassenkämpfer (ohne daß es zunächst eine Bourgeoisie oder ein Proletariat gab – glaubten sie an die wirtschaftliche Notwendigkeit und Richtigkeit staatlich-politischer Steuerung. Wer ganz sicher gehen wollte, organisierte parteieigene oder parteinahe Wirtschaftsunternehmen. So sicher waren sie, wie sich zeigte, wahrlich nicht. Schon im ersten Jahrzehnt Israels war – ganz unideologisch, doch sehr wirksam – der Markt mächtiger als der Wunsch der Ideologen. Parteieigene Zeitungen oder auch Firmen schrieben rote Zahlen.

Diese staatliche Steuerung der Wirtschaft schaffte – besonders der eigenen politischen Kundschaft – Arbeitsplätze und Vergünstigungen, die das Leben angenehmer gestalteten. Was die Ökonomen jahrzehntelang geißelten und inzwischen als Allheilmittel empfehlen, vollbrachten die Staatsgründer – sie blähten über die Staatsunternehmen den Dienstleistungsbereich dramatisch auf. Trotzdem (oder gerade deshalb?) ließ echter Kundendienst erheblich zu wünschen übrig. Legendär schlecht war bis weit in die achtziger Jahre der Service im Jüdischen Staat. Die Dienstleistungsmentalität war nicht so ausgeprägt wie der Dienstleistungssektor aufgebläht. Wichtiger noch: Er war unproduktiv und verdeckte durch Beschäftigung, die keine notwendige Arbeit war, einen Teil der Wirklichkeit, die man als Arbeitslosigkeit bezeichnen würde.

Bezahlt werden mußte das alles. Wer hat es bezahlt? Die israelischen Steuerzahler: Zwischen 40 und 60 Prozent aller staatlichen Einnahmen Israels brachten die Bürger durch Steuern und andere Abgaben auf.

Weniger, als Außenstehende in der Regel erwarten, trugen Diasporajuden zum wirtschaftlichen Aufbau bei: Knapp die Hälfte aller einseitigen Kapitaltransfers der Jahre 1950 bis 1955 stammten von ihnen. Doch von 1956 bis 1960 fiel der Anteil auf 27 Prozent.[85]

Die Regierung der USA trat als »einseitiger Transferzahler«, im Klartext: Schenkender, erst seit 1973/74 massiv in Erscheinung.

Der Zwang zum Sparen wurde trotz wohlfahrtsstaatlich-sozialdemokratisch-einwanderungslockender Ideologie unumgänglich. Sparpakete, Rationierungen und Preiskontrollen hielt der Kern der sozialdemokratischen und nationalreligiösen Koalition für das Heilmittel. Die Theorie war überzeugender als die praktischen Ergebnisse.

Von Marx zum Markt

Im Februar 1952 erfolgte ein bedeutsamer Wandel: Die »Neue Wirtschaftspolitik« war der Beginn einer Liberalisierung. Zaghaft noch, aber symbolisch entscheidend. Der Bann war gebrochen, auf Preiskontrollen und andere Regulierungen, die eher Strangulierungen glichen, wurde verzichtet.

Das Wirtschaftswunder ließ auf sich warten, doch aufwärts ging es trotzdem. 1954 wurde ein Wachstum von 19,9 Prozent erwirtschaftet und in den Jahren bis 1962 selten weniger als 10 Prozent.

Doch die Ausgaben der öffentlichen Hand wuchsen geradezu gigantisch. Was sollte oder konnte man anderes tun, um einer neuen Gesellschaft das Lebensnotwendige zu beschaffen, das die wenigsten sich selbst anschaffen konnten. Zwischen 1960 und 1964 wurde sogar Vollbeschäftigung erreicht.

Am 9. Februar 1962 wurde wieder eine »Neue Wirtschaftspolitik« verkündet und eingeleitet. Sie sollte »liberaler« sein, eine Überhitzung der Wirtschaft vermeiden helfen und den gewaltigen Importüberschuß verringern. Hierfür wurde das israelische Pfund um zwei Drittel abgewertet. Seit 1979 heißt die Landeswährung »Scheckel«. Die Umbenennung war zum Teil auch Antiinflationskosmetik: Bei der Einführung des Schekkel wurden vom israelischen Pfund, der früheren Währung, einfach zwei Nullen gestrichen.

Die Operation gelang 1962 so vollendet, daß dabei der Patient beinahe gestorben wäre. Das lag auch daran, daß man nicht auf die Inflationsbremse trat. Allein 1962 stieg das Geldvolumen um 30 Prozent. Die staatlichen Entwicklungsprojekte heizten die Wirtschaft an, der verbilligte Export brachte Devisen und ermöglichte vermehrten Konsum im Lande selbst. Durch die Liberalisierung konnte man mehr importieren. Und bezahlbar waren die eingeführten Waren, weil mehr Kaufkraft vorhanden war. Es brodelte in Israels Wirtschaftsküche.

Aufgeschreckt beschloß die sozialdemokratisch geführte Regierung nun die Vollbremsung. »Mitun«, also Mäßigung, im Klartext: Deflation war von 1965 bis 1967 die Devise. Dieser »Mitun« war eher eine handfeste Wirtschaftskrise. Sie führte zu einer Arbeitslosenquote von 10,4 Prozent am Vorabend des Junikrieges 1967. Es versteht sich von selbst, daß sie die jüdisch-orientalischen und arabisch-israelischen Unterschichten besonders heftig traf und betraf. Aber die Inflation war zum Stillstand gekommen.

Vor allem die Bauindustrie litt. Da der Strom der Einwanderer abgeebbt war, wurde weniger gebaut. Großprojekte wie die Wasserleitung vom See Genezareth in die Wüste Negev und die Errichtung der Pottaschewerke am Toten Meer waren 1964/65 vollendet. Die öffentliche Hand sparte und die Öffentlichkeit fiel aus allen Wolken, weil sie dachte, daß es nur noch aufwärts gehen könnte.

Der »Mitun« war zwar eine ganz normale Konjunkturkrise, aber die kratzte am Selbstbewußtsein der sonst so selbstsicheren und siegesgewohnten Israelis.

Neben dem Staatssektor dominierten die zahlreichen Unternehmungen der sozialdemokratischen »Histadrut«-Gewerkschaft die Wirtschaft des Landes. Von ihnen schienen Wohl und Wehe der israelischen Wirtschaft abzuhängen. Inzwischen weiß man es besser, seit es der Histadrut wirtschaftlich nicht mehr sonderlich gut geht.

Man kennt das Phänomen aus Deutschland, wo der DGB mit seinen Unternehmen auch nicht glücklich wurde.

Deutlich abgenommen hat seit den Gründerjahren das Gewicht des Agrarsektors, obwohl jeder beim Wort »Israel« an Jaffa-Orangen oder andere Zitrusfrüchte denkt. Noch 1952 wurden 11 Prozent des Nettoinlandsprodukts in der Landwirtschaft erarbeitet, schon 1965 waren es nur noch rund

8 Prozent. Der Anteil der Industrie stieg von 22 auf 24 Prozent.

Der Anteil der Landwirtschaft am Gesamtexport betrug 1949 noch 64 Prozent, 1962 dann 24, 1967 nur noch 19 Prozent, 1996 waren es rund 3 Prozent. Dagegen der Anteil der Industrie am Gesamtexport: 1949 32 Prozent, 1967 schon 81 Prozent und 1994 gar 97 Prozent. Eine Revolution hat in Israels Wirtschaft stattgefunden. Aber nach wie vor importiert Israel erheblich mehr, als es zu exportieren vermag.

Deutschland als Lebensretter

Entscheidend für das wirtschaftliche Überleben Israels waren seit 1954 die Wiedergutmachungszahlungen der Bundesrepublik Deutschland. 27 Prozent der einseitigen Transferzahlungen nach Israel kamen von 1955 bis 1960 aus West-Deutschland, zwischen 1961 und 1965 lag der Anteil bei knapp 12 Prozent. Seitdem sind es etwas mehr als 10 Prozent im Rahmen der individuellen Entschädigungszahlungen. Dieses Geld fließt in private Kassen, jenes in staatliche. Es hat Israels Existenz gesichert und gerettet. Nicht mehr und nicht weniger. Hitler-Deutschland hat Millionen Juden ermordet, die Bundesrepublik Deutschland hat Millionen Juden in Israel gerettet. Sie war eben wirklich, wie allen wüsten Attacken zum Trotz Ben-Gurion oft beteuerte, ein »anderes Deutschland«. Das neue, andere Deutschland konnte nichts ungeschehen, wohl aber an den Überlebenden zumindest etwas »wiedergutmachen«. Seit den fünfziger Jahren hat sich an dieser Politik eigentlich nichts geändert. Gewiß, es gab gewaltige Kräche, doch für Lebensfragen Israels setzte sich seitdem jede Bundes- und Landesregierung in Deutschland ein.

Heftig umstritten war 1952 die Annahme jenes »Blutgeldes«, das »Versilbern des millionenfach vergossenen jüdischen Blutes«, so Oppositionsführer Menachem Begin von der Herut-Partei. Sein Widersacher, Ministerpräsident David Ben-

Gurion, sah es anders: Die Toten würden nicht mehr lebendig, doch als Politiker müsse man das Überleben der Lebenden sichern. Das sei nur mit deutschem Geld möglich.

Das bedeutete: Israel mußte sich innerlich überwinden, um deutsches Geld überhaupt anzunehmen. Daß der Jüdische Staat bundesdeutsche Kassen etwa aus Rachsucht leeren wollte, ist also eine böswillige Legende. Mehr noch: Indem es deutsches Geld annahm, begann Israel einen politischen Dialog mit Deutschland. Es war, recht besehen, der erste Schritt zu einer Versöhnung.

Am 10. September 1952 wurde das Luxemburger Abkommen über die bundesdeutsche Wiedergutmachung unterzeichnet, am 18. März 1953 vom Bundestag gebilligt. Israel erhielt in einem Zeitraum von zwölf Jahren 3 Milliarden DM. Etwa 100 Milliarden DM erhielten bis 1997 jüdische Überlebende als Einzelzuwendung.

Die eine oder andere deutsche Seele ist hierüber noch heute empört. Sie möge sich beruhigen und bedenken: Das Deutsche Reich Adolf Hitlers hat an den »Arisierungen« und anderen antijüdischen Verbrechen weit mehr verdient. Das ist die eine Tatsache.

Das Wiedergutmachungsabkommen war der erste Wendepunkt in den israelisch-deutschen Beziehungen. Den zweiten haben wir ebenfalls schon erwähnt: Im Februar 1957 hatte sich Bundeskanzler Konrad Adenauer geweigert, eine für Israel bedrohliche US-Bitte zu erfüllen: Das Einfrieren der Wiedergutmachungszahlungen. Washington wollte auf diese Weise den Druck auf Israel verstärken, um es zum Rückzug von der im Herbst 1956 eroberten Sinai-Halbinsel und aus dem Gazastreifen zu bewegen.

Adenauers energische Ablehnung war der Beginn einer echten Freundschaft zwischen dem »Alten« aus Deutschland und dem »Alten« aus Israel: David Ben-Gurion. Es war keineswegs nur eine private Freundschaft, sie war zugleich handfest politisch und bestand den Härtetest: die Lieferung und den Kauf militärischer Technik. Strengstens geheim begann die bundesdeutsch-israelische Zusammenarbeit auf dem Gebiet der Rüstungspolitik. Adenauers rechte Hand war dabei Verteidigungsminister Franz Josef Strauß, der sich noch 1952/53 dem Wiedergutmachungsabkommen entschieden widersetzt hatte. Nur durch massiven Druck Adenauers konnte er 1953 dazu bewegt werden, sich im Bundestag bei der Abstimmung wenigstens der Stimme zu enthalten. Inzwischen hatte sich manches durch militärische und politische Hitzewellen im kalten Krieg verändert: Israel hatte mit den NATO-Partnern Frankreich und Großbritannien im Herbst 1956 einen »Vasallen Moskaus« (als solchen nahm der Westen Nassers Ägypten seit 1955 wahr) bekämpft. Das machte Israel auch in Straußens Augen koscher.

Die Bundesrepublik kaufte zunächst Uzi-Maschinengewehre, dann kaufte Israel Waffen in Deutschland. Teile der israelischen Öffentlichkeit und Politik reagierten empört. Es kam zu Regierungskrisen. Unerschütterlich setzte Ben-Gurion seinen prodeutschen, das heißt für Israel lebenswichtigen Kurs fort.

Bedroht schien dieser Kurs zur Jahreswende 1959/60: Eine Welle antisemitischer Schmierereien und Aktionen schwappte über die Bundesrepublik. Diese Inszenierung wurde von kommunistischen Geheimdiensten organisiert und finanziert.[86]

Ben-Gurion hatte es schon damals geahnt. Jedenfalls war er bereit, sich in dieser für West-Deutschland geschichtspolitisch und außenpolitisch heiklen Situation vor das andere Deutschland, das westliche, zu stellen. Am 14. März 1960 traf er mit Bundeskanzler Adenauer zusammen, im New Yorker Hotel Waldorf Astoria. Bei einem Gespräch unter vier Augen beschlossen die beiden »Alten« den Ausbau der wirtschaftlichen und wissenschaftlichen Verbindungen. Das war die Aktion »Geschäftsfreund«.[87] Im Rahmen dieses Freundschaftsdienstes erhielt Israel zwischen 1961 und 1965 insgesamt 629,4 Millionen DM.

Im Juni 1962 wurde ein Geheimabkommen über deutsche Waffenlieferungen unterzeichnet. Bei der Lieferung der deutschen Waffen nach Israel halfen die USA, Großbritannien und Italien. Sie war im deutschen Kabinett umstritten: Außenminister Gerhard Schröder und sein Staatssekretär Karl Carstens, der spätere Bundespräsident, waren dagegen, Franz Josef Strauß dafür. Am 26. Oktober 1964 flog alles auf: Die *Frankfurter Rundschau* enthüllte, was, wie wir heute wissen, Ägypten und feindlichen Geheimdiensten längst bekannt war: daß eben nicht nur Frankreich, sondern auch Bonn den Jüdischen Staat mit militärischen Gütern versorgte.[88] Der Wert dieser Technik betrug 194 Millionen DM.[89]

Die Bundesregierung unter Ludwig Erhard verheddert sich im nahostpolitischen Wirrwarr. Sie stellte im Februar 1965 die Waffenlieferungen ein und verärgerte damit die Israelis, nachdem die Araber nun auch offiziell empört waren. Nach einigem Hin und Her erklärten sich die USA unter Präsident Lyndon B. Johnson bereit, die ausstehenden Waffen zu liefern. Auch eine finanzielle Entschädigung über 140 Millionen DM erhielten die Israelis aus Deutschland.[90]

Schließlich wagte Bonn den eher symbolischen Schritt, den es der »Ausgewogenheit« seiner Nahostpolitik wegen vermieden hatte: die Aufnahme diplomatischer Beziehungen mit Israel am 12. Mai 1965.

Ein Jahr später, 1966, waren die zwölf Jahre deutscher Wiedergutmachungszahlungen abgelaufen. Fortan erhielt Israel bis einschließlich 1996 besonders zinsgünstige Darlehen von rund 100 Millionen DM jährlich.[91]

Innenpolitik: Neuer Wein in alten Schläuchen

Am Anfang war die Idee

Eine Revolution war seit 1948 in Israels Gesellschaft abgelaufen: Die Zahl der Einwohner hatte sich allein zwischen 1948 und 1951 verdoppelt. Wir haben darüber schon gesprochen und auch festgestellt: Die jüdische Gesellschaft des Landes wurde orientalischer, und die orientalisch-arabische wuchs so schnell, daß der Jüdische Staat trotz Flucht und Vertreibung der Palästinenser im Unabhängigkeitskrieg bi-national, also jüdisch-arabisch wurde.

Dieser neue Wein, Israels neue Gesellschaft, wurde in alte, doch sehr haltbare und brauchbare politische Schläuche gefüllt, in die bereits vor der Staatsgründung bestehenden politischen Institutionen.

Israels Gesellschaft, Wirtschaft, Militär und Kultur entwickelten sich nämlich aus der Politik – und nicht umgekehrt. Am Anfang war die Idee, und die Idee war der Zionismus. Nicht das gesellschaftliche und wirtschaftliche Sein bestimmte das politische Bewußtsein der Zionisten. Das Bewußtsein formte das Sein. Anders formuliert: Erst wurde das Dach, dann Haus und Keller gebaut.

Die zionistischen Pioniere, die seit 1882 eher tröpfchenweise als massenhaft ins »Land der Väter« kamen, bauten seit dem frühen 20. Jahrhundert allmählich Institutionen für eine Gesellschaft auf, die es eigentlich noch gar nicht gab. In ihren Köpfen, in ihren Wunschträumen gab es sie. Und für die palästinensischen Araber waren diese Wunschträume Alpträume. Der zionistische Wunschtraum wiederum war Ergebnis diasporajüdischer Alpträume: des jahrhundertelangen Antisemitismus.

Mit ihren politischen Vorgaben errichteten besonders die sozialistischen Pioniere ein wirtschaftliches, gesellschaftliches, kulturelles und auch militärisches Netzwerk, in dem der einzelne von der Wiege bis zur Bahre versorgt und betreut wurde. Alles hatte politisch zu sein, parteipolitisch: Nicht nur die politischen Parteien selbst, sondern auch die Gewerkschaften, das Erziehungswesen, sogar der Sport. Fußball war für den sozialistischen Pionier eben nur schön, wenn der Ball im sozialistischen Verein ins Tor der Bürgerlichen rollte. Der Sozialist kickte im Verein »Hapoel« (der Arbeiter), der Liberale im »Makkabi« (der an die Makkabäer erinnern sollte), der bürgerliche Nationalist im »Beitar« (das war der Name der letzten Bastion der jüdischen Aufständischen gegen Rom in den Jahren 132 bis 135 unserer Zeitrechnung), der Nationalreligiöse ertüchtigte sich im »Elizur« (Gott ist mein Fels). Der Orthodoxe trieb gar keinen Sport, sondern bestand auf einem eigenen Schulsystem und Kindergarten. Das alles ist längst nicht mehr so ideologisch wie einst, aber Fußballspiele zwischen Beitar Jerusalem und Hapoel Tel Aviv sind noch heute fast so etwas wie politische Ersatzhandlungen, dann spielt die Likud-Partei (»Beitar«) gegen die Arbeitspartei (»Hapoel«).

Bevor die jüdischen Massen nach Palästina einwanderten, hatten die Pioniere der verschiedenen zionistischen Richtungen die politischen und dann die wirtschaftlichen und gesellschaftlichen Institutionen der jüdischen Gemeinschaft (des »Jischuw«) errichtet.

Unzählige Parteigründungen, Parteispaltungen und Parteienzusammenschlüsse gab es in der israelischen Geschichte. Verwirrend scheint das Parteiengefüge Israels also auf den ersten Blick. Es ist wegen der Vielzahl der Gruppen und Grüppchen für den Laien ungefähr so übersichtlich wie ein elektrischer Schaltplan. Trotzdem ist das Grundmuster recht einfach.

Göttliche Vielfalt: Die religiösen Parteien

Schon im frühen 20. Jahrhundert formierten sich im Zionismus drei große Richtungen:
- die Linksparteien,
- die Bürgerlichen,
- die Religiösen.

Über die inhaltlichen Auseinandersetzungen im religiösen Lager haben wir im ersten Teil bereits gesprochen: Hier eher nicht- und antizionistische Orthodoxe, dort die stramm zionistischen Nationalreligiösen. Die Nationalreligiösen gründeten 1902 den »Misrachi« (geistig-geistliches Zentrum), die antizionistischen Religiösen sammelten sich seit 1911/12 in der »Agudat Israel« (Verband bzw. Bund Israels).

Abgesehen von weiteren, oft persönlich oder pöstchenbe-
dingten Abspaltungen gab es sowohl bei den Orthodoxen der
Agudat Israel als auch bei den Nationalreligiösen des Misrachi wiederum eine Trennungslinie: Sie verlief zwischen Linken
und Rechten. Die linken Nationalreligiösen vereinigten sich
1922 im »Hapoel Hamisrachi« (Misrachi-Arbeiter), die linken Agudatisten gründeten 1925 die »Poale Agudat Israel«
(Die Agudat-Israel-Arbeiter).

Das bedeutete konkret: Die einen wollten lieber mit den Sozialisten und Sozialdemokraten zusammenarbeiten oder koa-
lieren, die anderen mit den Bürgerlichen. Doch das wäre
– natürlich – wieder viel zu einfach. Zur Zusammenarbeit mit
den »gotteslästerlichen Zionisten« waren zunächst nur die
Nationalreligiösen bereit. Die Agudatisten, linke wie rechte,
waren hierzu erst nach der Katastrophe des Holocaust bereit.
Noch zähneknirschend schlossen sie sich der Koalitionsregierung in den frühen Jahren des Jüdischen Staats und dann mit
Vehemenz seit 1977 an. Damit wollten sie die »vollständige
Entjudung des Jüdischen Staats« verhindern oder (positiv ge-
wendet), den Jüdischen Staat endlich in ein wirklich jüdisches
Gemeinwesen umgestalten. »Nein« ohne Wenn und Aber sagten von jeher nur die Ultraorthodoxen der Neture Kartha zu
den Zionisten, vor und nach der Staatsgründung.

Nun wäre auch dies viel zu schön und einfach, um wahr zu
sein. Schon in der Diaspora gab es im religiösen Judentum heftige Richtungskämpfe. Warum sollte man im »Land der Väter« auf dieses Vergnügen, nein, auf diese gottgewollte Auseinandersetzung verzichten? Zum Beispiel auf den osteuropäischen Konflikt zwischen dem Judentum des Herzens und
dem Judentum des Kopfes. Jenes Judentum des Herzens, der
Seele und besonders des einfachen Mannes verkörperten seit
dem 18. Jahrhundert die eher folkloristischen »Chassidim«.
Das Judentum des durch und durch talmudisierten Kopfes die
»Mitnagdim« (wörtlich »Gegner«), die ihre Hochburg in Li-
tauen hatten, woher auch ihr geistlich-geistiger Über-Rabbi
stammte, »das Genie aus Wilna«. Im Jischuw und im unab-

hängigen Staat Israel konnten es – Wunder Gottes? – Chassidim und Mitnagdim lange miteinander sogar unter einem parteipolitischen Dach aushalten: in der Agudat Israel. Erst 1988, also in der Epoche Groß-Israels, barst dieses Dach. Der greise Rabbi Schach fühlte sich noch jung genug, um eine Partei zu gründen. War er hundert Jahre alt oder etwas jünger oder gar doch ein wenig älter? Keiner wußte es so recht. Einerlei. Er und seine Jünger, die in der Tradition der Mitnagdim standen, fühlten sich von den »ungebildeten« Chassidim übervorteilt und politisch in der Agudat Israel bevormundet. Deshalb gründeten sie ihre Partei: »Thora-Banner«. Nach langem Hin und Her einigten sich Agudatisten, Poale Agudat Israel und Thora-Banner 1992, eine gemeinsame Liste zu präsentieren und eine Fraktionsgemeinschaft zu bilden. Bislang hält sie.

In jener groß-israelischen Zeit gab es noch zwei zusätzliche Spaltpilze, die wir schon jetzt erwähnen wollen, um das Grundmuster erkennbar zu machen: Der eine Spaltpilz war die euroamerikanische oder orientalische Herkunft der Orthodoxen, der andere die Palästinenser-Politik. Die orientalischen, besonders die aus Marokko stammenden Orthodoxen empfanden sich in der Agudat Israel zunehmend als Fremdkörper. Sie wollten lieber unter sich bleiben. Gesagt, getan: Mit Hilfe des früheren Oberrabbiners Ovadia Josef schlossen sie sich 1983/84 zur »Schass«-Partei zusammen.

Auch die Nationalreligiösen blieben von diesem Spaltpilz nicht verschont, doch nach kurzen Zwischenspielen zogen sie es schließlich doch vor, vereinigt zu bleiben. Misrachi und Misrach-Arbeiter hatten nämlich schon 1956 fusioniert. Das gleiche hatten Agudat Israel und Agudat-Israel-Arbeiter mehrfach versucht, doch immer wieder trennten sich ihre Wege. Getrennt marschierend schlugen sie sich dann doch zusammen gegen die »ketzerische« Mehrheit der jüdischen Israelis. Die Trennung blieb stets taktisch und persönlich, die Kooperation strategisch, also grundsätzlich.

Die Araber- und Palästinenser-Politik trennt keineswegs

nur in den religiösen Parteien kompromißlose »Falken« von kompromißbereiten »Tauben«. Doch dieser Riß blieb in der Regel parteiintern und führte nicht zu organisatorischen Verselbständigungen. Jedoch: Seit Mitte der sechziger Jahre fand man bei den Nationalreligiösen nur noch selten »Tauben«, heute muß man sie mit der Lupe suchen. Ein Wort noch zur Größe der verschiedenen religiösen Parteien. Bis Mitte der siebziger Jahre dominierten die Nationalreligiösen. Abgesehen von zyklischen Schwankungen ringen sie seit 1977 mit den ungefähr gleichstarken Agudatisten und Schass um die Machthebel bei den Frommen der Frömmsten. Strukturell hat freilich die marokkanisch-orthodoxe Schass-Partei die besten Karten, denn die orientalisch-jüdische Bevölkerung wächst am schnellsten.

Abschied vom Sozialismus: Linke Parteien

Auch hier ist scheinbar alles schrecklich verwirrend, tatsächlich jedoch vergleichsweise einfach. Das Grundmuster sieht so aus: Die Linke bestand aus der richtungs- und tonangebenden Sozialdemokratie, und auch die übrigen Linksparteien sozialdemokratisierten sich früher oder später. Die Kommunisten am spätesten. Bei den Linkssozialisten sorgten sowohl die Friedens- bzw. Araberpolitik als auch die Befürwortung oder Ablehnung des sowjetischen Modells für Reibungsverluste und Spaltungen.

Von Marx und auch vom Antizionismus hat sich inzwischen sogar die (wie fast überall auf der Welt im Jahre 1919 als Linksabspaltung der Sozialisten gegründete) Kommunistische Partei verabschiedet. Wirkliche Bedeutung hat sie weder im Jischuw noch im unabhängigen Staat erreicht. »Ohne Herut und Maki«. Diese Formel hatte der erste Ministerpräsident des Landes, David Ben-Gurion, geprägt. »Herut«, das war die extrem nationalistische Partei Menachem Begins im bürgerlichen Lager. »Maki«, das war die Abkürzung für die Kommunistische Partei Israels, »Miflaga Kommunistit Israelit«. Stets haben hier ein jüdisch-arabischer und ein fast rein arabischer Flügel miteinander und gegeneinander gerungen, mehrfach hatten sie sich darüber zerstritten und gespalten, zuletzt 1965. Zu dieser Zeit mußten die Kommunisten Israels noch ein kleines Problem lösen: wie moskauhörig sollten sie sein? Vollkommen, so ungefähr meinte es die arabisch orientierte Mehrheit, die damals mit einigen wenigen jüdischen Altlinken die »Neue Kommunistische Liste« (»Rakach«) gründete. Inzwischen heißen sie wieder »Kommunisten«, aber mit dem Kommunismus der guten alten Tage hat dieser nichts mehr zu tun. Sie versuchen, eine Brücke zwischen Juden und Arabern im Jüdischen Staat zu schlagen, das Wörterbuch des Klassenkampfes haben sie irgendwo und irgendwann verloren. Die Kommunisten haben zwischen 1992 und 1996 die Friedenspolitik von Rabin und Peres unterstützt, und gern haben die sich unterstützen lassen.

Die Neinsager des Jahres 1965 rückten seitdem immer enger ans Establishment. Inzwischen sagen sie längst »Ja« zum Zionismus und haben sich entweder den Sozialdemokraten oder Linksliberalen angeschlossen, die heute fröhlich mit einstigen Sozialisten eine Gruppierung bilden.

*

Staatspartei schlechthin war bis zur Wende 1977 die 1930 gegründete sozialdemokratische »Mapai« (Partei der Arbeiter Eretz Israels, »Mifleget Poalei Eretz Israel«). Ihre sozialreformerischen und auch sozialrevolutionären Vorläufer bildeten sich 1905, als die zweite Einwanderungswelle (»Alija«) den russischen Pogromen entfloh.

Wie alle sozialistischen Revolutionäre setzten auch ihre zionistischen Genossen auf die klassenkämpferische Sprengkraft des Proletariats, dessen Diktatur es gegen das Bürgertum zu erkämpfen galt. Weit und breit gab es aber weder Proletariat noch Bourgeoisie. Einige – durchaus sympathische – revolutionäre Traumtänzer vollführten deshalb geistige Akrobatik: Man müsse Palästina industrialisieren, um Bourgeoisie sowie Proletariat und damit Klassenkampf zu erschaffen. Nicht zuletzt aus diesem Grund wurden die linken Parteien auch unternehmerisch tätig. Doch sollten nun die Linken zur »Bourgeoisie« verkümmern und gegen sich selbst den »Klassenkampf« führen? Das ist absurd. Bis auf wenige Luftmenschen merkten das natürlich die meisten Linksaktivisten. Die Revolution aus der Retorte blieb eine Episode – in den Köpfen weniger.

Geradezu unaufhaltsam war die allmähliche Sozialdemokratisierung der meisten Linken. Der Linken, die das Land eher aufbauen und regieren als den Aufbau des Landes kommentieren oder vom Schmollwinkel aus kritisieren wollten. Den »Machern« gesellte sich die Mehrheit zu. Die Mehrheit der Mitglieder und die Mehrheit im vorstaatlichen Jischuw sowie der Wähler im Staat Israel hat sich von 1920 bis 1977 für die Mapai entschieden. Natürlich, auch sie verlor einige Gruppierungen am rechten und linken Rand. Bitter und schwerwiegend war der 1965 von Mitbegründer Ben-Gurion (auch Dajan und Peres) vollzogene Bruch. »Rafi« nannten der »Alte« und seine Jünger ihre neue Partei, die 1968 doch wieder die Wiedervereinigung zur »Arbeitspartei Israels« (»Mifleget Haawoda«) vollzog. Ihr schloß sich eine dritte Partei an: »Achdut Haawoda« (Einheit der Arbeit). Sie stand noch in den frühen zwanziger Jahren sehr links, war aber nie internationalistisch, sondern fast extrem nationalistisch und landwirtschaftlich am Kibbutz orientiert.

Die Sozialdemokratisierung der »Mapam« (Vereinigte Arbeiterpartei Israels) dauerte länger. Ihr Vorläufer, der »Haschomer Hazair« (Junger Wächter) war schon 1915 gegründet worden. Worin unterschied sich die Mapam von der Achdut Haawoda? In einer die damalige Welt wirklich weltbewegenden Frage: Wie hältst du's mit dem Kommunismus und Internationalismus? Sehr, meinten die Mapam-Mitglieder, eher nicht, die Achdut Haawoda, die sich 1944 von der Mapai getrennt, 1948 mit dem Haschomer Hazair zur »Mapam« vereinigt und 1955 wieder getrennt hatte. Die Hebel der israelischen Politik bewegten beide nur bedingt, denn gesteuert wurde der israelische Staat in erster Linie von den nüchternen Sozialdemokraten der Mapai.

1969 konnte sich die Mapam dazu durchringen, mit den Sozialdemokraten eine gemeinsame Liste zu präsentieren und eine Fraktionsgemeinschaft im Parlament zu bilden. 1988 ging man wieder getrennte Wege. Mapam befand sich seitdem zögerlich und ab 1992 beherzter in einem Boot namens »Meretz« mit den Linksliberalen und Friedensbewegten. Das klingt abstruser und verwirrter als es wirklich ist, denn Frieden mit den Palästinensern und den arabischen Staaten war von jeher das entscheidende Leitmotiv der Mapam. Auch darüber war der frühere Bund mit den anderen Linksparteien (die immer »rechter« und weniger friedensbeflissen wurden) zerbrochen.

Fazit: Zunehmend marktwirtschaftliche Überzeugungen sowie die aktive und auch zum Risiko bereite Friedenspolitik haben fast alle linken Gruppierungen, auch die einst sehr linken, den linksliberal-bürgerlichen nähergebracht.

Zwei Seelen in der Brust: Die bürgerlichen Parteien

»Wie die anderen Völker« verhielten sich parteipolitisch auch die bürgerlichen Israelis. Aus fast allen westlichen Demokratien kennen wir das Grundmuster: Die rechtsbürgerlichen Parteien mieden, die linksbürgerlichen suchten die Zusammenarbeit mit den Sozialdemokraten und Sozialisten. »Nichts Neues unter der Sonne.« Wunschpartner der Rechtsbürgerlichen waren die rechten Religiösen. Übersehen haben lange Zeit auch viele Fachleute diese Tatsache. Und so gesehen, ist der Kern der Koalitionsregierungen von 1977 bis 1984 und seit 1996, also Likud plus Religiöse, die logische Verwirklichung einer Tradition und Option der rechtsbürgerlichen Parteien Israels. Nur einen Pferdefuß hat diese Erklärung: So »rechts« sind die Rechtsbürgerlichen Israels gar nicht, denn ihre Wählerschaft sind besonders die Unterschichten, vermeintlich die Wähler der Linken. Noch genauer, die rechtsbürgerlichen werden vornehmlich von den orientalischen Unterschichten bevorzugt. Den Grund haben wir im Zusammenhang mit der Masseneinwanderung genannt, die traditionell »herrschenden« Oberschichten Israels waren die »Linken«, also Sozialdemokraten und Sozialisten. Protest und Wechsel gegen diese linke Oberschicht war nur mit den Rechtsbürgerlichen möglich; mit den Rechtsbürgerlichen und den Religiösen, die den religiösen Orientalen ohnehin nahestanden.

Von einer richtigen eigenen Partei hielten die bürgerlichen Zionisten zunächst weniger als nichts. Die »Allgemeinen Zionisten«, die sie als lockere Gruppierung 1907 bildeten, kann man nicht wirklich als Partei bezeichnen. Der Begriff »Honoratiorenvereinigung« innerhalb der Zionistischen Weltorganisation paßt besser. Ungeduldigen bürgerlichen Nationalisten wie Wladimir (Zeew) Jabotinsky waren die Allgemeinen Zionisten zu zahm. Zu zahm der britischen Mandatsmacht als auch den Arabern gegenüber. Nicht mit, sondern nur gegen Großbritannien, so Jabotinsky, sei die zionistische Idee zu verwirklichen. Ohnehin sei sie zu schwammig formuliert, meinte er. Klipp und klar solle man das eigentliche Ziel der Zionisten benennen: die Schaffung eines jüdischen Staats. Auf das letzte Wort, Staat, kam es ihm an. Dies sei das eigentliche Ziel des Zionismus. So allgemein eindeutig war das in der zionistischen Bewegung der frühen zwanziger Jahre keineswegs. Und deshalb kam es zum Bruch. Jabotinsky bildete 1925 seine eigene Partei, die »Revisionisten«.

Der Name war programmatisch: Das ursprüngliche Programm der Zionistischen Weltbewegung sollte revidiert werden. Jabotinsky, der geistige Vater Menachem Begins und daher des heutigen Likud, konnte sich innerhalb der Zionistischen Bewegung nicht durchsetzen, verließ sie 1935 und gründete eine eigene, die Neue Zionistische Organisation. Erst nach dem Holocaust kehrte die in den Schoß der zionistischen Allgemeinheit zurück. Da war Jabotinsky bereits tot, er war 1940 gestorben. Seinen Weg setzte der aus Polen stammende Menachem Begin fort.

Die Araberpolitik der übrigen Zionisten hielt Jabotinsky für illusorisch. Die Araber, betonte er, liebten Palästina als ihre Heimat ebenso wie die Juden. Da jedoch dieses Land das den Juden Gelobte, also versprochene Land sei, aus dem sie von anderen (den Römern im Jahre 70 unserer Zeitrechnung) wider Willen vertrieben wurden, gelte es nun, zurückzukehren. Dem würden sich die Araber natürlich widersetzen. Die Zionisten müßten sich für den Kampf rüsten und um ihr Gemeinwesen eine Eiserne Wand errichten. Die Araber würden gegen sie anrennen – vergeblich allerdings und dann einsehen, daß sie sich mit dem Bestehen eines jüdischen Staats abfinden müßten. Hatte Jabotinsky mit dieser Analyse nicht etwa doch recht?

Sobald erkennbar war, daß Hitler den Krieg verlieren würde, fühlte sich Jabotinskys Nachfolger Begin frei, gegen die Briten zu kämpfen, um Palästina für die Zionisten notfalls militärisch zu »befreien«. Am 1. Februar 1944 verkündete er die »Revolte« gegen die Mandatsmacht. Er warf ihr unter anderem vor, den im Holocaust bedrohten Juden nicht geholfen, sondern sich in Lippenbekenntnisse geflüchtet zu haben. Mehr noch, die britische Mandatsmacht habe ihre Politik vom Mai 1939 fortgesetzt und jüdischen Flüchtlingen die Tore Palästinas verschlossen. »Die Herrschaft der Briten hat die jüdische Nation verraten ... Zwischen dem jüdischen Volk und der jüdischen Jugend sowie der Britischen Verwaltung in Eretz Israel, die unsere Brüder Hitler auslieferten, gibt es keinen Waffenstillstand mehr. Dieser Herrschaft erklärt das Volk den Krieg, einen Krieg bis zum Ende.«[92]

So geschah es, obwohl die Vorgehensweise unter den Zionisten heftig umstritten war. Allerdings waren sie sich im Ziel

– inzwischen auch offen – einig. Der Streit um den richtigen Weg war jedoch so heftig, daß Ben-Gurion und die Seinen zeitweilig Begins Leute bis aufs Messer bekämpften und den Briten sogar auslieferten. Die Sozialdemokraten und Sozialisten veranstalteten eine regelrechte Jagd auf Begin und seine Anhänger. Wir erinnern uns, als »Jagdsaison« ging diese Zeit vom Herbst 1944 bis Frühjahr 1945 in die Geschichte Israels ein. Erst die Hartnäckigkeit der Briten führte dann die zionistischen Rivalen von rechts und links zumindest operativ zusammen. Am Ende wurde die Auseinandersetzung zwischen Ben-Gurion und Begin bekanntlich militärisch ausgetragen. Jener ließ im Juni 1948 die »Altalena« beschießen, ein Schiff, das Munition für Begins Truppen brachte. Um einen jüdischen Bürgerkrieg zu vermeiden, ließ Begin nicht zurückschießen. Er bewies damit staatspolitische Größe – was inzwischen nicht einmal mehr seine Kritiker bestreiten. Fortan beschränkte sich Begins Herut auf die parlamentarische Opposition. »Daueropposition«, glaubte man – bis er am 17. Mai 1977 die Wahlen gewann und Ministerpräsident wurde. Doch greifen wir nicht zu weit voraus.

Wir blicken auf die anderen bürgerlichen Gruppierungen. Bei den Allgemeinen Zionisten gab es bald zwei Gruppen: die eine, allen voran der spätere erste Staatspräsident Israels, Chaim Weizmann, wollte mit der Linken zusammenarbeiten, die andere lehnte dies ab. Doch 1945 fanden beide zusammen, um sich 1948 wieder zu spalten. Die Rechten behielten den alten Namen, die Linken suchten das Neue und nannten sich »Progressive«. Zwei kleinere »Parteien« stießen zu ihnen. Die eine wird deutsche Leser interessieren, weil sie in erster Linie die Partei der »Jeckes«, der aus Deutschland stammenden Juden, war.

Bekanntes folgte in neuer Verpackung: 1961 fusionierte man zur »Liberalen Partei«, um sich 1965 erneut zu trennen. Die Rechten behielten wieder den alten Namen, die Linken waren nun die »Unabhängigen Liberalen«. Nach 1977 versanken diese in der Bedeutungslosigkeit. Erstens aus biologischen

Gründen, denn Wähler und Mitglieder aus den Reihen der alten »Jeckes« (wie meine eigenen Großeltern) starben leider allmählich aus. Das verbliebene Häuflein ging in den achtziger Jahren in der Arbeitspartei auf.

Aufgelöst hat sich inzwischen auch die rechtsbürgerliche Liberale Partei. Sie hatte sich 1965 mit der Herut Begins zum »Gachal«-Block zusammengetan, wogegen sich die Linksliberalen energisch gestemmt hatten.

»Gachal« war eine gemeinsame Liste und Fraktionsgemeinschaft, die sich (mit einigen anderen Gruppierungen) 1973 zum »Likud« erweiterte. Der Likud wurde mehr und mehr (trotz diverser Spaltungen und Wiedervereinigungen) eine erweiterte Herut. Das bedeutete: die übrigen pro forma noch bestehenden Parteien wurden von der Herut vereinnahmt. Mehr schlecht als recht wahrten die alten Liberalen ihr Gesicht und, noch viel wichtiger, ihre Pfründe, als sie 1988 zur Likud-Partei fusionierten.

Volk und Wahl

Die Institutionen der zionistischen Gemeinschaft in Palästina funktionierten seit den frühen zwanziger Jahren bestens. Wir erwähnten es und wollen hier kurz Volk, Wahlen, Regierungsarbeit und Regierungskrisen vor der Staatsgründung und danach skizzieren. Die Vorherrschaft der Sozialdemokraten und Sozialisten war bis 1977 das auffallendste Merkmal.

Die große Mehrheit der jüdischen Mini-Gemeinschaft von 28 765 Wahlberechtigten entschied sich 1920 bei den ersten allgemeinen, gleichen und geheimen Wahlen zu ihrem Parlament, der »Delegiertenversammlung«, zugunsten der Linken. Innerhalb der Linken war die gemäßigte Linke erfolgreicher. Ein Muster, das oft, sowohl vor als auch nach der Staatsgründung, beobachtet werden konnte.

Insgesamt bekam die Linke 37 Prozent, wobei allein auf die gemäßigte Linke 22 Prozent entfielen. Die hoffnungslos zersplitterten Bürgerlichen sowie die Religiösen bekamen knapp 20 Prozent. Kontinuierlich wuchs die Linke bei den folgenden Wahlen. 1925 erreichte sie knapp 43 Prozent, 1931 schon 53 und 1944 sogar 60 Prozent. Die Vorherrschaft der Linken, und dort der sozialdemokratischen Mapai, war ebenso eindeutig wie die Schwäche der Bürgerlichen und – ohne die Zahlen hier jetzt im einzelnen zu nennen – die relative Stabilität von rund 15 Prozent des religiösen Lagers, sofern es sich an den Wahlen beteiligte und nicht die Institutionen der »zionistischen Ketzer« boykottierte. Die »Epoche der Mapai« begann also in der vorstaatlichen Zeit, sie endete erst 1977.

Wegen des Unabhängigkeitskriegs mußten die für den Herbst 1948 vorgesehenen Wahlen zur verfassungsgebenden Versammlung, die sich dann zur ersten Knesset erklärte, auf den 21. Januar 1949 verschoben werden.

Wie kaum anders zu erwarten, gewann die Mapai haushoch. 37 Prozent votierten für sie. Mit großem Abstand folgten die übrigen Parteien: die linkssozialistische Mapam mit knapp 15 Prozent, die Religiösen mit 12 und die rechte Herut mit 11,5 Prozent.

Die Mapai erzielte jedoch keine absolute Mehrheit, weder die der Wählerstimmen noch die der Parlamentssitze. Wieder erfahren wir ein Muster israelischer Politik: alle Regierungen des Landes waren Koalitionsregierungen. Und gleich noch ein Muster, das lange galt: die gemäßigteren Parteien aller drei Lager gehörten zum Koalitionskern. Das waren, außer der Mapai, die zionistischen Nationalreligiösen und bei den Bürgerlichen die linksliberalen Progressiven.

Wer diese beiden Muster versteht, wird sich nicht durch das Hick und Hack der vielen Parteien und Regierungskrisen Israels verwirren lassen.

Recht brüchig war schon der erste Koalitionsfrieden, denn die Nationalreligiösen pochten auf mehr Einfluß auf die Neueinwanderer und das Schulwesen. Mapai lehnte ab und bestand auf der Richtigkeit der eigenen Politik, die besonders den Liberalen zu interventionistisch war und dem Markt nicht genug Spielraum ließ. Tatsächlich wollte jeder dem anderen die Schuld fürs unvermeidliche Sparen zuschieben. Das politische Spiel Israels unterscheidet sich kaum von dem anderer Nationen. Die Orthodoxen, auch sie unterstützten die Koalition zunächst, widersetzten sich dem Wehrdienst der Frauen. Man schaukelte sich hoch, bis die Koalition zerbrach. Schon im Juli 1951 mußte die zweite Knesset gewählt werden. Wieder war Ben-Gurions Mapai unangefochten. Platz zwei errangen die rechtsliberalen Allgemeinen Zionisten. Sie hatten sich als die eigentliche Wirtschaftspartei empfohlen. Manche hörten es gern, besonders diejenigen, die des Sparens und des staatlichen Treibens in der Wirtschaft überdrüssig waren. Erstaunlich lange, bis zum Juni 1955, hielt die Koalition, der neben Mapai und den Nationalreligiösen sowohl die Links- als auch die Rechtsliberalen angehörten.

Sie hielt sogar den zeitweiligen Rückzug des »Alten«, Ben-Gurions, aus, der von 1953 bis 1955 des Regierens müde schien, um nach den Wahlen vom Juli 1955 wieder das Steuer in die Hand zu nehmen. Kurz zuvor waren die Rechtsliberalen aus dem Regierungsboot ausgestiegen, um aus der Distanz die Wahlen führen zu können. Es half nichts, denn nun wurde die wesentlich rechtere Herut Begins der eigentliche Gewinner im bürgerlichen Lager. Zum Mitregieren reichte es beiden nicht.

Das Muster kennen wir: Rechtsruck heißt das Stichwort. 1951 von den Progressiven zu den Allgemeinen Zionisten, 1955 zur Herut. Ähnlich bei den kleinen Linken, wo die gerade erst 1948 gegründete Mapam wieder zerbrochen war. Die Linkssozialisten kamen als »Mapam« nur auf Platz drei, während die rechtere Linke »Achdut Haawoda« (AH) mehr Stimmen erhielt. Wenig genug für beide: Mapam rund 7 und AH 8 Prozent.

Bis 1959 ging die nächste Legislaturperiode, in der die AH

sowie die vehement antireligiöse Mapam neben den Koalitionsveteranen der Nationalreligiösen auf der Regierungsbank saßen. Politischer Höhepunkt war der Krieg im Herbst 1956, der Suezfeldzug, den Israel gemeinsam mit Frankreich und Großbritannien gegen Ägypten führte. Der militärische Glanz dieses Siegs reichte der Mapai bei den Wahlen vom 3. November 1959 zum glorreichen Erfolg: 38 Prozent bekam sie, zumal an ihrer Spitze sowohl der politische Sieger jenes Waffengangs, Ben-Gurion, stand als auch der militärische, Ex-Generalstabschef Mosche Dajan, der »Mann mit der Augenklappe«. Wieder konnte die rechte Herut etwas zulegen, und wieder blieben die Religiösen stabil. Diesmal blieb der Koalitionskern unter sich: Mapai, Progressive und Nationalreligiöse. Der Haussegen hing in der Mapai schief: eine Geheimdienstpanne aus dem Jahre 1954 sorgte für Zündstoff. Und weil eben der Ministerpräsident und Verteidigungsminister der Mapai angehört hatten, geriet die Militäraffäre zur Partei- und Staatsaktion. Der Hickhack führte zu einer Regierungskrise und schon 1961 zu vorgezogenen Neuwahlen. Bei denen wurde Ben-Gurion gestraft, weil er einer breiten Öffentlichkeit als derjenige galt, der die Lawine politisch losgetreten hatte. Nur noch 35 Prozent bekam die Mapai. Alle hatten damit gerechnet, daß die Vereinte Liberale Partei (Progressive und Allgemeine Zionisten) knapp hinter der Grand Old Party liegen würden. Irrtum. Platz zwei errang Begins Herut mit 13,8 Prozent, die Liberalen enttäuschende 13,6 Prozent. Die Religiösen? Stabil natürlich.

Alles andere als stabil war der Haussegen in der Mapai, und immer wackeliger wurde die Stellung Ben-Gurions. Einerseits wegen der Panne, die nur noch als »die Affäre« bezeichnet wurde, andererseits wegen seiner vermeintlich zu freundlichen Politik gegenüber der Bundesrepublik Deutschland und drittens, weil der »Alte« immer mehr Israelis zu alt für sein Führungsamt schien. Ältere Deutsche erinnern sich noch an eine ähnliche Diskussion zur gleichen Zeit in Deutschland. Hier sägte man damals auch am Stuhl des »Alten«. Er hieß Konrad

Adenauer und schätzte Ben-Gurion sehr, und der schätzte ihn. Beide wurden 1963 zurückgetreten, offiziell hieß es, daß sie zurücktraten.

Seinen Nachfolger, Finanzminister Levy Eschkol, hatte Ben-Gurion allerdings noch selbst erkoren. Schon bald hatten sich beide hoffnungslos zerstritten. Die Wellen der Geheimdienstpanne aus dem Jahre 1954 schlugen hoch. So hoch, daß Ben-Gurion sein Comeback versuchte und dabei scheiterte. Gemeinsam mit Mosche Dajan, Schimon Peres, Chaim Herzog (später Staatspräsident) und Teddy Kollek (Jerusalemer Urgestein als scheinbar ewiger Oberbürgermeister der Heiligen Stadt) geriet er in der Mapai an den Rand. Dann gründete er die »Rafi«-Partei und erhielt bei den Wahlen vom 2. November 1965 nur 7,9 Prozent. Eschkol war der strahlende Sieger. Er hatte nämlich das Kunststück vollbracht, mit der AH eine gemeinsame Liste vorzulegen, den »Kleinen Maarach«. Für ihn entschieden sich knapp 37 Prozent. Wie so oft vorher und nachher hatten sich die Religiösen kaum verändert. Neues gab es auf der Rechten: Gachal, der Block aus Begins Herut und den Rechtsliberalen schnitt mit rund 21 Prozent beachtlich gut ab. »Ohne Herut und Maki«. Dieser Satz Ben-Gurions galt trotz Ben-Gurions Rück- und Fehltritt noch immer. In die Regierung wurde Gachal deshalb nicht aufgenommen, auch nicht Ben-Gurions Rafi. »Ohne Herut und Maki – und Rafi«. So dachte und handelte Eschkol. Er bildete eine Koalition aus Mapai, AH, Mapam, Nationalreligiösen und Linksliberalen. Ohne ein Ministeramt zu übernehmen, hatten sich die Linksorthodoxen Poale Agudat Israel (PAI) der Koalition angeschlossen. Den politischen Fleischtöpfen wollten sie sich nähern.

Wir senken den Vorhang über dieser Koalition, die in Turbulenzen geriet, weil nichts Turbulentes zu geschehen schien.

Dann aber wurde alles ganz anders: Mai/Juni 1967, die Krieg-in-Sicht-Krise, und schließlich am Vorabend des Krieges die Bildung einer großen Koalition, damals natürlich ohne Maki (Kommunisten), doch mit Herut (also Gachal) und mit

Rafi. Zwar ohne Ben-Gurion, der immer noch schmollte, und mit Mosche Dajan (Rafi) als Verteidigungsminister (was Eschkol schwerfiel) sowie mit Menachem Begin, der Minister ohne Geschäftsbereich wurde. Und dann das Wunder: Ben-Gurion und Begin umarmten sich öffentlich und versöhnten sich. Nie waren sich die Zionisten seit 1925 so einig gewesen wie im Juni 1967. Nasser und die Führer der anderen arabischen Staaten machten es möglich. Die israelische Seele hatte, so schien es, dauerhaft ihren Frieden gefunden – durch den Krieg, den Israel nicht provozierte, aber doch begann, und aus seiner Sicht beginnen mußte. Und wenige Tage später war aus Klein-Israel Groß-Israel geworden.

Männer

Der große »Alte«: Ben-Gurion

Den großen »Alten«, David Ben-Gurion, wollen wir als die herausragende Persönlichkeit aus der vor- und frühstaatlichen Epoche Klein-Israels vorstellen. Sein und seines Landes Verhältnis zu Deutschland sei besonders beachtet.

Ein Bundestagsabgeordneter aus der westdeutschen Provinz unternahm im Dezember 1986 einen Ausflug in die Weltpolitik. Nein, er reiste nicht und belastete daher auch nicht unseren Staatshaushalt. Er belastete lediglich die geschichtliche Müllabfuhr unseres Staates, indem er markige politisch-historische Betrachtungen anstellte: »Ausländische Politik versucht über vierzig Jahre danach, die deutsche Jugend mit Schuldkomplexen zu impfen, ein ganzes Volk erneut in Gewissensnöte zu stürzen, um außenpolitische oder gar finanzpolitische Vorteile gegen Deutschland einzuheimsen, um die moralische Erpreßbarkeit der Deutschen zu verewigen. Wer einseitig Schuldzuweisungen oder das Züchten von Schuldgefühlen zum Mittel der Politik macht, darf nicht erwarten, daß der Begriff der Versöhnung ernst genommen wird. Mittlerweile dürfte klar sein, daß deutsche Wiedergutmachungszahlungen den gewünschten Prozeß der Versöhnung nicht beschleunigt haben, sondern eher das Gegenteil.«[93]

Natürlich können wir uns überhaupt nicht denken, welchen Staat jener Volksvertreter meinte, denn er sprach lediglich von ausländischer Politik. Auch der Hinweis auf die »Wiedergutmachungszahlungen« hilft nicht weiter. Zwar wissen wir, daß allein der Staat Israel bundesdeutsche »Wiedergutmachungszahlungen« erhielt, doch der Abgeordnete entgegnete einem Kritiker seiner Bemerkungen: »Der Staat Israel ist in diesem Zusammenhang von mir nicht einmal erwähnt worden.«[94]

Genug des politischen Trauerspiels! Kein Zweifel: Diesen politischen Zwerg trennten Welten von dem Giganten Ben-Gurion; von Ben-Gurion, der zweifellos der Architekt des Wiedergutmachungsabkommens auf der israelischen Seite war. Ben-Gurion wollte eben nicht nur Geld von Deutschland »einheimsen«, sondern Versöhnung mit Deutschland.

Daß diese Versöhnung auf beiden Seiten, bei Israelis und Deutschen, auch heute noch nicht von allen vollzogen wurde, vollzogen werden konnte, beweisen nicht nur die »weltpolitischen Betrachtungen« des zitierten Volksvertreters. Auch vielen ernsthaft ringenden Menschen gelang die Versöhnung noch nicht. Ben-Gurion war seiner Zeit weit voraus.

Daß Ben-Gurion dieses Werk der Versöhnung schon in den frühen fünfziger Jahren, nur wenige Jahre nach dem Holocaust, einleitete, zählt sicherlich zu den menschlich und politisch größten Leistungen dieses Staatsmannes, des großen Zionisten, des Staatsgründers und langjährigen Ministerpräsidenten Israels, der Vaterfigur der israelischen Politik.

Die begonnene Versöhnung mit Deutschland war einer der Höhepunkte und das Ende der politischen Karriere Ben-Gurions.

Aber natürlich gab es noch viele andere Höhepunkte in diesem Leben, das am 16. Oktober 1886 in der polnischen (zu Rußland gehörenden) Kleinstadt Płońsk begann, sich seit 1906 weitgehend in Palästina entfaltete und am 1. Dezember 1973 in Israel endete – zu einem Zeitpunkt, an dem die israelische Gemeinschaft durch den Jom-Kippur-Krieg ihren nachhaltigsten Schock erlebte.

Was hat sich während seines Lebens für die Juden durch das Zutun Ben-Gurions verändert?
Als er im Reich des russischen Zaren geboren wurde, waren die meisten Juden Objekt der Geschichte und der Willkür anderer. Als er starb, waren sie in Israel Subjekt ihrer eigenen Geschichte. Ben-Gurion hat dazu entscheidend beigetragen.

Als er geboren wurde, hieß es, Juden wären zu landwirtschaftlicher Tätigkeit, zu körperlicher Arbeit überhaupt unfähig, und sie wären feige. Als er starb, galt die Arbeit der landwirtschaftlichen Pioniere Israels als beispielhaft, und die draufgängerischen militärischen Leistungen der israelischen Streitkräfte waren ebenso legendär wie hier und da unpopulär.

Als Ben-Gurion geboren wurde, hieß das »Gelobte Land« noch nicht einmal Palästina. Dieser Erdflecken gehörte noch zum Osmanischen Reich, und es lebten dort rund 80 000 Juden. Als er starb, hieß das »Gelobte Land« in weiten Teilen »Israel«. Es lebten dort fast drei Millionen Juden, und es war bereits seit 25 Jahren der Staat der Juden.

Als Ben-Gurion geboren wurde, war die Bevölkerung von Eretz Israel in erster Linie arabisch. Als er starb, waren die Araber eine in Israel geduldete, doch keineswegs staatsprägende oder staatstragende, auf keinen Fall jedoch eine geschätzte Minderheit. Ben-Gurion war dafür ebenfalls mitverantwortlich, wenngleich er vieles unternommen hatte, um den Konflikt abzuschwächen, und an seinem Lebensabend ein grundsätzliches Überdenken der von ihm geformten Araberpolitik Israels befürwortete.

Was kennzeichnete die politische Persönlichkeit Ben-Gurions?
Ben-Gurion war Jude durch und durch. Kein streng religiöser Jude, aber er kannte und schätzte die Hebräische Bibel. Auch

deswegen, und nicht nur aus koalitionspolitischen Erwägungen, schloß er mit den religiösen Parteien Israels einen für alle Seiten tragbaren und erträglichen Kompromiß.

Wie in vielen anderen Bereichen der Politik trotzte er auch hier seinen Widersachern, bestimmte er nicht nur die Richtlinien der Tagespolitik, sondern auch die Weichenstellung im religionspolitischen Gefüge des Staates. Die weltlich orientierten Israelis sollten den Jüdischen Staat nicht gänzlich verweltlichen und damit seiner jüdischen Inhalte berauben. Die religiösen Juden sollten die weltlichen nicht in das Korsett der Ge- und Verbote zwängen. »Status quo« nannte man diesen Kompromiß, und dieser Status quo erwies sich trotz seiner Dynamik als relativ haltbar – zumindest bis zur religionspolitischen Großoffensive der religiös-nationalistischen Parteien seit 1977.

Als sehr bewußter Jude kannte Ben-Gurion in seiner Weltsicht zuerst und vor allem Israel, und erst dann die diasporajüdische Welt. Die nichtjüdische Welt, die sogenannten »Gojim«, waren natürlich zahlreicher, doch sie zählten für ihn weniger. »Unsere Zukunft hängt nicht davon ab, was die Gojim sagen, sondern von dem, was die Juden tun«, verkündete er 1955.[95] Die UNO, die während (und auch nach) seiner Amtszeit Israel politisch selten erfreute, bezeichnete er als Schmuno, was soviel heißen sollte wie »Quatschbude«. Das hebräische Wortspiel, es stammte von Golda Meir, lautete: »UM (UN in der hebräischen Abkürzung) – Schmum«.

Wenige Jahre vor seinem Tod, kurz vor dem Sechstagekrieg 1967, änderte er auch hier seine Haltung, erwies sich erneut als lernfähig und empfand die Konfrontation mit den Gojim um der Konfrontation willen als sinnlos und schädlich.[96]

Seine traditionelle Einseitigkeit, dieser Israel-Zentrismus, Judäozentrismus, Partikularismus, war Ben-Gurions Stärke und Schwäche zugleich. Trotzdem war Ben-Gurion keineswegs ein jüdischer Partikularist, das heißt ein Jude, der seine nichtjüdische Umwelt mißachtete. Sein jüdisch-israelischer Partikularismus hatte durchaus weltoffene Züge.

In seinem Arbeitszimmer hing hinter seinem Schreibtisch ein Foto der Büste des griechischen Philosophen Platon, dessen Werk Ben-Gurion gut kannte und außerordentlich schätzte: »In einsamen und schlaflosen Nächten habe ich immer meinen Platon bei mir. Ich habe gerade die Politeia ausgelesen. Was für ein wunderbares und oft ganz modernes Buch«, schrieb Ben-Gurion einmal.[97] Unter dem Foto stand eine Miniaturkopie des Moses von Michelangelo.

Die langjährige Verbindung zur englischen Nichtjüdin Doris May öffnete Ben-Gurion zunehmend die nichtjüdische Kultur: Augustin, die französische und italienische Renaissance oder Shakespeare; das, was Doris May ihm als »geistiges Zuhause« in der Geschichte empfahl.[98]

Jüdisches und Nichtjüdisches, Eigenes und Fremdes, verband Ben-Gurion in seiner Welt und Weltsicht.

Gewiß, Ben-Gurion war nie ein bequemer Mann. Streitsüchtig und rechthaberisch konnte er sein. Dennoch erkannte er, daß man das zionistische Aufbauwerk nur vollenden könne, wenn man Vertreter aus allen drei politischen Lagern an den Entscheidungen und deren Durchführung, also an der Regierung, beteiligen würde. Daher gehörten bis 1977 und von 1984 bis 1990, auch nach Ben-Gurions Tod, den Koalitionsregierungen sowohl Vertreter der Arbeiterparteien als auch der bürgerlichen und religiösen Parteien an.

Im Fachjargon bezeichnet man dies oft als »Konkordanzdemokratie«, also als Demokratie mit »Concordia«, Eintracht. Einträchtig verlief keineswegs alles, doch man raufte sich zusammen, und Ben-Gurion gab dabei den Ton an. An seiner Autorität begann man erst Anfang der sechziger Jahre zu rütteln.

Diese Koalitionen der drei politischen Lager Israels waren freilich auch, doch keineswegs nur durch die Mehrheitsverhältnisse im Parlament bestimmt und dem Vorsitzenden der sozialdemokratischen Mapai-Partei, also Ben-Gurion, aufgezwungen worden.

Der koalitionspolitische Kompromiß fiel Ben-Gurion deswegen relativ leicht, weil er kein Ideologe war. Zwar schloß er sich unmittelbar nach seiner Einwanderung im Jahre 1906 einer linkssozialistischen Partei in Palästina an und durchlief von 1919 bis 1923 sogar eine geradezu bolschewistische Phase, doch eigentlich interessierte er sich für ideologische Feinheiten überhaupt nicht. Er war ein Mann der politischen Praxis, nicht der politischen Theorie.

Unmittelbar nach seiner Ankunft im Hafen von Jaffa, am 7. September 1906, wollte ihn ein jüdischer Hafenarbeiter in eine Diskussion über den historischen Materialismus verwickeln. Entgeistert reagierte der junge David Gruen, der sich später Ben-Gurion nannte. In sein Tagebuch schrieb er:»Es war mein erster Tag im Land, und ich war innerlich höchst erregt. Doch dieser Mann überwältigte mich mit seinen Angriffen auf den historischen Materialismus und ähnlichem Unsinn.«[99]

Gerade weil er kein Ideologe, sondern ein Mann der Praxis war, der für das Ziel aller Zionisten, nämlich die Errichtung eines jüdischen Gemeinwesens kämpfte, unternahm er Anfang der dreißiger Jahre den Versuch einer Einigung mit dem Führer der größten Rivalin seiner eigenen Mapai-Partei, mit dem Führer der sogenannten Revisionistischen Partei, Wladimir Jabotinsky.

Die beiden Männer einigten sich 1934, aber die Basis probte den Aufstand gegen Ben-Gurion. Dies hinderte den freilich nicht daran, nach der Gründung des Staates Israel viele Ideen von Jabotinsky zu verwirklichen.

Besonders in seiner sehr harten Araberpolitik und im oft vergeblichen Kampf gegen die parteipolitische Vetternwirtschaft in Regierungsämtern wurde die jabotinskysche Linie der ben-gurionschen Maßnahmen deutlich.

Ben-Gurions ideologische Unbefangenheit half ihm, flexibel und eben politisch zu reagieren, unerwartete Möglichkeiten zu erkennen und zu nutzen, selbst wenn sie scheinbar im Gegensatz zu den langfristigen Zielen seiner Politik standen.

So mißfiel ihm beispielsweise die Teilung Palästinas durch

die Briten im Jahre 1921 außerordentlich, denn auch er träumte von Groß-Israel, das die Gebiete im Westen und Osten des Jordan sowie südlich des Litani-Flusses im Südlibanon umfassen sollte. Trotzdem fand er sich damit ab, denn ein erster Schritt zur Errichtung der nationalen Heimstätte für die Juden in Palästina bahnte sich an. Der Spatz in der Hand war ihm lieber als die Taube auf dem Dach.

Der 1937 vorgelegte britische Teilungsplan für das restliche Palästina mißfiel ihm auch, denn er verkleinerte den für die Juden vorgesehenen Teil Palästinas noch mehr als schon 1921. Trotzdem fand sich Ben-Gurion mit diesem Plan ab, denn er bekräftigte das grundsätzliche Ziel eines jüdischen Gemeinwesens. »Ein jüdischer Teilstaat ist nicht das Ende, sondern vielmehr der Anfang«, schrieb er seinem Sohn Amos.[100]

Auch den von der UNO 1947 vorgeschlagenen jüdischen Mini-Staat in Palästina hielt Ben-Gurion für zu klein. Trotzdem akzeptierte er diesen Plan, denn nach der Staatsgründung würde sich die Möglichkeit einer Grenzrevision vielleicht irgendwann ergeben, meinte er, und er behielt recht.

Daß Umwege manchmal schneller zum Ziel führen, erkannte er, daß sie auf tatsächliche oder vermeintliche ideologische Abwege führen könnten, störte ihn wenig. Notfalls billigte er auf dem Weg zu diesem Ziel auch die Anwendung von Gewalt. Friedliche Zusammenarbeit, wo immer und sofern möglich, zog er vor, doch als letztes Mittel der Politik schloß er Gewalt nicht aus.

Mit der britischen Mandatsmacht arbeitete er so lange zusammen, wie sie sich der Balfour-Deklaration verpflichtet fühlte, also Palästina als künftige »nationale Heimstätte für das Jüdische Volk« verstand. Gegen die Briten arbeitete er, gegen sie wandte er auch Gewalt an, als sie sich nach dem Zweiten Weltkrieg der Gründung eines jüdischen Staates widersetzten.

Mit den Arabern Palästinas wollte er zunächst eine fortschrittliche, ausbeutungsfreie jüdisch-arabische Gesellschaft aufbauen. Nach den Massakern vom Sommer 1929, bei de-

nen arabische Fanatiker wehrlose Juden, Frauen, Kinder und
Greise, ermordeten, glaubte er nicht mehr an die Möglichkeit
eines friedlichen Nebeneinanders von Juden und Arabern in
Palästina.[101]
Das Gegeneinander plante er fortan mit ein: »Wir werden
unser Siedlungswerk entweder durch eine Übereinkunft mit
unseren arabischen Nachbarn oder mit anderen Mitteln fort-
setzen«, vertraute Ben-Gurion seinem Sohn an und ließ keinen Zweifel aufkommen, an welche Mittel er dachte: an militärische.[102]
Ben-Gurions Einstellung zur Gewalt als Mittel der Politik
ist einerseits in das herkömmliche clausewitzsche Verständnis
einzuordnen, demzufolge der Krieg »eine bloße Fortsetzung
der Politik mit anderen Mitteln« ist. Andererseits muß der Bezug zur jüdischen Geschichte, zur Geschichte der Juden in der
Diaspora, beachtet werden. Die Juden der Diaspora waren geradezu die Verkörperung der Gewaltlosigkeit. Ihre Gewaltlosigkeit bedeutete Wehrlosigkeit, und ihre Wehrlosigkeit bedeutete oft ihren Tod.
Genau diese Todesursache wollte der Zionismus, wollte
Ben-Gurion beseitigen. Der Zionismus erstrebte nicht nur eine
nationale Heimstätte für die Juden in Palästina, er plante auch
den »Neuen Jüdischen Menschen«; einen jüdischen Menschen,
der, anders als in der Diaspora, wehrhaft war und nicht nur
geistig, sondern auch körperlich arbeitete. Gewalt war daher
für Ben-Gurion nicht nur ein Mittel der Politik, sondern gleichzeitig Instrument der angestrebten sozialen und geistigen Veränderung des Jüdischen Volkes.
Das nachzuvollziehen fällt heute gerade in Deutschland
schwer. Der Grund ist einfach: Die deutsche Geschichte verlief bekanntlich anders als die diasporajüdische. Gewalt aus
der diasporajüdischen Sicht war stets die Gewalt der anderen
gegen das eigene Volk. Gewalt aus der Sicht der Deutschen,
vor allem in der jüngsten deutschen Geschichte, war zunächst
Gewalt gegen andere Völker.
Juden und Deutsche haben aus der Geschichte ihre jeweils

eigene Lehre gezogen. Diese jeweilige Lehre ist bei beiden Völkern anders, weil die Geschichte der beiden Völker jeweils anders verlief. In Israel, für Ben-Gurion, war daher Gewaltverzicht undenkbar. In Deutschland wurde Gewaltverzicht unverzichtbar.

Die deutsch-jüdische beziehungsweise deutsch-israelische Aussöhnung, an der Ben-Gurion so viel lag, stößt hier an ihre historisch bedingten Schwierigkeiten.

Das Problem der Gewalt verdeutlicht auch die Schwierigkeiten, die Ben-Gurion und die deutschen Sozialdemokraten miteinander hatten, miteinander haben mußten. Ben-Gurion befürwortete aus den erwähnten Gründen eine starke nationale Armee. Die SPD der frühen fünfziger Jahre war beim nationalen Wehrbeitrag zögerlich, ebenfalls aus historischen Gründen.

Die SPD lehnte damals wie heute militärpolitischen Aktivismus als Mittel der zwischenstaatlichen Beziehungen ab. Sie kritisierte daher 1956 Ben-Gurions Angriff auf Ägypten sehr heftig, was zu beiderseitigen Verstimmungen führte.

Die SPD betrachtete Ägyptens Präsidenten Nasser als unterstützungswürdige Leitfigur der Bewegung der Blockfreien, während er für Ben-Gurion ein Feind Israels war.

Die SPD der frühen fünfziger Jahre hatte mit der eindeutigen Westorientierung Ben-Gurions Probleme.

Die SPD interessierte sich für den Nicht-Ideologen Ben-Gurion zuviel für ideologische Fragen. Der Nicht-Ideologe Adenauer sagte ihm mehr zu, mit ihm »konnte« er daher auch besser.

Die SPD hatte Probleme mit Ben-Gurions Neigung, vollendete Tatsachen zu schaffen und einsame Entschlüsse zu fällen. Diese Haltung erinnerte die SPD an ihren innenpolitischen Hauptgegner, an Konrad Adenauer.

Konrad Adenauer war zudem der Hauptadressat ben-gurionscher Deutschlandpolitik. Zwar lag dies vornehmlich an der Tatsache, daß die SPD in jenen Jahren Oppositionspartei und Adenauer Regierungschef war, doch auch darüber hinaus stimmte die politische Chemie zwischen Adenauer und Ben-Gurion. Verständlicherweise löste dies bei der SPD gemischte Gefühle aus. Dies trifft auch auf die persönliche Chemie zwischen Ben-Gurion und Franz Josef Strauß zu, der Anfang der sechziger Jahre mit Adenauers Billigung insgeheim deutsche Waffen nach Israel lieferte, was der SPD grundsätzlich mißhagte und was sie im besonderen Falle Israels schweigendgrollend hinnahm.

Dennoch kann kein Zweifel daran bestehen, daß die persönliche Verbindung zwischen Ben-Gurion und Carlo Schmid oder Willy Brandt ebenfalls funktionierte.

Das deutsch-israelische Lebenswerk Ben-Gurions. Wie in anderen Politikbereichen fällt auch in seiner Deutschlandpolitik die grundsätzlich pragmatische, beziehungsweise unideologische Einstellung auf. Natürlich hatte auch er durch den Holocaust ein negatives Verhältnis zu Deutschland, hielt er Deutschland anfangs für politisch »unberührbar« und tabu.

Doch sein Denken paßte sich schnell der Wirklichkeit an, auch wenn ihm dieser Wandel zunächst noch innerlich mißhagte. Im Gegensatz zu vielen Politikern Israels erkannte Ben-Gurion sehr früh und sehr genau, daß die Bundesrepublik Deutschland spätestens seit dem Ausbruch des Korea-Krieges, also seit Juni 1950, die israelische und jüdische Zustimmung nicht mehr benötigte, um in den Salon der internationalen Politik, um in den Klub der westlichen Welt eintreten zu dürfen.

Gleichzeitig rang der junge, von Ben-Gurion gegründete und geführte Staat Israel um die Existenz, ums reine Überleben; nicht nur militärisch, sondern vor allem wirtschaftlich.

Über eigene wirtschaftliche oder finanzielle Reserven verfügte Israel nicht. Hilfe von außen war nötig. Wer konnte sie leisten? Die USA zeigten sich unwillig: Die Truman-Administration wurde einerseits vom Kongreß gedrängt, die Staatsausgaben zu drosseln, und mußte andererseits den Korea-

Krieg finanzieren. Über die ohnehin schon gewährte Hilfe hinaus war von den Amerikanern nichts zu erwarten. England war selbst wirtschaftlich erschöpft und außerdem alles andere als israelfreundlich. Zu frisch waren die Wunden aus der britischen Mandatszeit in Palästina, aus dem die Zionisten es hinausgedrängt hatten. An Hilfe aus dem wirtschaftlich angeschlagenen Frankreich war ebenfalls nicht zu denken. Bliebe eigentlich nur noch Deutschland, meinten Ben-Gurion und sein engster Berater-Kreis. Auch die deutsche Wirtschaft wartete zwar in den Jahren 1950/51 noch auf ihr Wunder, doch Deutschland war Israel gegenüber moralisch verpflichtet. Deutschland, das den millionenfachen Tod von Juden zu verantworten hatte, würde eine existentielle Bedrohung des Jüdischen Staats in der Gegenwart nicht zulassen, glaubte Ben-Gurion. Deshalb beschloß er, von Deutschland Wiedergutmachung zu fordern. Deutschland könnte so Israel wirtschaftlich helfen, sich selbst dazu moralisch und nicht nur, wie schon beschlossen, militärisch aufrüsten.

Die westdeutsche Bevölkerung hat die Wiedergutmachungszahlungen, zu denen sich die Bundesregierung 1952 im Luxemburger Abkommen verpflichtete, nie sonderlich gemocht, ja sogar deutlich abgelehnt. Konrad Adenauer und auch, jawohl, Kurt Schumacher sowie die SPD-Führung haben – das ehrt sie – die Wiedergutmachungspolitik an der eigenen Anhängerschaft vorbei und gegen die Basis gesteuert. Umfragen und »Volkes Stimme« sowie Volksvertreter auf der politischen Rechten haben dies immer wieder bestätigt. Was »Volkes Stimme« und diese rechten Volksvertreter allerdings überhaupt nicht wissen oder nicht wissen wollen, ist die Tatsache, daß die Forderung und die Annahme der Wiedergutmachungsgelder in Israel außerordentlich umstritten waren; daß Ben-Gurions Gegner – es waren viele – dieses Geld als »Blutgeld« bezeichneten; daß Ben-Gurion seinen eisernen Willen der eigenen Regierung, seiner eigenen Partei, den rechten und linken Parteien im Parlament, ja, dem eigenen Volk, geradezu aufzwang; daß Ben-Gurion, wenngleich noch zaghaft,

die Hand zur Versöhnung ausstreckte; daß die Wiedergutmachung, so gesehen, eher eine Zumutung an die Israelis als an
die Deutschen war. »Es gibt keinen Deutschen, der nicht unsere Eltern ermordet hat. Jeder Deutsche ist ein Nazi. Jeder Deutsche ist ein
Mörder. Adenauer ist ein Mörder«, tobte Ben-Gurions stärkster Widersacher, Menachem Begin, am 7. Januar 1952 vor einer erregten Menschenmenge in Jerusalem und drohte sogar
mit einem Bürgerkrieg, um Wiedergutmachungsverhandlun-
gen mit Deutschland zu verhindern.[103]
Ben-Gurion setzte unverzüglich die Armee ein, um den drohenden Konflikt im Keim zu ersticken. Am 8. Januar wandte
er sich in einer Rundfunkrede an seine Landsleute: Der Staat
verfüge über genügend Mittel, um Israels Souveränität und
Freiheit »gegen Rowdies, politische Mörder oder Terroristen«
zu verteidigen, erklärte er und bezeichnete die Ideologie der
rechten und linken Wiedergutmachungsgegner, die vor außer-
parlamentarischer Gewaltanwendung nicht zurückschreck-
ten, als »faschistisch«.[104]
Nicht der Staat der einstigen Judenmörder, sondern die eigenen jüdischen Landsleute, Überlebende des deutschen Fa-
schismus, bezeichnete Ben-Gurion als »Faschisten«. Wem wurde was und vor allem mehr zugemutet: den Deutschen oder
den Israelis?
Ich will wahrhaftig keine Schuldzuweisungen, schon gar
keine kollektiven, und mit Sicherheit nicht diese Politik Ben-
Gurions verurteilen, die ich selbst bewundere. Aber ich will
die überdimensionale Herausforderung zeigen, die Ben-Gurions Deutschlandpolitik für seine eigenen Landsleute bedeutete. Das Opfer bot dem völkerrechtlichen Nachfolger des
Mörders an, gemeinsam mit ihm eine Brücke über den ge-
schichtlichen Abgrund zu bauen.
Die weitgehend, nein, ausschließlich von Ben-Gurion ein-
geleitete Wirtschaftskur seines Staats kam einer psychischen
Roßkur für seine Landsleute gleich.
Der mit deutscher Hilfe errichtete Grundpfeiler der wirt-

schaftlichen Existenz Israels geriet im Herbst 1956 während der Sinai-Kampagne, also während des israelisch-französisch-britischen Feldzugs gegen Ägypten, erheblich ins Wanken. Die USA, die schon Anfang der fünfziger Jahre die Aufrüstung West-Deutschlands für wichtiger hielten als die deutsche Wiedergutmachung an die Juden, verurteilten den Angriff auf Ägypten. Um Israel zum sofortigen Rückzug aus der Sinai-Halbinsel zu bewegen, übte die Eisenhower-Dulles-Administration jeden nur möglichen direkten und indirekten Druck auf Ben-Gurion und seine Regierung aus. Auch Bonn sollte Amerika dabei helfen. Die Bundesregierung wurde bedrängt, die Wiedergutmachungszahlungen so lange einzufrieren, wie sich Israel weigerte, den Rückzug anzutreten.

Schon zwei Tage nach Ausbruch der Kampfhandlungen, am 31. Oktober 1956, verkündete Regierungssprecher von Eckardt, Bonn werde möglicherweise die Wiedergutmachungszahlungen an Israel einstellen.[105] Einen Tag später schrieb Ben-Gurion an Bundeskanzler Adenauer und appellierte an ihn, diese Maßnahme nicht zu treffen. »Ich kann mir nicht vorstellen, daß ein derart weitreichender Vorschlag ... Ihre Billigung oder Zustimmung findet«, betonte Ben-Gurion und hob ausdrücklich Adenauers »noble Rolle« bei der »historischen Entwicklung« der Wiedergutmachung hervor. Diese Rolle »wird niemals vergessen werden ... Mein Volk und ich erinnern uns mit größter Wertschätzung, Herr Bundeskanzler, an Ihren unzweideutigen und entschiedenen Standpunkt in der Vergangenheit angesichts des Drucks und der Drohungen von arabischer Seite. Das ermutigt mich, daran zu glauben, daß Ihre Einstellung auch in unserer gegenwärtigen Krise nicht wanken wird und Israels Aufbau- und Erlösungswerk mit Ihrer Hilfe ohne Hindernisse und Unterbrechung fortgesetzt wird.«

Elf Jahre nach Kriegsende wendet sich der Premier des Jüdischen Staats hilfesuchend an den deutschen Kanzler! Eine wahrhaft historische Situation.

Ben-Gurion hat nicht vergeblich gebeten: Die Wiedergutmachungsleistungen wurden nicht ausgesetzt, und am 19. Februar 1957 erklärte Adenauer den Amerikanern offiziell, daß er nicht bereit sei, ihrem Ersuchen zu entsprechen.[106] Die langfristigen Folgen, die Adenauers Verhalten während dieser Monate für die deutsch-israelischen Beziehungen hatte, können wir hier nicht erörtern.

Nur so viel sei gesagt: Danach drängte Ben-Gurion nicht mehr nur auf »Wiedergutmachung«, sondern vor allem auf Zusammenarbeit, auf diplomatische Beziehungen, die er zuvor gescheut hatte, und nicht zuletzt auf militärische Zusammenarbeit. Diese militärische Zusammenarbeit begann noch im selben Jahr, also 1957, und hierfür nahm Ben-Gurion 1957 und 1959 zwei Regierungskrisen in Kauf, denn diese Politik war in Israel äußerst umstritten, die Gegner zahlreicher als die Befürworter. Nur die Autorität Ben-Gurions vermochte die Minderheit der Überzeugten in eine Mehrheit der im Parlament Abstimmenden umzuwandeln. Damals begann eine militärpolitische Zusammenarbeit, die 1965 zeitweilig ausgesetzt, in sozialliberaler Zeit fortgesetzt und auch danach nicht unterbrochen wurde.

Wir sollten in diesem Zusammenhang erwähnen, daß zur Minderheit der schon 1957 Überzeugten drei politische Schüler Ben-Gurions zählten, die später politische Führungsämter in Israel bekleideten: Ascher Ben-Nathan, der erste Botschafter seines Staats in Deutschland; Schimon Peres, unter anderem Ministerpräsident und Außenminister sowie Architekt des Friedensprozesses mit den Palästinensern; Chaim Herzog, langjähriger Botschafter Israels bei der UNO und von 1983 bis 1993 Staatspräsident.

Ben-Gurion mußte sich von linken und rechten Kritikern vorwerfen lassen, nach dem »Blutgeld« der Wiedergutmachung auch noch durch Waffeneinfuhren aus Deutschland und Waffenausfuhren an Deutschland die Opfer des Holocaust zu entweihen.

Ben-Gurions damalige Antwort ist bemerkenswert: »Natürlich kann man gegen die deutsche Wiedergutmachung sein.

Natürlich kann man gegen Waffen aus Deutschland sein. Natürlich kann man gegen Waffen an Deutschland sein. Aber es spreche keiner im Namen der Opfer des Holocaust! Der Holocaust darf kein Reklameartikel im politischen Geschäft der einen oder anderen Partei werden.«[107]

Auf eine Formel gebracht: Ben-Gurion warnte seine Landsleute davor, den Holocaust als politisches Argument oder gar als politisches Instrument zu gebrauchen. Eine Warnung, die auch heute noch oft vergessen wird, bei Juden und Nichtjuden. Moralisch hatte Ben-Gurion recht, denn das ständige Erinnern an das Grauen läßt abstumpfen. Politisch hatte Ben-Gurion ebenfalls recht, denn jedes zu oft gebrauchte und dadurch inflationierte Argument wirkt nicht mehr.

Vorsicht! Für Geschichtsverdränger bietet diese Ben-Gurion-Interpretation keinen Grund zum Jubeln, denn der israelische Ministerpräsident gehörte nicht zu denjenigen, die Versöhnung durch Vergessen anstrebten.

Das beweist die Tatsache, daß Ben-Gurion seit 1957 nicht nur eine engere Zusammenarbeit mit dem neuen Deutschland suchte, sondern gleichzeitig den wichtigsten überlebenden Schreibtischmörder des alten Deutschland jagen ließ: Adolf Eichmann. Im Mai 1960 wurde Eichmann vom israelischen Geheimdienst, im Auftrag Ben-Gurions, aus Argentinien nach Israel entführt; 1961 wurde ihm der Prozeß gemacht.

Dieser Prozeß erfüllte deutschen Befürchtungen zum Trotz weniger einen deutschlandpolitischen, als vielmehr einen innerisraelischen, zionistischen Zweck, nämlich den jungen Israelis die durch den Jüdischen Staat gewährte Sicherheit sowie die Unsicherheit der Diasporaexistenz zu beweisen.

Dazu Ben-Gurion im August 1961: »Das wichtigste Anliegen war es, unserer Jugend ... die fürchterliche Tragödie zu zeigen, die einem zerstreuten, auf die Gnade von Fremden angewiesenen Volke widerfuhr.«[108]

Auf die deutschlandpolitische Dimension des Prozesses angesprochen, fügte er hinzu:»Meine Ansichten über das heutige Deutschland haben sich nicht geändert. Es gibt kein Nazideutschland mehr. Unsere Schriften lehren uns: ›Die Väter sollen nicht für die Kinder, noch die Kinder für die Väter sterben, sondern ein jeglicher soll für seine Sünde sterben.‹«[109] Ben-Gurion meinte Deuteronomium 24,16 und Hesekiel 18,20.

Vermächtnis und Auftrag Ben-Gurions sind heute auch noch gültig bei der Gewichtung von Vergangenheit, Gegenwart und Zukunft der deutsch-israelischen Beziehungen, also bei der Überwindung der Ungleichzeitigkeiten, man könnte auch sagen, der beiderseitigen Fähigkeit, trotz der Geschichte Politik zu betreiben. »Das nationale Interesse Israels braucht intakte Beziehungen zu Deutschland«, erklärte er im Dezember 1957 der Knesset und fügte hinzu: »Wir haben es heute nicht mit der Welt von gestern, sondern mit der Welt von morgen zu tun; nicht mit der Erinnerung an die Vergangenheit, sondern mit den Notwendigkeiten der Zukunft; ... nicht mit vergangenen Wirklichkeiten, sondern mit bestehenden Realitäten, die sich wandeln und verändern.«[110]

Mit dieser Botschaft war Ben-Gurion seiner Zeit wiederum weit voraus, und er scheiterte nicht zuletzt daran, daß diese Botschaft gehört, bekämpft und oft nicht befolgt wurde. Resigniert trat er im Juni 1963 vom Amt des Ministerpräsidenten zurück.

Wie konnte es dazu kommen? Gewiß, Ben-Gurion hat nicht nur wegen seiner umstrittenen Deutschlandpolitik resigniert. Zahlreiche innenpolitische und innerparteiliche Entwicklungen wären als Rücktrittsgründe zu nennen, auch die Tatsache, daß selbst die Ausstrahlungskraft der eindrucksvollsten Persönlichkeit irgendwann einmal nachläßt und Charisma zur Routine wird.

Ben-Gurions Deutschlandpolitik mag nicht die Ursache seiner Resignation gewesen sein, der Anlaß war sie zweifellos. Als spätestens im Sommer 1962 bekannt wurde, daß Ägypten mit Hilfe bundesdeutscher Experten Raketen baute, setzte in politischen und militärischen Kreisen Israels erhebliche Unruhe ein. Gerüchte besagten zudem, daß diese Raketen über chemische, bakteriologische und sogar nukleare Sprengköpfe verfügten. Ben-Gurion wollte die Sache herunterspielen und die Beziehungen zum neuen Deutschland nicht belasten, zumal er die Horrormeldungen nicht ganz so dramatisch einschätzte. Anders sein Geheimdienstchef, der deshalb eine Staatsaffäre inszenierte. Für Ben-Gurions Gegner im eigenen Parteiapparat bot sich nun eine Gelegenheit, den Aufstand gegen den »Alten« zu proben, zumal Ben-Gurion mit den damals Jungen, zum Beispiel mit Peres und Dajan, den Parteiapparat der Veteranen entmachten wollte.

Der alte Groll der Veteranen gegen den »Alten«, der mit Hilfe der Jungen auch in der Raketenfrage an seinem neuen Deutschlandbild festhielt, entlud sich zum Knall, und erstmals reagierte der alternde Ben-Gurion kraftlos und ungeschickt. Am Ende resignierte er. Seine Deutschlandpolitik war zum Stolperstein geworden; eine menschliche und politische Tragödie; eine Verpflichtung für die Nachwelt, für die Nachwelt in Israel und Deutschland.

Weicheres Holz: Mosche Scharett

Aus erheblich weicherem Holz geschnitzt war Mosche Scharett (1894–1965). Während Ben-Gurion den Typ des pragmatischen »Falken« personifiziert, so Scharett den Gegentyp der »Taube«.[111]

Mit seinen Eltern kam auch Scharett (damals noch Schertok) ins osmanische Palästina. Nicht zu den jüdischen Pionieren, sondern ins arabische Dorf En Sunija, zwischen Jerusalem und Nablus im Westjordanland gelegen, zog die Familie zunächst. Dort lernte der kleine Mosche nicht nur die schöne arabische Sprache, sondern auch arabische Menschen kennen. Sie waren für ihn zunächst nicht die politischen Gegner des Zionismus, sondern »Menschen wie du und ich«. Die meisten anderen Zionisten hatten nie einen so engen, direkten und persönlichen Kontakt zu Arabern.

Ortswechsel 1909. Die Schertoks halfen mit, das Örtchen Achusat Bajit aufzubauen, den jüdischen Vorort der arabischen Hafenstadt Jaffa, der dann zum Kern der jüdisch-israelischen Großstadt Tel Aviv wurde. Dort gehörte der junge Mosche zu den ersten Schülern des Herzlija-Gymnasiums, das eine Kaderschmiede israelischer Eliten werden sollte. Nach dem Abitur studierte er in Konstantinopel das überall eher staatstragende Fach Jura. Aus gutem Grund: Die Zionisten sollten engagierte Staatsbürger sein, meinte er, um nicht als feindliche Ausländer ausgewiesen zu werden. Scharett war Realist genug, um zu wissen, daß zionistische Pläne nicht kurz-, sondern nur langfristig zu verwirklichen waren. Erst sollte und mußte das zionistische Fundament gelegt werden, eine jüdische Gemeinschaft in Palästina entstehen, bevor an ein jüdisches Gemeinwesen oder gar einen jüdischen Staat zu denken war. Auch deshalb meldete er sich 1915 freiwillig zur türkischen Armee. Wegen seiner Sprachkenntnisse – er konnte Hebräisch, Arabisch, Türkisch, Französisch, Englisch und Deutsch – wurde er schließlich als Dolmetscher eines in Palästina dienenden deutschen Offiziers der Osmanen im Ersten Weltkrieg eingesetzt. Von 1920 bis 1925 studierte er an der London School of Economics, dann kehrte er nach Palästina zurück, wo er leitender Redakteur der Gewerkschaftszeitung *Dawar* war. Ab 1931 wurde er Berufspolitiker, meistens im Bereich der Außenbeziehungen und der Kontakte zu arabischen Politikern. In die Rolle des ersten Außenministers wuchs er geradezu hinein. Als sich Ben-Gurion zeitweilig aus der Politik zurückzog, amtierte Scharett von Dezember 1953 bis November 1955 als Ministerpräsident und dann wieder bis zum Juni 1956 als Außenminister. Dann vollzog er den Bruch. Weshalb? Weil ihm die Politik Ben-Gurions den Arabern und ganz allgemein der Außenwelt gegenüber zu sehr auf Konfrontation angelegt war.

Muskelspiele und Krafteinsätze zählten nicht zu Scharetts Vorlieben. Er war ein Mann der leisen Töne, der Zwischentöne, des Ausgleichs, den er auch und gerade der Außenwelt gegenüber suchte. Erst Ausgleich, dann, wenn unvermeidbar, Abschreckung und noch später Gewalt.

Die unterschiedlichen Charaktere dieser beiden Staatsgründer bedingten ihre gegensätzlichen Politikansätze und führten schließlich zum Bruch. Wie verschieden Ben-Gurion und Scharett waren, erkennt man auch an der Hebraisierung ihrer Familiennamen. Nicht die Hebraisierung an sich ist aufschlußreich – sie war besonders bei den linken Zionisten der ersten Stunde eine Selbstverständlichkeit –, sondern die mit dem Namen gewählte Bedeutung, das Signal des neuen Namens. Aus David Gruen wurde »Ben-Gurion«, auf deutsch: der Sohn des Jungtiers. Jugend und Kraft und Entschlossenheit, das waren seine Signale. Mosche Schertok wählte anders: Die Wortwurzel von »Scharett« bedeutet »dienen«. Als Diener seines Volkes betrachtete er sich. Nicht als »erster Diener«, denn nie drängelte er sich vor und schon gar nicht auf Kosten anderer. Dabei, im Zentrum der zionistisch-israelischen Entscheidungsfindung, war er freilich stets. Deshalb gehörte er nie zu den außerparlamentarischen, sondern zu den Establishment-Tauben, die in der Regierung selbst Friedenspolitik gestalten wollten. Nicht gegen die Regierung, sondern in der Regierung wollte er dieses Ziel erreichen. Die Brechstange war nicht seine Waffe. Die spitzen Ellenbogen Ben-Gurions stießen ihn zur Seite. Im Amt folgte ihm eine Frau, die, so Ben-Gurion einmal, »der einzige wirkliche Mann im Kabinett« war: Golda Meir. Diese energische Frau war dem »Alten« erheblich näher als sein alter Kampfgefährte Mosche Scharett.

Der stotternde Kriegsherr: Levy Eschkol

Wie fast alle Gründerväter Israels stammte auch Levy Eschkol aus dem russischen Zarenreich. Wie fast alle herausragenden Gründerväter war er mit der zweiten Einwanderungswelle (»Alija«) ins Land gekommen, allerdings vergleichsweise »spät«, nämlich erst 1914. Wie fast alle sozialistischen und sozialdemokratischen Gründerväter trug auch er nicht von Anfang an einen hebräischen Namen.»Schkolknik«, das war zunächst sein Familienname. Er wählte nicht, wie Israels Übervater Ben-Gurion, ein Bild aus der Tierwelt. Er entschied sich auch nicht fürs Sanfte und nur Dienende, wie Mosche Scharett. Er wählte einen Klang, der an den alten Familiennamen wenigstens akustisch erinnerte und doch das neue und werdende und wachsende Israel signalisierte:»Eschkol«, auf deutsch: Traube oder traubenförmiger Blütenstand oder Büschel von Beeren, aber auch – eben nicht so bescheiden wie Scharett – die Ehrenbezeichnung für einen Gelehrten, dessen Wissen der Fülle der Beeren einer Traube gleicht. Ein»Isch Eschokolot« ist nicht nur ein Gelehrter, sondern ein Enzyklopädist. Das war Eschkol wahrlich nicht. Aber ein braver Mann.

In der Nähe des ukrainischen Kiew wurde er 1895 geboren, und im litauischen Wilna ging er zur Schule. Wilna – das war damals geistlich-geistig ein Neu-Jerusalem außerhalb des Heiligen Landes. Den jüdischen Puls konnte man in Wilna bestens spüren, auch den entstehenden Zionismus, dem sich der junge Mann bald anschloß. Genauer, der Linken schloß er sich an, sein Herz schlug für die Benachteiligten, die Unterschichten.

Proletarier, also Industriearbeiter, gab es damals im»Land der Väter« noch nicht. Deshalb ging Eschkol in die Landwirtschaft. Er wurde Landarbeiter und sehr bald, 1920, Berufspolitiker der immer sozialdemokratischer werdenden, einst sozialistischen Mapai. In der Nazizeit, von 1933 bis 1936, organisierte er in Berlin die Übersiedlung der Juden nach Palästina. Weil er persönlich nur dieses nationalsozialistische Deutschland kennenlernte, hielt sich seine Liebe zu diesem Land in Grenzen. Das zeigte sich während seiner Amtszeit als Ministerpräsident. Anders als Ben-Gurion glaubte er nicht an das Andere Deutschland und ließ es die Bundesrepublik auch fühlen. Trotzdem wurden die diplomatischen Beziehungen zwischen Bonn und Jerusalem in seiner Amtszeit aufgenommen, im Mai 1965.

Bis er Ministerpräsident wurde, hatte sich Eschkol vor allem als Finanzreferent der sozialdemokratischen Untergrundmiliz »Hagana« bewährt, ab 1949 als Organisator der Masseneinwanderung und ab 1952 als Finanzminister. Ein Macher war Eschkol, ein Mann des Apparats, phantasielos, sehr bieder. Recht entscheidungsfreudig war er nicht, und seine Zeitgenossen – nicht alle waren seine Freunde – machten sich darüber lustig. Vor allem in der Zeit des »Mitun«, der großen Wirtschaftskrise ab 1964, die ebenfalls in seine Amtszeit als Regierungschef fiel.

Einer der typischen Eschkol-Witze jener Jahre: »Herr Eschkol, mögen Sie lieber Tee oder Kaffee?« Eschkol antwortet: »Halb und halb.«

Doch ist nicht gerade das »Halb und Halb« der Stoff, aus dem die Kompromisse sind? Jedenfalls gelang Eschkol 1965 die Fraktionsgemeinschaft mit der ebenfalls sozialdemokratischen Achdut Haawoda und 1968 die Wiedervereinigung mit der AH sowie den Ben-Gurion-Abspaltern der Rafi-Partei. Ben-Gurion grollte weiter, und Eschkol schob die vereinigte »Arbeitspartei« auf die Gleise der Politik.

Mai 1967: Krieg-in-Sicht-Krise. Wir schilderten die Situation. Eschkol zauderte und zauderte. Ganz Israel machte sich über ihn lustig. Loswerden wollte man ihn, doch das klappte nicht. Wenigstens die Große Koalition rang man ihm ab, auch das Verteidigungsressort, das Mosche Dajan bekam. Eschkol hätte lieber zugunsten Jigal Allons von der Achdut Haawoda verzichtet. Das war ihm nicht vergönnt. Wenigstens Premier blieb er und sicherte die US-politische Flanke des späteren Feldzugs, eben weil er so lange zögerte und verhandelte. Dann gab es aus israelischer Sicht (andere sehen es anders) keine Alternative zum Präventivschlag. Stotternd bereitete er Ende Mai 1967 seine Nation auf den Sechstagekrieg vor. Wieder machte sich fast ganz Israel über den stotternden Kriegsherren lustig. Wenige andere empfanden gerade das Stottern des Kriegsherren als wohltuend. »Wir sind doch keine Kriegerkaste, die jubelnd in den Krieg zieht.«

III. Groß-Israel: 1967 bis 1996

Kriege, Terror, Aufstand, Frieden

Aufatmen: Das Fenster scheint aufgestoßen

Nach dem Sechstagekrieg vom Juni 1967 schienen Israels Sicherheitsprobleme gelöst. Tatsächlich begann schon bald der Abnutzungskrieg Ägyptens am Suezkanal. Er dauerte bis 1970. Die Palästinenser griffen Israel aus Jordanien und dann vom Libanon aus an. Stets schlug Israel zurück. Ihre Terrorakte verübten Palästinenser nun nicht mehr nur im Nahen Osten, sondern auch in Europa. An der syrischen Front knisterte es weiter sichtbar und vernehmbar. Über die Rückgabe der von Israel 1967 eroberten Gebiete wurde wortreich gestritten. Nichts geschah – bis zum Jom-Kippur-Krieg vom Oktober 1973. Um die Dinge zu bewegen, griffen Ägypten und Syrien Israel an. Die Existenz des Jüdischen Staats schien gefährdet. Doch militärisch verloren die Araber auch diesen Krieg. Politisch kam tatsächlich »Bewegung in die Dinge«.

Noch kurz vor dem Krieg hatte man sich 1967 musikalisch auch mit Schlagern Mut gemacht. »Goldenes Jerusalem«, ein Schlager, der besonders die Altstadt und die Umgebung der damals geteilten Hauptstadt besang, war kurz vor dem Waffengang beliebter Ohrwurm. Danach wurde es der »Hit« und fast so etwas wie eine zweite Nationalhymne.

Warum wir das erwähnen und uns – ohne zu zögern – dem Vorwurf der Beckmesser aussetzen, die solche Informationen als »unwissenschaftlich« beschimpfen? Weil manche Schlager erst durch politische Voraussetzungen zum »Hit« werden. Manchmal sind Schlager eben durchaus aufschlußreich für eine bestimmte politische Kultur und sind der schlagende Beweis für gesellschaftliche Befindlichkeiten.

Es war doch wahrhaftig kein Zufall, daß damals noch ein anderer Song höchst beliebt war:»Scharm el-Scheich«. Darin wurde auch dieser Textteil getrillert:»Zum zweiten Mal sind wir zu dir, o Scharm el-Scheich, zurückgekehrt. Wir werden dich nicht noch einmal aufgeben« – was dann 1982 doch geschah.

Und an noch einen Schlager sei erinnert. Er streichelte kurz nach dem Sieg die Klagemauer in Ton und Wort:»Es gibt Steine mit einem Menschenherz und Menschen mit einem Herz aus Stein.« Man benötigt keine Umfragen, um zu wissen, daß diese stimmungsvollen Schlager, die inzwischen längst Volkslieder wurden, die»Volksseele« widerspiegelten.

*

Aufatmen, bejubeln, besingen. Das war die allgemeine Reaktion der meisten Israelis nach dem und auf den glanzvollen militärischen Sieg im Sechstagekrieg.

Zunächst atmeten die Israelis auf. Die Bedrohung war beseitigt. Auch das geographische Fenster war aufgestoßen. Man stieß nicht mehr überall im Land gleich auf dessen Staatsgrenzen. In die unmittelbare Nachbarschaft konnte man reisen: Endlich und vor allem nach Ost-Jerusalem (das gleich im Juni 1967 ins Staatsgebiet einverleibt wurde); nach Hebron zum Grab der Stammväter und Stammmütter; nach Nablus oder Jericho, der ältesten Stadt der Welt, oder auch ins wenig attraktive Gaza, wo einst die Philister Samson drangsaliert hatten; zum Moses-Berg, Ort der Offenbarung auf der Sinai-Halbinsel. Andere zog das Tauchparadies in Scharm el-Scheich mehr an. Sie genossen die bunte Unterwasserwelt und diesen Schauder:»Hier hat's begonnen, 1956 und 1967.«

Das Fenster war aufgestoßen. Der Mief des Mini-Staates, in dem man zu ersticken drohte, hatte sich verflüchtigt, aus Klein-Israel war Groß-Israel geworden. Jetzt erst, sagten Ideologen oder ganz einfach auch Bibelkenner, war man wirklich ins»Land der Väter« zurückgekehrt. Das alte Klein-Israel von

1948/49 war ja eher im einstigen Philistergebiet der Küstenebene und im Jesusland, in Galiläa, gegründet worden. Kein
Zweifel, Hebrons jüdisch-biblische Tradition war größer als
jene der Philisterstadt Aschkelon oder Aschdod oder gar die
des erst 1909 von den Zionisten gegründeten Tel Aviv.
Auch im übertragenen politischen Sinn schien das Fenster
aufgestoßen: das Fenster zum Frieden. Dajan und zahlreiche
andere Regierungsmitglieder warteten auf einen Anruf von
König Hussein oder anderen arabischen Spitzenpolitikern, um
mit ihnen Land gegen Frieden einzutauschen. Der Anruf kam
nicht. Es kam das vierfache Nein aus Khartum, vom Arabischen Gipfel.
Der wiederholte Hinweis auf den erwarteten Anruf aus der
Arabischen Welt hat eine liebenswürdige Legende oder zumindest ein Mißverständnis entstehen lassen: daß Israels damalige Regierung für einen Frieden auf alles Land verzichtet
hätte. Davon kann keine Rede sein, was allein die Reden aller
Jerusalemer Spitzenpolitiker bezeugen. Nicht alles, aber sehr
viel Land wäre wieder unter arabische Kontrolle gekommen.

»Gebiete« oder »alle Gebiete«? Die UNO-Formel

Der Umfang möglicher oder unmöglicher Gebietsrückgaben
blieb seit 1967 umstritten. Bezugspunkt war die UNO-Entschließung 242 vom November 1967. Die Konfliktparteien
interpretierten sie freilich zumeist unterschiedlich.

Als 1967/68 darüber erstmals öffentlich diskutiert wurde, waren das eher theoretische Überlegungen, denn auf der arabischen Seite fand sich weit und breit niemand, der mit Israel
überhaupt auch nur verhandeln wollte. Das vierfache Nein der
Arabischen Gipfelkonferenz von Khartum hatte dies gezeigt.
So gesehen, glich die ab Juni 1967 in der UNO geführte Diskussion über die territoriale und politische Neugestaltung des
Nahen Ostens zunächst einem akademischen Glasperlenspiel.

Um jedes Wort wurde gerungen, und jedes Wort war ja im Prinzip auch wichtig, doch damals noch ganz und gar unrealistisch. Sollte, so der Streit, Israel »alle Gebiete« zurückgeben oder »Gebiete«. Wie nicht anders zu erwarten, entschied man sich für schwammige Formulierungen. Man konnte sie sowohl so als auch anders interpretieren – je nach der Sprache, die man wählte. Identisch war das angestrebte Ziel: Ein gerechter und dauerhafter Friede. So weit, so unproblematisch. Konkreter sollten dann die »Prinzipien« eines solchen Friedens sein. Auf englisch lautete der erste Grundsatz so: »Withdrawal of Israeli armed forces from territories of recent conflict«. Auf deutsch: »Der Rückzug der israelischen Streitkräfte aus jüngsten Konfliktgebieten« wurde gefordert. »Aus Gebieten«, nicht »aus allen Gebieten«. Der politisch harte Kern des Satzes hieß auf französisch: »des territoires«. Weil »des« sprachlich aus »de les« gebildet wurde, heißt dies auf deutsch: »von den Gebieten«, was politisch bedeutete, daß sich Israel aus allen Gebieten zurückziehen solle. Das ist der Stoff, aus dem die UNO-Sprache geformt ist.

Auch im Kabinett Israels gab es hierüber unterschiedliche Auffassungen, doch das Thema stand nicht auf der Tagesordnung. Ohne Partner keine Rückgabe. So einfach war das. Nur deshalb konnte die große Koalition halten – bis 1970. Dann mußte Israel Farbe bekennen, weil die USA darauf bestanden. Prompt brach die große Koalition auseinander.

Abnutzungskrieg

Zunächst aber wurde 1967 nach dem Ende des Junikriegs in Israel aufgeatmet. Das konnte man nicht lange tun, denn der nächste Waffengang folgte im Herbst 1967 fast unverzüglich. Zuerst an der ägyptischen Front. Ägyptens Präsident Nasser erklärte den »Abnutzungskrieg« zwar erst am 8. März 1968 offiziell, doch er begann schon am 2. Juli 1967, als ein ägyptisches Kommando vergeblich versuchte, am Nordufer des Suezkanals einen Brückenkopf zu erobern. Am 21. Oktober versenkten die Ägypter das israelische Kriegsschiff »Eilat«. Israel blieb nichts schuldig: Am 25. Oktober brannten die Raffinerien von Suez lichterloh. Anfang Januar 1968 beschossen Ägypter das israelische Unterseeboot »Dakar«. Bis Anfang August 1970 wurde am Suezkanal täglich hin und her geschossen, wo die Israelis ihre »Bar-Lev-Linie«, ihre Version der »Maginot-Linie«, aufgebaut hatten. Auch diese Linie erfüllte ihren Zweck nicht. Das zeigte sich im Krieg vom Oktober 1973. Doch so weit sind wir noch nicht. Zurück in die späten sechziger Jahre.

Seit der Jahreswende 1969/70 griff Israel auch Ziele im Herzen des Nilstaats an, nachdem es hier und da bereits kleine militärische Auseinandersetzungen gegeben hatte, zum Beispiel mit Panzern am 9. September 1969 oder im Rahmen der »Operation Hahn« bei der Entführung einer nagelneuen Radaranlage in der Nacht vom 26. auf den 27. Dezember 1969. Von Juli bis Dezember 1969 startete Israels Luftwaffe Angriffe auf Ziele am Suezkanal, um die Luftabwehr der Ägypter auszuschalten. Nachdem dieses Ziel erreicht war, flogen die Israelis ab Januar 1970 Richtung Kairo und Umgebung in einem Radius von vierzig Kilometern. Höchste Alarmstufe bei Präsident Nasser. Um dringende Hilfe bat er die Sowjetunion. Sie kam. Im Sommer 1970 waren in Ägypten 15 000 Militärexperten und Soldaten stationiert. Ab Juni 1970 griffen auch sowjetische Piloten in die Luftkämpfe ein, einige wurden abgeschossen.

Von Februar bis Juli 1970 bauten die Sowjets den Ägyptern Flugabwehrraketen auf. Israel protestierte und bat die USA um Hilfe. Sie kam, als Anfang August 1970 ein Waffenstillstand erreicht wurde; doch nicht ganz im israelischen Sinne, denn der amerikanische Außenminister Rogers hatte den Abzug der sowjetischen Raketen nicht durchgesetzt, wohl aber Israel die Zustimmung abgerungen, bei einer Friedensregelung auf Gebiete zu verzichten. Auf alle? Auf einige? Das blieb

offen, aber das Prinzip »Land für Frieden« war aktenkundig
– ebenso das Ende der großen Koalition in Israel. Begins Ga-
chal-Parteiblock wollte diesen Verzicht nicht mitverantwor-
ten – und überließ in den Friedensvereinbarungen von 1978/79
und bis zur Räumung der gesamten Sinai-Halbinsel dem politischen Gegner viel mehr Land, als die Sozialdemokraten und
Linksliberalen 1970 je zu geben bereit waren.

*

Die syrische Front: Hier kam es vom Juli 1967 bis zum Juni
1970 ständig zu Artilleriegefechten, Luftkämpfen oder auch
Kommandoaktionen; sowohl gegen syrische Streitkräfte als
auch gegen Palästinenser, die zeitweilig, je nach Absicht der
Regierung in Damaskus, von syrischem Boden aus operierten.
Ab 1968 wurde genau dies den Palästinensern erheblich er-
schwert, sie wurden energisch in den Libanon abgedrängt. Syrien wollte die Lage im eigenen Lande selbst kontrollieren sowie Zeitpunkt, Art, Intensität und Umfang antiisraelischer
Aktionen selbst dosieren. Wieder, wie so oft, waren die Palästinenser Instrument eines arabischen Staates, Objekt und
nicht Subjekt arabischer Politik. Eine Tragödie.

Ruhe vor dem Sturm

Die große Wende kam im Sommer 1970. Der Sechstagekrieg,
die neuerliche Aufrüstung und der Abnutzungskrieg hatten
Ägypten militärisch, wirtschaftlich und politisch völlig erschöpft. Der große Bruder Sowjetunion war auch nicht willens, sich noch weiter von Ägyptens Staatspräsident Nasser in
eine aus Moskauer Sicht völlig abwegige militärische Auseinandersetzung mit Israel und deshalb möglicherweise auch in
einen Konflikt mit den USA hineinziehen zu lassen. Wäre nämlich neben dem regionalen Krieg in Vietnam ein zusätzlicher
heißer Regionalkonflikt ausgebrochen, hätte die Gefahr einer

186

Aufheizung des kalten globalen Kriegs bestanden. So weit ging Moskaus Freundschaft zu Nasser nicht. Die Linie der Sowjets war klar: die Defensive Ägyptens stärken, die Offensive (einstweilen) verhindern. Deshalb lieferte man neue SAM-Luftabwehrraketen, mehr nicht.

Die USA waren im Sommer 1970 wegen des Vietnamkriegs in erheblichen politischen Turbulenzen. Das Bedürfnis der Nixon-Administration, am Pulverfaß Nahost zu zündeln, hielt sich deshalb in Grenzen. Auch die USA wollten den Nahen Osten entschärfen. Nach Ägyptens Niederlage im Abnutzungskrieg sowie der Lieferung der defensiven SAM-Raketen war die Situation für eine Vermittlung der USA günstig. US-Außenminister William Rogers gelang, woran der UNO-Vermittler Gunnar Jaring seit 1967 immer wieder gescheitert war. In der Nacht vom 7. auf den 8. August 1970 trat der Waffenstillstand in Kraft. Fast unverzüglich, und vor allem widerrechtlich, schob Ägypten seine SAM-3-Raketen vor. Israel protestierte und drohte, doch die USA wiegelten ab. Die Zeche zahlte Israels Luftwaffe 1973 im Jom-Kippur-Krieg. Nur mit größter Mühe konnte sie die Lufthoheit erringen. Trotzdem, die Ruhe hielt. Es war eine Ruhe vor dem Sturm.

Ruhe trat auch an der syrischen und jordanischen Front ein, weil die Palästinenser, ebenfalls im Sommer 1970, entscheidend geschwächt wurden. In Jordanien waren sie zu weit gegangen. Sie begnügten sich ganz offen nicht mehr damit, ein Staat im Staate Jordaniens zu sein, sie standen kurz vor der Machtübernahme des Staates. Mit (verdeckter) Hilfe Israels zog König Hussein die Notbremse. Israel stand als genau hinschauender Beobachter Gewehr bei Fuß und hätte im Fall der Fälle zugunsten des Monarchen ein- und angegriffen. Die Sechste Flotte der USA nahm Kurs aufs östliche Mittelmeer. Auch sie hätte zugunsten Husseins eingegriffen.

Das war nicht nötig. Der König ließ Mitte September 1970 seine ihm loyale Beduinenarmee auf die Palästinenser los. Ein Blutbad folgte, das in die Geschichte der Palästinenser als »Schwarzer September« einging.

Syrien wollte im Sommer 1970 alte Rechnungen mit Jordanien begleichen. Der Zeitpunkt schien wegen der erwarteten Machtübernahme der Palästinenser in Jordanien günstig. Damaskus ließ seine Truppen nach Jordanien ziehen, doch Luftwaffenchef Assad verweigerte den Gehorsam. Er hielt nichts von diesem Abenteuer und rettete – willentlich oder nicht – den jordanischen König. Außerdem erlangte Assad bald selbst die Macht in Syrien. Sowohl ihre jordanische als auch syrische Basis hatten die Palästinenser damit verloren. König Hussein hatte ihren militärischen Arm gebrochen, und Assad hielt sie an sehr kurzer Leine. Nur noch vom Libanon aus konnte die PLO-Guerilla operieren. Doch auch hier ging nichts ohne den Syrer, der Auseinandersetzungen mit Israel lieber auf libanesischem als syrischem Boden ausfocht. Wieder traten die Palästinenser nur scheinbar als Subjekt der Politik auf, wieder waren sie Objekt eines arabischen Staats. Unabhängiger agierten sie im Umfeld des internationalen Terrorismus.

Die palästinensische Gewalt traf Israelis und Juden meistens im Ausland, zum Beispiel bei den Olympischen Sommerspielen in München im September 1972. Sie war furchtbar, aber, anders als ein Krieg, nicht existentiell bedrohlich. Ebenfalls nicht existentiell, obwohl entsetzlich, war der Terroranschlag, den japanische Freunde der Palästinenser im Mai 1972 auf Israels internationalem Flughafen verübten. Trotzdem: Seit dem Sommer 1970 lebten die meisten Israelis im Lande zwar beunruhigt, aber doch in relativer Ruhe; selbstsicher, siegessicher, zuversichtlich.

Der Sturm: Jom-Kippur-Krieg

Viele Bücherregale kann man mit der Literatur über den Jom-Kippur-Krieg füllen. Wir suchen den historischen Ort und schildern nur kurz einige Eigenheiten dieses Waffengangs.

Zu selbstsicher hatten Israels Regierung, Militär und Gesellschaft die Fähigkeiten der ägyptischen und syrischen Streitkräfte beobachtet – und unterschätzt. Der Preis der Selbstsicherheit war die Unsicherheit, ja fast die existentielle Gefährdung Israels in den ersten Tagen des Jom-Kippur-Kriegs. Er brach am 6. Oktober 1973 aus, am höchsten jüdischen Feiertag, dem Versöhnungstag. Das ganze Jahr brodelt Israels Gesellschaft vor Aktivitäten über, am Jom Kippur ruht alles, ruhen alle. Die einen gehen in die Synagoge, die anderen können kaum etwas unternehmen, weil das ganze Land ruhiggestellt, also still ist, auch das Radio. Diesen Umstand nutzte Nassers Nachfolger, der seit dem 25. August 1970 regierende Staatspräsident Ägyptens, Anwar as-Sadat. Mit seinem syrischen Kollegen Assad hatte er diesen Überraschungsschlag koordiniert.

Ägypten und Syrien setzten den Krieg als politisches Mittel ein. Seit 1970 hatte sich Israel offenbar dauerhaft in den besetzten Gebieten eingerichtet. Die beiden Araber wollten Bewegung in die festgefahrene Situation bringen. Das Westjordanland und der Gazastreifen kümmerte Ägypten und Syrien weniger als ihre eigenen Gebiete, die sie 1967 an Israel verloren hatten: Sadat wollte die Sinai-Halbinsel mit ihren Erdölvorkommen, Assad die Golanhöhen zurück.

Israels Geheimdienst und Regierung lagen alle Informationen vor. Sie waren gewarnt, aber sie nahmen diese Warnungen nicht ernst, weil sie sich für unbesiegbar, für quasi unangreifbar hielten. Vor allem Ägyptens Präsident Sadat hatte den Krieg politisch bestens vorbereitet: Die Saudis hatten ihre Bereitschaft erklärt, ein Ölembargo zu verhängen, sofern die Araber militärisch in Schwierigkeiten geraten sollten. Sie hielten ihr Versprechen, am 16. Oktober 1973 wurde es verwirklicht. Eine Weltwirtschaftskrise begann. Die Öleinfuhr Israels aus dem Iran konnte Sadat schon zu Beginn der Kampfhandlungen verhindern: Mit Zustimmung des Süd-Jemen wurden Kanonen auf der Insel Perim im Roten Meer stationiert. Schiffe nach und von Israel konnten nicht mehr nach Eilat gelangen. Israel mußte seine strategische Ölreserve anzapfen.

Die Überraschung war am 6. Oktober um 14 Uhr vollkommen, und Israel stand in den ersten Tagen des Kriegs am Rande einer militärischen Katastrophe und vor dem Ende seiner staatlichen Existenz. Der Untergang konnte nur mit größter Mühe und enormen Verlusten abgewendet werden. Rettend für Israel war die Luftbrücke der USA. In der Nacht vom 12. auf den 13. Oktober 1973 begann sie, ihre Drehscheibe waren die zu Portugal gehörenden Azoren sowie die Bundesrepublik Deutschland. Die Bundesregierung von Kanzler Willy Brandt (SPD) und Außenminister Scheel (FDP) war hiervon nicht so recht begeistert, drückte aber alle Augen zu und protestierte erst, als Israels Sieg sich abzeichnete. Genauer: Der Bundeskanzler setzte sich über erhebliche Bedenken und Barrikaden seines Außenministers hinweg. Die bundesdeutsche Haltung war aus israelischer Sicht zwar nicht Gold, glänzte aber im Vergleich zur britischen und französischen. Paris und London taktierten in der UNO eindeutig zugunsten der arabischen Staaten, und auf dem folgenden Europäischen Gipfel in Kopenhagen setzten sie sich am 6. November 1973 durch. Nur die Niederlande hatten sich diesem Kurs der europäischen Partner widersetzt. Nein, antiisraelisch handelten die Europäer nicht, sie richteten sich nach ihren eigenen Interessen, die aus zwei Buchstaben bestanden: Öl. Kein Wunder, denn der arabische Boykott traf alle Europäer heftig.

Die Lage war zuvor so kritisch, daß Israel sogar ernsthaft erwog, Atomwaffen einzusetzen. Vermutet hatten dies die Fachleute schon immer seit 1973. Klipp und klar und ohne jedes Herumreden bestätigte dies im Mai 1997 einer, der es wissen mußte, weil er zum inneren Kreis der Atomexekutive Israels gehörte: Professor Juwal Neeman.[112]

Am 18. Oktober war dann die Lage der ägyptischen Streitkräfte so verzweifelt, daß Sadat die Sowjets um zusätzliche Hilfe bat. Zusätzliche? Ja, denn schon seit dem 8. Oktober hatte die sowjetische Luftbrücke die Ägypter und Syrer mit neuen Waffen versorgt. Ministerpräsident Kossygin versprach die Hilfe unverzüglich, notfalls militärische Aktionen. Alarmstimmung brach daraufhin in Washington aus. Außenminister Kissinger flog am 20. Oktober nach Moskau, wo er mit Parteichef Breschnew Bedingungen für einen Waffenstillstand aushandelte. Sie sahen – und das war ein Durchbruch – direkte Verhandlungen zwischen Israel und den arabischen Staaten vor.

Der Waffenstillstand sollte am frühen Abend des 22. Oktober beginnen. Vorher wollte Israel noch so viel ägyptisches Gelände wie möglich erobern. Auch nach dem Inkrafttreten der Waffenruhe marschierte Zahal weiter. Immer bedrohlicher wurde die Situation für die politische Führung in Kairo, denn unmittelbar vor der Stadt standen Israels Soldaten. Nun drohte die Sowjetunion mit den »schärfsten Konsequenzen«. An einer totalen militärischen Niederlage Ägyptens und Syriens waren auch die USA nicht interessiert, denn nur stolze und nicht gedemütigte Araber, so Kissingers Überzeugung, könnten und würden ernsthaft verhandeln. Sadat forderte eine gemeinsame sowjetisch-amerikanische Streitmacht, die den Waffenstillstand gegen Israel militärisch durchsetzen sollte. Nein, keine sowjetischen Truppen im Nahen Osten, entgegnete Kissinger. Breschnew drohte erneut mit einseitigem Vorgehen der Roten Armee, die USA versetzten am 24. Oktober 1973 weltweit ihre Streitkräfte in erhöhte Alarmbereitschaft. Die beiden Supermächte standen am Abgrund eines Atomkriegs. So schien es jedenfalls. Dann stimmte Moskau dem Vorschlag Kissingers zu: eine UNO-Truppe würde den Waffenstillstand überwachen. Er trat noch am selben Tag in Kraft.

Israel hatte den Krieg mit herkömmlichen Mitteln gewonnen. Zahal stand rund 100 Kilometer vor Kairo und war auch der syrischen Hauptstadt Damaskus noch näher gerückt. Auch ohne die Luftwaffe konnte Israel mit Hilfe seiner Artillerie Damaskus treffen. Verbissen kämpften die syrischen Soldaten jedoch noch bis Ende Mai 1974.

Als großer Politzauberer trat nun US-Außenminister Henry Kissinger auf den Plan. Er hatte verhindert, daß Israel noch weiter auf Kairo vorrückte. Gemeinsam mit den Russen hatte er darauf bestanden, daß die umzingelte Dritte Armee Ägyptens zu essen und zu trinken bekam, die Araber militärisch nicht erneut gedemütigt wurden.

Durch Krieg zum Frieden bewegt?

Nach dem Jom-Kippur-Krieg war wieder innen- und außenpolitische Bewegung feststellbar. Bewegung? Ein Erdbeben. Israelische Offiziere hatten sich noch während des Kriegs öffentlich und wechselseitig Versagen vorgeworfen. Die Regierung schob der Armee und die Armee der Regierung die Verantwortung für die »Panne« zu, also für die Fehleinschätzung der arabischen Absichten. Die unabhängige Agranat-Untersuchungskommission entschied später: die Führung der Streitkräfte hatte versagt. Wirklich? Hatte nicht gerade der im Zwischenbericht der Agranat-Kommission am stärksten gerügte Generalstabschef David Elasar noch vor Kriegsbeginn einen vorwegnehmenden Luftangriff vorgeschlagen? Gewiß. Der gedemütigte Elasar erlitt jedenfalls am 15. April 1976 vor lauter Kummer einen Herzschlag, dem er erlag.

Der innenpolitische Druck der israelischen Öffentlichkeit war ungeheuer stark. Bürgerinitiativen sprossen nun wie Pilze aus dem Boden, die Protestbewegung schwoll an. Ihr Sprecher, Hauptmann Motti Aschkenasi, Frontkämpfer im Oktober 1973, forderte immer wieder den Rücktritt von Verteidigungsminister Mosche Dajan. Dessen militärischer Ruhm war über Nacht verblaßt.

Bei den Wahlen vom 31. Dezember 1973 wurde die Arbeitspartei gewaltig gerupft, protestierende Abweichler aus dem einstigen Kern des Establishments sowie die Likud-Opposition Begins gewannen an Boden. Es reichte gerade noch so, daß Golda Meir, die zuvor so beliebte und durch den Krieg beschädigte große alte Dame der Arbeitspartei, am 10. März 1974 wieder eine Regierung mit dem nun völlig entzauberten

Verteidigungsminister Dajan bilden konnte. Sie hielt nicht lange, obwohl der am 1. April 1974 veröffentlichte Zwischenbericht der Agranat-Untersuchungskommission Golda Meir und Mosche Dajan, also die politische Führung im vorangegangenen Krieg, entlastet und die militärische Führung belastet hatte. Dieses Ergebnis entfachte einen Sturm der Entrüstung in der Öffentlichkeit. Dajan solle aus dem Verteidigungsministerium verjagt werden, forderte die außerparlamentarische Opposition, die parlamentarische verlangte den Rücktritt der gerade neugewählten Regierung Golda Meirs. Am 11. April warf »Golda«, nur so wurde sie in Israel genannt, das Handtuch.

Elf Tage später bestimmte das Zentralkomitee der Arbeitspartei mit 298 gegen 254 Stimmen Jitzchak Rabin gegen Schimon Peres zu Goldas Nachfolgekandidaten. Am 3. Juni 1974 trat er das Amt als – damals – jüngster Premier Israels an. Schimon Peres wurde Verteidigungs- und Jigal Allon (beide Arbeitspartei) Außenminister. Auch die Protestbewegung war – kurzfristig – an der Koalition beteiligt, bis dann wieder die Nationalreligiösen ins Kabinett kamen.

Nicht der Mythos von Israels militärischer Unbesiegbarkeit, doch der Mythos der Unverletzbarkeit war zerplatzt, das kollektive Selbstbewußtsein der Nation erstmals wirklich beschädigt, wenngleich nicht gebrochen. Der Selbstsicherheit von einst folgte eine Phase der Selbstkritik und Selbstprüfung.

*

Der Krieg war, wie von Sadat geplant, tatsächlich Politik mit anderen Mitteln; in diesem Falle Außenpolitik. Unter der Schirmherrschaft der UNO wurde am 21. Dezember 1973 die Genfer Konferenz eröffnet. Nach vier Kriegen trafen erstmals Vertreter Ägyptens, Syriens und Jordaniens mit Israel zusammen. Ebenfalls dabei waren die USA und die Sowjetunion. Die Teilnahme von Palästinensern, der PLO, lehnte Golda Meir kategorisch ab. Mehr noch: Für sie gab es gar keine palästinensische Nation. Der Wunsch war der Vater ihres Gedankens, mit der Wirklichkeit hatte er nichts zu tun, zumal die Terroraktionen der Palästinenser – seit 1974 auch in Israel selbst – sehr real, immer zahlreicher und blutiger wurden: zehn entsetzliche Großanschläge im Jahre 1974 und neun im Jahr danach. Im Frühsommer 1976 entführte ein Kommando des internationalen Terrorismus unter deutscher Beteiligung ein Flugzeug der Air France ins ferne Entebbe im afrikanischen Uganda. Dort inszenierten die deutschen Linksterroristen eine Selektion: Jüdische Passagiere wurden von nichtjüdischen getrennt und als Opfer ausgewählt. Am 4. Juli gelang einem israelischen Militärkommando die Befreiung der Geiseln. Befehligt wurden die israelischen Elitesoldaten, zu denen Jonathan Netanjahu (der Bruder des seit 1996 amtierenden Ministerpräsidenten) gehörte, von Dan Schomron. Er wurde später Generalstabschef. Kenia hatte den Israelis seine Logistik zur Verfügung gestellt.

Die palästinensische Nation, die es angeblich gar nicht gab, griff zu den Waffen des Unterlegenen. Wie alle Waffen, waren sie fürchterlich, und wie bei jedem Waffengang wurden völlig Unschuldige getroffen und getötet.

Im Sommer 1977 gab es dann plötzlich Signale, daß ausgerechnet Likud-Ministerpräsident Begin und sein Außenminister Dajan der PLO mehr als nur eine Hintertür zur Beteiligung an der Genfer Runde öffneten. Zur jordanischen Delegation könnten ohne Probleme auch Palästinenser gehören. Israel, so Dajan wörtlich, werde die »credentials« der Teilnehmer nicht überprüfen.

Man saß also am Verhandlungstisch in Genf. Und schon das allein war ein Fortschritt. Bescheiden, aber immerhin. Ehrgeiziger und erfolgreicher war die Pendeldiplomatie des amerikanischen Außenministers Henry Kissinger. Bis zum 18. Januar 1974 war ein ägyptisch-israelisches und bis zum 31. Mai 1974 ein syrisch-israelisches Entflechtungsabkommen geschlossen. Als »Sinai I« ging jene Vereinbarung mit Ägypten in die Geschichte ein.

Es bestimmte, daß sich Zahal circa 20 Kilometer vom Suez-kanal Richtung Osten zurückziehen sollte. Erstmals seit Juni 1967 waren dadurch wieder beide Ufer des weltwirtschaftlich so wichtigen Suezkanals unter ägyptischer Kontrolle. Nun konnte Kairo den nicht mehr intakten Wasserweg ausbauen und erweitern. Genau acht Jahre nach Beginn des Sechstage-kriegs, am 5. Juni 1975, wurde der Suezkanal wiedereröffnet. Der Staatskasse Ägyptens bekam diese Geldquelle recht gut. Auch eine andere sprudelte nun munterer: Touristen kamen wieder ins Land, wo sowohl die Zitronen blühten als auch Py-ramiden zu bewundern waren, ohne daß ein neuer Krieg zu befürchten war.

An der Golanfront zu Syrien wich Israel auf eine Linie west-lich der Stadt Kuneitra zurück. In der vorgesehenen Pufferzo-ne wurden UNO-Soldaten stationiert.

Kissinger ließ nicht locker, und sowohl Sadat als auch Ra-bin waren an politischen Fortschritten interessiert. Sie wur-den erreicht. Am 1. September 1975 unterzeichneten die bei-den Konfliktstaaten das zweite Sinai-Entflechtungsabkommen (»Sinai II«). Nun bewegte sich noch viel mehr. Dramatisch la-sen sich manche Textteile: Ägypten und Israel erklärten, daß Konflikte zwischen ihnen und überhaupt im Nahen Osten nur noch friedlich, also politisch, und nicht mehr militärisch gelöst werden dürften. Die Regierungen beider Staaten ver-pflichteten sich, auf wechselseitige Gewaltandrohung und auf Blockaden zu verzichten. Israel ansteuernde Schiffe mit nicht-militärischer Ladung durften den Suezkanal passieren. Un-denkbar waren bis zu Sadats »Krieg für den Frieden« solche Vereinbarungen gewesen. Sie sahen außerdem einen weiteren Rückzug Israels auf der Sinai-Halbinsel vor. In vierzehn Etap-pen, zwischen dem 15. November 1975 und dem 26. Februar 1976, bewegte sich Zahal noch weiter ostwärts, jenseits der so wichtigen Pässe Giddi und Mitla.

Wie an der syrischen Front rückten zwischen die Armeen beider Staaten UNO-Soldaten.

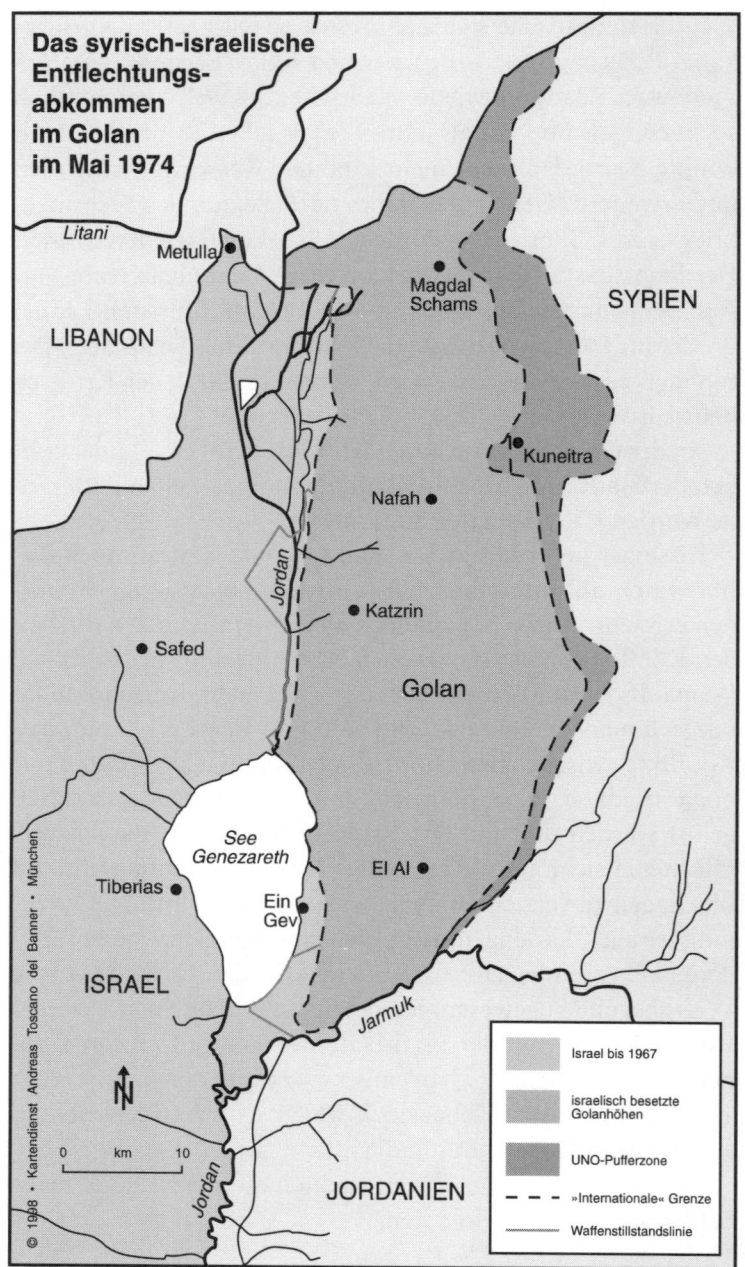

Das syrisch-israelische
Entflechtungs-
abkommen
im Golan
im Mai 1974

Litani

Metulla

LIBANON

Magdal
Schams

SYRIEN

Kuneitra

Nafah ●

Jordan

● Katzrin

● Safed

Golan

*See
Genezareth*

El Al ●

Tiberias ●

Ein
Gev

ISRAEL

N↑

Jarmuk

0   km   10

Jordan

JORDANIEN

	Israel bis 1967
	israelisch besetzte Golanhöhen
	UNO-Pufferzone
– – –	»Internationale« Grenze
··········	Waffenstillstandslinie

196

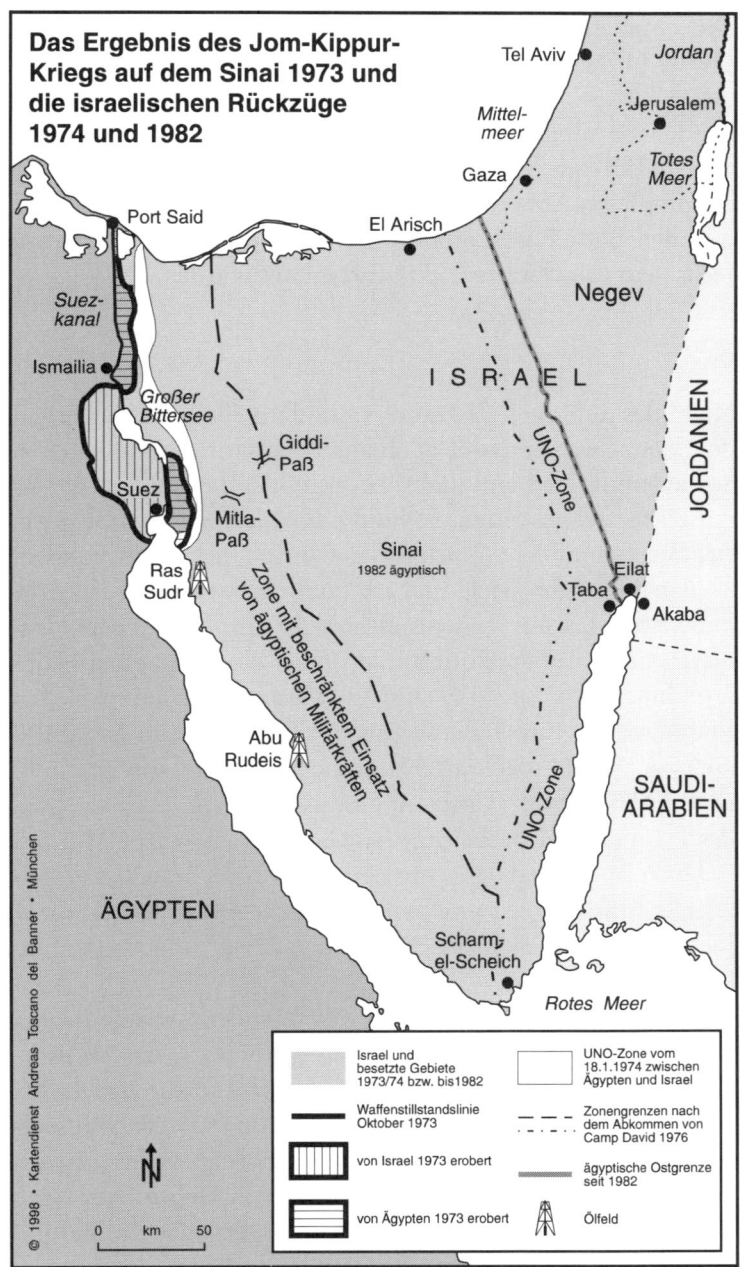

Das Ergebnis des Jom-Kippur-Kriegs auf dem Sinai 1973 und die israelischen Rückzüge 1974 und 1982

Tel Aviv

Jordan

Mittel-meer

Jerusalem

Gaza

Totes Meer

Port Said

El Arisch

Negev

Suez-kanal

I S R A E L

Ismailia

Großer Bittersee

Giddi-Paß

UNO-Zone

J O R D A N I E N

Suez

Mitla-Paß

Sinai
1982 ägyptisch

Eilat

Ras Sudr

Taba

Akaba

Zone mit beschränktem Einsatz von ägyptischen Militärkräften

UNO-Zone

Abu Rudeis

SAUDI-ARABIEN

ÄGYPTEN

Scharm-el-Scheich

Rotes Meer

Israel und besetzte Gebiete 1973/74 bzw. bis 1982		UNO-Zone vom 18.1.1974 zwischen Ägypten und Israel	
Waffenstillstandslinie Oktober 1973		Zonengrenzen nach dem Abkommen von Camp David 1976	
von Israel 1973 erobert		ägyptische Ostgrenze seit 1982	
von Ägypten 1973 erobert		Ölfeld	

N

0   km   50

Das Grab Abrahams oder
Gottes Offenbarung am Sinai?

Die Sinai-Halbinsel räumten die Israelis im April 1982. Dies
war Teil des im März 1979 geschlossenen Friedensvertrages,
der durch das Abkommen von Camp David (September 1978)
und den Besuch des ägyptischen Staatspräsidenten Sadat in
Jerusalem (November 1977) vorbereitet wurde.

*

Nicht des jüdischen Charakters, sondern allein der Sicherheit
des Staates wegen wurde auch unter eher kompromißbereiten
Sozialdemokraten und Linksliberalen über die Zukunft der Sinai-Halbinsel gestritten. Sowohl 1956 als auch 1967 war um
sie, und besonders um Scharm el-Scheich, gekämpft worden.
»Niemals« sagten viele und meinten eine etwaige Rückgabe
dieses strategisch so bedeutsamen Wüstenzipfels. Andere Strategen wiesen auf die Pufferfunktion der gesamten Sinai-Halbinsel hin. Auch die Früh- und Vorwarnzeiten von arabischen
Luftangriffen würden durch diesen Puffer länger, für Israel also
günstiger. Nicht ideologisch argumentierten sie, sondern militärisch. Nicht von »Unserem Groß-Israel« sprachen sie, sondern von der »Sicherheit für Israel«.

Doch Rabin und Peres obsiegten: Bis 1976 hatte Israel weite Teile dieses Gebiets an Ägypten zurückgegeben. Immer mehr
Land für immer mehr Frieden. Einen Friedensvertrag gab es
jedoch noch nicht.

Für Begins »Likud« war alles ganz anders: »Eretz Israel«
war für sie Groß-Israel, das »Land der Väter«, das Westjordanland vor allem. Dieses sei von Israel und für Israel »be-
freit« worden und müsse »Judäa und Samaria« genannt werden. »Rückgabe? Nie!« Das war die Formel der weltlichen
und religiösen Nationalisten, die weiter in Hebron am Grab
der Stammväter Abraham, Isaak und Jakob sowie der Stammmütter Sara, Rebekka und Lea sowie am Grabe der Stamm-

mutter Rachel bei Bethlehem oder auch am Grab Josefs nördlich von Jerusalem beten wollten.

Seltsam, aber wahr: Den Sinai, Ort der göttlichen Offenbarung, betrachteten Begin und die Seinen gelassen. Das überrascht wirklich, denn immerhin war der Berg Sinai, der »Moses-Berg« Horeb, für die jüdische Geschichte und Heilsgeschichte alles andere als unwichtig. Außerdem waren die
Kinder Israels, der biblischen Tradition zufolge, vierzig lange
Jahre durch diese Wüste gewandert, bevor sie ins »Land der
Väter« durften.

Dennoch: Der extrem nationalistische Menachem Begin
hatte schon vor seinem Machtantritt im Juni 1977 deutlich
seine Bereitschaft signalisiert, für einen Frieden mit Ägypten
gegebenenfalls auf die Sinai-Halbinsel zu verzichten. Diese
Verhandlungsgrundlage kannte Ägyptens Staatspräsident Anwar as-Sadat genau. Nicht zuletzt deshalb wagte er im Sommer 1977 seine Friedensinitiative. Sogar nach Jerusalem kam
er und sprach am 19. November 1977 vor der Knesset. Die
Kompromißwilligkeit und -fähigkeit beider Seiten wurde zwar
danach auf harte Proben gestellt, aber nach mühseligen Verhandlungen wurde mit Hilfe der USA am 17. September 1978
das Abkommen von Camp David und am 26. März 1979 der
israelisch-ägyptische Friedensvertrag in Washington unterzeichnet. Der sonst so glücklose US-Präsident Jimmy Carter
hatte bei der ständig notwendigen Vermittlung zwischen Begin und Sadat sein ganzes Prestige aufs Spiel gesetzt – und gewonnen. Weniger glücklich agierten die Staaten der Europäischen Gemeinschaft. Hier bestimmte das deutsch-französische
Tandem von Bundeskanzler Helmut Schmidt und Staatspräsident Valéry Giscard d'Estaing den schrillen Ton. Schon den
Beginn der Sadat-Initiative hatten die Europäer zu torpedieren versucht. Die ägyptisch-israelische Zweigleisigkeit würde
eine »umfassende Lösung« verhindern. Helmut Schmidt und
sein Freund Giscard bevorzugten die Wiederbelebung einer
politischen Mumie: der Friedenskonferenz von Genf. Diese
Runde war vor allem an der Frage gescheitert, ob und wie die

PLO zu beteiligen sei. Aus dieser politischen Frage wurde eine akademische, an der sich die Europäer festbissen. Zu zweit gab es weniger Probleme zu lösen als zu dritt oder zu viert.

Anders als die Legende besagt, waren das Abkommen von Camp David und der ägyptisch-israelische Friedensvertrag trotzdem keine rein zwei*seitigen*, sondern zwei*teilige* Vereinbarungen. Teil eins betraf beide Staaten, Israel und Ägypten also. Teil zwei beschäftigte sich mit den übrigen Akteuren des Arabisch-Israelischen Konflikts, auch mit den Palästinensern. Daß Begin dabei die »politische Kröte« der ausdrücklich erwähnten »legitimen Rechte des palästinensischen Volkes« schluckte, hätte zuvor kaum jemand für möglich gehalten. Die Palästinenser im Westjordanland und im Gazastreifen sollten Autonomie erhalten. Das mehr oder weniger gleiche Angebot nahmen sie 1993 in den Oslo-Friedensvereinbarungen an. Viel Blut und viel Jordanwasser mußte bis dahin noch fließen.

Warum war das fast identische Angebot der Israelis 1993 annehmbar und 1978/79 nicht? Weil seit dem Sommer 1978 die Welle der islamisch-fundamentalistischen Wiedererweckung vom Iran auf die gesamte arabische und muslimische Welt überzuschwappen drohte. Als das Abkommen von Camp David vereinbart wurde, kämpfte der Schah im Iran noch um sein politisches Überleben, am 9. Februar 1979 wurde er aus Teheran vertrieben, der ägyptisch-israelische Frieden am 26. März 1979 unterschrieben. Weder die PLO noch irgendein arabischer Staat rafften sich in dieser aufgepeitschten Situation zu irgendeiner Übereinkunft mit Israel auf; schon gar nicht zum Frieden mit dem verhaßten Staat.

Zurück zu den konkreten Ergebnissen der Vereinbarungen von 1978/79: Bis zum April 1982 hatte Israel die gesamte Sinai-Halbinsel geräumt und an Ägypten zurückgegeben. Mit Händen und Füßen hatte sich die Mehrheit der Europäischen Gemeinschaft dagegen gestemmt, eigene Soldaten zur Überwachung des Friedens in den Sinai zu schicken. Friedenspolitische Phrasendrescherei betrieb man eben über Nahost doch lieber als aktive Friedenspolitik. Helmut Schmidt und Jimmy Carter pflegten weiterhin ihre transatlantische Männerfreundschaft, wobei der Kanzler aus Bonn und der Präsident aus Paris immer neue Hindernisse auf den ägyptisch-israelischen Weg legten: Zum Beispiel an jenem schwarzen Freitag, dem 13. Juni 1981 in Venedig. Wohlwissend, daß Israel und die USA damals die PLO nicht als Gesprächspartner akzeptiert hätten, verlangten die Europäer gerade das. Wünschbar wäre dies durchaus gewesen, doch völlig unrealistisch war es. Den einzig greifbaren Erfolg nahöstlicher Friedensdiplomatie gefährdeten die Europäer. »Scharm el-Scheich zurückgeben? Niemals!« So hatte man es in Israel früher immer wieder gehört. Volkes Stimme klang in den Umfragen ähnlich. Rund achtzig Prozent hatten ursprünglich hierzu energisch »Nein« gesagt. Als jedoch Frieden für dieses Stück Land in greifbare Nähe rückte, fand sich die Öffentlichkeit Israels, die Koalition und die Partei Begins damit ab.

Ägyptische Extremisten hatten sich nicht mit dem Frieden abgefunden. Am 6. Oktober 1981, am Jahrestag des Jom-Kippur-Kriegs, während der Militärparade, die an ihn erinnerte, wurde Anwar as-Sadat von islamischen Fundamentalisten ermordet.

Nach König Abdallah von Jordanien war Sadat der zweite bedeutende arabische Staatsmann, der den Mut zum Frieden aufgebracht hatte und dafür umgebracht wurde. 1995 starb auch Israels Premier Jitzchak Rabin für den Frieden.

Eine heiße Liebe zu Israel entbrannte unter Sadats Nachfolger Mubarak nicht, doch der »kalte Frieden« hielt, trotz zahlreicher Krisen im ägyptisch-israelischen Verhältnis. Bis April 1982 hatte Israel – trotz heftiger Proteste im eigenen Land – die gesamte Sinai-Halbinsel geräumt, und Ägypten beließ es sogar im Sommer 1982, während Israel im Libanon die PLO und Syrien massiv bekämpfte, bei Protestnoten. Ihre Töne klangen erheblich milder als die schroffen Anklagen zahlreicher Demonstranten, die besonders in der Bundesrepu-

blik Deutschland so geschmacklos waren, Israels Vorgehensweise mit der Kriegsführung der deutschen Nationalsozialisten gleichzusetzen.

Israel auf dem Golan

Als »strategisch unverzichtbar« gelten für die meisten Israelis
seit 1967 die syrischen Golanhöhen. Sie liegen direkt über den
jüdischen Siedlungen am See Genezareth. 1981 wurden sie
von Israel annektiert. 1972 fand man gerade einmal 600 Israelis, die in diesem landschaftlich schönen Gebiet siedelten.
Im letzten Halbjahr der ersten Rabin-Regierung 1977 waren
es 3000, 1983 schon 6800, zehn Jahre danach 12 600 und 1996
rund 14 000.

Die Golansiedler, besonders die in Kibbutzim lebenden, sind
eher aus sozialdemokratisch-sozialistischem Holz geschnitzt.
Ganz anders also als die Juden im Westjordanland, wo man
besonders viele Nationalreligiöse und Rechtsnationalisten an-
trifft.

Übertragen wir diese Feststellung auf die israelisch-syrischen Beziehungen, dann lautet die Aussage: Die Golansiedler
würden sich auch einer Kompromißpolitik der Regierung der
Arbeitspartei widersetzen. Genau dies geschah seit 1992/93,
als Rabin und Peres, zunächst verklausuliert, dann ganz offen
verkündeten, daß ohne einen Verzicht auf Teile des Golan
oder sogar des gesamten Höhenzugs kein Frieden mit Syrien
durchzusetzen sei.

Wir sprachen von der »Besetzung« des Golan. Dieser Ausdruck ist, aus amtlich israelischer Sicht, nicht richtig. Am
14. Dezember 1981 – in Polen verhängten die Kommunisten
gerade das Kriegsrecht wegen der demokratischen Proteste –
wurde der Golan durch Beschluß der Knesset Bestandteil Israels, also »Staatsgebiet« und war nicht mehr »besetzt«. Syrien
und die meisten Staaten der Welt, auch die USA und Deutschland, haben diese Sichtweise nicht übernommen.

Trotz seiner Qualität und Preise ist der Golanwein weniger als das Golan*wasser* ein politisches Problem. Sowohl das an der Oberfläche fließende als auch das Grundwasser. Wir haben alle gelernt, daß der Jordan drei Quellflüsse hat: Den »Hasbani«, der im Libanon entspringt; den israelischen »Dan« sowie den »Banias«, der vom Golan kommt. Das Grundwasserreservoir aus und auf dem Golan ist ebenfalls beachtlich. Kein Wunder, daß sowohl Syrien als auch Israel in der ohnehin wasserarmen und sehr heißen Nahostregion größtes Interesse an diesem Gebiet haben. Der sicherheitspolitische Aspekt muß auch genannt werden. Besonders vom Gipfel des Hermonbergs, der höchsten Erhebung im Golan, kann man vortrefflich nicht nur Damaskus, sondern auch jede Bewegung der syrischen Streitkräfte beobachten. Und noch etwas: Von den Höhen des Golan kann man leichter nach Israel hinunterschießen als von unten in Richtung Syrien. Strategen jeder Couleur erklären daher fachmännisch: »Auf den Golan kann Israel schon aus militärischen Gründen keinesfalls verzichten.«

Ganz so überzeugend, wie das klingt, ist es freilich nicht. Nennen wir einige Gründe: Zunächst sei an den Entscheidungsprozeß erinnert, der im Juni 1967 zur Eroberung des Golan führte. Kein Geringerer als Verteidigungsminister Mosche Dajan hatte Zweifel am strategischen Wert dieser Höhen. Erst nach längerem Zögern gab er für den Angriff grünes Licht. Gedrängt hatten besonders die Grenzbauern der Kibbutzim, die, so berichtete Dajan, an fruchtbarem Land interessiert waren.

Im Jom-Kippur-Krieg 1973 brachten die Siedlungen auf dem Golan nicht mehr, sondern weniger Sicherheit, denn sie mußten nach dem syrischen Sturmangriff zeitweilig geräumt werden. Die vermeintliche Entlastung entpuppte sich also als Belastung.

Das ist die eine Seite. Die andere: Damals gab es noch so wenige Golansiedler, daß Vergleiche mit der gegenwärtigen Situation nicht sinnvoll scheinen.

Noch etwas: Im Zeitalter der Raketen bedeutet ein Sicherheitspuffer nicht unbedingt mehr Sicherheit. Wieder ein Gegenargument: Nicht Raketen, sondern Panzertruppen und Infanterie erobern Gebiete. Und außerdem schuf der Golan-Puffer gerade im Oktober 1973 dem israelischen Kerngebiet mehr Sicherheit. Sonst hätten die Syrer gleich Nordisrael überrollt. Gerade durch den größeren Raum gewann Israel mehr Zeit und somit Sicherheit, um den Gegenangriff einleiten zu können.

Nicht genug der Argumente und Gegenargumente: Zeitgewinn ohne Raum kann man inzwischen auch durch moderne Aufklärungstechniken erreichen, und Sicherheit für Israel und Syrien könnte eine starke internationale Friedenstruppe als Puffer zwischen beiden garantieren. Darüber wurde bis ins letzte Detail von 1993 bis 1996 zwischen Assad und der Regierung Rabin-Peres gerungen. Leider ohne Erfolg.

Der syrisch-israelische Verhandlungssumpf blieb nicht nur auf dem Golan, sondern vor allem auch wegen des Libanon tückisch. Der wahre Herr im libanesischen Haus ist spätestens seit 1976 Syrien. Damals griff Präsident Assad in den libanesischen Bürgerkrieg ein, um im Zedernstaat die bevorstehende Machtübernahme durch die PLO zu verhindern. Gewiß, Assad hatte seit seinem Amtsantritt im Herbst 1970 die Aktionen und Angriffe der Palästinenser auf Israel unterstützt, auch den palästinensischen Terror gegen israelische und jüdische Ziele im Ausland, aber er wollte sich das Heft des Handelns nicht von anderen, schon gar nicht von Jassir Arafat, aus den Händen nehmen lassen. Nicht der schönen Zedern wegen, sondern um die libanesische Front zu Israel selbst kontrollieren zu können, marschierten syrische Soldaten 1976 im Libanon ein. Die Rabin-Regierung hatte hinter den Kulissen unmißverständlich ihre Zustimmung bekundet. Das wiederum bedeutete nicht, daß Israel und Syrien sich grundsätzlich geeinigt hatten. Ganz und gar nicht. Sehr wohl waren sie sich darin einig, daß die massive Anwesenheit und Aktionen der PLO für beide unkalkulierbar und daher unerwünscht waren.

Selbst im einmal heißeren, einmal kälteren Krieg wollten Israel und Syrien sozusagen unter sich bleiben. Das Schlachtfeld Libanon war für Syrien auch in anderer Hinsicht wertvoll: Auf ihm konnte Assad gegen Israel Kriege, Gefechte und Scharmützel führen, ohne je wirklich in einen größeren Krieg hineinzuschlittern. Hohe Staatskunst ist das, wenngleich zynische. Über seine Präsenz im Libanon konnte Syrien sowohl direkt als auch indirekt auf Israel Druck ausüben. Noch besser: Es konnte Stellvertreterkriege führen lassen, den militärischen Hahn, je nach Bedarf, auf- oder zudrehen. Es konnte die schiitische Amal- oder Hisbollah-Miliz oder auch die diversen palästinensischen Gruppierungen gegen Israel, und nicht selten gegeneinander, ausspielen.

Diese Methode wurde wiederholt angewandt: 1976 im libanesischen Bürgerkrieg; 1978, als Israel den Südlibanon besetzte, um die PLO zu vertreiben; 1982 im Krieg Israels gegen die PLO; 1983, als die palästinensischen Parteigänger Assads den Rivalen Arafat innerhalb eines Jahres zum zweiten Mal aus dem Libanon vertrieben; in den Jahren danach, als die Hisbollah immer heftiger den Norden Israels bombardierte, zum Beispiel im Sommer 1993 und auch später. Der Friedensprozeß sollte durch diese Bombardierung sabotiert werden.

Bomben auf und aus Bagdad

Im Juni 1981 zerstörte die israelische Luftwaffe den Atommeiler in der irakischen Hauptstadt Bagdad. Damit sollte die atomare Aufrüstung des Irak vereitelt werden. Sie wurde um einige Jahre aufgeschoben, doch nicht verhindert.

Bleiben wir beim traurigen Thema der Bombardierungen. Wir wechseln das Blickfeld und die Blickrichtung. Immer radikaler wurde seit 1978 die Politik des Irak unter dem Diktator Saddam Hussein. Konsequent und vehement betrieb er die

Auf- und Ausrüstung seiner Streitkräfte mit atomaren, biologischen und chemischen (ABC-)Waffen. Die militärische Nuklearisierung des Nahen Ostens, so der Herr in Bagdad, dürfe nicht das Monopol der Israelis sein. Abschreckung wirke nur, wenn sie wechselseitig gelte. Frankreichs liberalkonservativer Staatspräsident Giscard d'Estaing, der gemeinsam mit seinem Freund, Bundeskanzler Helmut Schmidt, nahöstliche Friedenspolitik gegen die USA betrieb, sowie sein gaullistischer Premierminister (seit 1995 selbst Präsident) Jacques Chirac fanden diese Logik überzeugend. Besten Gewissens und mit guten Erwartungen für die französische Wirtschaft lieferten sie (wie die christlich-demokratisch geführte Regierung Italiens, die ähnliche ökonomische Träume hegte) atomares Wissen und Ware. Die seit 1977 amtierende Begin-Regierung sowie das israelische Militär brachten nicht ganz soviel Verständnis für diese nukleare Gleichgewichts- und Friedenspolitik der Strategen aus Paris und Rom auf. In Jerusalem nahm man die Drohungen Saddams ernst, zumal er immer wieder betont hatte, daß sich sein Land nach wie vor mit Israel im Krieg befinde. Und wieder geschah Seltsames: Auch das nahm Israel wörtlich und beschloß, daß Krieg keine einseitige Aktion sei. Statt auf die Atombomben aus Bagdad zu warten, gab die Begin-Regierung im Frühjahr 1981 ihrer Luftwaffe den Befehl, herkömmliche Bomben auf den Atomreaktor bei Bagdad zu werfen. Das geschah am 7. Juni 1981. Über Saudi-Arabien drangen acht israelische Bomber in den irakischen Luftraum ein, dessen Luftabwehr völlig überrascht war, und warfen ihre 16 Tonnen schwere Ladung ab.

Ein Aufschrei der Entrüstung folgte weltweit (vor allem in der Bundesrepublik Deutschland und auch in Frankreich, wo man im Mai 1981 Giscard abgewählt und Mitterand zu seinem Nachfolger bestimmt hatte), doch die atomare Aufrüstung des Irak wurde um Jahre verzögert. Israel hatte Zeit gewonnen. Natürlich entsprach Israels Vorgehen nicht den üblichen Formen des diplomatischen Umgangs, aber war es nicht, wenn schon Krieg geführt werden mußte, die schonendste Art der Kriegsführung? Nur der Reaktor sollte getroffen werden, keine Menschen. Deshalb erfolgte der Angriff nach Dienstschluß.

Bei der Wahl des Zeitpunkts war ebenfalls an die Menschen gedacht worden: Einen Monat später, so die Einschätzung des israelischen Geheimdienstes, wäre der Reaktor in Betrieb genommen worden. Hätte man danach die Anlage zerstört, wäre radioaktive, tödliche Strahlung ausgetreten. Neun Jahre später stand der Irak erneut vor der atomaren Schwelle. Nicht nur Israel fühlte sich bedroht. Immer provozierender sprach und handelte Saddam Hussein. Anfang August 1990 überfiel und besetzte er Kuwait. Aber er hatte, abgesehen von seiner unmoralischen Verhaltensweise, einen dramatischen Fehler gemacht: Er forderte fast die gesamte Staatenwelt heraus. Im sogenannten Golfkrieg, der vom 17. Januar bis zum 28. Februar 1991 tobte, wurde er von einer Koalition besiegt, welche die USA anführten und die – über die UNO – auf der atomaren, biologischen und chemischen Ab- und Entrüstung des Irak bestand. Durch Täuschungsmanöver der Bagdader Führung gelang dies bis heute zwar nicht vollständig, aber eine unmittelbare Bedrohung für Israel und andere Staaten der Region besteht nicht mehr; einstweilen jedenfalls nicht.

Im Golfkrieg selbst sah es noch ganz anders aus: Raketen flogen von Bagdad nach Israel, auch nach Saudi-Arabien. Glück im Unglück hatten die Israelis (und Saudis) 1991. Sie kamen mit einigen Sachschäden und wenigen Opfern davon.

Wie Fische im Wasser: Palästinensischer Terror

Der Terror der Palästinenser hatte stets auch eine politische Dimension. Man muß sie verstehen, ohne den Terror gutzuheißen.

Auch die Palästinenser gingen gleich nach dem Sechstagekrieg zum Angriff über. Die Waffe des militärisch Unterlegenen ist der Guerillakampf. »Wie Fische im Wasser« können sich die Untergrundsoldaten in der mit ihnen sympathisierenden Bevölkerung bewegen und den Feind sticheln oder sogar töten. Das versuchte die PLO im Westjordanland seit September 1967. Doch schon im Februar 1968 hatte Israels Militär diese Herausforderung gemeistert. »Judäa und Samaria« blieben ruhig. Höchst unruhig wurde daraufhin die Front zu Jordanien. Nun operierten die Palästinenser von dort aus. Israel schlug zurück, die PLO kämpfte für die Israelis sensationell erfolgreich (vor allem beim Angriff Zahals auf das PLO-Lager in Karame, am 21. März 1968). Jordanien konnte nicht unbeteiligt zusehen und wurde in den Krieg hineingezogen. Diese Spirale der Gewalt und Gegengewalt kennen wir bereits seit den fünfziger Jahren, auch die Probleme des jordanischen Königs. Neu war jedoch die Tatsache, daß bis zum September 1970 die PLO in Jordanien ein Staat im Staate wurde. Ihre Machtübernahme stand unmittelbar bevor. Syrien griff zu ihren Gunsten ein und Jordanien an. Israel machte mobil, um König Hussein zu retten, konnte sich aber aufs Zuschauen beschränken, denn die Armee des Monarchen schlug die Syrer zurück und richtete unter den Palästinensern ein Blutbad an. Es war ihr »Schwarzer September«.

Der sowohl im herkömmlichen als auch im Guerillakrieg Unterlegene hat schließlich nur noch ein Mittel: den Terror. Zynisch, aber wahr: Es war und bleib »Politik mit anderen Mitteln«, grausamen Mitteln.

Der Terror der Palästinenser traf wahllos oft völlig unbeteiligte, unschuldige Opfer, doch das Ziel dieses Terrors blieb politisch. Das zu sagen bedeutet keinerlei Rechtfertigung oder Entschuldigung des Terrors, es ist nicht mehr als der Versuch einer Erklärung. Guerilla und Terror – das war und blieb bis zum Friedensprozeß ab 1992/93 die Doppelstrategie der Palästinenser. Der Terror hatte die Guerilla zu ergänzen oder – je nach Kriegslage – zu ersetzen.

Die PLO gehörte in jener Zeit zweifellos zur Internationale des Terrors. Sie verfügte über Querverbindungen zu Libyen und seit der Islamischen Revolution auch zum Iran; selbstverständlich zu den Roten Brigaden in Italien, zu japanischen Terroristen, zu »Freunden« in der bundesdeutschen RAF, doch auch (»der Feind meines Feindes ist mein Freund«) zur rechtsextremistisch-deutschen »Wehrsportgruppe Hoffmann«. Die Verbindung zwischen den ganz Rechten und ganz Linken aus West-Deutschland hatte der ostdeutsche Geheimdienst hergestellt, also die Stasi der DDR.[113] Der »Erste Arbeiter- und Bauernstaat auf deutschem Boden« hatte seit Ende der fünfziger Jahre ohnehin keine Berührungsängste gegenüber westdeutschen Rechtsextremisten.[114]

Libanon und Palästina

Als sich der Widerstand gegen ihre Politik im Verlauf des Jahres 1968 für die PLO abzeichnete, wich sie sicherheitshalber in den Libanon aus, ohne den jordanischen Stützpunkt aufzugeben. Für den Aufbau einer Basis im Libanon benötigten und bekamen die Palästinenser die Hilfe Syriens. Im und aus dem Libanon entstand also auch wegen des jordanischen Drucks eine weitere Front. Es war die einzige, die den Palästinensern verblieben war. Seit 1968 durften sie Guerillaaktionen nicht mehr von syrischem Boden aus beginnen, und seit dem »Schwarzen September« 1970 hatten sie ihr jordanisches Operationsfeld verloren.

Im Libanon löste diese Entwicklung ab 1975 einen Bürgerkrieg aus, der bis 1989 dauerte. Das Muster der libanesischen Front war mit dem jordanischen fast identisch: Guerillas der Palästinenser griffen im und aus dem Libanon an. Israel schlug stets zurück, begnügte sich jedoch nicht allein mit Reaktionen. Durch »vorwegnehmende Aktionen« sollten PLO-Überfälle auf Israel verhindert werden. Motto: »Angriff ist die beste Verteidigung.« Wie vorhersehbar, folgten neue PLO-Aktionen, denen oft spektakuläre Gegenaktionen Israels im Libanon folgten. Sie dreht und dreht sich, die Spirale der Gewalt. So im März 1978:»Operation Litani«. Israel dringt tief in den Südlibanon vor, den es erst als Reaktion auf internationalen Druck räumt. Am schlimmsten war es 1982: Am 6. Juni eröffnete Israel unter Ministerpräsident Begin einen regelrechten Krieg gegen die PLO und die Syrer im Libanon.»Frieden für Galiläa« hieß dieser Krieg.

Mitte September ließen Israels Verteidigungsminister Scharon sowie sein Generalstabschef Rafael Eytan christlich-libanesische Milizen gewähren, als sie in den Lagern Sabra und Schatilla Hunderte von Palästinensern regelrecht abschlachteten. Der Druck auf Scharon war enorm, und er mußte schließlich zurücktreten – als Verteidigungsminister. Nur kurz war sein Karriereknick. Seit 1996 amtierte er wieder in Schlüsselministerien.

Der rein militärische »Erfolg« des Kriegs war trotzdem beachtlich: Die PLO mußte aus Beirut abziehen – kehrte jedoch bald zurück und wurde dann mit syrischer Hilfe 1983 wieder vertrieben. Ihr Hauptquartier mußte sie von der libanesischen Hauptstadt ins ferne Tunis verlegen.»Wenn wir so weitermachen«, sagte Issam Sartawi von der PLO im Jahre 1983,»werden wir bald auf den Fidschi-Inseln sitzen.«

Im Februar 1979 wurde im Iran der Schah gestürzt. Die Machtübernahme der Islamisten glich einem regionalpolitischen Erdbeben. Als eine Folge der iranisch-islamischen Revolution waren die Schiiten nach langem Dornröschenschlaf im Libanon zu politischem Leben erwacht; und zwar sehr heftig und radikal, eben nach neuiranischem Vorbild, besonders die Hisbollah-Milizen. Sie griffen ins innerlibanesische Geschehen militärisch ein und Nordisrael aus dem Südlibanon an. Jetzt drehten diese Akteure an der Gewaltspirale im israelisch-libanesischen Grenzgebiet – und sie tun es bis heute.

Auch nach dem Krieg Israels gegen die Palästinenser, Syrer und ihre schiitischen Verbündeten hielt Zahal weite Teile des

Südlibanon besetzt. Anfang September 1983 standen Israels Truppen »nur« noch am Awali-Fluß. Die vom Iran massiv unterstützte und von Syrien geduldete Schiitenmiliz Hisbollah bombte Zahal dann weiter regelrecht hinaus. Ein Anschlag folgte dem anderen, bis Israels Regierung erkannte, daß die Nachteile die Vorteile der Besatzung übertrafen. 1985 zog sich Israel zurück, Richtung Litani-Fluß, bis auf eine sogenannte »Sicherheitszone«, die bis heute unsicher blieb und von den Israelis mit ihren christlich-libanesischen Verbündeten kontrolliert wird.

In diesem Zusammhang stößt man auf eine andere Legende: daß Israel den Süden des Libanon besetzte, um Wasser vom Litani-Fluß nach Israel zu leiten. Die vielfache Wiederholung dieser Legende verwandelt sie noch lange nicht in eine Tatsache.

Vergessen wir nicht: 400 000 Israelis gingen im September 1982 auf die Straße, um gegen das Massaker von Sabra und Schatilla sowie gegen diesen angeblich für den Frieden geführten Krieg zu protestieren. Jedermann kann seither mit eigenen Augen sehen, daß und wie sehr die Friedens- und Kriegspolitik Israels Gesellschaft gespalten hat und immer noch spaltet.

Die Bibel als politischer Atlas oder moralischer Kompaß?

Über die biblischen Grenzen Israels wird gestritten. Aus gutem Grund: Auch die Heilige Schrift enthält keine genauen Angaben.

Im Siegesjubel 1967 gingen die Stimmen der Warner unter. Der tiefreligiöse, aber alles andere als klerikale Philosoph, Judaist und Biochemiker, der Jerusalemer Professor Jischajahu Leibowitz, war ein wortgewaltiger und geistig brillanter Warner. Freundliche Besatzer gebe es nicht, mahnte er eindringlich. Bald werde Israel die Fratze der Besatzungsmacht tragen. Die moralischen Grundlagen der israelisch-jüdischen Gesellschaft würden durch die Herrschaft zerfressen. Als nörgelnden, im akademischen Elfenbeinturm hockenden, unpolitischen »Spinner« betrachteten, bezeichneten und attackierten ihn die meisten Israelis. Wie politisch und realistisch der greise Leibowitz dachte, ahnten die wenigsten.

Politischer schien der am linken Rand stehende Publizist und Knessetabgeordnete Uri Avnery mit seiner »Haolam Haze«-Partei. Eine richtige Partei war diese mit ihrem einen Sitz in der Knesset freilich doch nicht, denn »Haolam Haze« war zunächst nur Uri Avnerys Wochenzeitschrift, eine Mischung aus *Spiegel* und *Playboy*. Nicht bunt, sondern schwarz-weiß war dieses Blatt. War nicht auch die Situation eigentlich so? »Frieden für Land« oder »Land statt Frieden«. Das war doch die Alternative, vor der man stand, ohne es wahrhaben zu wollen. Die israelische Öffentlichkeit lehnte damals jedenfalls eine Rückgabe der Gebiete mit überwältigender Mehrheit ab.

Schiefe Fronten formierten sich in der Diskussion über die Zukunft der besetzten Gebiete. Auch die eher Rückgabewilligen übersahen den biblischen Zusammenhang nicht. Für sie war die Bibel jedoch mehr ein moralischer Kompaß. Eher politischer Atlas war die Heilige Schrift für die Anhänger Groß-Israels.

Ironie des Schicksals: In der Hebräischen Bibel, dem »Alten Testament«, finden sowohl Anhänger von Maxi- und Groß- als auch die von Mini- und Klein-Israel ihr Argument. Eindeutige biblische Grenzen gibt es nicht. Althistorische Grenzen gab es natürlich. Doch auch hier stellte sich die Frage: Welche Periode der Alten Geschichte soll es denn sein? Das Mini-Israel aus der Zeit der Richter? Das Großreich der Könige David und Salomon? Die judäisch-israelische Zweistaatlichkeit seit Mitte des 10. vorchristlichen Jahrhunderts? Die persische Provinz oder die römische? Oder zuvor der Makkabäerstaat oder gar die von einigen Propheten erwähnten Grenzen des Quasi-Gottesreichs?

Zionismus oder Demokratie? *Dajan, Allon, Galili und das Westjordanland*

Je mehr Araber im Jüdischen Staat leben, desto geringer ist die Wahrscheinlichkeit, daß Israel auf Dauer ein jüdischer Staat bleibt.

Die Mehrheit der sozialdemokratischen und linksliberalen Minister wollte 1967 »Frieden für fast alles Land«. Die Gebiete waren für sie Faustpfänder, um – endlich – international verbindlich und dauerhaft von den arabischen Staaten Existenzrecht und Frieden zugebilligt zu bekommen. Diese Regierungsmitglieder neigten zum Plan des Sozialdemokraten Jigal Allon.

Der Allon-Plan war genial einfach. Die eroberten Gebiete, in denen viele Palästinenser lebten und die sicherheitspolitisch von größter Bedeutung waren, sollten zurückgegeben, die übrigen israelisch werden. Das Ei des Kolumbus schien entdeckt. Auf diese Weise, so die bevölkerungspolitische Philosophie, könne die Gesellschaft des Jüdischen Staates militärische Sicherheit erreichen und weiter jüdisch bleiben, ohne ein fremdes Volk besetzen, also unterdrücken zu müssen.

Nur so schien der unbestreitbar demokratische Charakter des Jüdischen Staates dauerhaft sicher. Die Eingliederung des gesamten Westjordanlandes und Gazastreifens hätte nämlich bedeutet, daß Israel (mit heutigen Zahlen argumentierend) nicht nur die rund 800 000 palästinensischen Araber im Kernland, sondern auch etwa zwei Millionen zusätzliche Nichtjuden hätte integrieren müssen.

Gewährte man nicht allen Arabern die gleichen Rechte wie den Juden, wäre Israel keine Demokratie mehr. Gewährte man ihnen jedoch die gleichen Rechte, vor allem das so bedeutende Wahlrecht, bliebe Israel kein jüdischer Staat. »Gebiete ja oder nein?« Nicht nur das war hier die Frage. Die mindestens ebenso wichtige Frage lautete: »Zionismus oder Demokratie?«

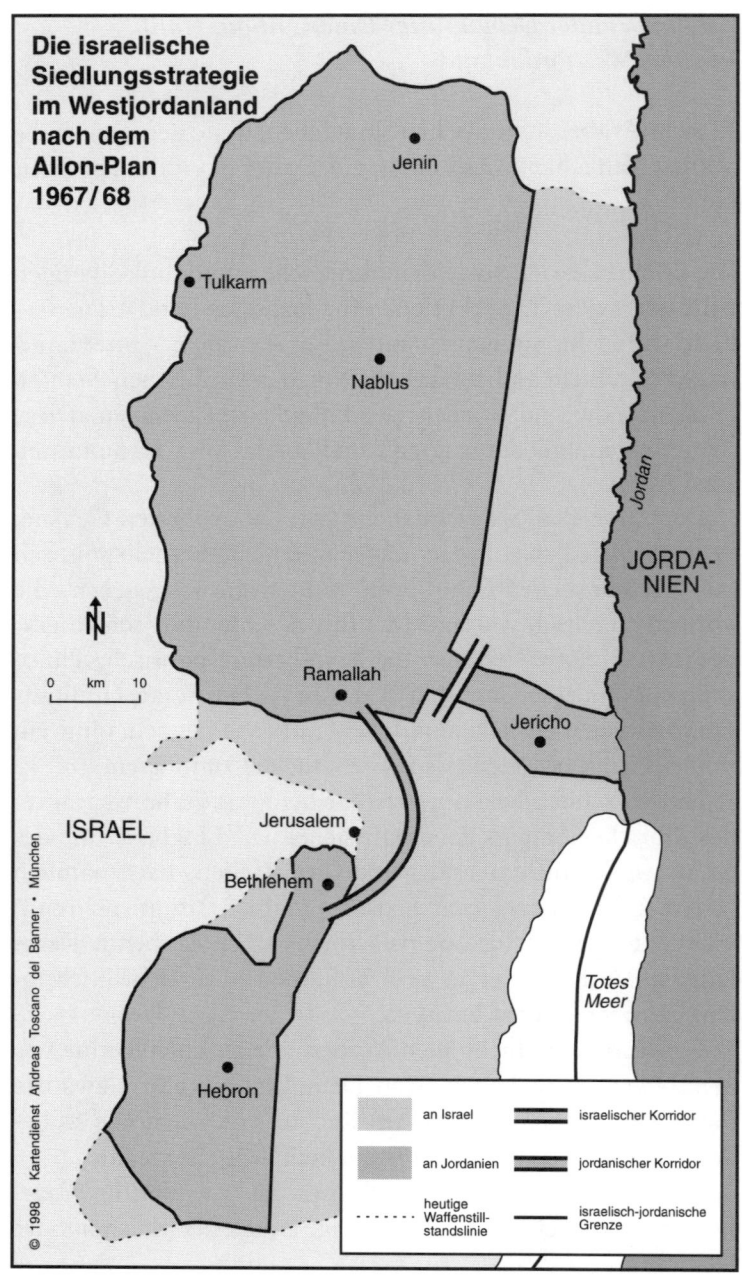

Die israelische Siedlungsstrategie im Westjordanland nach dem Allon-Plan 1967/68

Jenin

Tulkarm

Nablus

Jordan

JORDA-NIEN

N

0 km 10

Ramallah

Jericho

ISRAEL

Jerusalem

Bethlehem

Totes Meer

© 1998 · Kartendienst Andreas Toscano del Banner · München

Hebron

an Israel		israelischer Korridor
an Jordanien		jordanischer Korridor
heutige Waffenstill-standslinie		israelisch-jordanische Grenze

Die Politiker und, an Umfragen erkennbar, das Volk Israels sagten und sagen mit großer Mehrheit:»Zionismus und Demokratie«. Wer dies sagt, kann kein Interesse an den von Nichtjuden besiedelten Gebieten haben. Übrigens hat dies inzwischen auch Israels Ministerpräsident Netanjahu im Juni 1997 eingesehen. Er entschied sich, trotz aller Dementis und inneren Kämpfe, zugunsten des Allon-Plans. Er nannte ihn lieber »Allon-Plus-Plan« und signalisierte damit, daß er mehr Land als seinerzeit Allon behalten wollte. An der Sache selbst änderte dies wenig. Geändert hatte sich sehr wohl die Ausgangslage: Bis zum Frühjahr 1997 hatte Israel nämlich fast alle Siedlungsgebiete der Palästinenser (doch nicht alle palästinensischen Gebiete) deren autonomer Verwaltung übergeben. Nun, so die Wahrnehmung »Bibi« Netanjahus, drohte durch das noch von Israel besetzte Land weder dem jüdischen noch demokratischen Charakter Israels Gefahr. Er hatte recht, keine dieser beiden Gefahren drohte mehr, wohl aber eine andere, jetzt selbst herbeigezauberte: Das Ende des Friedensprozesses. Doch wir sind der Zeit vorausgeeilt, um die großen Linien zu zeichnen. Zurück zur Nachkriegssituation von 1967.

Auch der ursprüngliche Allon-Plan hatte einen Pferdefuß. Selbst Klein-Israel hatte schon 1967 eine große und inzwischen noch größere palästinensisch-arabische Minderheit. Diese Minderheit wuchs – und wächst auch heute noch. Sie wächst so sehr, daß schon die Araber des Kernstaates ungefähr im Jahr 2050 die Mehrheit im scheinbar Jüdischen Staat bilden werden. Wir erwähnten es:»Zionismus oder Demokratie«, dieses grundsätzliche Problem muß Israel mit und ohne palästinensische Gebiete langfristig lösen, denn schon heute ist der Jüdische Staat nicht mehr nur jüdisch, sondern jüdisch-arabisch. Morgen oder übermorgen werden die Araber die Mehrheit in diesem Staat bilden.

Welche Gebiete sah der Allon-Plan für Israel vor? Die Küstenebene war ohnehin israelisch. Auf den ansteigenden Höhenflächen siedelten die Araber des Westjordanlands. Sie sollten auf Dauer nicht von Israel beherrscht werden. Die unbesiedelten Höhen sah Allon für Israel vor, auch Ost-Jerusalem und Umgebung sowie eine Erweiterung des Korridors nach Jerusalem. Schließlich den Gusch-Ezion-Siedlungsblock sowie die fast menschenleere und dann seit 1967 eher von israelischen Sozialdemokraten besiedelte Jordansenke.

Die schematische Abbildung verdeutlicht die überwiegend sicherheits- und bevölkerungspolitischen Überlegungen Allons: Von beiden Seiten sowie von oben und unten würden die sich selbst oder von anderen Arabern verwaltenden Palästinenser kontrolliert, und zwischen ihnen und dem nächsten arabischen Staat (Jordanien) stünde israelisches Militär auf kaum besiedeltem Gebiet.

Die Verwirklichung des Allon-Plans war alles andere als lupenrein. Sie war von der sozialdemokratisch geführten Eschkol-Dajan-Allon-Regierung zwar politisch beabsichtigt, doch nicht durchsetzbar. Politik ist bekanntlich in erster Linie ein Steuerungsvorgang, das »Staatsschiff« wird gelenkt.

Nationalreligiöse jüdische Fanatiker wollten das Siedlungsschiff Israels in eine andere Richtung lenken: immer näher in die Zentren der Palästinenser. Im Februar 1968 zogen sie ins »Park Hotel« in Hebron, um auch diese Stadt mit den Gebeinen der Stammväter und -mütter endlich wirklich zu »befreien«. Die Eskalation begann, zumal das »Grab Abrahams« Juden und Muslimen heilig ist. Am 10. Oktober 1968 verletzte eine Handgranate 47 der 4000 in der Grabstätte der Stammeltern betenden Gläubigen.

Die Jerusalemer Regierung hätte die jüdischen Hotelbewohner, die sich »Siedler« nannten, am liebsten in israelische Busse oder auf Militärlastwagen gesetzt, um sie ins israelische Kernland bringen zu lassen. Das war unmöglich. Statt dessen entschied man, oberhalb Hebrons eine wirkliche Siedlung errichten zu lassen. Daraus wurde im Laufe der Jahre »Kirjat Arba«, eine Hochburg jüdischer Groß-Israel-Fanatiker.

Kirjat Arba war den extremsten der Extremisten noch nicht genug, vor allem nicht nah genug am Brennpunkt der Heiligkeit: Sie wollten nicht bei Hebron, sondern in Hebron wohnen, in den Gebäuden, wo im Sommer 1929 palästinensische Fanatiker zahlreiche wehrlose Juden brutal ermordet hatten. Gedacht, gesagt, doch nicht mehr in der Epoche der Arbeitspartei getan. Das ließ sie denn doch nicht zu. Doch die Regierung Begin ließ die jüdischen Provokateure Anfang 1980 gewähren. Der Zeitpunkt schien günstig, denn am 31. Januar 1980 wurde der israelische Talmudschüler Jehoschua Saloma von Palästinensern hinterrücks ermordet. Der damalige Verteidigungsminister (heutige Staatspräsident) Ezer Weizman verlangte daraufhin eine verstärkte jüdische Besiedlung Hebrons. Das ließen sich die Nationalreligiösen nicht zweimal sagen, und das Bauministerium erleichterte ihnen die Aufgabe. Es ließ im Stadtzentrum Hebrons die Synagoge »Unser Vater Abraham« und andere einst jüdische Gebäude wiederherrichten. Unzählige blau-weiße israelische Fähnchen mit dem Davidstern wehten nach deren Fertigstellung mitten in der arabischen Stadt Hebron. Die Muslime Hebrons konnten die Freude der jüdischen Siedler nicht teilen.

Die arabische Antwort ließ nicht auf sich warten: Am 2. Mai 1980 eröffneten palästinensische Terroristen das Feuer auf jüdische Siedler im Hebroner Hadassa-Haus. Sechs Israelis wurden getötet, 16 verletzt. Verteidigungsminister Weizman warfen die Siedler vor, zu »weich« gewesen zu sein. Deshalb reagierte die Regierung hart und wies den Bürgermeister Hebrons aus. Mit den Siedlern brachte man das nicht fertig – weil man das in der Epoche des Likud nicht wollte.

In der Epoche der Arbeitspartei hielt man sich – Ausnahmen wie Hebron bestätigen die Regel – trotz allem mehr oder weniger an den Allon-Plan. Soviel zur räumlichen Planung in den von Israel seit 1967 besetzten Gebieten.

Politisch zeichnete zunächst und vor allem Verteidigungsminister Mosche Dajan verantwortlich. Er hoffte, die traditionellen und am Königreich Jordanien orientierten Führungspersönlichkeiten des Westjordanlandes, die Honoratiorenschicht, für eine pragmatische Zusammenarbeit gewinnen zu können. »Offene Brücken« zum jordanischen Nachbarn und der zunehmend freie Verkehr von Menschen und Waren zwischen den besetzten Gebieten und dem israelischen Kernland sollten für Wohlstand und damit für Ruhe sorgen. Weniger Liebe als wechselseitiges Interesse sollte das friedliche, doch distanzierte Nebeneinander sichern und die PLO in der palästinensischen Bevölkerung unter Israels Kontrolle neutralisieren. Zunächst ging diese Rechnung auch auf.

Dajan und die Planer der israelischen Besatzungspolitik wollten aber noch mehr: Sie hofften langfristig auf eine friedenspolitisch engagierte und aktive Führungsschicht der nachrückenden Palästinensergenerationen. Bei der Ausarbeitung dieses Gedankens erinnerten sie sich an das zionistisch-israelische Entwicklungsmodell. Dort hatte sich gezeigt, daß vor allem der akademische Nachwuchs friedensbewegter als die nichtakademisch gebildete Bevölkerung war. Auch deshalb erlaubte Dajan, was der jordanische König bis 1967 im Westjordanland verboten hatte: die Errichtung palästinensischer Universitäten. Von Jahr zu Jahr stieg die Zahl der Studenten. Der Ex-General verstand Politik also durchaus als Steuerungsvorgang. Allerdings endete er anders als geplant.

Um die innere Zustimmung der Palästinenser gegenüber ihrer traditionellen und für mehr wirtschaftlichen Wohlstand sorgenden Führung zu stärken, wagte Dajan noch eine Neuerung: freie Wahlen.

Doch anders als geplant und erhofft, entwickelten sich die Universitäten im Westjordanland zu Hochburgen des palästinensischen Nationalismus und Radikalismus. Auch die freien Wahlen beschleunigten und institutionalisierten die Radikalisierung, denn sie öffneten den Zugang zu den politischen Institutionen, zunächst und vor allem den Rathäusern.

Den Radikalismus hatten die palästinensischen Studenten nicht zuletzt von den Israelis selbst gelernt, indem sie die Funktionsweise einer Demokratie genau beobachteten. Hatten sie nicht zudem an den Universitäten gelernt, daß es ein »Selbstbestimmungsrecht der Völker« gibt? Warum sollte es dann allen anderen Völkern, nicht jedoch ihrem eigenen gewährt werden? Allmählich wurde die Revolutionierung der palästinensischen Gesellschaft in den Gebieten erkennbar. Jenseits des Terrorismus, oder besser, parallel dazu, steuerten die jungen Intellektuellen ein politisches Ziel an: die Palästinensierung der palästinensischen Politik, Gesellschaft, Wirtschaft und Kultur. Das wiederum bedeutete langfristig, daß sie das Joch der Besatzung abschütteln wollten. Das war der zweite Schritt. Der erste: die Ablösung der palästinensischen Honoratioren. Die ersten freien Wahlen fanden 1972 statt. Nur steuerzahlende Männer durften wählen. Nach außen verurteilten Jordanien und auch die PLO diese Wahlen, doch tatsächlich setzten sie alle Hebel in Bewegung, um ihre jeweiligen Kandidaten durchzusetzen. »Die Alten«, die projordanischen Oberschichten, konnten sich noch einmal behaupten. Doch hier und da, zum Beispiel in Ramallah, nördlich von Jerusalem, eroberten moderne, der PLO nahestehende Mittelschichten die Spitzenpositionen im Rathaus.

Zwei wichtige Einschnitte folgten: Im Sommer und Herbst 1973 zeichnete sich eine zunehmend annektionistische Siedlungspolitik der Regierung Meir-Dajan ab. Ausgearbeitet hatte sie Minister Israel Galili, weshalb man diese Konzeption als »Galili-Plan« bezeichnete. Im August 1973 wurde er vom Zentralkomitee der Arbeitspartei als territorialpolitische Plattform für den bevorstehenden Wahlkampf verabschiedet. Das Westjordanland und der Gazastreifen sollten zum integralen Bestandteil der israelischen Wirtschaft werden, israelische und ausländische Geschäftsleute wurden ermutigt, in diesen Gebieten zu investieren. Die palästinensische Landwirtschaft sollte modernisiert, die Wirtschaft stärker industrialisiert, die Gebiete vor allem israelisiert werden. Erstmals sollte jüdischen Israelis erlaubt werden, arabisches Land zu kaufen. So etwas wie eine großisraelische Wohlstandssphäre strebte der Galili-Plan an. Die »Tauben«, Außenminister Eban und Finanzminister Pinchas Sapir, hatten heftig und vergeblich protestiert, denn nur in einem Punkt unterschied sich der Galili-Plan wirklich vom Programm des noch nationalistischeren Likud von Begin und Scharon: Diese fordeten die Annexion der Gebiete. Der Galili-Plan nannte diesen letzten Schritt nicht, wenngleich er die logische Vollendung dieser Politik war. Galili war ein enger Vertrauter Golda Meirs und gehörte zu ihrem »Küchenkabinett«, das die eigentlichen Richtlinien für die Ministerrunde ersann. Doch der Galili-Plan führte zu einer weiteren Radikalisierung der palästinensischen Bevölkerung.

Der Jom-Kippur-Krieg war für alle Araber, auch die Palästinenser, psychologisch, nicht militärisch, ein Sieg über Israel, das, wie man sah, verwundbar blieb. Das gab den jungen Wilden, den radikalen Palästinensern zusätzlichen Auftrieb. Mehr noch: Galili, Golda Meir und Dajan waren vom politischen Nachkriegssturm in Israel weggeweht, das heißt abgelöst worden. Der neue Ministerpräsident Jitzchak Rabin und sein Verteidigungsminister Schimon Peres waren zwar auch nicht gerade weich, aber Form und Inhalt ihrer Palästinenserpolitik waren doch maßvoller als zu Galilis Zeiten. Bester Beweis: 1976 gestattete Schimon Peres noch freiere Wahlen. 1972 hatten nur Männer das aktive Wahlrecht, die über 21 Jahre alt waren. Wählen lassen konnte sich, wer mindestens 25 Jahre zählte. 1976 wurde das aktive Wahlalter auf 18 und das passive auf 21 gesenkt. Und dann die gesellschaftliche Revolutionierung der Palästinenser durch ihre israelischen Feinde: auch Frauen durften erstmals ihre Stimme abgeben. Die Zahl der Wahlberechtigten explodierte somit von 32 000 im Jahre 1972 auf 88 000 vier Jahre danach.

Öffentlich verurteilten PLO und Jordanien einmal mehr den Urnengang, doch wieder agierten, intervenierten und taktierten sie massiv. Am Ende waren die projordanischen Honoratioren weggefegt, PLO-Repräsentanten hatten fast überall die Führung übernommen.

Die Geister, die Dajan und Peres riefen, wurden sie nicht mehr los.

Die Judaisierung »Judäas und Samarias«: Begin, Scharon & Co.

Gerade die Anhänger Groß-Israels, die den Arabern nichts geben wollen, nehmen dem Jüdischen Staat alles: vor allem seinen jüdischen Charakter. Neue israelische Geister wurden nach den Wahlen vom 17. Mai 1977 aktiv: Menachem Begin, Ex-General Ariel Scharon und der Likud eroberten die Macht. Sie legten in der Siedlungspolitik von Anfang an eine ganz andere, viel härtere Gangart ein. Daran änderte auch die Tatsache nichts, daß der voluminöse Scharon von Freund und Feind gleichermaßen mit seinem kindlichen Kosenamen »Arik« bedacht wurde.

»Arik« und Menachem Begin machten sich unverzüglich an die Arbeit. Raupenschlepper überall im Westjordanland und Gazastreifen. Neue Siedlungen wurden aus dem Boden gestampft, und ein neues Siedlungsschema entstand.

Mitten in und zwischen die palästinensische Bevölkerung sollten die israelischen Siedler, um die innerpalästinensische Kommunikation zu erschweren oder gar zu blockieren. Umzingelung der Palästinenser, Zerstückelung und Judaisierung ihrer Gebiete, die man als die eigenen und »befreiten« betrachtete. Das war das Ziel.

Trotzdem standen nicht alle Israelis Schlange, um im Westjordanland zu siedeln. Zwar war dort die Luft besser, weil weniger verschmutzt als im Kernland, aber dafür war sie heißer und gefährlicher. Die Politik half nach und vergab günstige Kredite. Sogar »Tauben« konnten diesen Verlockungen nicht widerstehen und zogen in neue und preisgünstige Eigentumswohnungen in den Gebieten. Die Zahl der jüdischen Siedler dokumentiert die Entwicklung. Unter dem Likud schnellte sie hoch. Daran änderte die Große Koalition ab 1984 sowenig wie der 1983 erzwungene Rücktritt Scharons. Weil er als Verteidigungsminister das Massaker der christlich-libanesischen Milizen an den Palästinensern in den Lagern Sabra und Schatilla zugelassen hatte, mußte er gehen.

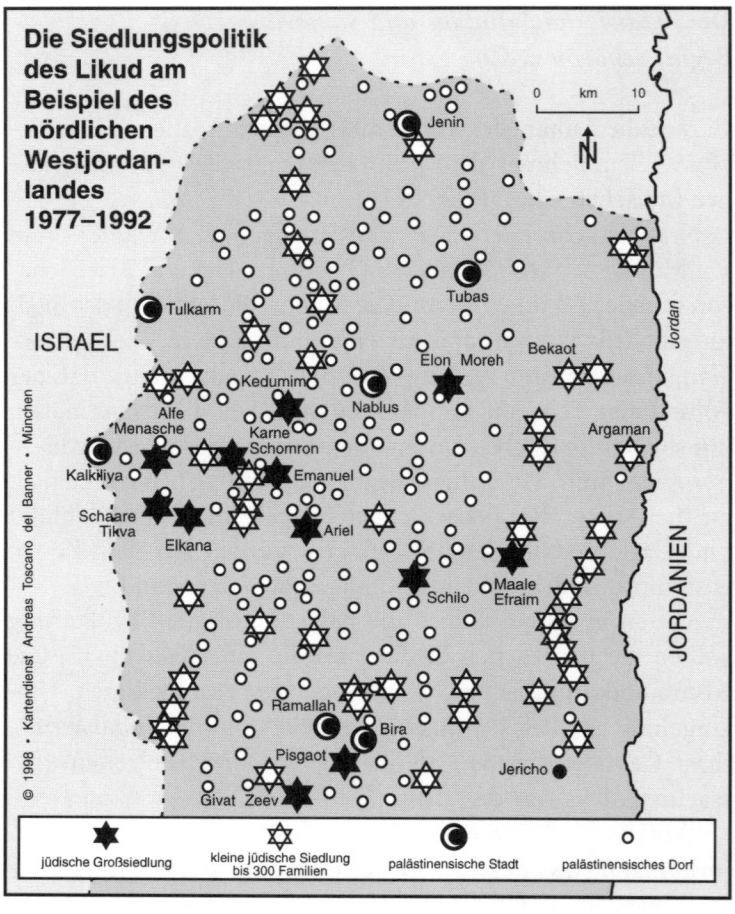

Die Siedlungspolitik des Likud am Beispiel des nördlichen Westjordanlandes 1977–1992

ISRAEL

0 km 10

N

Jenin

Tulkarm

Tubas

Elon Moreh

Bekaot

Kedumim

Alfe Menasche

Nablus

Karne Schomron

Argaman

Kalkiliya

Emanuel

Schaare Tikva

Ariel

Elkana

Schilo

Maale Efraim

Ramallah

Bira

Pisgaot

Jericho

Givat Zeev

JORDANIEN

Jordan

© 1998 · Kartendienst Andreas Toscano del Banner · München

| jüdische Großsiedlung | kleine jüdische Siedlung bis 300 Familien | palästinensische Stadt | palästinensisches Dorf |

Noch 1972 gab es, trotz aller internationalen Aufgeregtheiten über die israelische Besatzung, nur sage und schreibe 800 jüdische Siedler im Westjordanland. Nach dem Jom-Kippur-Krieg nahmen dann die nationalreligiösen Fanatiker vom »Block der Rechtgläubigen« (»Gusch Emunim«) das Heft in die Hand und schufen der unwilligen, doch ohnmächtigen Rabin-Regierung neue Fakten und viele Unannehmlichkeiten. Trotzdem brachen die Dämme noch nicht. Als der Likud 1977 an die Macht kam, gab es zwar mehr, aber noch keine Sied-

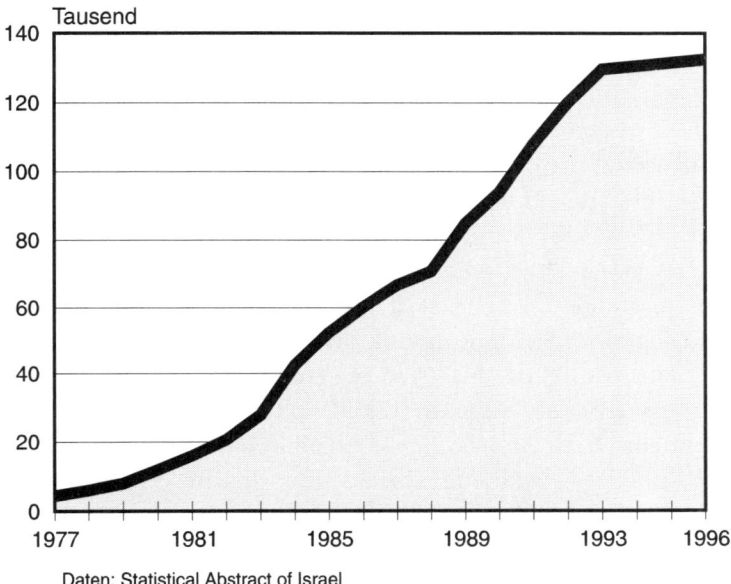

140 Tausend

120

100

80

60

40

20

0

1977　　1981　　1985　　1989　　1993　　1996

Daten: Statistical Abstract of Israel

Jüdische Siedler im Westjordanland 1977–1996

lerströme. Es waren genau 4400. Dann folgte der Damm-
bruch: Bis 1981 lebten schon 16 200 Juden im Westjordanland, 1986 bereits 60 500, drei Jahre später 85 000 und 1992,
am Ende der ersten Likud-Ära, 130 000. Während des Rabin-
Peres-Zwischenspiels der Jahre 1992 bis 1996 stieg die Zahl
zwar auch, doch sehr bescheiden: auf 133 000.
    Zahlen sind oft verwirrend, hier sind sie Politik. Sie zeich-
nen Politik nach – und menschliche Schicksale.

Israels Joch »abschütteln«:
Intifada, Aufstand der Palästinenser

Am 9. Dezember 1987 brach der Aufstand der Palästinenser
in den von Israel besetzten Gebieten aus. Er dauerte bis zum
September 1993, also bis zum »Oslo-Abkommen«, das Israel

223

und die PLO am 13. September 1993 in Washington unterzeichneten. Das Joch der israelischen Besatzung wollten die Palästinenser in den besetzten Gebieten abschütteln. »Abschütteln«, so übersetzt man das Wort »Intifada« am besten ins Deutsche, sagen die Sprachkundigen. Die Intifada, der Aufstand der Palästinenser, begann am 9. Dezember 1987, weil sich die arabische und erst recht die internationale Gemeinschaft mit der israelischen Besatzung und sogar der Siedlungspolitik offenbar abgefunden hatten.

Zunächst fiel der bis 1990 regierenden Großen Koalition, die von Jitzchak Schamir (Likud) geführt wurde, nicht viel mehr ein als die Androhung brachialer Gewalt. »Brecht ihnen die Knochen«, befahl der sozialdemokratische Verteidigungsminister Jitzchak Rabin seinen Soldaten. Sie nahmen ihn beim Wort, ohne daß dadurch auch nur ein Problem gelöst worden wäre. Militärisch war die Intifada für Israel nicht zu gewinnen. Welche Waffen sollte und konnte erst die große und ab 1990 kleine Koalition Schamirs aus Likud und Religiösen gegen jugendliche Steinewerfer einsetzen? Auf Terror konnte man mit Gegenterror antworten – ohne aus dem Teufelskreis herauszufinden.

Vermehrte Selbstzweifel

Politisch, innen- ebenso wie außenpolitisch, schadete die militärische Niederschlagung der Intifada dem Land enorm, und gesellschaftlich brachte sie eine zusätzliche Zerreißprobe. Immer mehr Israelis wurden »kriegsmüde«. Selbstzweifel mehrten sich: Kämpfte man noch für eine gerechte Sache? fragten sich viele. Es wurden immer mehr. »Schluß machen mit dem Konflikt«, war der Tenor, zumal fast jeder männliche Bürger zu immer längeren Dienstzeiten als Reservist einberufen wurde, was auch betriebs- und volkswirtschaftlich höchst nachteilig war. Außenpolitische Isolierung und wirtschaftliche

Strangulierung drohten, politisch-psychologische Verunsicherung folgte. Waren die Anliegen der Palästinenser wirklich ganz abwegig? Waren die Palästinenser tatsächlich nur auf Terror aus? Früher war alles eindeutig, weil es die Palästinenser als Nation angeblich gar nicht gab, und als man erkannte, daß es sie gab, galten sie ganz einfach als Terroristen. Zweifel nagten bei den einen, die anderen verkündeten die alten Schablonen noch nachdrücklicher. Im Frühjahr und Sommer 1993, inzwischen regierten schon Rabin und Peres, verging kaum ein Tag, an dem nicht im israelischen Kernland ein Jude Opfer palästinensischer Messerstecher wurde. Unerträglich wurde der alltäglichste Alltag. Hinter den Kulissen wurde in Oslo schon zwischen Israel und der PLO verhandelt. Doch das wußte die Öffentlichkeit damals nicht.

Daß verhandelt wurde, war Ergebnis des am 23. Juni 1992 in Israel vollzogenen Machtwechsels, der wiederum ohne die

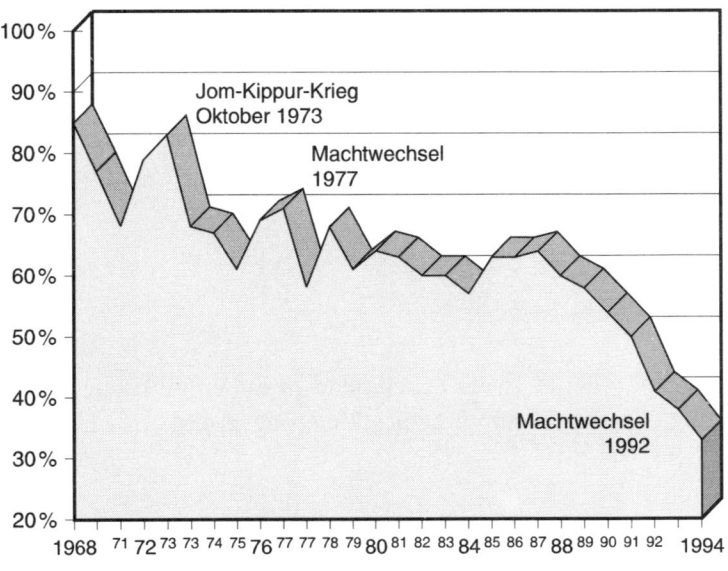

Daten: IIASR, Dahaf

Anteil der Rückgabeunwilligen
bezogen auf besetzte Gebiete insgesamt 1968–1994

von der Intifada ausgelöste Ermüdung und die vermehrten Selbstzweifel und Selbstkritik der Israelis unmöglich gewesen wäre. Der Anteil der jüdischen Israelis, die nicht bereit waren, alle oder auch nur Teile der besetzten Gebiete zu räumen, war ohnehin seit 1968 kontinuierlich gesunken.

So schockierend und traurig, so einfach ist einmal mehr die »Lehre aus der Geschichte«: Auch die Intifada war »Politik mit anderen Mitteln«.

Manche werden diesen Aufstand nicht als eine Kriegsart bezeichnen wollen. Wir müssen und können das Argument nicht gelten lassen. Natürlich war die Intifada kein Krieg im herkömmlichen Sinne, aber sie war der bewußte Einsatz von Gewalt zu einem politischen Zweck: die politische Stagnation zu überwinden, die vorher ohne Gewalt nicht zu überwinden war.

Die PLO-Führung unter Jassir Arafat war nach dem Ausbruch der Intifada nur scheinbar, also nicht tatsächlich in der Offensive. Den Kurs bestimmte zunächst nicht die PLO mit Arafat in der Diaspora, sondern die junge, radikale und zumeist islamisch-fundamentalistische Führung in der Heimat. Trotzdem gelang es der PLO, kurz nach Ausbruch der Intifada auf diesen schon fahrenden Zug zu springen und ihn dann auch noch zu steuern.

Der häßliche Israeli

Seit 1967 geriet Israel zunehmend in außenpolitische Isolierung. Es wurde durch seine Besatzungspolitik zu einer Art Ghetto-Staat.

Aus dem kleinen David war über Nacht ein Goliath geworden. So sah es nach dem Sechstagekrieg ein Großteil der Welt, die vorher tatenlos zugesehen und geglaubt hatte, daß Israel möglicherweise untergehen würde. Wie gern hätte man Krokodilstränen über die im Nahen Osten gestorbenen Juden vergossen, die unbequemen, in Israel lebenden mochte man besonders in Europa immer weniger. Israel war nun und wurde immer mehr der Staat der ungeliebten Juden.[115] Nein, so sagte es keiner, doch viele dachten es. Wir müssen auf eine wichtige Ausnahme hinweisen: Ein Fels in der Brandung blieben seit 1967 die Vereinigten Staaten von Amerika; sowohl die verschiedenen Regierungen als auch die Öffentlichkeit.

Den außenpolitischen Überblick beschränken wir auf die zwei einzig wirklich gewichtigen Partner Israels: die USA und Westeuropa. Und die Sowjetunion? Die hatte 1967, wie alle Ostblockstaaten mit Ausnahme Rumäniens, die diplomatischen Beziehungen abgebrochen, einseitig und eindeutig auf die arabische Karte gesetzt und sich auch dabei selbst in die Isolierung getrieben. Das Verhältnis Israels zu Moskau war außerdem so mit der weltpolitischen Rivalität der Supermächte verflochten, daß wir im Zusammenhang der israelisch-amerikanischen Beziehungen über die Sowjets einiges erfahren. Im Rahmen der Nichtbeziehung zur Sowjetunion wurde in der Groß-Israel-Epoche noch ein Thema bedeutsam: die Auswanderung russischer Juden.

... und der »häßliche Amerikaner«

Seit 1968 sind die USA Israels wichtigster und zuverlässigster Partner – trotz immer wieder auftretender Meinungsverschiedenheiten und sogar Spannungen. Israel gilt seit jener Zeit in den USA als strategischer Partner. In dieser Einschätzung stimmen US-Regierung, Parlament und Öffentlichkeit seit Jahrzehnten überein.

Im Jom-Kippur-Krieg drohte Israel 1973 ein militärisches Debakel, das durch die Waffenlieferungen der Amerikaner vermieden werden konnte. Um eine politische Lösung zu ermöglichen, verhinderten die USA in jenem Krieg (wie schon 1967) jedoch auch eine totale militärische Niederlage der Araber.

Der große Durchbruch der israelisch-amerikanischen Beziehungen erfolgte unter Lyndon B. Johnson von der Demokratischen Partei, die besonders seit Franklin D. Roosevelts erster Wiederwahl im Jahre 1936 traditionell jüdischen Interessen und Wählergruppen näherstand als die Republikaner. Nach der Ermordung John F. Kennedys, der seit 1961 schon einen israelfreundlichen Wandel eingeleitet hatte, zog Johnson im November 1963 ins Weiße Haus. Doch ab 1965 steckte er tief im vietnamesischen Sumpf. Dort kämpften und starben Tausende von Amerikanern. Deshalb entsprach es amerikanischen Interessen, ein starkes Israel zu sichern. Ein starkes Israel, so die Logik, bedürfe nicht der direkten US-Hilfe. Nach dem Ausfall der französischen Waffenlieferungen war Johnson daher bereit, einzuspringen. Bei seinem Washington-Besuch im Februar 1968 durfte Israels Ministerpräsident Levy Eschkol seinen Waffenkorb füllen. Die »Phantom«-Flugzeuge reizten ihn besonders – er bekam sie. Ab September 1969 waren die Maschinen im Dienst der Luftwaffe Israels.

Auch regionalpolitisch war es für die USA vernünftig, auf Israel zu setzen. Ägypten und Syrien waren für sie damals sozusagen »verloren«, und die übrigen Nahoststaaten zwar nicht alle antiamerikanisch, aber wegen ihrer undemokratischen Strukturen innenpolitisch instabil und deshalb unkalkulierbar. Als eine an den Werten der westlichen Welt orientierte Demokratie blieb Israel berechenbar und somit der einzig zuverlässige strategische Nahostpartner.

Proisraelische Einseitigkeit konnten und wollten sich die USA freilich auch nicht leisten. Deshalb entschied sich Johnsons Nachfolger Richard Nixon schon im Januar 1969, kurz vor Beginn seiner Amtszeit als Präsident, für eine »ausgewogenere« (more evenhanded) Nahostpolitik. Er schien sogar Erfolg zu haben, denn sein Außenminister William Rogers konnte im Sommer 1970 der Regierung Golda Meir ohne Wenn und Aber ein Bekenntnis zur Entschließung 242 des UNO-Sicherheitsrates, also zum Prinzip »Land für Frieden«, abringen. Als ehrlicher Makler, und nicht als verlängerter Arm Israels, präsentierte sich die Nixon-Administration. Im Oktober 1973 explodierte die Region. Die amerikanische Luftbrücke rettete Israel, die US-Politik (dank der Pendeldiplomatie von Rogers' Nachfolger Henry Kissinger) die Dritte Armee Ägyptens. Das bewies: Nur die USA, nicht die Sowjets, konnten Araber und Israelis einander näherbringen. Das bewies aber auch: In der Zeit der »Vietnamisierung« des Vietnamkriegs, also des Abbaus amerikanischer Interventionen in Übersee, waren Nixon und Kissinger noch mehr als zuvor Lyndon B. Johnson darauf bedacht, nur keine US-Soldaten an irgendeinen Krisenherd der Welt zu schicken. Der sogenannte Frieden in Vietnam lieferte den Süden des Landes dem kommunistischen Norden aus. Das war in den USA innenpolitisch leicht durchzusetzen, weil die Nation des Kriegs überdrüssig war und keine innere Verpflichtung empfand, das korrupte Saigon-Regime zu stützen. Massive Hilfe für Israel, finanziell und militärisch, entsprach also wieder den strategischen Interessen der USA. Diese Aussage gilt unverändert, auch nach dem Ende des kalten Krieges und dem Zusammenbruch des Sowjetimperiums. Sie gilt nicht nur für die Politiker, sondern auch für die US-Öffentlichkeit. Umfragen dokumentieren seit Mitte der siebziger Jahre, daß rund 80 Prozent der Amerikaner Israel zu den vitalen Interessenzonen ihres Landes zählen. Kein Wunder, daß seit dem Jom-Kippur-Krieg Israel pro Jahr zwischen zwei und drei Milliarden US-Dollar erhalten hat.

Im August 1974 mußte Richard Nixon wegen der Watergate-Affäre das Weiße Haus räumen, Vizepräsident Gerald Ford zog ein, Außenminister Kissinger blieb. Um weiter als »ehrlicher Makler« auftreten zu können, drängte er Israel nicht nur zum Bekenntnis, sondern auch zur teilweisen Verwirklichung der Formel »Land für Frieden«. Die ägyptisch-israelischen Entflechtungsabkommen (»Sinai I« vom Januar 1974 und »Sinai II« vom September 1975) sowie der vergleichbare Vertrag zwischen Syrien und Israel (Mai 1974) waren Meilensteine dieser Politik.

Fords Nachfolger kam wieder von der Demokratischen Partei: Jimmy Carter. Er war ein eher glückloser Präsident, aber gerade er setzte hartnäckig bei Sadat und Begin – auch gegen das Störfeuer der Europäischen Gemeinschaft – den ägyptisch-israelischen Frieden durch. Dieser Erfolg wurde durch den fast gleichzeitigen Zusammenbruch der US-Position im Iran überschattet. Doch gerade angesichts des fundamentalistisch-islamischen Vormarsches ist Israels strategischer Wert für die USA weiter gestiegen. Das und die fundamental antikommunistische Einstellung der israelischen Regierungen unter der Führung von Begin und Schamir bewegten den Republikaner-Präsidenten Reagan (1981–1989) zu einer deutlich proisraelischen Politik. Weil die gemäßigten arabischen Staaten sich sowohl vom Islamismus als auch von der Aggressivität des Irak unter Saddam Hussein bedroht fühlten, gelang es dann Präsident George Bush und seinem Außenminister James Baker erstmals 1990/91 eine Art Koalition zwischen Arabern und Israelis zu schmieden und einen Friedensdialog einzuleiten. Auch die PLO wollten die Amerikaner und erst recht ihre arabischen Partner einschließen. Doch die Schamir-Regierung lehnte das energisch ab.

Außenminister Baker war hierüber so empört, daß er alle guten Umgangsformen vergaß und sich im kleinen Kreis zu einem »fuck the Jews« hinreißen ließ. Zwar wurde diese Äußerung dementiert, doch der Schaden war schon entstanden. Das Verhältnis zur Schamir-Regierung blieb unterkühlt.

Als Rabin im Sommer 1992 Israels Ministerpräsident wurde, atmete man in Washington auf. Präsident Bill Clinton, der im November 1992 Bush geschlagen hatte, hegte und pflegte die Beziehungen zu Israel nicht nur, weil ihn 86 Prozent der US-Juden gewählt hatten, sondern auch weil Rabin und dann Peres endlich bereit waren, auch mit den Palästinensern Frieden zu schließen.

… *und die schönen Europäer*

Die Staaten der Europäischen Gemeinschaft neigten spätestens seit 1971 zur arabischen Seite. Deutschland geriet in eine Zwickmühle: zwischen realpolitische Interessen und geschichtspolitische Verpflichtungen. Das Verhältnis der Europäer und Deutschlands zu den USA wurde gerade wegen nahöstlicher Meinungsverschiedenheiten mehrfach belastet: besonders 1973 im Jom-Kippur-Krieg, während des ägyptisch-israelischen Friedensprozesses (1977–1982), wegen der PLO-Politik ab 1980.

Weder die Öffentlichkeit noch die Regierungen und Parlamente Westeuropas schätzten Israel in dessen groß-israelischer Epoche. Die Umfragen sprechen eine deutliche Sprache. Bis 1967 zählte Israel zu den Sympathieträgern der westeuropäischen – übrigens nicht der deutschen – Öffentlichkeit. Dann änderte sich das Bild schlagartig.»Die Araber« profitierten davon kaum. Statt dessen wuchs die Distanz der Westeuropäer zu beiden Konfliktparteien.[116]

Für die bundesdeutsche Öffentlichkeit gilt dies: Sie war bis zum Sechstagekrieg Israel nicht gerade gewogen – um es zurückhaltend zu formulieren. Der deutsche Michel fürchtete besonders um den Inhalt seines Geldbeutels, was gerade 1952 an der überwältigenden Ablehnung des Wiedergutmachungsabkommens erkennbar war. Bis 1967 änderte sich an der mehr oder weniger offenkundigen Ablehnung des Jüdischen Staates nicht viel. Die Wende erfolgte 1967: Israel bombte sich in die Herzen der Deutschen. Anders als in den übrigen Staaten Westeuropas löste jener Waffengang mehr und nicht weniger Sympathie für Israel aus.[117]

Die nächste Wende erkennen wir im Mai 1981. Zwei Auslöser führten zu einer grundlegenden Abwendung der meisten Deutschen: Die wüsten Angriffe von Israels Ministerpräsident Begin auf Bundeskanzler Helmut Schmidt (SPD) und »das deutsche Volk« sowie Israels Angriff auf den Atomreaktor bei Bagdad.[118]

Weshalb attackierte Begin Kanzler Helmut Schmidt und »die Deutschen«? Weil er über die Sabotage des Kanzlers gegen den ägyptisch-israelischen Friedensvertrag sowie dessen Hofieren der PLO (für Begin eine reine »Mörderbande«) empört war. »ÖL«, so schreibe man die Nahostpolitik Schmidts, erklärte Begin, der Aufwind durch Helmut Schmidts Ungeschicklichkeit erhielt. Ausgerechnet an arabische Nahoststaaten wollte der Kanzler (auch sein FDP-Außenminister) deutsche Waffen verkaufen, um die Öleinfuhr nach Deutschland und deutsche Ausfuhren nach Arabien zu sichern. Auf seinem Rückflug von Saudi-Arabien nach Bonn ließ sich Helmut Schmidt am 30. April 1981 in einem Fernsehinterview der ARD zu geschichtsphilosophischen Betrachtungen verleiten. Auf diesem glatten Boden glitt sogar der sonst so gewandte, kühle Hamburger aus. Er sprach davon, daß so viele Völker unter den Deutschen während des Zweiten Weltkriegs zu leiden gehabt hätten. Er nannte die Namen einiger, und die übrigen – einschließlich der Juden – faßte er zusammen unter der Rubrik »und so weiter und so weiter«. Begin konterte am 3. Mai, indem er darauf hinwies, daß die Juden unbestreitbar die größten Opfer jener deutschen Politik zu tragen gehabt hätten. In die »Und so weiter und so weiter«-Kategorie gehörten sie deshalb nicht. Dem ist zuzustimmen. Dann jedoch überzog Begin maßlos: Er unterstellte dem Kanzler ziemlich unverblümt eine nationalsozialistische Gesinnung und kramte die These von der deutschen Kollektivschuld aus der Geschichtsschublade. Die deutsche Sympathiekurve für Israel fiel in den Abgrund, und so richtig daraus aufgestiegen ist sie bis heute nicht mehr. Im Gegenteil, die Ostdeutschen haben nach der Wiedervereinigung die Werte weiter nach unten gedrückt. Israel zählt gegenwärtig zu den drei unbeliebtesten Staaten in der deutschen Öffentlichkeit. Aus eigener Erfahrung weiß ich, daß manche Politiker und Journalisten diese häßlichen Zahlen gern schönen, aber das ändert die Wirk-

lichkeit nicht – nur eine andere Politik könnte das. Groß-Israel war in Deutschland eine politisch kaum verkäufliche
Ware. Nicht wesentlich, doch etwas besser wurde Israels Image
unter Rabin und Peres – ihrer Friedenspolitik und des Ver-
zichts auf Groß-Israel wegen. Doch mache man sich nichts
vor: Die Deutschen blieben Israel gegenüber auch in der friedenspolitisch aktivsten Phase der Rabin-Peres-Regierung kühl.
Daß die provokative Möchte-gern-Groß-Israel-Politik Netanjahus die Deutschen nicht zu Beifallsstürmen hinriß, wird
niemanden überraschen. Soweit zur westeuropäischen und deutschen Öffentlichkeit. Schauen wir kurz auf die Politik der Regierungen. Der
politische Kern ist leicht erkennbar: Wie ihre Wähler gingen
die Regierungen auf Distanz zu Groß-Israel. Die strategische
Weichenstellung erfolgte auf der Münchner Konferenz der
EG-Außenminister im Mai 1971: Alle Gebiete sollte Israel
zurückgeben, Jerusalem internationalisieren und die Palästinenser mehr oder weniger allein über ihr eigenes Schicksal entscheiden lassen. Sogar eine Rückkehr der Flüchtlinge von
1947/48 schlugen die europäischen Politiker vor.

Das war für alle politischen Lager Israels eine schallende
Ohrfeige. Sie richtete sich, unabhängig von Parteien und Personen in Israel, gegen Groß-Israel überhaupt. So moralisch,
wie das alles klingt, war es freilich nicht, denn die Europäer
fürchteten um ihre Ölimporte aus und ihre Exporte in den Nahen Osten. Scheinbar formulierten sie ihre Israel-Politik, tatsächlich betrieben sie Außenhandelspolitik. Sie wußten sehr
genau, daß weder Israel noch die Araber oder die USA die
Nahostpolitik der Europäer sonderlich ernst nahmen.

In Kopenhagen fand der EG-Gipfel nach dem Jom-Kippur-
Krieg und während des arabischen Ölboykotts eine neue,
schöne Gelegenheit, gegen das groß-israelische Schienbein zu
treten. Das wiederholte sich während des ägyptisch-israelischen Friedensprozesses in den Jahren 1977 bis 1982 mehrfach, besonders auf dem EG-Gipfel von Venedig, im Juni 1980.
Dort verlangten die Europäer zum Ärger Begins und des ame-

rikanischen Präsidenten Jimmy Carter, die Beteiligung der PLO am Nahostfrieden. Nein, falsch war das gewiß nicht, es war sogar objektiv notwendig. Doch, wieder einmal, sagte man Israel und meinte Öl, das nach der iranisch-islamischen Revolution von 1979 noch teurer geworden war. Auch die Gelegenheit, sich von den USA ohne wirkliche Gefahr absetzen zu können, nahmen die Europäer gern wahr. Von den Arabern drohte Westeuropa keine militärische Gefahr, die USA müßten und würden Europa gegen den Ostblock schützen, und durch Anti-Groß-Israel-Papiere bekam die europäische Wirtschaft – auf Kosten der USA – neue Aufträge. Der besten aller denkbaren Welten erfreute sich die EG/EU – zumal der Israelhandel sich ebenfalls bestens entwickelte, allen politischen Turbulenzen zum Trotz. Die EG war und ist Israels bei weitem wichtigster Außenhandelspartner.

Wesentlich zurückhaltender agierte die Bundesrepublik Deutschland unter Bundeskanzler Helmut Kohl (CDU). Das machte sich auch in der EU bemerkbar. Bonn trat als Bremser bei der Groß-Israel-Kritik auf, ohne je die groß-israelischen Pläne Jerusalems wirklich gutzuheißen oder gar zu fördern.

Die sichere Gesellschaft:
Verunsichert und verändert

Goliath in der jüdisch-demokratischen Republik

Nach dem Sechstagekrieg gefiel sich der Großteil der israelischen Gesellschaft in seiner groß-israelischen Rolle. Gern nahm der kleine David die Statur des großen Goliath an. Der Selbstsicherheit der israelischen Politiker entsprach mehr oder weniger auch die des Durchschnittsisraelis. Wieder verdeutlicht ein ganz und gar unwissenschaftlicher Indikator den damaligen Zeitgeist: die zahlreichen Araberwitze, die damals kursierten. Das Muster war immer das gleiche: Der Araber war dumm und schlecht, der Israeli pfiffig und gut.

Die politische Entwicklung stützte diese Wahrnehmung –
scheinbar. Selbstzweifel hätten ja schon damals aufkommen
können. Selbst der – rein militärisch gesehen – grandiose Sieg
im Sechstagekrieg führte nicht zu Verhandlungen über den
Frieden, sondern zu neuen blutigen Auseinandersetzungen.
Fast übergangslos war man von jenen Schlachten in den Abnutzungskrieg geglitten und hatte weiter Verluste erlitten, obwohl man auch diesen Krieg bis 1970 gewann – ohne Frieden
zu erreichen. Die Juden der Welt hatten im Juni 1967 zunächst voller
Bangen, dann voller Stolz auf Israel geblickt. Nun, so die Erwartung in Israel, würde die jüdische Solidarität zu vermehr-
ter Einwanderung von Juden führen. Tatsächlich sah es so
aus, weil zuvor, von 1964 bis 1967, eine Talsohle erreicht
worden war. Die Zahl der Einwanderer stieg, doch der Anstieg
blieb sehr bescheiden. Etwas mehr als 50 000 kamen im »Rekordjahr« 1973. Dann dümpelte der praktizierte Israelismus
der Juden bis zum weltpolitischen Wendejahr 1989 vor sich
hin, unterbrochen vom sporadischen Öffnen der sowjetischen
Schleusen, das wohlwollende US-Senatoren als Reaktion auf
amerikanisch-jüdisches und israelisches Drängen durchgesetzt
hatten. Von 1974 bis 1989 kamen alljährlich deutlich weniger als 50 000 Einwanderer nach Israel.

Die Zeit von 1967 bis 1970 war für Israels Gesellschaft alles andere als leicht, doch sie war viel leichter erträglich als die
Jahre davor. Man litt in der Position der Stärke und Siegesge-
wißheit. Auch der wirtschaftliche Aufschwung erleichterte die
Mühsal des nicht nur klimatisch, sondern auch militärisch
heißen Alltags. Vollbeschäftigung war bald erreicht, und man
holte Gastarbeiter ins Land. Weder lange noch entfernt mußte man suchen, denn arbeitslose und arbeitswillige Palästinenser gab es im Westjordanland und Gazastreifen genug. Wie ihre
westeuropäischen Vorbilder überließen die Israelis den Gastarbeitern die nicht ganz so feinen, eher »proletarischen« Tätigkeiten. Zu Billiglöhnen.

Erdbeben: Der Jom-Kippur-Krieg

Nach dem Ende des Abnutzungskrieges im August 1970 begannen die Goldenen Siebziger. Es war die wohl glücklichste Zeit der jüdisch-demokratischen Republik: Zwar ohne Frieden, doch eben auch ohne Krieg; mit wachsendem Wohlstand und auf größerem Gebiet. Man lebte, ganz wörtlich, auf größerem Fuß. Alles wurde besser und schöner und mehr; auch die Theater, Orchester und Universitäten. Wie in Europa explodierte die Zahl der Studenten. Groß-Israel schien eine großartige und unendliche Geschichte zu haben. Plötzlich war sie zu Ende: am 6. Oktober 1973. Der Jom-Kippur-Krieg begann, das Selbstbewußtsein der israelischen Gesellschaft und Politik zerbrach schlagartig nach diesem Angriff, trotz des folgenden militärischen Sieges, der blutig erfochten wurde.

Die Schwarzen Panther

Anfang der siebziger Jahre machten jüdische Bürgerrechtler orientalischer Herkunft von sich reden. Israels scheinbar einige Gesellschaft stellte sich neue grundsätzliche Fragen über das innerjüdische Miteinander.

»Schwarze Panther« nannte sich Mitte der sechziger Jahre eine Organisation militanter schwarzer Bürgerrechtler in den USA. Stokeley Carmichael war einer ihrer bekannten Politiker. Mit dem Mekka der Neuen Linken liebäugelte der junge Schwarze offen und öffentlich: mit dem Kuba Castros.

Bürgerschreck wollten auch die orientalisch-jüdischen Protestler des Jahres 1971 sein, die sich in Anlehnung an Carmichael & Co. »Schwarze Panther« nannten, lautstarke Demonstrationen und anderes inszenierten, was sie von der Neuen Linken Europas und Amerikas gelernt hatten. Offensiv griffen die israelischen »Schwarzen« den ihnen als Schimpfwort zugedachten Namen auf. Den »Rassismus« der euro-amerikanischen, »weißen Aschkenazim« wollten sie mit dieser Benennung ihrer Gruppe anprangern.

Die Schwarzen Panther wurden 1971 wirklich ein Bürgerschreck und ein Schock für die Regierung Golda Meirs. Nur links war eben kaum jemand bei diesem Bürgerschreck Israels, wenngleich einer der Wortführer, Charly Biton, später bei den Kommunisten landete. Er war die Ausnahme, die die Regel bestätigt. Ansonsten war der Unterschichtenprotest in Israel aus einem ganz einfachen Grund, den wir bereits zuvor erwähnten, eher rechtsorientiert. Weil das Gründer-Establishment Israels sozialdemokratisch, also eher »links« geprägt war, konnte jeder Protest in diesem Land entweder linksaußen oder rechts sein.

Linksaußen, sprich kommunistisch in der einen oder anderen Form, war inakzeptabel, da die Staatenwelt der Linken, also der Ostblock unter Führung der Sowjetunion, seit 1949 zunehmend antiisraelische Politik betrieb. Es gab auch andere Gründe. Zum Beispiel die starke Bindung gerade der orientalischen Unterschichten an ihr meist winziges Privateigentum. Sie wollten es ganz und gar nicht abschaffen, sondern selbst mehr haben.

Die israelische Rechte, allen voran die Herut-Partei Begins und ihre Nachfolger Gachal/Likud, hatte sich als einzig wirkliche Alternative zum linken Establishment entwickelt. Noch wichtiger: Sie hatte sich aus Überzeugung und mit innerem Elan der Integration der orientalisch-jüdischen Unterschichten angenommen. Nicht von oben herab, wie die »linke, euroamerikanische Aristokratie«, sondern von gleich zu gleich.

Begin und die Seinen fühlten sich durch die Schwarzen Panther bestätigt, nicht bedroht, denn sie hatten ja schon immer das politische, gesellschaftliche, wirtschaftliche und kulturelle Establishment aufgefordert, sich den orientalischen Juden endlich zu öffnen und ihnen mehr Chancen einzuräumen.

Golda Meir, Ministerpräsidentin und Landesmutter, verstand die Welt nicht mehr. Waren denn nicht alle Israelis Juden und »alle Juden Freunde«? So hatten es sich doch die

Gründer der jüdischen demokratischen Republik erträumt. Offenbar hatte Golda Meir, und mit ihr der eine oder andere Gründer, den Traum allmählich mit der Wirklichkeit gleichgesetzt. Fassungslos reagierte Golda Meir, und deshalb töricht: von oben herab, belehrend, unsensibel. Am 13. April 1971 gewährte sie den Anführern der Schwarzen Panther eine Audienz. Das Protokoll beweist unsere These.[119] Golda Meir stritt die Benachteiligung der orientalischen Juden einfach ab, »weil nicht sein kann, was nicht sein darf«. Die gute Golda Meir war keine Ausnahme. Wie sie dachten, fühlten und handelten die meisten Veteranen. Sie meinten es gut. Vieles machten sie nicht nur gut, sondern bestens, aber an der Integration der »Schwarzen« scheiterten sie.

»Schwarze« Parteien

Allmählich formierten die orientalisch-jüdischen Israelis eigene Parteien oder auch Gruppierungen in den traditionellen Institutionen.

»Aufklärung ist der Ausgang des Menschen aus seiner selbstverschuldeten Unmündigkeit.« Fast jeder deutsche Schüler kennt diese Begriffsbestimmung Immanuel Kants wenigstens aus dem Schul-Lesebuch. Die jüdischen Israelis orientalischer Herkunft hatten zunächst den Ausgang aus ihrer unverschuldeten Unmündigkeit nicht erreicht. Zu groß war am Anfang die aschkenasisch-orientalische Lücke. Im Laufe der Jahre wurde sie zwar nicht geschlossen, doch immerhin schmaler.[120]

Die Verkleinerung der Lücke führte dazu, daß sich die »schwarzen« Israelis ihrer Situation allmählich bewußt wurden. Sie erkannten nur langsam die historischen, politischen, wirtschaftlichen und gesellschaftlichen Ursachen ihrer mangelhaften »Aufklärung« und ihrer Mangelsituation. Weil sie dies wegen der Ausbildungslücke nur langsam erkennen konnten, hatten sie sich bei Wahlen zunächst für die traditionellen Parteien entschieden. Als auch diese Lücke verengt wurde, änderte sich die Passivität der orientalischen Juden. Die »Schwarzen Panther« waren die Vorboten. Zehn Jahre später gründete Aharon Abuchatzira, ein marokkanisch-jüdischer Dissident der Nationalreligiösen Partei (NRP), aus rein persönlichen Motiven eine marokkanisch-nationalreligiöse Partei. Er nannte sie »Tami«. Auf Anhieb gelangte sie bei den Wahlen 1981 und auch 1984 in die Knesset. Ihr Chef wurde sogar Minister. Sein Rezept war einfach: »Wir Marokkaner wählen eine marokkanische Partei.«

Dieses Rezept war nun doch zu einfach, wohl auch der gute Abuchatzira selbst. Er hatte, obwohl religiös, mit dem weltlichen Recht seine Probleme und wurde 1982 der erste vorbestrafte Ex-Minister Israels.

Weit erfolgreicher wurde bis heute die 1983/84 gegründete marokkanisch-orthodoxe Schass-Partei. Der einstige sephardische Oberrabbiner, Ovadia Josef, hatte den Anstoß gegeben. Sein weltlich-politischer Arm wurde der Vollblutpolitiker Arje Deri, späterer Innenminister unter Schamir und Rabin. Arje Deri ist ein Erfolgsmensch; so erfolgreich, daß er manchmal glaubt, er könne die Gesetze selbst bestimmen, wenn sie nicht seinen Wünschen entsprechen. Jedenfalls bereiten ihm israelische Gerichte seit 1993, sagen wir: gewisse Schwierigkeiten. »Aschkenasisches Komplott«, riefen Deris Schass-Anhänger. Seine Rechtsbrüche schienen sie so wenig zu stören wie vergleichbare Heldentaten des Schass-Parlamentariers Jair Levy, der, ebenfalls Anfang der neunziger Jahre, zu einer mehrjährigen Gefängnisstrafe verurteilt wurde.

Hier prallen zwei politische Kulturen aufeinander. Die westlich-aschkenasische und die orientalische, in der »ein bißchen Korruption« nicht als ehrabschneidend gilt. Daher der Erfolg von Schass, der es inzwischen gelungen ist, zum eigentlichen Sprecher der orientalischen Juden Israels aufzurücken. Das hatte früher auch die Nationalreligiöse Partei versucht, aber sie setzte dabei stets mehr auf Integration. Schass profitiert von den »ethnischen« Spannungen und Lücken, die auch mit dem »Kulturkampf«, also dem Dauerkonflikt von Religiösen und Nichtreligiösen verflochten sind. Schass profiliert sich durch sie, aber Schass hat sie weder erfunden noch geschaffen. Schass »artikuliert« die Interessen, Sorgen, Ängste, Urteile und Vorurteile der religiösen marokkanisch-jüdischen Unterschichten. Schass macht sich zu ihrem Fürsprecher, Schass ist ihr Fürsprecher. Und Schass hat viel für sie »herausgeholt«. Das Was und Wie entspricht nicht unbedingt westeuropäisch-amerikanischen Maßstäben, aber hingebungsvoll ist der Einsatz der Schass zweifellos; sowohl bei der Führung als auch bei der »Basis«. Wenn man »Multikulturalismus« wirklich ernst nimmt, sollte man sich nicht über Schass und ihre Wähler lustig machen.

»Schwarze« und »weiße« Wähler:
Das Zweite Israel spielt die erste Geige

Sozialdemokratische oder gar sozialistische und linksliberale Parteien hatten bei den orientalisch-jüdischen Israelis nicht die geringste Chance. Das ist auch durch die stark religiöse Einstellung der meisten »Orientalen« Israels zu erklären.

Politisch »aufgeklärter« wurden die orientalischen Juden Israels, und damit stieg auch ihr politisches Gewicht. Bei Wahlen ebenso wie in der jeweiligen Koalitionsregierung und damit bei der Pfründeverteilung. »Wer bekommt was, wann und wie?« Das sei, so der amerikanische Politikwissenschaftler Harold Lasswell in seinem Buch gleichen Titels, die Begriffsbestimmung des Wortes »Politik«.

Bei den ersten israelischen Parlamentswahlen nach dem Sechstagekrieg erfolgte die Pfründeverteilung nach dem herkömmlichen Muster. Die alte aschkenasische Elite feierte einen wahren Triumph. Von den orientalischen Juden sprach kaum ein Kommentator. Anfang 1968 hatten sich die alten, einst oft zersplitterten Führungen der sozialdemokratischen und gemäßigt sozialistischen Parteien zur »Israelischen Arbeitspartei« (IAP) zusammengefunden. Der »große Alte«, David Ben-Gurion, blieb in seinem Schmollwinkel, aber die anderen, nicht ganz so großen Alten und einige Jüngere der aschkenasischen Elite, waren dabei. Und es kamen noch mehr: die einst wilden Linken der früher sogar prostalinistischen Mapam. Ihre linksradikalen Beißzähne hatte sie längst verloren, und nun bildete sie mit der IAP den »Großen Maarach« (den Großen Block). IAP und Mapam präsentierten eine gemeinsame Wahlliste und bildeten in der Knesset eine Fraktion. Dieser Große Maarach verfehlte mit 46,2 Prozent nur knapp die absolute Mehrheit. Nie zuvor war ihr eine einzige Gruppierung so nahegekommen. Keine Frage, der »Glanz des militärischen Sieges« von 1967 strahlte auf die aschkenasisch-sozialdemokratisch-sozialistischen Gründerväter und Söhne.

Lange hielt die Große Koalition nicht, denn im Sommer 1970 hatte sich Begins Gachal in der Auseinandersetzung um den Vermittlungsplan des amerikanischen Außenministers William Rogers dem Prinzip »Land für Frieden« widersetzt. Ohne Gachals Beteiligung kam es dann zum Waffenstillstand, der den Abnutzungskrieg der Jahre 1967/68 bis 1970 beendete. Die drei Goldenen Jahre Israels begannen. Die Koalition im Glück, so könnte man diese Zeit beschreiben. Siegesgewiß bereitete sie unter der Führung von Landesmutter Golda Meir und ihrem »Küchenkabinett«, zu dem vor allem Verteidigungsminister Mosche Dajan und der auch ohne Ressort höchst einflußreiche Minister Israel Galili gehörten, die für den 30. Oktober 1973 vorgesehenen Wahlen vor. Bei der Formulierung des Maarach-Wahlprogramms hatten sich die Falken unter Führung Galilis durchgesetzt. Nun wollte man offen mehr als seinerzeit unausgesprochen im Allon-Plan: Die besetzten Gebiete sollten Teil Israels werden. Alles schien bestens für die Regierung zu laufen – bis zum 6. Oktober 1973. An diesem Tag, dem Jom Kippur, eröffneten Ägypten und Syrien völlig überraschend den Angriff, in dem Israel anfänglich nur knapp der Katastrophe entging.

Die Wahlen fanden schließlich am 31. Dezember 1973 statt. Gemessen am ursprünglichen Schock und der öffentlichen Wut über das Versagen der Regierung kam der Maarach noch mit einem blauen Auge davon. Immerhin reichte es zu 39,6 Prozent. Doch der neuformierte Likud profilierte sich als mögliche Alternative. Erst wenige Wochen vor der Wahl war er entstanden. Er bestand aus Gachal (= Herut plus Liberale) sowie mehreren kleineren, rechtsbürgerlichen und zum Teil einst sozialdemokratischen Gruppierungen. 30,2 Prozent erzielte der Likud, dessen Star damals der Haudegen-General »Arik« Scharon war.

Zwar konnte Golda Meir wieder die Regierung bilden, aber im April 1974 gab sie doch dem öffentlichen Druck nach. Der Wechsel von ihr zu Jitzchak Rabin war mehr als Routine, denn nun fand auch ein Generationswechsel statt. Die Staatsgründer traten zurück, die »Generation 5708« übernahm das Steuer. 5708, das ist, der jüdischen Zeitrechnung zufolge, das Gründungsjahr Israels, und zur »Generation 5708« gehörten die Männer und Frauen, die als Zwanzigjährige im Unabhängigkeitskrieg die militärische Last und Verantwortung trugen.

Golden waren die folgenden Jahre nach Golda nicht, zumal auf- und nachgerüstet wurde, was Unsummen verschlang. Trotz massiver Hilfe aus den USA trugen die Bürger Israels die größten Opfer. Dennoch konnte Rabins (erste) Regierung durchaus Erfolge vorzeigen: das »Sinai II«-Entflechtungsabkommen mit Ägypten (September 1975) oder auch die spektakuläre Befreiung der von internationalen Terroristen nach Entebbe entführten Geiseln am 4. Juli 1976, und die Wirtschaft lief auch nicht gerade schlecht.

Innenpolitisch waren Regierung und Arbeitspartei jedoch zu den schlechten alten Gewohnheiten zurückgekehrt. Statt »öffentlicher Transparenz« wurde wieder hinter den Kulissen geklüngelt, und der Parteiapparat war allmächtig. Von »Basisdemokratie«, wie sie die Protestbewegungen nach dem Jom-Kippur-Krieg gefordert hatten, konnte keine Rede sein. Auch nicht von Sauberkeit. Ein Korruptionsskandal jagte den

anderen. Der von der Arbeitspartei frisch gekürte Zentral-
bankpräsident hatte sich zuvor als Partei- und Gewerkschafts-
funktionär auf unkoschere Art bereichert. Nach seiner Wahl
erfuhr es die Öffentlichkeit. Dann platzte eine andere Bombe:
Ex-Wohnungsbauminister Offer hatte Partei- und Gewerk-
schaftsgelder »zum eigenen Nutzen« verwendet. Gerichtlich
konnte dieser Vorwurf nicht mehr geklärt werden, da sich der
Mann im Januar 1977 das Leben nahm. Dann kam es noch
schlimmer. Frau Lea Rabin, war nun zu lesen, und es wurde
nicht bestritten, hatte in den USA ein illegales Konto eröffnet.
Das war genau das richtige Vorbild für Staatsbürger, die ihren
Gürtel der Verteidigungslasten wegen immer enger schnallen
mußten und die – natürlich – ihr Geld weder ins Ausland
bringen noch dort lassen durften.

Nicht genug: Außenminister Eban hatte es ihr gleichgetan.
Parlamentspräsident Jischajahu, der Vorzeigeorientale der IAP
aus dem Jemen, hatte ebenfalls Probleme mit dem Gesetz. Verteidigungsminister Schimon Peres mußte die politische Verantwortung für »Unregelmäßigkeiten« und Verschwendungen
im Militär tragen, wurde aber nach Rabins Rücktritt als Spitzenkandidat für die bevorstehenden Wahlen nominiert. Völlig unbeeindruckt von den Skandalen und bar jeder Selbstkritik verkündete Abba Eban eine Woche vor der Wahl die künftige Verteilung der Schlüsselministerien. Die Entscheidung des
Bürgers, so der Eindruck, spielte gar keine Rolle. Er habe die
Arbeitspartei lediglich zu legitimieren, nicht jedoch durch
Wahlen zu kontrollieren oder möglicherweise abzulösen.

Genau das geschah aber am 17. Mai 1977. Der ewige Oppositionsführer Menachem Begin konnte die Regierung bilden. Auf 24,6 Prozent war die Arbeitspartei abgesackt und lag
weit hinter dem Likud, den 33,4 Prozent gewählt hatten. Auf
9,2 Prozent, um knapp einen Punkt, konnten sich die Nationalreligiösen verbessern, die schon im Dezember 1976 Rabins
Regierung platzen ließen. Sie hatten einen günstigen Anlaß gesucht, um die Seiten zu wechseln. Weshalb? Weil die Nationalreligiöse Partei seit 1967, seit der Eroberung der Gebiete

(die sie als »Befreiung« bezeichneten), immer mehr zu Falken-Positionen neigte, sich also Kompromissen den Arabern gegenüber zunehmend widersetzte. Die IAP war den National-religiösen zu »links« und taubenhaft geworden. Dem Likud fühlte sich die neue NRP-Führung und auch ihre Basis, nicht zuletzt die orientalisch-jüdische, mehr verbunden.

Der politische Erdrutsch vom 17. Mai 1977 war so etwas wie Israels zweite, innere Staatsgründung. Erstmals waren die Juden orientalischer Herkunft wirklich integriert. Anders als in der IAP gab es sowohl im Likud als auch bei den National-religiösen nicht nur Quoten- beziehungsweise Vorzeigeorientalen, sondern echte Repräsentanten dieser Volksgruppe. In Likud und NRP besetzten sie diverse Spitzenpositionen. Nicht alle, gewiß, doch weit mehr als in allen linken Parteien. Likud und NRP boten ihnen Wärme, kümmerten sich um ihre Belange, nicht erst seit 1977 und keineswegs nur vor Wahlen. Die IAP dagegen behandelte sie von oben herab. Der Wahltag 1977 wurde Zahltag. Peres und die Seinen zahlten die Zeche.

Überwältigend war 1977 der Likud-NRP-Sieg bei den orientalisch-jüdischen Unterschichten. Sie hatten sich zu rund drei Vierteln für das nationalistisch-religiöse Lager entschieden.

Fast nur von Aschkenasim gewählt wurden die IAP und »Dasch«. Dasch, die »Demokratische Bewegung für Veränderung« (DBV), war die 1977 vollzogene Neugründung der diversen Protestgruppen des Jahres 1974 mit Ex-Generalstabschef und Archäologieprofessor Jigal Jadin und anderen »Prominenten«.

Das Wahlergebnis spiegelte sowohl die »ethnische« als auch die religiös-nichtreligiöse Polarisierung der israelischen Gesellschaft wider, denn bekanntlich sind die Orientalen weit eher religiös als die Aschkenasim.

Die seit dem 20. Juni 1977 amtierende neue Koalition, der sich nach langem Hin und Her am 24. Oktober 1977 auch Dasch hinzugesellte, ohne dort je glücklich zu werden, hatte einen klaren Wählerauftrag; er entsprach den Wünschen der Wähler des Koalitionskerns aus Likud, Nationalreligiösen und Orthodoxen. Das Wir-Gefühl der orientalisch-jüdischen Unterschichten, der nationalreligiösen und orthodoxen Juden sollte endlich offensive und nicht nur geduldete Politik werden. Sozialpolitische Wohltaten für das Zweite Israel, Förderung religiöser Einrichtungen und Werte, Schluß mit der materiellen und ideellen Bevorzugung der Pflanzeraristokratie in den sich sozialistisch gebenden Kibbutzim, den landwirtschaftlichen Kollektiven. Sicherung von Groß-Israel für das Jüdische Volk. Die harte Politik gegenüber den Palästinensern und den arabischen Nachbarstaaten war den Orthodoxen damals noch nicht so wichtig, wurde von ihnen aber mitgetragen. Sie hatten damals wie heute nur ein einziges, wirkliches Interesse: Gesetze ebenso wie Gelder zugunsten ihrer Einrichtungen und Ziele einzusetzen. Der 1947 zwischen Ben-Gurion und den Religiösen mühsam ausgehandelte Kompromiß, der »Status quo«, sollte zu ihren Gunsten dynamisch gestaltet werden.

An dieses politische Drehbuch hielt sich seitdem bislang jede vom Likud geführte Regierung mehr oder weniger strikt. Mehr noch: Begin schien die Quadratur des Kreises herstellen zu können: Groß-Israel und Frieden mit dem größten, wichtigsten und mächtigsten arabischen Staat, mit Ägypten. Und das alles trotz der seit 1977 massiv erweiterten Siedlungspolitik.

Natürlich verschlang gerade die Siedlungspolitik Unsummen. Deshalb wurde – zunächst – gespart. Der Unmut der eigenen Wähler wurde vernehmbar. Ab Januar 1981 wurde umgeschaltet. Die Begin-Regierung öffnete die Geldhähne. Medien und Opposition empörten sich über diese »Finanzpolitik der Wahlgeschenke«. Das, so konterte Finanzminister Aridor von der Herut/Likud, sei keine »Finanzpolitik der Wahlgeschenke«, es sei die einzig und allein »richtige Finanzpolitik«. Das war sie gewiß – im wahlpolitischen Sinne des Likud, der allen Unkenrufen zum Trotz bei den Juniwahlen des Jahres 1981 mit 37,1 Prozent wieder stärkste Partei wurde. Die IAP schloß zwar auf und errang 36,6 Prozent, doch eigentlich war das nicht mehr als der Rückgewinn der 1977 an die DBV verlorenen aschkenasischen Wähler. Die Orientalen blieben »ihrem« Likud treu und gaben dabei sogar den Nationalreligiösen einen Korb. Mit 4,9 Prozent wurde die NRP arg gebeutelt, während das Lager der Orthodoxen stabil blieb. Das neuerliche IAP-Desaster bei den Orientalen war, noch mehr als früher, selbstverschuldet: Auf einer Wahlkundgebung der Partei beschimpfte der tollpatschige Moderator die marokkanischen Demonstranten, die es »gewagt« hatten, den IAP-Spitzenkandidaten Schimon Peres auszubuhen. »Tschachtschachim«, brüllte er ihnen zu. Diesen üblen Ausdruck übersetzt man vielleicht mit »Gesocks« am treffendsten. Tief verletzt reagierten die orientalisch-jüdischen Wähler. Weshalb sollten ausgerechnet sie die Fronten von rechts nach links wechseln? Die Gleichheit, von der diese »Linke« des Ersten Israel faselte, war nicht einmal das Papier wert, auf dem sie stand. So jedenfalls mußte es das Zweite Israel wahrnehmen.

Begins politischer Geschenkkorb für die Wahlen vom 30. Juni 1981 enthielt nicht nur den 1979 geschlossenen Friedensvertrag mit Ägypten, die vielen neuen Siedlungen in (so die amtliche, an der Hebräischen Bibel orientierte Bezeichnung des Westjordanlands) »Judäa und Samaria« und sozialpolitische Vergünstigungen, sondern eine ganz besondere Überraschung: Am 7. Juni 1981 zerstörte die israelische Luftwaffe den Atomreaktor bei Bagdad. Die nukleare Konfrontation mit dem Irak konnte somit verhindert werden. Kein Wunder, daß Israels Wähler nicht nur aufatmeten, sondern, an Umfragen erkennbar, scharenweise ins Koalitionslager zurückkehrten.

Das 1981 erkennbare Muster änderte sich bis zu den Wahlen des Jahres 1992 nicht grundlegend, obwohl die Arbeitspartei 1984 mit 34,9 Prozent den Likud (31,9 Prozent) überflügelte. 1988 lag wieder der Likud um eine politische Nasenlänge vorn: 31,1 zu 30,0 Prozent.

Beide Male wurde eine Große Koalition gebildet. Es war keine Liebesheirat, sondern eine Vernunftehe, denn beide Lager waren ungefähr gleich stark und die Politik blockiert. Das hatte Vorteile, der Kompromiß wurde institutionalisiert. Das hatte freilich auch gewaltige Nachteile, es bewegte sich nichts, zumindest in der Friedenspolitik. Weder Land noch Frieden, keine wirkliche Änderung – bis zur Intifada, die am 9. Dezember 1987 begann und deren Auswirkungen den Ausgang der Wahlen 1992 mitbestimmten.

Der Rückgang des Likud war 1992 darauf zurückzuführen, daß Kriegspolitik (im Libanon von 1982 bis 1984/85), Siedlungspolitik, Bekämpfung der Intifada und Sozialpolitik auf Dauer undurchführbar waren. Nicht das Sowohl-Als-auch, sondern das Entweder-Oder galt: Sozialpolitik oder der Rest. Das erkannten nicht zuletzt auch orientalische Wähler, die allerdings keinerlei Neigung zeigten, sich zugunsten der »aschkenasischen« Arbeitspartei zu entscheiden. Seit 1984 wurde ihr die Wahl erleichtert: Schass war 1983 gegründet worden, eine sowohl orientalisch-marokkanische als auch streng religiöse Partei, die sich den beiden Großen gegenüber selbstbewußt und fordernd präsentierte. Mehr und mehr Orientalen bevorzugten nun eine eigene Partei. Selbst der aufgeschlossenere Likud war nicht wirklich ihre Heimat, denn letzten Endes gaben auch hier die Aschkenasim den Ton an. Nicht so barsch und harsch wie in der IAP, aber eben doch. Nein, den Rücken kehrten die Orientalen dem Likud nicht, aber sie gingen etwas mehr auf Distanz – und damit trieben sie ihren Koalitionspreis weiter in die Höhe. Wie gesagt, das Zweite Israel spielte politisch zunehmend die erste Geige.

Nichts, gar nichts ändert der Wahlausgang vom 23. Juni 1992 an dieser Aussage, denn der Vorsprung der IAP und der linksliberalen Sammelbewegung »Meretz« (zu der die einst linkssozialistische Mapam gehörte) war hauchdünn.

Die Abkehr der orientalischen Wähler von Likud und Nationalreligiösen war unbestreitbar, doch eben nicht massiv. Sie war taktisch und tagespolitisch bestimmt, nicht strategisch und grundsätzlich. Sie war Zeichen einer gewissen Ermüdung und Enttäuschung darüber, daß die Quadratur des Kreises aus

Sozial- und Siedlungspolitik eben doch nicht gelang. Sie reichte aber für den Wechsel. Doch eine dauerhafte und stabile Beziehung zwischen IAP und orientalischen Juden war nicht gesichert. Das zeigte sich bei den Wahlen vom 29. Mai 1996. Rund zwei Drittel der Orientalen gaben Benjamin Netanjahu (Likud) ihre Stimme, nur 36 Prozent dem IAP-Kandidaten Schimon Peres. In religiösen Ortschaften errang der Likud-Mann sogar knapp 90 Prozent. Die Rückkehr der verlorenen orientalischen Söhne ins nationalistisch-religiöse Lager wurde vom neuen Ministerpräsidenten Benjamin Netanjahu reichlich belohnt: In seinem Kabinett gab es erstmals in Israels Geschichte genauso viele »Sepharadim« wie »Aschkenasim«. Alles hat seinen Preis.

Wie will, wie kann die aschkenasische Arbeitspartei die orientalischen Wähler erobern? Ex-Generalstabschef Ehud Barak, seit Juni 1997 Parteichef, ist auch ein »Weißer«. Wenn er den aus Marokko stammenden, hochgebildeten Professor Schlomo Ben-Ami, Israels ersten Botschafter in Spanien, einbindet, der zu den »Schwarzen« eine Brücke baut, hätte er vielleicht Chancen.

Die wirklich schwarzen Juden

Mitte der achtziger Jahre und 1991 kamen schwarze Juden aus Äthiopien nach Israel.

Erst sprachen die »weißen« Aschkenasim von den »Schwarzen«, die es gar nicht wirklich gab, und dann kamen die schwarzen Juden wirklich. Eigentlich ist dieser wunderschöne Menschenschlag eher kaffeebraun. Von den »Falaschas«, den äthiopischen Juden, ist die Rede. Sie hatten seit mindestens zweitausend Jahren in Ostafrika gelebt, denn den Talmud kannten sie nicht, wohl aber die Hebräische Bibel.

Die Legende besagt, daß sie Nachfahren der außerehelichen und trotzdem oder gerade deshalb so intensiven, wenngleich kurzen und heftigen Liebesbeziehung zwischen »Salomon dem Weisen« und der Königin von Saba seien. Keiner weiß es genau. Sehr genau weiß man, daß Christen und Muslime sie in Äthiopien immer wieder als Juden verfolgten und diskriminierten.

In Äthiopien waren sie zu jüdisch und in Israel nicht jüdisch genug, nicht ganz koscher sozusagen, zumindest dem religiösen Establishment des Landes. Eben weil sie nicht den Talmud kannten und deshalb ein sehr altes Judentum praktizierten, mußten die äthiopischen Neueinwanderer demütigende Kämpfe mit dem Oberrabbinat ausfechten.

Die sozialistische Revolution, die im Jahr 1974 Kaiser Haile Selassie vom Thron stürzte, verschlimmerte die Lage der Falaschas. Fieberhaft suchte Israels Regierung nach Mitteln und Wegen, die verfolgten Juden ins Land zu holen. 1977/78 blieb sie erfolglos, 1983/84 gelang es. Zunächst brachten Israelis die Falaschas aus Nordäthiopien in den Sudan, von wo aus eine Luftbrücke eingerichtet wurde. Diese »Operation Moses«, an der auch die USA mitwirkten, flog rund 10 000 Falaschas ins Land des alten Königs Salomon. Die Regierung Äthiopiens, ein treuer Verbündeter der Sowjetunion, protestierte pro forma, tatsächlich wehrte sie sich nicht gegen diese Aktion. Zum einen war sie lästige, unerwünschte und ungeliebte Mitesser in Zeiten ständiger Dürren und Hungersnöte los, zum anderen lieferte ihnen der Jüdische Staat Waffen und Berater gegen die islamischen Aufständischen in Eritrea.

Zuviel Konfliktstoff brachte die Operation Moses der äthiopischen und sudanesischen Regierung. Er wurde abrupt beendet. Nach der Vertreibung des kommunistischen Diktators Mengistu Heile Meriam genehmigte das demokratische Äthiopien im Mai 1991 die Ausreise der restlichen 20 000 Falaschas. »Operation Salomon« hieß die Aktion, und sie dauerte nur wenige Tage.

Die Integration dieser »schwarzen« (eigentlich braunen) Juden ist bis heute ein psychologischer, gesellschaftlicher, wirtschaftlicher und politischer Drahtseilakt geblieben. Nicht ohne innere Verwundungen entdeckten die Juden innerhalb und außerhalb Israels zu ihrer eigenen Verwunderung, daß ihr Volk nicht nur multi-kulturell, sondern auch multi-ethnisch ist. Fachleuten war das bekannt, nicht jedoch dem sogenannten Mann auf der Straße und seiner Frau Gemahlin. Wie – leider – in den meisten multi-ethnischen Gesellschaften brachen auch in Israel Spannungen aus. Den meisten der aus Äthiopien stammenden Juden geht es nicht gut, berichtete im Juli 1997 der bekannte amerikanisch-jüdische Kolumnist William Safire.[121] Mühelos findet man zahllose Beweise für diese Aussage. »Gute Absichten, schlechte Ergebnisse.« So faßte kurz vorher ein leitender Pädagoge Israels die Eingliederung der Falaschas ins Ausbildungssystem zusammen.[122] Ja, es knisterte auch zwischen den russischen Neueinwanderern und den Falaschas. Ja, die Lücke zu den aschkenasischen Juden Israels ist riesig. Und dennoch: Die Integration der Falaschas ist vielleicht doch besser, als es scheint. Immerhin waren im Mai 1997 knapp 90 Prozent dieser Gruppe sogar mit ihrem Wehrdienst zufrieden, obwohl 62 Prozent dieser Befragten zugleich berichteten, daß sie nur unzureichende Kontakte mit alteingesessenen Kameraden und auch außerhalb des Militärs hätten.[123] Mitte der neunziger Jahre meldeten sich überproportional viele äthiopische Juden freiwillig zu Zahal-Kampfeinheiten. Täten sie es, wenn sie sich nicht mit diesem Staat identifizierten? Wieder ein denkbares Gegenargument: Sie entscheiden sich dazu, um durch ihren hundertfünfzigprozentigen Einsatz zu hundert Prozent akzeptiert zu werden wie einst die deutschen Juden in den kaiserlichen Truppen im Ersten Weltkrieg.

Die »vielen kleinen Erniedrigungen im Alltag«, oft sogar freundlich verpackt, fressen die Seele der schwarzen Juden auf.[124] »Wir lieben euch doch.« Das hören sie oft. Und gleich anschließend: »Aber nicht bei uns zu Hause.«[125]

Die mehr oder weniger objektiv meßbaren Zensuren von Falascha-Schülern waren, dies ergab eine Untersuchung im Frühjahr 1997, weit besser als die vorherige subjektive Einschätzung derselben Jugendlichen durch ihre Lehrer.[126] Was uns diese Ergebnisse sagen? Daß eine gewisse Verzerrung der Wahrnehmung meist »weißer« Lehrer die Benachteiligung der »Schwarzen« weiter zementiert: niedrige Erwartung, niedrige Positionierung, niedere Tätigkeiten, niedrigere Bezahlung, niedrigere Wirtschafts- und Gesellschaftsstufe. Soll man diese Wahrnehmung als »rassistisch« bezeichnen? Darüber kann man streiten. Wir stellen jedenfalls fest: Das Bewußtsein der »weißen« Israelis prägt das Sein der »schwarzen« – zu deren Nachteil. Das ist die eine Seite. Die andere: Die objektiv nachweisbaren Anstrengungen, auch diese Bürger wirklich zu integrieren. Hochgebildete und erfolgreiche Israelis äthiopischer Herkunft, auch Knessetabgeordnete, sind der Beweis für diese Bemühungen.

Die Russen kommen ins Goldene Land: USA

Seit Anfang der siebziger Jahre und vor allem ab 1989 durften zahlreiche Juden aus der Sowjetunion nach Israel. Und wieder veränderte sich die jüdische Gesellschaft des Jüdischen Staates.

»Die Russen kommen!« Eine Bombenmeldung für biedere Bundesbürger wäre dies im kalten Krieg gewesen, und Ausbrüche von Angstschweiß die Folge. Ganz anders in Israel – aus anderen Gründen, denn hier rechnete keiner ernsthaft mit einer Invasion der Roten Armee. »Die Russen kommen« bedeutete seit Anfang der siebziger Jahre und noch mehr seit 1989 für die Israelis etwas höchst Erfreuliches: Die sowjet-jüdischen »Brüder und Schwestern« durften endlich nach Israel ausreisen.

Seit der Staatsgründung hatte man hierauf gehofft und gepocht. Doch wie stark konnte das winzige Israel gegen die Tore des kommunistischen Riesenreiches pochen?

Zwischen 1970 und 1989 durften immerhin 300 000 Juden die Sowjetunion verlassen. Nur 170 000 zog es ins »Land der

Väter«. Ins »Gelobte Land« wollten sie schon, doch es lag
– für sie – woanders: auf der Nordhälfte des amerikanischen
Kontinents. Andere, rund dreitausend, die den Weg nach Israel nicht fanden, erreichten die Hauptstadt. Nicht die Israels,
sondern die Deutschlands: Berlin also. Der dramatisch altern-
den Jüdischen Gemeinde zu Berlin flößten sie frisches Blut ein.
Weder im Lehrbuch des angewandten Zionismus noch im Al-
manach des deutschen Judentums hatte man diese Rezeptur
finden können, doch die schönsten Geschichten schreibt bekanntlich das Leben selbst. Israels Lenker und Denker waren
weniger erfreut als »gute Deutsche«, die nun endlich beweisen konnten, wie gut sie – inzwischen – waren.

Wendejahr 1989

Wendejahr, Schicksalsjahr 1989: Die Sowjetunion öffnete
freiwillig ihre Tore, und keiner mußte mehr anklopfen. Mi-
chail Gorbatschow, der große Reformator und Terminator der
Sowjetunion, machte es möglich. Ins Land der unbegrenzten
Möglichkeiten, nach Amerika oder, als zweite Wahl, nach
Deutschland, drängte es die meisten ausreisenden Juden. Doch
nun verengten die USA ihre Tore und verhängten Quoten von
40 000 Sowjetjuden pro Jahr. Israel hatte darum gebeten.
Nicht, weil man die Selbstbestimmung der Diasporajuden
nicht ernst nahm, sondern weil man die Früchte der eigenen
Politik ernten wollte. Israel hatte jahrzehntelang für diese
Auswanderung gekämpft, nun sollten die auswandernden Juden dem Jüdischen Staat »wenigstens eine Chance« geben, bevor sie Israel den Rücken kehrten – was in dieser Demokratie
natürlich jedermann jederzeit möglich ist.
Deutsche Politiker konnten in jener Situation 1989/90/91
nur zwischen Hammer und Amboß wählen. Israels Regierung
verlangte, daß Bonn die russisch-jüdische Einwanderung er-
schwere, die jüdische Gemeinschaft in Deutschland wollte –
und brauchte – aber Nachwuchs. Nur eine jüdische Einwan-

derung konnte verhindern, daß Deutschland fast »judenrein« geworden wäre. Teufelsqualen duchlitten schwarze, rote, gelbe und grüne Politiker gleichermaßen. Für welche der beiden jüdischen Seiten sollten sie sich entscheiden? Man fand eine Regelung, die keinen wirklich befriedigte, aber auch keinen vor den Kopf stieß: Nach Deutschland einwandernde Juden wurden als »Kontingentflüchtlinge« aufgenommen. Von 1990 bis 1997 waren es etwa 50 000. Man rechnet damit, daß es noch 100 000 werden könnten.

Aufgrund der konsequenten Quotierung der USA sowie der deutschen Halb-und-Halb-Bestimmung begann die Masseneinwanderung von Juden aus den GUS-Staaten: Rund 700 000 trafen von 1989 bis 1997 in Israel ein. Einmal mehr veränderten sich Israels Gesellschaft, Wirtschaft und Politik grundlegend.

Die vielen Neubürger benötigten Wohnraum und Arbeitsplätze, Ausbildungsstellen und und und. Die Wirtschaft wurde angekurbelt, doch die Probleme waren für Alteingesessene und Neuangekommene beträchtlich.

Keine Verwestlichung, doch eine Verlangsamung der »Orientalisierung« Israels bedeutete die »Russifizierung«. Politisch stärkte sie die Rechte und die »Falken«. Weshalb? Weil die russischen Juden – nach den Erfahrungen im Kommunismus – beim Wort »links« fast krank wurden. Alles »Linke«, selbst Brav-Sozialdemokratisches, war ihnen verhaßt, geradezu reflexartig. Es dauerte einige Jahre, bis ihnen die Arbeitspartei beweisen konnte, daß Klassenkampf und Antikapitalismus oder gar Antiwestliches und Antiamerikanisches weder zum Denken noch gar zum Programm der IAP-Politiker gehörte. Und weil die Erwartungen vieler russisch-jüdischer Einwanderer bis 1992 nicht erfüllt wurden, wählten sie – zur Überraschung der Meinungsforscher – die IAP und gaben dem Likud, der fest mit ihnen gerechnet hatte, einen Korb. Das entschied die Wendewahl von 1992. Aber auch die Rückwende von 1996. Denn nun waren die russischen Juden von der IAP enttäuscht. Sie wollten mehr. Das war verständlich, aber nicht ganz gerecht. Doch wo gibt es Gerechtigkeit? In Israel sowenig wie anderswo. Gegen Araber und Palästinenser hatten die russischen Juden eigentlich nichts, aber in Israel wollten sie – endlich – in Ruhe leben. Und eben diese Ruhe störten Palästinenser und Araber, also unterstützte man die Falken.

Bei den Wahlen vom Mai 1996 hatten die russischen Juden ihre eigene Partei:»Israel Baalija«, Israel in der Einwanderung. Angeführt wurde die Liste vom einstigen sowjetischen Dissidenten Anatoli Scharanskij. Auf Anhieb erhielt diese Partei sieben Mandate in der Knesset. Sie schloß sich der Likud-Koalition unter der Führung von Netanjahu an.

Noch fühlen sich viele russische Juden in Israel nicht zu Hause. Bald werden sie es sein, trotz aller Schwierigkeiten. Wieder ein Aber:»Nein. Wir wollen nicht mehr. Wir geben nichts und behalten lieber alles.« Das dachten im Sommer 1997 die »Alteingesessenen« Israelis, als man sie fragte, ob noch mehr russische Juden einwandern sollten.[127] Ähnliches kennt man aus vergleichbaren Umfragen bei früheren Einwanderungswellen. Nicht schön, aber erfreulicherweise wirkungslos, denn bislang gelang Israel die Integration vieler Gruppen zwar nicht mustergültig, aber auch nicht schlecht. Auch diese Ergebnisse lassen sich im internationalen Maßstab sehen. Es ist jedoch, wie so oft, eine Frage der Sichtweise.

Das Dritte Israel wird palästinensisch

Seit 1967 fühlen sich die in Israel lebenden Araber immer mehr als »Palästinenser«. Sie sind aber trotzdem loyale Staatsbürger Israels. Wird Israel der Jüdische Staat bleiben können? Das ist alles andere als sicher, weil die natürliche Vermehrung der arabischen Bevölkerung die der jüdischen bei weitem übertrifft – trotz der russisch-jüdischen Einwanderung, die eines Tages ohnehin verebbt.

254

Flaschengeist israelischer Politik: Palästina

1967 wurde aus Klein-Israel bekanntlich Groß-Israel. Und Groß-Israel ist, aus palästinensisch-historischer Sicht, Mini-Palästina. Zu Maxi-Palästina, dem eigentlichen Palästina, zählen, Spitzfindigkeiten und Beckmessereien beiseite geschoben: das Gebiet des israelischen Staates, der bis 1967 von Ägypten verwaltete Gazastreifen, das von 1948/50 bis 1967 dem Königreich Jordanien völkerrechtswidrig einverleibte Westjordanland sowie ursprünglich auch das Ostjordanland, also das Königreich Jordanien.

Daß sich inzwischen offenbar die meisten Palästinenser längst mit einem »Palästina« im Westjordanland und im Gazastreifen abgefunden haben, dürfen wir voraussetzen. Wir wollen es hier nicht erörtern oder prüfen. Was uns im Zusammenhang mit dem Schicksal der israelischen Palästinenser bzw. Araber nach 1967 interessiert, ist dies: Erstmals nach der Gründung Israels waren sie nicht mehr von ihren »Brüdern und Schwestern« abgeschnitten. Die Politik der »Offenen Brücken« mit dem Königreich Jordanien sowie die vollständige Freizügigkeit zwischen Israel und den besetzten Gebieten ermöglichte wieder eine gesamtpalästinensische Kommunikation.

Wenn man das Wort »Nation« vom »Blut und Boden«-Schwulst löst, bleibt diese nüchterne und zutreffende Begriffsbestimmung übrig: »Eine Nation ist eine Kommunikationsgemeinschaft.« So der amerikanische Politikwissenschaftler Karl W. Deutsch.

Sollten die Palästinenser vor 1967 keine Nation gewesen sein (worüber wir nicht ein Haar spalten wollen), seit 1967 wurden sie es. Israel hat den Prozeß in Gang gesetzt. Unwillentlich und unwissentlich. Unabhängig von den gewiß intensiven eigenen Bemühungen, entstand die palästinensische Nation als Flaschengeist der israelischen Politik. Es wurde, was durch die israelische Politik der Kommunikation von Menschen, Ideen und Waren unvermeidbar war: die Nation der Palästinenser.

Durch die nun wieder mögliche Kommunikation mit den übrigen Palästinensern erkannten »Israels Araber«, daß sie ja eigentlich auch Palästinenser waren, nicht nur »israelische Araber«. Die unpräzise, sehr weite Benennung »Araber« (dazu in einem jüdischen Staat) wich in der Eigenwahrnehmung der Präzision, der nationalen Selbstfindung. Die allmähliche und unaufhaltsame Palästinensierung der israelischen Araber läßt sich anhand zahlreicher Umfragen dokumentieren.[128]

Die Neue Gesellschaft

Was änderte sich? Natürlich auch das wirtschaftliche und damit gesellschaftliche Gefüge der arabisch-israelischen Gesellschaft. Modernisierung als Alphabetisierung, Verbesserung der Ausbildung, Politisierung und auch Verstädterung auf Kosten der traditionellen Landwirtschaft und der patriarchalisch-autoritär geführten herkömmlichen Großfamilie; all das gab es zum Teil schon vor 1967. Diese Entwicklung setzte sich fort. Sie wurde beschleunigt, zumal ja Ende 1966 auch die Militärverwaltung über die Araber Israels aufgehoben wurde.

Die »Emanzipation« der israelischen Palästinenser ist auch an ihrem Wahlverhalten ablesbar. Unumkehrbar war die Abkehr von den »arabischen Minderheitenlisten«. Angeführt wurden diese von Oberhäuptern der Großfamilien, und angebunden waren sie an die eine oder andere zionistisch-jüdische Partei, meistens an die Sozialdemokraten.

Die Kommunisten waren den Arabern gegenüber stets offen. Die sozialistische Mapam hatte ihre Reihen für Araber bereits 1954 geöffnet. Es kamen wenige. Die IAP folgte diesem Beispiel für Drusen 1969 und für Araber erst 1973. Zunehmend absurd wurden dadurch die Minderheitenlisten. So verschwanden sie allmählich. Araber, die zionistische Parteien wählten oder in diese wollten, konnten den direkten Weg einschlagen. Doch wozu jüdische Parteien für Araber, die sich zunehmend als israelische Palästinenser fühlten? Dem Staat Israel gegenüber loyal, ihre Nation Palästina im Herzen. Die Loyalität zeigte sich zum Beispiel 1973 im Jom-Kippur-Krieg. Freiwillig spendeten Israels Palästinenser Blut für jüdische Soldaten, und sie übernahmen zahlreiche Aufgaben, die sonst die abwesenden Kämpfer versehen hatten. Das alles geschah spontan und wog schwer.

Die Loyalität galt und gilt Israel als demokratischem Staat. Israels Palästinenser wissen und sehen, daß und welche Möglichkeiten sie in einer Demokratie haben. Bei aller Begeisterung über die Palästinenserautonomie ab 1994, als Demokratie weist sie offenkundige Schwächen auf. Natürlich hat gerade der Jüdische Staat in den Augen der israelischen Palästinenser erhebliche Mängel – aber eben auch unbestreitbare Vorteile: die Offenheit einer funktionierenden Demokratie.

Israels Palästinenser erkannten: Die Umwandlung des jüdischen Staates in einen jüdisch-arabischen ist im Rahmen der israelischen Demokratie mit dem Stimmzettel möglich. Nicht zuletzt aufgrund der Tatsache, daß das natürliche Wachstum der palästinensischen Bevölkerung die israelisch-jüdische bei weitem übertrifft. Und eben deshalb wäre rund ein Drittel der jüdischen Israelis keineswegs abgeneigt, den Arabern das gleichwertige Stimmrecht abzuerkennen. Umfragen ergaben dies immer wieder seit den achtziger Jahren.[129]

Bei den Wahlen vom Mai 1996 begingen Israels Araber einen weitreichenden Fehler: Zwar entschieden sich 95 Prozent für Schimon Peres, doch 80 000 straften ihn aus durchaus berechtigtem, aber langfristig nicht klugem, tagespolitisch bestimmtem Ärger, indem sie weiße Stimmzettel in die Wahlurne warfen. Das entschied den Ausgang des Wettbewerbs zugunsten des Likud-Kandidaten Benjamin Netanjahu. Und der war nicht ihr Freund, um es zurückhaltend zu formulieren. Peres hatten nur 30 000 Stimmen zum Sieg gefehlt.

Man kann denselben Sachverhalt auch anders interpretieren. Die nationalistisch-religiöse Rechte stellte vorwurfsvoll fest: »Das hätte ja gerade noch gefehlt. Ein von Arabern ins Amt gehievter Premier im Jüdischen Staat.« Die Loyalität der israelischen Palästinenser war und ist die eine Seite, Abkoppelung vom zionistischen Establishment die andere. Noch 1969 wählten mehr als 60 Prozent der israelischen Araber zionistische Parteien, 1996 waren es noch 33 Prozent. Der Trend ist eindeutig und bislang unumkehrbar. Israels Araber lehnen die jüdische Substanz des Jüdischen Staates ab, nicht jedoch dessen Existenz. Die Palästinensierung, die stets eine Radikalisierung war, erkannte man erstmals nach 1967 in den Jahren 1972/73. Junge und radikale Araber schlossen sich damals auf lokalpolitischer Ebene zu den »Söhnen des Dorfes« zusammen. Schon bei den Kommunalwahlen des Jahres 1973 erzielten sie beachtliche Erfolge. Daß sie kandidieren durften, und nicht als »Verfassungsfeinde« verboten wurden, bewies auch den Wandel in den israelischen Behörden, die Demokratie nicht als Schönwetter-Spiel, sondern als Grundgegebenheit ihres Staates anerkannten. Inzwischen sind die »Söhne des Dorfes« Teil einer in der Knesset vertretenen Partei. Der Jom-Kippur-Krieg beschleunigte die Palästinensierung der israelischen Araber zusätzlich. Als Araber war »man wieder wer« – endlich. Arabische Lokalpolitiker bildeten 1974 ein zentrales Leitungsgremium, um gesamtarabische Belange in Israel innerarabisch klären und gegebenenfalls durchsetzen zu können. Das Instrument hat sich bis heute bewährt: demokratisch legitimiert und eben innerarabisch.

Der »Tag des Bodens«

»Tag des Bodens«, 30. März 1976. Das war der nächste Politisierungsschub der israelischen Palästinenser. Gegen die Bau- und Bodenpolitik der Regierung und die damit bezweckte »Judaisierung« Galiläas protestierten und demonstrierten die Araber. Drahtzieher waren junge, radikale Palästinenser, nicht zuletzt »Söhne des Dorfes«. Tumultartig entwickelten sich die Kundgebungen. Dann schoß die israelische Polizei, und drei Araber starben. Märtyrer. Jedes Jahr gedenken die Palästinenser Israels und inzwischen auch die des Autonomiegebietes jenes Tages im März 1976. Je nach Stand der allgemeinen Beziehungen zum Jüdischen Staat ist der antiisraelische Akzent. Doch einmal mehr zeigt sich: Nicht gegen die Existenz Israels, sondern gegen dessen zionistische Substanz ist die unterschiedlich scharfe Kritik gerichtet.

Islamismus

Der nächste Palästinensierungsschub hängt mit der Islamisierung der arabisch-islamischen Welt, besonders mit der Iranischen Revolution des Jahres 1979 zusammen. Nun hatte es Israel mit zwei großen Lagern in der palästinensischen Welt zu tun: den eher weltlichen Nationalisten, vornehmlich der PLO, und den Islamisten. So war es besonders in den besetzten Gebieten, doch auch im Kernland, und noch verstärkt seit dem Ausbruch der Intifada, also vom 9. Dezember 1987 bis zum Herbst 1993. Einer von vielen Belegen für diesen Radikalisierungsschub war die Tatsache, daß der arabische IAP-Abgeordnete Darausche im März 1988 eine arabische Formation bildete, die »Arabisch-Demokratische Partei«.

Bei den Islamisten war und ist bis heute jedoch eine bemerkenswerte Abweichung feststellbar: Die israelisch-arabischen Islamisten arbeiten im Staat Israel und nicht notwendigerweise gegen ihn. 1989 und 1993 errangen sie bei Kommunalwahlen beachtliche Erfolge. 1996 bildeten sie mit den »Söhnen des Dorfes« sowie arabischen Abspaltern von der Arbeitspartei die »Vereinigte Arabische Liste«. Vier Mandate eroberten sie.

Während der islamistischen Terrorwelle des Jahres 1995/96 verurteilten die israelischen Islamisten den Terror der palästinensischen Hamas.

1949 saßen drei Araber im Parlament Israels, der Knesset, seit 1996 sind es zwölf. Man muß kein Prophet sein, um vorhersagen zu können, daß es bald noch mehr sein werden – es sei denn, Israel wäre keine Demokratie. Ein solcher Alptraum scheint irreal. Licht gibt es – und Schatten. »Sie hassen uns«, sagten im Frühjahr 1995 57 Prozent der Juden über die Araber – und 47 Prozent der Araber über die Juden.[130] Tief sitzt das wechselseitige Mißtrauen: Weniger als 20 Prozent der Juden und Araber trauten der jeweils anderen Bevölkerungsgruppe.[131]

Die Lebens- und Wirkungskreise von Juden und Arabern überschneiden sich im Jüdischen Staat nur in den Bereichen, wo sie funktional zusammenkommen und zusammensein müssen, zum Beispiel am Arbeitsplatz. Ansonsten lebt man voneinander weitgehend getrennt. Privat trifft man sich kaum, geliebt und geheiratet wird ohnehin fast nur innerhalb der eigenen »nationalen« Gruppe. Als sich der arabische Knessetabgeordnete Baschara im Sommer 1997 im jüdischen Ortsteil Nazareths ein Haus kaufte, erinnerte ihn sogar der liberale jüdische Journalist Dan Margalit daran, daß ein Jude in keiner arabischen Siedlung des Landes ein Haus kaufen könne. »Es gibt keine Symmetrie ... Juden und Araber, die guten Willens sind, verzichten von sich aus darauf, sich in den Siedlungen des anderen Sektors niederzulassen, bis der israelisch-palästinensische Konflikt gelöst ist. Eine solche Nachbarschaft ist schlecht, solange es keinen Frieden gibt.«[132] Nur wenige denken und handeln so, daß sie das Problem vom Kopf auf die Füße stellen und zueinander ziehen. Der Bürgermeister von Ramlah bei Lod, eine gemischte jüdisch-arabische Ortschaft, war im Juni 1997 stolz auf seine Idee, zwischen den jüdischen und arabischen Bezirken eine Mauer errichten und im Stadtbad getrennte Öffnungszeiten für beide Bevölkerungsgruppen einführen zu lassen. Daß sich manche Israelis entrüsteten, verstand der Kommunalpolitiker nicht.[133]

Von den Arabern wird Aufgeschlossenheit für jüdische Themen erwartet, während sich das jüdische Establishment arabischen Fragen und Sorgen verschließt. Zweieinhalbmal so intensiv wie ihre jüdischen Mitschüler müssen die arabischen hebräische Literatur und Grammatik büffeln. Zwanzig Prozent ihrer Unterrichtszeit verbringen arabische Schüler in Israel mit dem Erlernen jüdischer Geschichte. Man lernt jedoch kaum etwas über die arabische.[134]

Die jüdisch-arabische Lücke besteht nicht nur in Politik, Wirtschaft, Kultur und Gesellschaft, sie existiert auch in den Köpfen der Menschen. Wird diese Lücke zum Abgrund?

Das Auf und Ab der Wirtschaft

Der Wirtschaftskrise von 1965 bis 1967 folgte ein Nachkriegsboom. Der Jom-Kippur-Krieg von 1973 verschlechterte die Wirtschaftslage erneut. Die ausgabenfreudige Politik des Likud verursachte ab 1977 weitere Turbulenzen, besonders inflationäre. Seit Mitte der achtziger Jahre begann man mit einer grundlegenden Gesundungspolitik.

Lebensqualität

»Lebensqualität« wird neuerdings ebenfalls »wissenschaftlich« berechnet. Die UNO veröffentlichte dafür 1997 einen »Index«. Was immer man sich darunter vorzustellen hat, und unabhängig davon, ob Qualität meßbar ist, für das Jahr 1994 erhielt Israel Rang 23. Spitzenreiter waren Kanada, Frankreich, Norwegen und die USA.[135] Daß Menschen in Israel »wie Gott in Frankreich« leben, hätte niemand behauptet, doch Platz 23 ist – bei aller Skepsis gegenüber dieser Zahlengläubigkeit – ein schöner Leistungsnachweis. Am Vorabend des Sechstagekriegs, während des »Mitun«, der Wirtschaftskrise, träumte man nicht einmal von solchen Erfolgen. Nur abwärts schien es zu gehen. Doch dann ging es aufwärts, erst zyklisch und inzwischen auch strukturell.

Sofort nach dem Krieg von 1967 löste der Aufbau einer militärischen Infrastruktur in den besetzten Gebieten einen regelrechten Boom aus. Der Abnutzungskrieg kurbelte den Bedarf nach Militärgütern an. Israels Industrie sorgte für Nachschub. Da die Straße von Tiran nun die Israelis selbst kontrollierten, war der Seeweg an den Rotmeerhafen Eilat frei. Nun konnte die Ölleitung von dort nach Aschkelon am Mittelmeer fertiggestellt werden. 1969 war es soweit. Damit war nicht nur Israels Ölzufuhr aus dem Iran gesichert. Die Ölausfuhr aus dem Iran und anderen Staaten nach Europa wurde über Israel erheblich billiger und schneller, denn der Suezkanal war noch geschlossen. Indirekt wurde Israel ein Öl exportierendes Land. Auf jeden Fall füllten die Transitgebühren die Staatskasse.

Damit nicht genug: Israel verfügte selbst über beträchtliche Mengen Öl. Gefördert wurde es auf der Sinai-Halbinsel. Rund zwei Drittel des Eigenbedarfs konnten damit gedeckt und Einfuhren in dieser Größenordnung gespart werden.

Öl kann man nicht trinken, es ersetzt das lebensnotwendige Wasser nicht. Doch auch dieses Problem schien einstweilen gelöst, denn nach dem Sechstagekrieg kontrollierte Israel zwei der drei Jordan-Quellflüsse: den Dan ohnehin und nun auch den Banias auf den Golanhöhen. Daß der dritte Quellfluß, der Litani, auf libanesischem Gebiet lag, verkraftete Israel mühelos, zumal der Grundwasservorrat der Golanhöhen sehr groß ist. Jetzt, 1997, wissen wir, daß sowohl dieses Grund- als auch das gesamte Jordanwasser langfristig nicht ausreichen werden, um die wachsende Bevölkerung der Region, nicht nur Israels, zu versorgen. Blut für dieses Wasser wäre sinnlos vergossen. Alternativen sind gefragt. Über Wassereinfuhr aus der Türkei wird intensiv nachgedacht. Noch intensiver über Süßwassergewinnung aus dem Meer. Sie ist außerordentlich teuer und für Israel ebenso wie für seine Nachbarn kaum bezahlbar. Auf internationale Zusammenarbeit sind alle angewiesen. Die wird es jedoch nur geben, wenn sich die Staaten und Akteure der Region friedlich auf einen Verteilungsschlüssel einigen, auf die Verteilung des bislang vorhandenen und des aus dem Meer zu gewinnenden Wassers. Diese Gedanken, heute Realitäten und morgen Notwendigkeiten, waren damals nicht einmal Science-fiction. Man jubelte über das scheinbar endlos sprudelnde Öl und Wasser. Die Wirtschaft boomte, Vollbeschäftigung wurde kurz nach dem Krieg des Jahres 1967 erreicht. Nun brauchte man dringend neue Arbeitskräfte. Man fand sie mühelos in den besetzten Gebieten. Die Verflechtung der israelischen und palästinensischen Wirtschaft begann.

Palästinenser in Israels Wirtschaft

1970 waren rund 20 000 Palästinenser aus den besetzten Gebieten in Israels Wirtschaft beschäftigt, 1975 schon etwas mehr als 60 000 und im Rekordjahr 1992, am Ende der ersten Likud-Ära, knapp 120 000. Dann sackten die Zahlen ab: 1993 nur noch 80 000, 1994 etwas mehr als 40 000, 1995 rund 30 000 und 1996 weniger als 10 000.

Die orientalischen Juden rückten in der Arbeiterhierarchie auf, die Palästinenser an ihre Stelle. Die »proletarischen« Tätigkeiten, bis dahin besonders im Baugewerbe eine Domäne der orientalischen Juden, wurden arabisiert beziehungsweise palästinensiert. 1992 waren 80 Prozent der in Israel arbeitenden Palästinenser im Bausektor und 9 Prozent in der Landwirtschaft beschäftigt.

Das bedeutete: Einzelne Industrie- und erst recht Dienstleistungszweige der israelischen Wirtschaft gerieten in eine strukturelle Abhängigkeit von diesen Arbeitskräften – und diese in Abhängigkeit von Israel. Eigentlich, so sollte man meinen, eine ideale Voraussetzung für ein friedliches Mit- und Nebeneinander von Juden und Arabern.

Weit gefehlt. Diese ökonomische Sichtweise übersieht nämlich den Faktor Politik. Militante Palästinenser griffen immer wieder zum Mittel des Terrors. Wer eine friedliche Regelung verhindern wollte, »mußte« genau diese wirtschaftliche Verflechtung entflechten. Nur gewaltsam war dies möglich. Das geschah, besonders seit Ende 1993, als Hoffnung auf Frieden keimte.

Nach jedem größeren Terroranschlag in Israel wurden die besetzten Gebiete abgeriegelt, die arabischen Arbeitskräfte ausgesperrt. Die Arbeitslosigkeit stieg dort dramatisch an. 1996/97 auf ungefähr 50 Prozent im Gazastreifen. Doch unbeschadet blieb auch Israels Wirtschaft nicht. Die palästinensischen Arbeitskräfte fehlten an allen Ecken und Enden. Angesichts des Terrors galt jedoch in Israel nicht das Primat der Wirtschaft, sondern das der Politik, genauer: der Sicherheitspolitik. Im Rahmen der vorwegnehmenden Terrorbekämpfung nahm die Regierung willentlich und wissentlich volkswirtschaftliche Benachteiligungen in Kauf.

Gastarbeiter aus Übersee

Aber ganz ohne Gastarbeiter kam man natürlich nicht aus. Nun »importierte« man sie vor allem aus Rumänien, Polen, Thailand und auch aus Schwarzafrika. Diese Zahlen sollte man erwähnen: 1990 fand man nur vereinzelt Gastarbeiter aus diesen Ländern, 1995 bereits 50 000 und 1996 sowie 1997 etwa 200 000.

Was geschah? Nun erkannten selbst die extremsten Falken Israels, daß die palästinensischen Gastarbeiter trotz der Terrorgewalt große Vorteile hatten: Allabendlich verließen sie Israel und kehrten in ihre Heimat zurück. Bei Rumänen, Polen, Thais und Afrikanern war das natürlich unmöglich.

Als der orthodoxe Schass-Innenminister im August 1996 eine Gastarbeitersiedlung in Tel Aviv besuchte, stellte er fest, daß diese sündenbabelige Stadt durch die Ausländer noch sündiger geworden war. Das Rotlichtmilieu profitierte davon, doch das mißfiel dem frommen Mann natürlich sehr: »Was die nur mit unseren jüdischen Mädchen machen«, klagte er und versprach Abhilfe.[136] Doch wie? Es gab nur eine wirklich erfolgversprechende Möglichkeit: die Wiederzulassung der Palästinenser. Genau das war politisch kaum durchsetzbar. Noch etwas stach dem praktizierenden orthodoxen Juden ins Auge: Die ausländischen Arbeiter, zumeist Christen, hatten Gebetsräume eigerichtet. Erschreckt sah der Minister »Kirchen« mitten in Tel Aviv wie Pilze aus dem Boden sprießen. Nicht nur für diesen Politiker war dies eine Horrorvision.

Die Situation schreckte Uri Avnery, den großen alten Mann der israelischen Friedensbewegung, aus ganz anderen Gründen: Als in Deutschland Anfang der neunziger Jahre Wohnheime von Ausländern brannten, hatten »wir ... das süße Gefühl moralischer Überlegenheit. Seht nur, hieß es bei uns, die Deutschen haben nichts dazugelernt. Sie waren Rassisten und blieben Rassisten ... Bisher haben wir zwar noch kein Wohnheim rumänischer Gastarbeiter in Brand gesteckt, aber nur, weil es bei uns keine Wohnheime gibt. Bei uns ist die Situation viel schlimmer. In Deutschland erfreuen sich die ausländischen Arbeitnehmer der Sozialversicherung und anderer großzügiger Hilfsleistungen ... Die Angriffe gegen sie waren die Tat einer kleinen Minderheit von Neonazis und Skinheads. Als diese Angriffe zunahmen, zogen Tausende von anständigen Bürgern auf die Straßen, zündeten Kerzen an und protestierten ... Und bei uns? Schweigen. Ein breiter nationaler Konsens, nichts zu sehen. Mit Erlaubnis der Behörden wird den Arbeitern der Paß weggenommen, und so werden sie zu Sklaven. Sie werden in jämmerliche Unterkünfte gesteckt, und ihre Angehörigen erhalten natürlich nicht die Erlaubnis, sich ihnen anzuschließen.«[137]

Nein, geschwiegen haben nicht alle Israelis, auch nicht die Presse, sonst hätte es nicht die kritischen Stimmen gegeben, die, wie Avnery, gegen das »Sklavenhaus« in Israel protestierten. Ex-Minister Amon Rubinstein, Professor der Rechte, ein Linksliberaler, meldete sich ebenfalls zu Wort. Er prangerte im Juni 1997 an, daß den Gastarbeitern nicht einmal Mindestlöhne gezahlt werden. »Es ist eine Schande für ganz Israel.«[138]

Die gesellschaftliche und politische Zeitbombe tickt in Israel. Entweder wegen der Palästinenser oder wegen der Gastarbeiter. Die Gegensteuerung scheint mit den Palästinensern eher möglich – und sie würde zugleich die Hoffnung auf ein bißchen Frieden stärken.

Wer hätte, wer hat an diese Entwicklungen nach dem Krieg von 1967 gedacht? Kaum jemand. Die Wirtschaft wurde angeheizt; sie wuchs und wuchs. Auch die Inflation kam in Schwung. Nicht erst durch die Auf- und Nachrüstung, die dem Krieg des Jahres 1973 folgte, oder als Ergebnis der Geschenke, die Begin und der Likud ab 1977 an ihre politische Klientel verteilten.

Zauberwort »Liberalisierung«

»Liberalisierung«. Das war das Zauberwort der ersten Likud-Regierung im Herbst 1977. Die Entzauberung folgte rasant. Nur der Wechselkurs wurde liberalisiert und zwei staatliche Banken verkauft. Die Inflation, die man bremsen wollte, begann zu galoppieren. 1978 ereichte das Zahlungsbilanzdefizit ein Viertel des Bruttosozialprodukts. Die private Nachfrage, auch und gerade nach eingeführten Waren, stärkte zwar die politischen Sympathien, ließ aber Währung und Haushalt immer schwindsüchtiger werden und erhöhte den Minusbetrag. Und der Staat gab immer mehr Geld aus.

Nomen est omen? Der Finanzminister hieß Ehrlich, doch wirklich ehrlich war seine Politik nicht. Gefährlich war sie, auch für Ehrlich, denn im November 1979 mußte er seinen Hut nehmen. Sein Nachfolger Jigal Hurwitz wollte sich als »Herr des Sparens« profilieren. Worte liebte er. Auch unter ihm wurde die Wirtschaft eher schwächer. Weder im Kabinett noch in der Öffentlichkeit war die Sparpolitik durchsetzbar.

Die 1980 beschlossene Umbenennung der Landeswährung von »Pfund« in »Scheckel« war wirtschaftlich belanglos.

Seit Januar 1989, nach den Wahlen vom November 1988, amtierte Schimon Peres (IAP) im Finanzressort. Er betrieb zum ersten Mal einen konsequenten Sanierungskurs: Weniger Subventionen, Streichungen sogar im Verteidigungshaushalt (trotz Intifada), Zollsenkungen, Abwertung des Scheckel, Entlassungen im öffentlichen Sektor, Steuererhöhungen. Und siehe da: Das Publikum erkannte, daß es einfach keine andere Möglichkeit gab.

Intifada und Siedlungspolitik sowie die Masseneinwanderung sowjetischer Juden machten die weiter nötigen Ausgabenkürzungen praktisch unmöglich. 1991/92 war die Wirtschaftskrise da. Erst die kleine, IAP-geführte Koalition von Ministerpräsident Rabin, Außenminister Peres und Finanzminister Schochat überwand sie – durch ein relativ einfaches Konzept: Die Investitionstätigkeit wurde aus den besetzten Gebieten ins Kernland verlagert. Die beste Investition war die Friedenspolitik, denn nun investierten auch Ausländer mehr denn je in Israel. 1990 lagen die ausländischen Investitionen in Israel deutlich unter 100 Millionen US-Dollar, 1992 bei etwa 400 Millionen und 1995 bei 1,2 Milliarden. Sensationelle Wachstumsraten wurden erreicht, die sonst nur die »Tigerstaaten« Asiens aufwiesen.

Der britische *Economist* stufte Israel im Mai 1997 auf Platz 30, zuvor Platz 27, der Staaten, in denen »es sich zu investieren lohnt«.[139] Das Weltwirtschaftsforum legte 1997 die Rangfolge der konkurrenzfähigsten Länder vor: Israel stand auf Platz 24, Deutschland auf 25. Alle diese Werte orientierten sich an der wirtschaftlichen Entwicklung bis 1996.

Danach, seit der Rückkehr des Likud an die Schalthebel der Macht, ging es nicht nur friedenspolitisch abwärts, sondern auch wirtschaftlich, und die Arbeitslosigkeit stieg. »Israel? Nein, danke!« sagten mögliche Investoren aus Übersee. Das war ein Grund. Der andere, so die Likud-Regierung: Die IAP hatte zuviel Geld ausgegeben, nun müsse gespart werden.

Zwischenspiel:
Das Schöne Israel – Frieden in Sicht
(1992–1996)

Durch die Wahlen vom Juni 1992 konnten die Sozialdemokraten unter Jitzchak Rabin eine Koalition mit den Linksliberalen bilden. Sie nahm bald Friedenskontakte zur PLO auf. Im September 1993 wurde das »Oslo-Abkommen« unterzeichnet. Hoffnung auf Frieden keimte auf, doch wechselseitiger Terror der Unbelehrbaren beider Seiten verhinderte weitere Fortschritte. Im November 1995 wurde Rabin von einem nationalreligiös-jüdischen Fanatiker ermordet. Sein Nachfolger Peres verlor im Mai 1996 die vorgezogenen Neuwahlen.

Rabins Auftrag

Frieden! Endlich! Bitte! Das war der Auftrag, den die israelischen Wähler am 23. Juni 1992 Rabin, der Arbeitspartei und der linksliberal-nachsozialistischen »Meretz« erteilten. Knapp, aber eben doch.

Die Intifada hatte Israel in der Welt isoliert. Die besten Freunde gingen auf Distanz.

Israel war eine Art Ghetto-Staat geworden. So konnte, so sollte es nicht mehr weitergehen, verlangten die meisten. Die gleichzeitige Niederschlagung und Unterdrückung palästinensischer Hoffnungen und wohlfahrtsstaatlicher Ehrgeiz waren nicht länger miteinander zu vereinbaren.

Im Laufe der Jahre hatten sich immer mehr Israelis von der Position der Falken getrennt. Zweifel am militärischen Wert der besetzten Gebiete verstärkte 1991 der Golfkrieg. Die irakischen Raketen erreichten Tel Aviv und andere Ziele in Israel. Der Puffer durch die besetzten Gebiete war bedeutungslos.

Der Sinn des Boykotts der PLO durch Israel wurde ebenfalls mehr und mehr in Frage gestellt. Vielleicht war es ja doch nicht nur »Feigheit« und »Opportunismus« der Europäer, der so manchen mancherorts sagen ließ: »Keine Regelung ohne die PLO.« Und vielleicht war ja doch nicht die gesamte PLO eine »Mörderbande«, wie Begin, Schamir und Scharon immer wieder verkündet hatten. Gab es nicht doch »legitime Rechte« der Palästinenser? Mehr Land hatte nicht mehr Frieden bedeutet. Sollte die Formel »Land für Frieden« nicht wenigstens ausprobiert, das Risiko des Friedens gewagt werden? Zurück zum Krieg konnte man jederzeit, und kriegsmüde war man außerdem. Nicht nur in Israel, auch bei den Palästinensern. Nichtfrieden und Intifada wurden geradezu unerträglich. Selbst im israelischen Kernland war man seines Lebens nicht mehr sicher. Was gab es denn wirklich zu verlieren? So verlor 1992 der Likud die Macht.

Dann gab es noch einen wichtigen Mann: Jitzchak Rabin. 1992 war er der Spitzenkandidat der Arbeitspartei, nicht mehr Schimon Peres. Rabin traute man beides zu: Härte und Flexibilität, Krieg und Frieden, IAP- und, wenn es denn nicht zu vermeiden war, auch Likud-Politik. Wandel in der Kontinuität. Das schien Rabin zu versprechen. Seine Wähler täuschten sich nicht.

Daß schon sehr bald hinter den Kulissen mit der PLO verhandelt wurde, bemerkte die Weltöffentlichkeit so wenig wie die israelische. Nichts schien sich zu bewegen. Die Intifada tobte weiter, ja, sie wurde immer extremer. Fast jede Woche wurden Juden von islamistischen Terroristen mitten in den Städten Israels mit Messern niedergestochen. Die vom Iran und von Syrien unterstützte Schiitenmiliz Hisbollah feuerte immer häufiger und heftiger aus dem Südlibanon Raketen in den Norden Israels. Massive Vergeltungsschläge der Rabin-Regierung folgten Ende Juli 1993. Eine halbe Million Libanesen floh daraufhin vom Süden in den Norden des Landes. »Dieser Rabin ist ja noch viel schlimmer als seinerzeit Begin«, schimpften »wohlinformierte« Berichterstatter, die sich auch als Propheten betätigten: »Dies ist das Ende des Friedensprozesses«, verkündeten sie selbstsicher.

Nur wenige Wochen später platzte die Bombe: Israel und die PLO hatten sich in der norwegischen Hauptstadt Oslo auf ein bahnbrechendes Abkommen verständigt.

Frieden mit dem Feind

»Nicht mit seinen Freunden schließt man Frieden, sondern mit seinen Feinden«, hatte Uri Avnery, der Pionier der israelischen Friedensbewegung, stets gesagt.[140] Genau diesen Satz gebrauchte Israels Ministerpräsident Rabin bei der Unterzeichnung des Abkommens mit der PLO am 13. September 1993 im Rosengarten des Weißen Hauses. Es war, rein zufällig, auch der 70. Geburtstag von Uri Avnery. Sein inhaltlich-politischer Triumph war kein namentlicher. An diesem Tag war Rabin nur einmal bereit, über seinen eigenen Schatten zu springen: Er drückte Arafat die Hand. Aber Uri Avnery als geistigen Vater dieses so wichtigen Satzes nannte er nicht. Der Erfolg hat eben viele Väter, und Spitzenpolitiker schmücken sich mit Erfolgen lieber allein.

Erfolg verhieß der historische Durchbruch der Politiker auch für die Bevölkerung beider Seiten. Umfragen zeigten, daß rund zwei Drittel der Menschen erfreut und erleichtert über diese Entwicklung waren.[141]

Ein Friedensschluß war in Washington nicht unterzeichnet worden, sondern Dokumente; höchst wichtige, historische Dokumente. »Die PLO erkennt das Recht des Staates Israel auf Existenz in Frieden und Sicherheit an. Die PLO nimmt die Resolutionen 242 und 338 des UN-Sicherheitsrates an.«

Entscheidend an diesen Entschließungen des UN-Sicherheitsrats: Das Recht aller Staaten der Nahostregion, in sicheren und anerkannten Grenzen zu leben, sowie das Prinzip des Rückzugs aus den von Israel 1967 eroberten Gebieten. Land für Frieden also. Die Zauber- oder Teufelsformel – je nach Standpunkt.

Doch weder UNO-Entschließung 242 noch 338 sprechen

vom »palästinensischen *Volk*«. Vielmehr ist von den *Flüchtlingen* die Rede. Ein weitgehendes Entgegenkommen der PLO, ebenso wie die Anerkennung des Existenzrechts Israels »in Frieden und Sicherheit«.

»Die PLO verpflichtet sich auf den Nahost-Friedensprozeß und auf eine friedliche Lösung des Konflikts zwischen den Parteien und erklärt, daß alle ausstehenden Fragen über den dauerhaften Status durch Verhandlungen geregelt werden.« Das war ein deutlicher Hinweis auf die durchaus vorhandenen Meinungsverschiedenheiten, nicht zuletzt die unausgesprochenen und vor allem die Jerusalem-Frage. Der Gewaltverzicht eröffnete jedoch ganz neue Perspektiven – die dann von den Falken auf beiden Seiten blutig bekämpft wurden: Gewalt gegen den Gewaltverzicht.

Den Gewaltverzicht bekräftigte der Brief Arafats: »Die PLO betrachtet die Unterzeichnung der Prinzipienerklärung als historisches Ereignis, das eine neue Epoche friedlicher Koexistenz, ohne Terror und alle Art von Gewalt, die Frieden und Stabilität gefährden, einleitet. Die PLO verzichtet entsprechend auf Terror und jede andere Art von Gewalt. Sie übernimmt die Verantwortung dafür, daß alle PLO-Gruppen und alle Angehörigen der PLO diese Vereinbarung einhalten. Sie verhindert Übertretungen und ergreift disziplinarische Maßnahmen gegen Personen, die dagegen verstoßen.«

Was dies bedeutete? Daß die PLO sich bereit erklärte, Gewalt gegen Palästinenser anzuwenden, die dieses Abkommen torpedieren. Das war leichter gesagt als getan, denn Arafat wollte und mußte gerade die Ablehnungsfront erst für sich gewinnen. Doch sie war nicht zu gewinnen, sie bombte und gefährdete damit den Friedensprozeß. Die israelischen Falken beteiligten sich ebenfalls an der Eskalation der Gewalt, nach innen und außen.

»In Anbetracht des Beginns einer neuen Ära, der Unterzeichnung der Prinzipienerklärung und der Annahme der Resolution 242 und 338 des UN-Sicherheitsrates« erklärte die PLO, daß die Artikel ihrer Charta, die Israel das Recht auf Existenz absprachen, sowie die Bestimmungen, die nicht mit den Verpflichtungen dieses Schreibens übereinstimmten, nicht mehr angewandt werden und nicht länger gültig seien. Die PLO verpflichtete sich, dem palästinensischen Nationalrat die erforderlichen Änderungen der PLO-Charta »zwecks offizieller Billigung vorzulegen«. Das geschah mit erheblicher Verspätung und nicht zur Zufriedenheit der israelischen Falken. Doch was wäre zu ihrer Zufriedenheit gewesen? Nichts.

Mörderisch aktiv wurde nun die palästinensische »Ablehnungsfront«, angeführt von George Habasch und Naif Hawatma. Mit acht anderen oppositionellen Gruppen schlossen sie in Damaskus ihre Reihen, um das Abkommen zu torpedieren. Sie machten ihre Drohungen wahr: Enge Mitarbeiter Arafats wurden nur wenige Wochen nach dem Washingtoner Abkommen ebenso umgebracht wie israelische Soldaten oder Siedler. Allein im September 1993 ermordete Hamas zwölf Palästinenser nach Unterzeichnung des Abkommens.

Die PLO stand keinesfalls mit leeren Händen da. »In Beantwortung Ihres Schreibens vom 9. September 1993 möchte ich hiermit bestätigen«, schrieb Rabin an Arafat, »daß die israelische Regierung angesichts der in Ihrem Schreiben bestätigten PLO-Verpflichtungen beschlossen hat, die PLO als die Vertretung des palästinensischen Volkes anzuerkennen und Verhandlungen mit der PLO im Rahmen des Nahost-Friedensprozesses aufzunehmen.«

Nun war die PLO gleichberechtigter Verhandlungspartner. Israel verhandelte mit den Palästinensern über palästinensische Probleme, nicht mehr mit arabischen Stellvertreterstaaten, die ohnehin nur ein vorgetäuschtes Interesse hatten, die wirklichen Wünsche der Palästinenser zu erfüllen.

Die Washingtoner Dokumente enthielten außerdem Arafats Brief an den norwegischen Außenminister: »Ich möchte Ihnen gegenüber bestätigen, daß die PLO nach Unterzeichnung der Prinzipienerklärung die Palästinenser im Westjordanland und im Gazastreifen dazu aufruft, sich an den Schritten zu einer Normalisierung des Lebens zu beteiligen, auf Terror und Gewalt zu verzichten, am Aufbau von Frieden und Stabilität mitzuarbeiten sowie sich aktiv am Aufbau, an wirtschaftlicher Entwicklung und Kooperation zu beteiligen.«

Und was waren die Hauptpunkte der israelisch-palästinensischen Prinzipienerklärung? Sie umfaßt eine Reihe wechselseitig vereinbarter allgemeiner Prinzipien für die fünfjährige Übergangsperiode der palästinensischen Selbstverwaltung. Zahlreiche Einzelheiten bedurften noch der Verhandlungen. Sie enthielt keine Bestimmungen über dauerhafte Regelungen. Über diese sollte erst mit Beginn des dritten Jahres einer fünfjährigen Übergangsperiode verhandelt werden. Ausgenommen blieben ausdrücklich Fragen über den endgültigen Status von Jerusalem, der Flüchtlinge, der Siedlungen, der Sicherheitsregelungen und Grenzen.

In der Prinzipienerklärung wurde auch festgehalten, daß Israel für die äußere Sicherheit und die von Israelis im Westjordanland und dem Gazastreifen weiterhin verantwortlich blieb.

Hierüber kam es zu heftigen Auseinandersetzungen zwischen Israel und der PLO. Man hatte auf Details verzichtet. Das rächte sich schnell.

Die Prinzipienerklärung beinhaltete die Übertragung von Befugnissen auf die Palästinenser und einen Rückzug der israelischen Sicherheitskräfte aus dem Gazastreifen und aus Jericho. Arafat, Rabin und Peres wußten, weshalb Eile geboten war. Der Widerstand auf beiden Seiten erforderte nicht nur schnelle Entscheidungen, sondern ebenso deren schnelle Durchsetzung. Der Wunsch war stärker als die Macht der Realität.

Man kann es, man muß es auch anders sehen: Arafat erhielt keinen Palästinenserstaat, keine rechtliche Souveränität. In den Verhandlungen, die seit der Washingtoner Unterzeichnung geführt wurden, war er genau darum bemüht. Das jedoch konnte und wollte die israelische Regierung zunächst nicht zugestehen.

Israels Position in der Jerusalem-Frage blieb auch in der

Prinzipienerklärung unverändert. Rabin betonte am 13. September 1993 bei der feierlichen Unterzeichnung in Washington: Jerusalem ist die »historische und ewige Hauptstadt des Jüdischen Volkes«. In der von der israelischen Botschaft in Deutschland herausgegebenen Zusammenfassung der Prinzipienerklärung heißt es wörtlich: »Ein ungeteiltes Jerusalem unter israelischer Souveränität ist und bleibt eine unumstößliche israelische Position.«

So unumstößlich, daß nur wenige Tage nach Unterzeichnung der Washingtoner Vereinbarungen der stellvertretende israelische Außenminister, Jossi Beilin, erklärte, er könne und wolle nichts ausschließen: auch nicht eine israelisch-palästinensische, geteilte Souveränität über Jerusalem. Natürlich folgte ein Sturm der Entrüstung innerhalb und außerhalb der Regierung Rabin. Beilin war nicht irgendwer, sondern eine bedeutende Persönlichkeit in der israelischen Politik: Er war die rechte Hand und der wichtigste Berater von Außenminister Peres.

Ein neuer Naher Osten schien zu entstehen. Ein neuer Naher Osten war entstanden. Früher gab es nur eine Dimension: Krieg, Konflikt, Terror und Gewalt. In der Rabin-Peres-Ära von 1993 bis Mai 1996 gab es zwei Dimensionen: Hoffnung auf Frieden und dazu auf beiden Seiten einen Beinahe-Bürgerkrieg. Die Fanatiker beider Seiten fühlten sich vom Fortgang des Friedensprozesses bedroht und ließen die Gewalt eskalieren. »Widerstand und Bürgerkrieg der Siedler« sowie »Widerstand und Bürgerkrieg der Palästinenser«. Der israelische Rundfunk bezeichnete die terroristischen Aktionen der Siedler als »Jüdische Intifada«.

Dennoch, nein, gerade deshalb verstärkten Rabin, Peres und Arafat ihre Bemühungen, den Konflikt politisch zu regeln. Es gab handfeste Fortschritte im Friedensprozeß. Wir nennen die wichtigsten.

Am 14. Mai 1994 zog sich das israelische Militär aus dem Raum Jericho zurück, am 17. Mai aus Gaza. Am 1. Juli hielt Jassir Arafat in der Stadt triumphalen Einzug. Erstmals in ihrer Geschichte konnten sich die Palästinenser wenigstens auf einem kleinem Gebiet selbst regieren und verwalten.

Am 25. Juli 1994 unterzeichneten Rabin und König Hussein, ebenfalls in Washington, eine Erklärung über die Beendigung des Kriegszustands zwischen beiden Staaten. Am 26. Oktober wurde zwischen Eilat und Akaba der Friedensvertrag, in Anwesenheit von US-Präsident Clinton, unterzeichnet. Zwölf Tage zuvor war Rabin, Peres und Arafat der Friedensnobelpreis zugesprochen worden.

Marokko und Tunesien eröffneten »Interessenvertretungen« in Israel; Oman und Katar folgten später. Am 6. November 1994 erklärte sogar der Irak den Kriegszustand mit Israel für beendet. Mit Syrien wurde intensiv über eine Rückgabe der Golanhöhen verhandelt. Am 28. September 1995 unterzeichneten Rabin und Arafat in Washington das Autonomie-Abkommen für das Westjordanland und den Gazastreifen (»Oslo II«). Anwesend waren, außer dem US-Präsidenten, sein ägyptischer Kollege Mubarak und König Hussein. Wer hätte diese Bilder für möglich gehalten? Wichtiger als die Bilder war der Inhalt der Vereinbarung. Obwohl von der israelischen Regierung noch abgestritten, wurde hier der Grundstein eines palästinensischen Staates gelegt: Alle Städte des Westjordanlandes, des Gazastreifens ohnehin, waren von den Israelis geräumt oder zu räumen. Über Hebron war man sich noch nicht einig. Groß-Israel würde es aber nie mehr oder zumindest auf absehbare Zeit nicht mehr geben. Die großisraelische Epoche des Jüdischen Staates ging zu Ende. Das genau provozierte den Widerstand der israelischen Falken und Fanatiker. Wenige Wochen später, am 4. November 1995, wurde Ministerpräsident Jitzchak Rabin von einem nationalreligiösen Fanatiker, einem Studenten der Rechte, nach einer Friedenskundgebung vor dem Tel Aviver Rathaus ermordet.

Die zuvor gespaltene Nation schien in Trauer vereint. Der Schein trog, denn die Polarisierung bestand fort. Sie verschärfte sich sogar, denn Rabins Nachfolger Schimon Peres gelobte, den Friedensprozeß unvermindert fortzusetzen. Ja, er wollte das Tempo noch beschleunigen. Ermutigt hatte ihn dazu auch die Trauerfeier für Rabin. Nie zuvor waren so viele internationale und eben auch regionale, also arabische Spitzenpolitiker offen und öffentlich nach Israel gekommen: der jordanische König, Ägyptens Präsident Mubarak, hohe Vertreter zahlreicher arabischer Staaten, alle westlichen Staats- oder Regierungschefs, auch Rußlands. »Die ganze Welt ist gegen uns«, hatte man jahrzehntelang in Israel gedacht und gesagt. Nun war es genau umgekehrt, schien es. Die ganze Welt war für Israel und mit Israel in seiner Trauer solidarisch, denn die Welt wollte Israel und dem Nahen Osten helfen, endlich Frieden zu schließen. Das friedenspolitisch aktive Israel war nicht nur für Israels Friedensbewegung das »Schöne Israel«, »Israel hajafa«.

Am 20. Januar 1996 fanden im Autonomiegebiet die ersten allgemeinen, geheimen und freien Wahlen in der Geschichte des palästinensischen Volkes statt: Jassir Arafat wurde Präsident der Autonomie, er erhielt 88 Prozent der abgegebenen Stimmen, seine »Fatach«-Partei errang die absolute Mehrheit der Mandate. Die islamistische Hamas beteiligte sich nicht und rief zum Wahlboykott auf. Trotzdem war die Beteiligung mit rund 80 Prozent außerordentlich hoch.

All das bedeutete für die Islamisten Alarmstufe eins. Sie reagierten dementsprechend und inszenierten einen unglaublichen Terror in Israel.

Syrien und der Iran mobilisierten vom Libanon aus ihren Stellvertreterkrieg, wenngleich Syrien eine Doppelstrategie verfolgte: Terror gegen Israel vom Libanon aus und Verhandlungen mit Israel in den USA.

Die libanesische Schiitenmiliz Hisbollah feuerte täglich Raketen nach Nordisrael. Elementare Unsicherheit kennzeichnete im Februar und März 1996 den Alltag der Israelis. Panische Angst breitete sich aus: Wer wollte nach den zahlreichen Selbstmordanschlägen der Hamas noch einen Autobus besteigen? Wer nach dem Blutbad in einem Tel Aviver Einkaufszentrum einen Stadtbummel unternehmen oder sich ganz einfach ins Café setzen?

Mehr als vor Beginn des Friedensprozesses fürchteten die Israelis um ihr Leben. »So haben wir uns den Frieden nicht vorgestellt«, sagten sogar diejenigen, die zunächst vorbehaltlos »Oslo I« und »Oslo II« begrüßt hatten. »Zum Frieden gibt es keine Alternative«, sagte Premier Schimon Peres. Er hatte zunächst von der Stimmung nach dem Mord an Rabin profitiert und entschied sich deshalb für eine Vorverlegung der Parlamentswahlen. Ursprünglich hätten sie im November 1996 stattfinden sollen, nun wurden sie für den 29. Mai 1996 festgesetzt.

»Frieden und Sicherheit«

»Frieden!« Das war die Parole von Peres. »Frieden und Sicherheit!« die Antwort von Benjamin Netanjahu und seinem Likud. Die erste Parole war angesichts des islamistischen Terrors für viele schal geworden, die zweite kam bei den Wählern an, und Netanjahu wurde der erste, direkt vom Volk gewählte Ministerpräsident Israels. Hauchdünn war sein Vorsprung: 51 Prozent, Peres bekam 49 Prozent, aber Mehrheit ist Mehrheit, und in der Knesset war sie für Netanjahus Koalition größer als für ihn persönlich.

Dabei hatte die ganze zivilisierte Welt noch am 13. März auf der spontan einberufenen Anti-Terror-Konferenz im ägyptischen Scharm el-Scheich erneut ihre Solidarität mit Peres, Arafat und dem Friedensprozeß bekundet. Markige Worte gegen jegliches Blutvergießen ließen die Politiker hören. Tränen für tote Juden kannten die Israelis jedoch aus der jüdischen Geschichte genug. Nie hatten solche Tränen irgend etwas bewirkt. Leben wollten die Israelis, ohne Verrohung und Bedrohung. Das schien auch durch die Friedenspolitik nicht möglich. Was diejenigen, die so dachten, übersahen, war die Tatsache, daß es auch vor den Vereinbarungen mit der PLO

Blutvergießen gegeben hatte – aber keine reale Hoffnung auf irgendeine politische Vereinbarung. In ihrem Zorn und in ihrer Verzweiflung übersahen sie auch die offenkundigen wirtschaftlichen Früchte des Friedens. Sie übersahen die neue Normalität eines in den Nahen Osten integrierten und vom Nahen Osten akzeptierten Israel: Rabin hatte ganz offiziell Marokko und den Oman besucht, natürlich auch Jordanien; Peres flog nach Katar; israelische Politiker, Unternehmer und Journalisten wurden in allen Golfstaaten, auch in Tunesien und Algerien empfangen. Wann und wie wäre das ohne die Friedenspolitik je möglich gewesen? Vergeblich. Der Terror versperrte den Blick. Wer Angst hat, urteilt nicht rational.

Mit dem Mut der Verzweiflung hatte Peres sich Mitte April, rund einen Monat vor den Wahlen, noch als starker Mann profilieren wollen. Er befahl einen Großangriff auf die Hisbollah im Südlibanon. Dieses Unternehmen »Früchte des Zorns« endete im Desaster. Versehentlich oder von der Hisbollah provoziert, schoß israelische Artillerie auf libanesische Zivilisten, die in einem UNO-Lager Schutz gesucht hatten. Mehr als hundert Menschen wurden getötet. Israel saß wieder auf der Anklagebank, und Peres mußte erkennen, daß Zorn weder ein guter politischer Ratgeber war noch die erwünschten »Früchte« trug.

Die bittere Frucht der Niederlage erntete er bei den Wahlen. Die IAP kam nur auf knapp 26,8 Prozent, ihr nächster Partner Meretz auf 7,4 Prozent. Aussichtslos. Der Likud errang zwar auch nur 25,1 Prozent, aber die marokkanisch-orthodoxe Schass 8,5, die Nationalreligiösen 7,8, die Partei der Russen 5,7 und Der Dritte Weg 3,1 Prozent. Am 18. Juni 1996 wurde die Regierung Benjamin Netanjahus von der Knesset bestätigt. Der Koalitionskern bestand aus dem Likud und anderen weltlich nationalistischen Parteien, allen Religiösen sowie der Partei der russischen Einwanderer und dem »Dritten Weg«. Hier hatten sich enttäuschte IAP-Mitglieder und Wähler zusammengefunden, die im Prinzip für eine politische Regelung mit den Palästinensern eintraten, jedoch die konkrete sicherheitspolitische Ausgestaltung der Friedenspolitik schärfstens kritisierten. Sie wandten sich außerdem gegen jeden Kompromiß auf den Golanhöhen. Mit deren Verlust müsse sich Syrien abfinden, meinten sie.

Das Schöne Israel wurde zweimal zu Grabe getragen: das erste Mal am 6. November 1995, bei der Beerdigung Rabins, und dann am 29. Mai 1996, bei den Wahlen für das Amt des Ministerpräsidenten und der Knesset.

Kleine Skizzen der Großen

Mit wenigen Strichen seien Skizzen der wichtigeren, nicht immer allen gleichermaßen sympathischen Politiker Israels versucht, ohne dem Mythos zu verfallen, daß Geschichte weitgehend von Persönlichkeiten »gemacht« würde.

Mosche Dajan

»Der Mann mit der Augenklappe«. So kannte ihn die Welt, das war sein Markenzeichen. Sein Image war das des siegreichen Draufgängers.[142]

Sein größter militärischer Sieg war der Suezfeldzug im Herbst 1956. *Sein* Sieg? So wurde es gesehen, dafür wurde er gefeiert, weil er damals Generalstabschef war.

Er gehörte zur zionistischen »Aristokratie«. Geboren wurde er 1915 im Kibbutz Degania. Kibbutzim galten in der vor- und frühstaatlichen Zeit als das zionistische Ideal schlechthin, als das Feinste vom Feinen, Degania war die Krönung: vom Feinsten das Allerfeinste. Das Leben im Kollektiv mißfiel seinem Vater Schmuel. Er verließ den Kibbutz und mitbegründete die Moschawim, die Kooperativen. Die waren zwar auch »links«, aber doch milder und weniger kollektivistisch.

Ein Einzelgänger wurde Mosche, trotz militärischem Drill und trotz militärischer Karriere, und eine militärische Karrie-

re in der sozialdemokratisch-sozialistischen Untergrundarmee
»Hagana« war in Mosches Jugend der einzige nicht von den
Parteibonzen verstopfte Aufstiegskanal. Das war Mosches
Weg. Er führte steil nach oben.

Von 1953 bis 1957 amtierte er als Generalstabschef.
Danach studierte er Recht und Volkswirtschaft in Tel Aviv
und nippte an der Politikwissenschaft in Jerusalem.
Es zog ihn in die Politik, natürlich in die Mapai, die Staatspartei schlechthin. Er blieb, was er schon vorher gewesen war:
ein enger Freund und Vertrauter David Ben-Gurions. Der förderte ihn nach Kräften: 1959 wurde Dajan Landwirtschafts-
minister. Ein wichtiges Amt, prestigegeladen, denn im Jungen
Israel galt neben dem Zahal-Offizier das Ideal der »Chalutziut«, das landwirtschaftliche Pioniertum. Dajan personifizier-
te also ein Doppelideal: den Chalutz und den höchsten Offi-
zier. »Aristokratischer« ging es gar nicht mehr, zumal sein Vater den ersten Moschaw, Nahalal in Galiläa, gegründet hatte.

Der Vorgesetzte von Mosche Dajan war immer Mosche
Dajan, und auch von Ben-Gurions Nachfolger im Amt des
Ministerpräsidenten, Levy Eschkol, ließ er sich nicht viel sagen. Als Ben-Gurionist trat er 1964 zurück. Mit dem »Alten«
(und Schimon Peres) gründete er 1965 die Mapai-Abspaltung
Rafi. Für sie kam er am Vorabend des Sechstagekriegs ins Kabinett der Großen Koalition. Davor war er fast in Vergessen-
heit geraten, zum privatisierenden Mythos geschrumpft, dessen »Frauengeschichten« die Öffentlichkeit ebenso faszinier-
ten wie die antiken Kostbarkeiten, die er ausgrub und sich
widerrechtlich aneignete. Zu Eschkol als Verteidigungsminister und Premier hatte die Nation keine innere Bindung, und
Rabin schien ein blasser, unsicherer Generalstabschef. Dajan
flößte Zuversicht und Selbstsicherheit ein, garantierte den Erfolg. Der trat nach sechs Tagen Krieg auch ein. Zum zweiten
Mal war Mosche Dajan der große Held.

Doch nun wurden seine politischen Qualitäten erkennbar:
Nicht demütigen wollte er die besiegten Palästinenser, sondern für eine pragmatische Zusammenarbeit gewinnen. Er

war der Vater der Politik der »offenen Brücken«. Er ermöglichte damit erstmals nach 1947/48 gesamtpalästinensische Kommunikation und wurde somit eher ungewollt auch einer der Mitbegründer der palästinensischen Nation. Freie Wahlen gestattete er den Palästinensern 1972.

Eine Taube wurde er trotzdem nicht, am Vorabend der Knessetwahlen von 1973 stellte er sich mit Israel Galili an die Spitze der Falken, die offen ein Groß-Israel anstrebten.

Dann der tiefe Fall: Für das anfängliche Versagen des Militärs im Jom-Kippur-Krieg vom Oktober 1973 machte ihn die Öffentlichkeit mitverantwortlich, obwohl die Agranat-Untersuchungskommission ihn freisprach. Dennoch: Sein Nimbus war dahin. Anfang 1974 trat er zurück, mußte er mit Golda Meir sein Amt verlassen.

Aus der Versenkung holte ihn ausgerechnet Menachem Begin nach seinem grandiosen Wahlsieg. Begin war, wir wissen es, der traditionelle Rivale von Dajans Mentor Ben-Gurion. Begins Brücke zum alten Establishment sollte Dajan als Außenminister werden. Die Hoffnungen wurden nicht enttäuscht. Und wieder entdeckte man den Vollblutpolitiker Dajan. Voller Elan zimmerte er unverzüglich und unermüdlich mit Begin und Sadat den israelisch-ägyptischen Frieden. Sein Einfluß war mit entscheidend, daß Begin im Abkommen von Camp David, im September 1978, und dann im Friedensvertrag vom März 1979 die »Kröte« der »legitimen Rechte des palästinensischen Volkes« und die Idee ihrer Autonomie schluckte.

Nun eilte Dajan seiner Zeit weit voraus. Als erster namhafter Verantwortungsträger sprach er am 12. Februar 1979 davon, daß die PLO nicht nur mit Terror gleichzusetzen sei, sondern auch politische Ziele vertrete, die man ernst nehmen müsse. Einen Sturm der Entrüstung löste er damit aus. Auch mit dem Vorschlag, den Gazastreifen einseitig zu räumen und den Palästinensern dort Autonomie zu gewähren. Kein Wunder, daß er sich mit Begin überwarf. Am 21. Oktober 1979 warf er das Handtuch und trat erneut zurück. Knapp zwei Jahre später, am 16. Oktober 1981, starb er.

Golda Meir: Die jiddische Mame

»Landesmutter«. Inflationär wird dieser Begriff zumeist für die »First Lady« eines Landes gebraucht, die zwar als »first« bezeichnet wird, tatsächlich jedoch nichts zu sagen hat. Golda Meir war keine First Lady, aber sie war die Erste. Eine höchst farbige, energische Dame. Sie hatte, wie man so sagt, »Haare auf den Zähnen«, konnte aber auch weich und sentimental sein. Als Golda Mabovitch wurde sie 1898 in Kiew geboren, 1906 kam sie mit ihren Eltern nach Milwaukee, USA. Das Amerikanische wurde ihre Sprache, auch ihr Hebräisch war sehr amerikanisch gefärbt. 1917 heiratete sie Morris Meyerson, doch wirklich verheiratet war sie nur mit dem Zionismus, dem Volk und Staat Israel.

1921 zogen die Meyersons nach Palästina und dort in den Kibbutz Merchavija. Lange hielt es die junge Dame dort nicht. 1924 lockte Tel Aviv, dann wurde sie sozialdemokratische, damals eher sozialistische Politikerin. 1948/49 diente sie als Israels erste Botschafterin in der UdSSR, wurde dann Arbeits- und 1956 Außenministerin. Wie es sich in Israel damals gehörte, hebraisierte sie nun ihren Namen. Aus Meyerson wurde Meir. Wie so oft entschied bei der Hebraisierung der Klang, doch unbedeutend war der Inhalt auch bei ihr gewiß nicht. »Meir«, so hießen bedeutende Rabbiner, nicht zuletzt in talmudischer Zeit, und »Meir« bedeutet auch: er, sie, es leuchtet.

Golda wurde ein leuchtendes Vorbild emanzipierter Frauen in einer Zeit, in der es weder in Israel noch anderswo in der Welt andere Frauen in Spitzenpositionen gab. Das größte Kompliment, das man – damals – einer Frau machen konnte, erhielt sie von Ben-Gurion: »Sie ist in meinem Kabinett der einzige Mann«, sagte der »Alte«.

1965 übergab sie das Außenministerium an Abba Eban. Er war zwar ein Mann, doch im Vergleich zu ihr ein vielsprachiger Schön- und Vielredner. Golda hatte immer wenig gesprochen und dabei viel gesagt. Schnörkellos, knapp und klar war ihre Sprache. Sie machte »Nägel mit Köpfen«. Als Parteisoldatin in einer für die sozialdemokratische Mapai schweren Zeit diente sie ab 1965. Ben-Gurion hatte die Partei wütend verlassen. Dajan und Peres, auch Teddy Kollek, der beliebte Bürgermeister Jerusalems, und ebenso Chaim Herzog (später Staatspräsident) waren Ben-Gurion gefolgt. Golda stabilisierte nun den Kleinen Maarach, die Zusammenarbeit mit der linkeren Achdut Haawoda. Bis 1968 war sie Generalsekretärin der Mapai. Dann endlich wollte sie in den Ruhestand. Aus diesem holte man sie im März 1969 nach dem Tod von Ministerpräsident Eschkol. Da sich die Jungen der seit 1968 vereinigten Arbeitspartei auf keine Nachfolge einigen konnten, entschied man sich für eine schwache »Übergangslösung«: für Golda. Die Öffentlichkeit war empört. Keiner kannte sie mehr, keiner wollte sie mehr, mit Ausnahme des allmächtigen Parteiapparats. Golda selbst goß Öl ins Feuer: »Nicht die Straße entscheidet über politische Ämter«, verkündete sie in der ihr eigenen Kompromißlosigkeit. Entrüstung folgte nun der Empörung. Bestens gerüstet fühlte sich aber Golda Meir. Sie war weder schwach noch eine Übergangslösung. In kürzester Zeit hatte sie sich den größten Respekt erworben, in der Öffentlichkeit ebenso wie bei der politischen Klasse.

Knallhart war die Dame, und doch dachte, sprach und handelte sie wie eine Mutter, eine Landesmutter. Israel und »die Juden« waren für sie eine einzige große Familie. Ja, Krach konnte es auch in Familien geben, aber Spaltungen? Das ging nicht in ihren Kopf, zumal sie auch durch das starke Gemeinschaftserlebnis der Gründerjahre geprägt war.

Die Unruhen und Proteste der orientalischen Juden, die 1971 ausbrachen, verstand sie nicht. Waren nicht alle Israelis ein Volk? Was sollte diese, für sie künstliche Spaltung der Gesellschaft in aschkenasische (gar »aschkenazische«) und orientalische (»schwarze«) Juden? Diese Welt war nicht Golda Meirs Welt.

Zusammengebrochen ist ihre Welt dann im und nach dem Jom-Kippur-Krieg. Noch während der Kampfhandlungen tobte der innerisraelische Krieg der Generale, schoben sich Politik und Militär den schwarzen Peter zu. Von der Einheit der Nation konnte keine Rede mehr sein.

Tief enttäuscht und verbittert trat sie im April 1974 zurück, obwohl die Agranat-Untersuchungskommission sie von jeglicher Verantwortung für die Große Panne, den »Mechdal«, am Vorabend des Kriegs des Jahres 1973 freigesprochen hatte. Mehr noch, sie war ausdrücklich gelobt worden. Am 8. Dezember 1978 starb sie. Am Totenbett stand ihre Familie. Golda Meir war eine großartige Frau, eine jiddische Mame – für ihre Familie und ihr Land.

Menachem Begin:
Der ideologische Purist und andere »Falken«

Sympathie- oder Werbeträger seines Landes wurde er nicht, verkannt oft. Und das war durchaus nicht nur die Schuld der Außenwelt. Bundeskanzler Helmut Schmidt mochte ihn überhaupt nicht und bezeichnete ihn im Herbst 1980 – jedes Maß aus den Augen verlierend – als »Gefahr für den Weltfrieden«. Auch eine Legende. Meine Zuneigung für Menachem Begin hält sich in Grenzen, doch Abneigung darf keinesfalls das Maß geschichtlicher Dinge sein.

Im russischen Brest-Litowsk wurde er 1913 geboren. Er studierte von 1931 bis 1935 Jura an der Warschauer Universität, stieß früh zu den »Revisionisten« Jabotinskys und ihrer Jugendorganisation »Beitar«, zu deren Führung er seit 1932 gehörte. 1936 wurde er Beitar-Kommandant in der Tschechoslowakei, 1939 in Polen. Den Deutschen entkam er nach Wilna, wo ihn die Sowjets im Herbst 1940 verhafteten. Am 1. April 1941 wurde er zu acht Jahren in einem Arbeits- und »Erziehungslager« in Sibirien, am Pechora-Fluß, verurteilt. Sein Vergehen: Er sei »einer der wichtigsten Helfer der Briten, sogar ein britischer Agent«. Das war eine recht abenteuerliche Begründung, denn keine zionistische Gruppe der Diaspora war in ihrer Haltung so militant antibritisch wie Beitar und die Revisionisten.[143]

Nach dem Überfall Deutschlands auf die UdSSR änderte sich die sowjetische Politik. Ein Abkommen, das Stalin mit General Sikorski und der Regierung des Freien Polen 1941 geschlossen hatte, ermöglichte es polnischen Staatsbürgern, gemeinsam mit den Sowjets gegen die Deutschen zu kämpfen. Wie zahlreiche andere zuvor von den Kommunisten internierte Polen stieß auch Menachem Begin zur sogenannten Anders-Armee. Die Streitmacht des polnischen Generals Anders wurde in den Nahen Osten verlegt, und so kam Begin 1942 nach Palästina. Nein, er desertierte nicht, was ihm einige Freunde nahelegten, er ließ sich ganz legal ausmustern, dann erst schloß er sich der Revisionisten-Untergrundarmee Etzel an, der »Nationalen Verteidigungsorganisation«. Unverzüglich wurde ihm hier das Kommando übertragen. Der frühere Befehlshaber, David Raziel, war am 20. Mai 1941 bei der Niederschlagung eines prodeutschen Aufstands im Irak gefallen. Seitdem war der Etzel führungslos. Begin kannten und schätzten alle Kameraden als charismatischen und wortmächtigen Beitar-Chef Polens.

Als sich der Sieg der Alliierten gegen Hitler-Deutschland abzeichnete, rief der von den Sowjets als »britischer Agent« verurteilte Begin am 1. Februar 1944 die antibritische »Revolte« aus.[144] Die linken, liberalbürgerlichen und religiösen Parteiungen der vorstaatlich-jüdischen Gemeinschaft Palästinas (»Jischuw«) jagten Begin regelrecht und lieferten vom Herbst 1944 bis zum Frühjahr 1945 Etzel-Kämpfer an die Briten aus. Von der »Jagdsaison« spricht man daher in der zionistischen Geschichte.

Begin, nicht nur hierzulande als Personifizierung der Forderung »Auge um Auge, Zahn um Zahn« verunglimpft, wollte trotz der »Jagdsaison« innerjüdisch Gleiches nicht mit Gleichem vergelten. Das Wort von den »jüdischen Brüdern und Schwestern« war für ihn keine leere Phrase, die er andere lehrte, er empfand es – und handelte danach. Der übergeordneten gesamtjüdischen Solidarität wegen entfachte er keinen »Jüdischen Krieg«. Das tat er auch im Juni 1948 nicht, als Ben-Gurion und Rabin die »Altalena« beschießen ließen, das Schiff, das Waffennachschub für den Etzel an Bord hatte. Trotz der 18 Toten und zehn Verletzten, die zu beklagen waren, schoß der Etzel, auf Begins Befehl, eben nicht zurück: »Juden schießen nicht auf Juden!« Darauf beharrte Begin, obwohl Freunde ihm zu einer bewaffneten Reaktion geraten hatten. Im Januar 1952 schien Israel erneut am Rande eines Bürgerkriegs zu stehen. Heftigste Auseinandersetzungen tobten darüber, ob man deutsche Entschädigungszahlungen annehmen dürfe. Vom »Blutgeld« sprach Begin verachtungsvoll. Man dürfe sich das Blut der sechs Millionen Holocaustopfer nicht versilbern lassen. Am 6. Januar stellte er sich an die Spitze einer Protestdemonstration, die gewalttätig und tumultartig endete. Seine Anhänger waren zur Knesset gezogen, die sie stürmen wollten. Deshalb setzte die Polizei Wasserwerfer und Tränengas ein. Die Demonstranten wagten die Gegenwehr. Sie warfen Steine und prügelten mit Eisenstangen auf die Polizisten ein. Ben-Gurions Regierung erwog im Januar 1952, Begins Herut-Partei verbieten zu lassen. Das wagte man nicht, aber für drei Monate erhielt Begin in der Knesset Hausverbot.

Wie man es dreht und wendet: Trotz berechtigter Kritik an Begin muß man wahrheitsgemäß feststellen, daß er zugunsten gesamtisraelischer Gemeinsamkeit mehr Opfer brachte als seine Gegner.

Den Palästinensern und anderen Arabern gegenüber war Begin weniger zurückhaltend. Für das im April 1948 vom Etzel mitverübte Gemetzel an den Palästinensern der Dorfes Dir Jassin bei Jerusalem lehnte er jede moralische Verantwortung ab. Er blieb bei der Version, daß sich dort arabische Kämpfer bei der Zivilbevölkerung verschanzt gehabt hätten. Die meisten israelischen Historiker konnten sich seiner Interpretation nicht anschließen.[145] Mit dem Namen »Dir Jassin« verbinden heute die meisten den Gedanken an ein Kriegsverbrechen. Begin war und blieb der Groß-Israel-Ideologe schlechthin.

Seine Palästinenserpolitik war hart, sie war ideologisch und groß-israelisch, aber nie rassistisch. Man übersehe bitte nicht, daß Begin und seine Partei bis 1966, anders als Ben-Gurion, die Sozialdemokraten und Linksliberalen, entschiedene Gegner der Militärverwaltung über die israelischen Araber waren. Menschen- und Bürgerrechte, so Begin, gebe es entweder für alle oder für keinen. Das Westjordanland als biblisch-jüdisches Kerngebiet war für ihn das Herzstück Groß-Israels, nicht die Sinai-Halbinsel. Deshalb war seine Bereitschaft, 1978/79 auf diese im Rahmen des ägyptisch-israelischen Friedens zu verzichten, keine wirkliche Sensation. Begin handelte – auch hier – genauso, wie er dachte. Und er sagte auch stets, was er dachte.

Hart, ja, brutal war der Feldzug »Frieden für Galiläa«, mit dem er im Juni 1982 seinen Verteidigungsminister Ariel (»Arik«) Scharon und Generalstabschef Rafael Eytan beauftragte, um die Palästinenser aus dem Libanon zu vertreiben. Wir erinnern uns, daß am 16./17. September 1982 mit Wissen und Billigung des israelischen Militärs Hunderte palästinensischer Zivilisten in den Flüchtlingslagern Sabra und Schatilla von den christlich-libanesischen Milizen massakriert wurden. Die amtliche Untersuchungskommission unter der Leitung des Oberrichters Cohen lud die politische Mitverantwortung für diese Untat auf Scharon, Eytan und andere Militärs. Begin wurde entlastet, weil er vom Verteidigungsminister und Generalstabschef nicht ausreichend informiert worden sei.

Alle drei, Begin, Scharon und Eytan, waren beziehungsweise sind Groß-Israel-Ideologen. Der entscheidende Unterschied zwischen Begin und den beiden Haudegen bestand jedoch darin, daß »Bulldozer« Scharon sich bei der Verwirklichung dieser Ideologie selten scheute, die Grenze zivilisierten menschlichen Verhaltens zu überschreiten, und Eytan so menschenverachtend war, die Palästinenser »Küchenschaben« zu nennen.

Anders als diese Männer war Begin ein ideologischer Purist

und als Zivilist stets dem westlich zivilisatorischen Erbe der jüdisch-christlichen Tradition verpflichtet. Bis heute weiß man nicht genau, weshalb Menachem Begin im August 1983, für alle völlig unerwartet, zurücktrat. Auf Deutschland zentrierte Beobachter behaupteten, Begin hätte Helmut Kohl nicht empfangen wollen. Kurz vor dem geplanten Besuch des Bundeskanzlers platzte nämlich die Bombe. Wahr war, daß Begin Deutschland vor allem durch die Holocaust-Brille sah, doch trotz und nach seinen antideutschen Ausfällen gegen Kohls Vorgänger Helmut Schmidt und »das deutsche Volk« war auch Begins Deutschlandpolitik eher pragmatisch, erst recht in der Ära Kohl. Der CDU-Politiker hatte nämlich als »Enkel Adenauers« wieder eine betont proisraelische Linie eingeschlagen.

Viel wahrscheinlicher sind die Vermutungen, daß Menachem Begin nach dem und durch den Libanonkrieg ein gebrochener Mann war. Er fühlte sich von seinen nächsten Vertrauten verraten, besonders von Scharon und Eytan. Er fühlte sich nicht nur verraten, er war es auch, denn der Purist Begin hätte, trotz aller ideologischen und militärischen Härte gegenüber den Palästinensern, gezielte Massaker niemals zugelassen.

Anders als seine politische Umwelt im Likud und bei den Religiösen blieb Begin auch in anderer Hinsicht Purist. Korruption duldete er nicht. Seine beiden Likud-Nachfolger im Amt des Ministerpräsidenten, Jitzchak Schamir und Benjamin Netanjahu, waren da aus einem ganz anderen Holz geschnitzt. Sie nahmen es weniger genau und drückten mehr als nur ein Auge zu.

Begin hat sich nie persönlich bereichert. Bis zu seinem Lebensende blieb er in seiner winzigen Tel Aviver Wohnung, gleich neben dem »Habima«-Nationaltheater, das dem Mann-Auditorium benachbart ist.

Personenkult verabscheute Begin, obwohl er durchaus auch als Demagoge auftrat. Das liebten seine Anhänger, nicht zuletzt die orientalisch-jüdischen, deren politische Kultur schon immer personenbezogener als die der Aschkenasim war. »Begin, Melech Israel, chai, chai wekajam«, »Begin, König Israels«, sangen sie nach den feurigen Reden des Volkstribuns. Das war eine Abwandlung eines israelischen Volkslieds, dessen Text zugleich der endlose Refrain ist: »David, Melech Israel, chai, chai wekajam«, »David, König Israels, er lebt und lebt und ist gegenwärtig.« Begins Geschmack war das nicht, doch er ließ es mit sich geschehen. Gewählt werden wollte auch er. Gerade den orientalischen Juden gegenüber betätigte er sich als Wohltäter. Die zweite, innere Staatsgründung Israels, also die verbesserte, wenngleich nicht vollkommene Integration der orientalischen Juden ist nicht zuletzt sein Verdienst. Dabei hat er sich nie angebiedert. Auch äußerlich legte er größten Wert darauf, als Europäer vom Scheitel bis zur Sohle zu erscheinen. Mochte es noch so heiß sein, Begin trug Anzug und Krawatte. Das gehörte freilich auch zu seiner grundsätzlich oppositionellen Haltung, denn die Kleidungskultur (die überall auch politisch ist) der sozialdemokratisch-sozialistischen Führungsschicht war betont hemdsärmelig und »proletarisch« – während sich das Proletariat von ihr ab- und dem geschniegelten Begin zuwandte.

Jitzchak Rabin: Der beste Begin, den es je gab, und Peres »Der Verlierer«

Für die meisten Israelis war Jitzchak Rabin der beste Begin, den es je gab.[146] Der 1922 im Lande geborene »Zabar« Rabin verband in seiner Person wie kaum ein anderer Politiker in Israel einerseits äußerste Härte (wie auch Begin) und andererseits (Begin unähnlich) Flexibilität miteinander. Das militärische Fachwissen Rabins war ohnehin stets fundierter als das von Begin. Immerhin war Rabin ja ein Mann, der die militärische Uniform erst 1968 gegen den grauen Anzug des Politikers wechselte. Groß geworden, in jeder Hinsicht, war er im Militär. Natürlich hatte Rabin schon in vorstaatlicher Zeit, vor 1948 also, einer Eliteeinheit der zionistischen Untergrundarmee angehört: dem Palmach. Rabin amtierte von 1964 bis Ende 1967 als Generalstabschef und wurde zum eigentlichen Vater des militärischen Siegs im Sechstagekrieg. Erst danach begann seine diplomatische und später politische Karriere. Er wurde 1968 Botschafter Israels in den USA, wo er wichtige Verbindungen knüpfen konnte, die er auch als Ministerpräsident in den Jahren 1974 bis 1977 und erst recht seit 1992 verwenden konnte. Hart in der Sache, doch scheinbar sanft im Auftreten. Das war Rabins politische Ausstrahlung, nicht nur in Israel, sondern auch in den USA; sowohl bei Juden als auch bei Nichtjuden.

1974 bis 1977 amtierte er als Ministerpräsident. Damals war er ein glückloser und auch wenig erfolgreicher Regierungschef, sieht man von der spektakulären Geiselbefreiung und Erschießung der terroristischen Entführer durch ein israelisches Militärkommando in Entebbe am 4. Juli 1976 ab. Der damals als durch und durch uncharismatisch geltende Rabin stand in jener Zeit einer Regierung vor, die den Niedergang der Wirtschaft nicht aufhalten und der Nation nicht helfen konnte, den Schock des Jom-Kippur-Kriegs zu überwinden.

Rabins persönliche Integrität wurde Anfang 1977 erheblich angezweifelt, als ein illegales Konto seiner Frau Lea in den USA entdeckt wurde. Daraufhin mußte Jitzchak Rabin auf die Spitzenkandidatur im Wahlkampf desselben Jahres verzichten. Das Ende seiner politischen Laufbahn schien erreicht.

Aber auch in Israel vergessen Politik und Gesellschaft schnell, und auch in Israel ist das Reservoir begabter Politiker nicht unerschöpflich. Man brauchte Rabin, und man rief ihn zurück. Man berief ihn in der großen Koalition von Likud und Arbeitspartei (1984–1990) zum Verteidigungsminister. Als die Intifada ausbrach, setzte er fast ausschließlich auf militärische Gegenmaßnahmen: Den Palästinensern sollte man »die Knochen brechen«, hatte er verkündet, und viele seiner Soldaten hielten sich an diese Empfehlung.

Die Wirkung war psychologisch und politisch verheerend.

Aber Rabin zeigte danach, daß er lernfähig war. Vielleicht hatte er sich an den Erkenntnisprozeß eines anderen Ex-Generals und Politikers erinnert, an Mosche Dajan. Dajan hatte in den späten siebziger Jahren erkannt und gesagt: Terror sei nur die eine Seite der palästinensischen Problematik, die andere sei politisch und könne nur politisch gelöst werden. Als neuer Ministerpräsident ließ Rabin seit Juli 1992 keinen Zweifel an seiner grundsätzlichen Standfestigkeit erkennen. In Sicherheitsfragen ließ er nicht mit sich spaßen. Schon früh nach seinem Regierungsantritt wurde erkennbar, daß zwischen seiner Regierung und der PLO eine Übereinkunft möglich sein könnte. Der islamisch-fundamentalistische Terror eskalierte daraufhin dramatisch. Rabins Reaktion: Die tatsächlichen (und auch einige nur vermeintliche) Rädelsführer wurden im Dezember 1992 in den Südlibanon deportiert. In der Weltöffentlichkeit erhob sich ein Sturm des Protests. Rabin blieb unbeeindruckt.

Zurück zu Rabin und Begin. Begin war zumindest nach außen Israels härtester Ministerpräsident, ein Super-Falke. In der militärischen Härte stand ihm Rabin in nichts nach, aber er war erheblich flexibler. Und genau das entsprach dem damaligen Mehrheitswillen der Israelis.

Ohne Sicherheit geht nichts für die Israelis. Aber sie waren 1992/93 pragmatisch genug, um sogar für Friedensaussichten (nicht einmal Friedensgewißheit) Verzichte hinzunehmen.

Von jeher ist das israelische Militär die Institution, der das bei weitem größte Ansehen entgegengebracht wird. Das israelische Militär ist so etwas wie eine »heilige Kuh« im Heiligen Land. Und im Zusammenhang mit dieser »Heiligen Kuh« haben es vor allem zwei Männer geschafft, größtes Ansehen zu gewinnen: Mosche Dajan und Jitzchak Rabin.

Militärische Professionalität und Pragmatismus, also sachliche Flexibilität statt ideologischer Verbohrtheit: das verband Rabin wie kein zweiter israelischer Politiker. Dadurch war er dem Nur-Falken Begin überlegen.

Mit Peres an der Spitze gelang der Arbeitspartei bezeichnenderweise die Rückkehr zur Macht nicht. Peres war der ewige Verlierer. 1977 wären die Wahlen vielleicht auch anders ausgegangen, wäre der Spitzenkandidat der Arbeitspartei nicht Schimon Peres, sondern Jitzchak Rabin gewesen. Peres führte die Arbeitspartei seit 1977 von einer Wahlniederlage zur nächsten. Erst 1977, dann 1981, dann 1984, 1988 – und dann als Nachfolger Rabins im Mai 1996. Dabei war er in jenen Jahren als Außen- oder Finanzminister und zeitweiliger Premier von 1984 bis 1986 durchaus erfolgreich und beliebt. Den Makel des ewigen Verlierers verlor er trotzdem nicht.

Wer fällt, der wird gestoßen. Von dieser Tragik blieb Schimon Peres, der intellektuelle Vater des Friedensprozesses, nicht verschont. »Verlierer«, riefen ihm im Juni 1997 die Delegierten des IAP-Parteitages nach seiner Abschiedsrede als Vorsitzender nach. Sie kürten Ehud Barak als Nachfolger und glaubten, er sei ein »zweiter Rabin«, weil auch Barak vor seiner politischen Karriere Berufsoffizier gewesen war und es, wie Rabin, zum Generalstabschef gebracht hatte.

Zurück zum ersten, einzigen und wahren Rabin, Jitzchak nämlich: Der konnte 1992 nach einer Reihe von Niederlagen seinen damaligen Erzrivalen Peres bei den Urwahlen der IAP-Mitglieder endlich bezwingen und danach auch den Likud bei den allgemeinen Wahlen zum nationalen Parlament, der Knesset.

Schon die Umfragen vor den Knessetwahlen verdeutlichten, daß erst die Nominierung Rabins der Arbeitspartei den Durchbruch brachte.

Kein Zweifel: Die Mehrheit der jüdischen Israelis wollte einen Wandel, aber sie wollte im Wandel sicherheitspolitische Kontinuität, verbunden mit Professionalität. Kontinuität im Wandel, genau das versprach Rabin viel mehr als jeder seiner innerparteilichen oder parteipolitischen Gegner.

Rabin hatte gemeinsam mit Peres und Arafat einen neuen Nahen Osten geschaffen, dessen Doppeldimension aus Frieden und Terror bestand, während es zuvor nur Krieg, Terror und Gewalt gegeben hatte. Aber Terror und Gewalt hörten eben durch, nein, wegen der Friedenspolitik nicht auf. Ganz im Gegenteil, der Terror der nimmermüden Falken eskalierte. Aber Terror als Frucht des Friedens wollten die Israelis nicht hinnehmen. Die Beliebtheit von Rabin sank dramatisch. Bei Umfragen 1995 lag Benjamin Netanjahu bis kurz vor Abschluß des Autonomievertrags deutlich vor dem Ministerpräsidenten.[147] Dann stieg zwar wieder Rabins Popularität, doch leider auch die Entschlossenheit seiner Feinde. Am 4. November 1995 wurde er von einem nationalreligiös-jüdischen Fanatiker ermordet.

Der tote Jitzchak Rabin galt fortan national und international nur als Mann des Friedens. Dieses Bild ist verständlich, nur richtig ist es nicht. Rabin war ein Mann des Kriegs, der dessen Sinnlosigkeit erkannt hatte.

Benjamin Netanjahu: Polarisierung und Isolierung

Benjamin (»Bibi«) Netanjahu ist der erste, direkt vom Volk gewählte Ministerpräsident Israels. Am 29. Mai 1996 hat er den ewigen Verlierer der israelischen Politik, Schimon Peres, knapp geschlagen. Doch innerjüdisch war die Mehrheit von rund 57 Prozent so winzig nicht. »Wir wollen doch im Jüdischen Staat keinen Ministerpräsidenten von arabischen Gnaden«, hatten »Bibi« und seine Anhänger immer wieder verkündet.

Einseitige, wenn nötig auch sehr harte Vertretung rein jüdischer Interessen, das war also von Anfang an eines der Leitmotive Netanjahuscher Regierungspolitik. Ein Jahr nach seinem Amtsantritt waren zwar 62 Prozent der jüdischen Israelis mit ihrem Bibi höchst unzufrieden, doch in einem Punkt lobte ihn sogar Oppositionsführer Ehud Barak von der Arbeitspartei: Die persönliche Sicherheit, das Gefühl der Sicherheit, habe sich für den einzelnen Bürger seit Netanjahus Wahl verbessert.[148]

Das genau hatte Bibi im Wahlkampf versprochen: »Frieden

und Sicherheit«.»Frieden statt Sicherheit«. Das, so Bibi, hätte Peres dem Volk beschert. Doch wo war, ein Jahr nach Netanjahus Amtsantritt, der Frieden? Man suchte ihn und fand ihn nicht mehr. Jederzeit, so die allgemeine Einschätzung, konnte das nahöstliche Pulverfaß explodieren – wegen Netanjahus Politik. Und die verbesserte persönliche Sicherheit der Israelis erwies sich seit dem Sommer 1997 immer mehr als Legende. Ein palästinensisches Selbstmordattentat folgte dem anderen, stets in den Zentren Israels. Den Vorgeschmack einer größeren Explosion hatte man schon vom 26. bis zum 29. September 1996 in der »Drei-Tage-Intifada« erhalten. Als Reaktion auf die Öffnung eines Touristentunnels in Ost-Jerusalem organisierten die Palästinenser, nicht ohne Hintergrundregie Arafats, in Jerusalem sowie im gesamten Westjordanland wütende und gewalttätige Protestdemonstrationen. Es wurde behauptet, der Tempelberg und dessen zwei dem Islam heilige Moscheen würden im doppelten Sinne untergraben. Das war zwar falsch, ließ sich aber politisch ausschlachten. Daher der Volkszorn. Zahal und israelischer Grenzschutz eröffneten das Feuer, 69 Palästinenser wurden erschossen, 16 Israelis vom Gegner getötet.

Netanjahu und die Mehrheit seiner Minister erkannten, daß eine Neuauflage der 1993 durch den Friedensprozeß beendeten Intifada alle bisher bekannten Größenordnungen sprengen würde, denn nun hatten die Palästinenser bewaffnete Polizisten und ein eigenes Rückzugs- und Angriffsgebiet: im Gazastreifen und im von Israel geräumten Westjordanland. Zahals Führung war sich einig: Ein Wiedereinzug in Palästinensergebiete wäre undurchführbar, es sei denn, man nähme einen hohen Blutzoll in Kauf. Dem Vernehmen nach entsprach diese Einschätzung auch der Sicht der Minister im Kabinett Netanjahus.[149]

Wahrscheinlich war diese Kurz-Intifada wenigstens in einer Hinsicht die Wende zum Besseren. Am 17. Januar 1997 unterzeichneten Israel und die Palästinenser das Hebron-Abkommen.»Nein, aber«. Das war zuvor, auch im Wahlkampf

1996, Netanjahus Formel zu den beiden »Oslo-Abkommen«. Das Aber sollte bedeuten: Obwohl wir die Verträge ablehnen, werden wir sie einhalten.

Auch Bibi Netanjahu weiß, daß kein Staat ungestraft völkerrechtlich bindende Vereinbarungen brechen kann. Das war die eine Seite. Die andere: Mit Leben ausfüllen will er diese Verträge erst recht nicht. Zwischen Teufel und Beelzebub hat er – aus seiner Sicht – zu wählen. Bis zur Kurz-Intifada glaubte er, einen dritten Weg gefunden zu haben, fast so etwas wie das Ei des Kolumbus. Er sagte ja zu Oslo, tat aber nichts dafür. Verzögern, zerreden, erwägen, das alles entsprach seinem Plan; nur nichts tun. Ab Ende September 1996 war diese Hinhaltetaktik nicht mehr möglich, ohne einen Großbrand zu riskieren. Das kleinere Übel war nun das Hebron-Abkommen, zu dem Schimon Peres nicht mehr den Mut gefunden hatte. Das darf man ebenfalls nicht verschweigen.

Dem Hebron-Abkommen gemäß, räumte Israel fast die gesamte Stadt, mit Ausnahme des von rund 400 jüdischen Siedlern bewohnten Zentrums. Das war und blieb für die Palästinenser ein Pfahl im Fleische – und Auslöser neuer Unruhen. Hebron kam trotz des Abkommens nicht zur Ruhe; eines Abkommens, für das Netanjahu in seiner Koalition erheblich kämpfen mußte. Er nahm dafür sogar in Kauf, auf Wunsch der marokkanisch-orthodoxen Schass-Partei und ihres Führers Arje Deri einen völlig unfähigen Kandidaten zum Generalstaatsanwalt und »Rechtsberater der Regierung« zu ernennen. Ein Kuhhandel war dies, der Deris Probleme mit Israels Justiz lösen sollte. Als »Bar On-Skandal« ging dieser Kuhhandel in Israels Geschichte ein. Bar On, so hieß der inkompetente Jurist, über dessen Unfähigkeit – ausnahmsweise – keine Polarisierung entstand, wohl aber eine höchst peinliche Situation für Netanjahu. Alle Welt sah nun nämlich, daß er, obwohl direkt vom Volk gewählt und daher mit großer Machtfülle ausgestattet, ein reiner Machttaktiker war.

Nun schlug die Stunde von Netanjahus Partei»freunden«, die auf diese Schwäche gelauert hatten. Finanzminister Meridor probte den Aufstand – und scheiterte im Sommer 1997. Der drohenden Entlassung kam er durch seinen Rücktritt zuvor. Auf den freigewordenen Posten war Ariel Scharon erpicht. Wieder taktierte Netanjahu: Er wiegte den »Dicken« (Scharon) in Sicherheit. Alle Welt erwartete den Ex-General als Geldwart. Irrtum. Ein anderer machte das Rennen. Scharon schnaubte vernehmbar vor Wut. Er kontaktierte Netanjahus Partei»freund« Meridor, den gerade gefeuerten Finanzminister, und beide werkelten im Juli 1997 mit Schimon Peres am Plan einer Großen Koalition,[150] mit der Peres einen Teil seiner eigenen Partei, der IAP, und deren neuen Chef Barak das Fürchten lehren wollte. Die Partei der russischen Einwanderer drohte ihrerseits, die Regierung zu verlassen, wenn ihre Klientel nicht mehr Geld bekäme. Sie erhielt rund 170 Millionen DM. Was den Russen recht war, konnte Schass nur billig sein, zumal diese Partei den Staat zumeist als Selbstbedienungsladen betrachtete. Sie verlangte von Netanjahu im Juli 1997 weitere Posten für ihre Leute in religiösen Gerichten. Verlangt – erhofft – erhalten. Was Schass erhielt, konnte die Nationalreligiöse Partei (NRP) nicht bekommen. Nun schmollte sie. Am 21. Juli fehlten Netanjahu bei einer Vertrauensabstimmung in der Knesset die Stimmen der NRP-Abgeordneten.

Mit der angeordneten Absperrung der palästinensischen Gebiete erhöhte Netanjahu nicht nur dramatisch die Arbeitslosigkeit unter den Palästinensern, er verursachte zugleich einen Massen»import« asiatischer, afrikanischer und osteuropäischer Arbeiter. Denn ganz ohne Arbeiter geht die Wirtschaft nicht, vor allem nicht Israels Bau- und Landwirtschaft. Und die Folge? Netanjahu verwandelte den Jüdischen Staat immer mehr und unabsichtlich in eine multi-nationale, multi-ethnische und multi-konfessionelle Gesellschaft. An diese Dynamik hatten er und seine Berater in der Eile nicht gedacht.

Netanjahus Palästinenserpolitik veränderte Israels Gesellschaft, isolierte den Staat international und schadete der Wirtschaft, die er »ins neue Jahrhundert« hatte führen wollen. Die

Privatisierung sollte vorangetrieben, der Haushalt gekürzt werden. Schöne Worte, wenig Taten – und im Dezember 1997 das Chaos des Generalstreiks.

Im Mai 1997 präsentierte Netanjahu seinen »Kompromiß-plan« für die Zukunft der noch besetzten Gebiete: »Allon plus« war die Formel. Das Plus im Vergleich zum 1967/68 entwickelten Plan des verstorbenen Sozialdemokraten war ganz beträchtlich. Die Palästinenser sollten nicht nur, wie von Allon vorgesehen, von Osten und Westen sowie auf den Höhen durch Israel kontrolliert werden. Eine Kantonisierung und Zerschneidung des mini-palästinensischen Gebiets war beabsichtigt. Die geplante Straßenführung und der Fortbestand der Siedlungen bewiesen es.[151]

Der Kompromiß war eher taktisch-kosmetischer Natur. Die Palästinenser mußten sich vor den Kopf gestoßen fühlen. Pläne dieser Art konnten die Polarisierung nicht entschärfen.

Es blieb nicht bei der jüdisch-arabischen Polarisierung, sie schwappte, gewollt und gezielt, auf die jüdische Diaspora über, besonders in die USA: Seit Netanjahus Amtsübernahme waren die Religiösen aller Schattierungen in die Großoffensive übergegangen. Ohne jede Rücksicht auf die Mehrheit der Reform- und konservativen Juden in Amerika und die weitgehend weltliche Ausrichtung der russischen und westeuropäischen Juden beharrten die orthodoxen Regierungsparteien Israels auf einer Verschärfung der Aufnahmekriterien ins Judentum: Nur wer bei orthodoxen Rabbinern zum Judentum übertrat, sollte als Jude gelten. Nun war die Hakelei der israelischen Parteien auch ein Thema gesamtjüdischer Politik geworden.

Außer der innerisraelischen, gesamtjüdischen und israelisch-arabischen Polarisierung gelang der Regierung Netanjahu innerhalb nur eines Jahres ein weiteres Glanzstück: die internationale Isolierung. Sie zeigte sich im Juli 1997 bei der Abstimmung in der UNO-Vollversammlung. Außer den USA und Mikronesien verurteilten fast alle Staaten den Bau der jüdischen Appartementhäuser »Har Homa« bei Jerusalem. We-

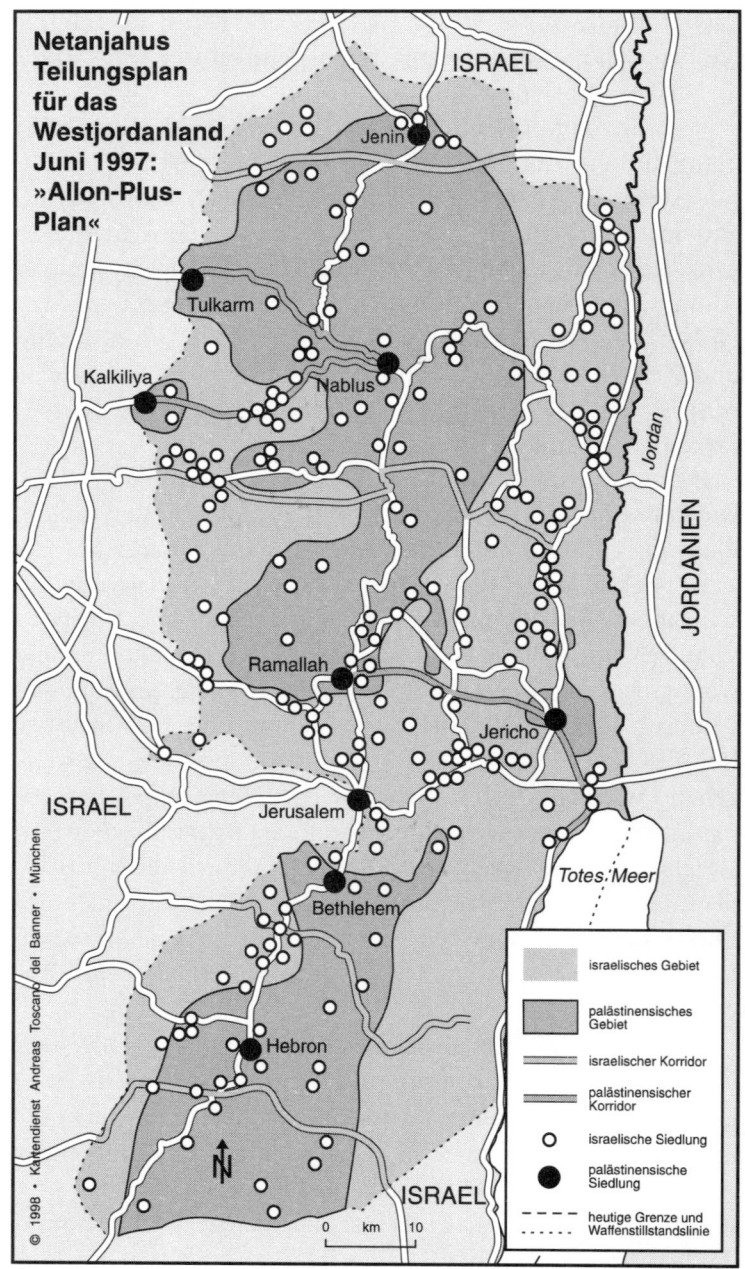

Netanjahus
Teilungsplan
für das
Westjordanland
Juni 1997:
»Allon-Plus-
Plan«

ISRAEL

Jenin

Tulkarm

Kalkiliya

Nablus

JORDANIEN

Jordan

Ramallah

Jericho

ISRAEL

Jerusalem

Totes Meer

Bethlehem

Hebron

N

ISRAEL

© 1998 · Kartendienst Andreas Toscany del Banner · München

0   km   10

	israelisches Gebiet
	palästinensisches Gebiet
	israelischer Korridor
	palästinensischer Korridor
○	israelische Siedlung
●	palästinensische Siedlung
– – –	heutige Grenze und
· · · · ·	Waffenstillstandslinie

gen ihrer »besonderen Beziehungen« zum Jüdischen Staat enthielt sich die Bundesrepublik Deutschland der Stimme; sehr zum Verdruß der arabischen Staaten.[152] Der zweisprachig (hebräisch und amerikanisch) redegewandte Netanjahu, nie um Worte verlegen, fand eine ihm gemäße Antwort: Die UNO sei wirklich Schmuno.[153] Die geistige Anleihe war offensichtlich und sollte israelische Kontinuität und Pluralität vorgaukeln. In den fünfziger Jahren hatte David Ben-Gurion ebenfalls über UNO-Entschließungen verärgert gesagt: »UNO Schmuno« (»Um – schmum« auf hebräisch).

Mag sein, daß es, wieder in den Worten Ben-Gurions, darauf ankommt, was die Juden tun, und nicht auf das, was die Gojim sagen. Doch auch die Gojim lassen nicht alles mit sich machen. Jedenfalls blieben nun auch die gojischen Touristen Israel seit Mitte 1996 scharenweise fern. Sie stimmten mit den Füßen ab – und mieden Israel. Die Tourismusbranche stöhnte. Der »Häßliche Israeli« war auf dem internationalen Tourismusmarkt schwer zu vermitteln. Und nicht nur die Gojim blieben fern. »Nein, danke!« sagten auch die US-Juden.

Kein Zweifel: Innerjüdisch und international wurde Netanjahus Land als das Häßliche Israel wahrgenommen. Nun waren Netanjahus Juden die ungeliebten Juden.

IV. Versuch einer historischen Einordnung und Bilanz

Zwei Versuche mit der jüdischen Staatlichkeit schlugen fehl, der dritte läuft seit genau fünfzig Jahren. Der erste Versuch begann mit der biblischen Landnahme der Kinder Israels und endete mit der Zerstörung des Ersten Tempels durch den Babylonier Nebukadnezar im Jahre 586 vor unserer Zeitrechnung. Der zweite Versuch wurde zwischen 538 vor und 70 nach unserer Zeitrechnung unternommen. Beendet hat ihn der römische Feldherr und spätere Kaiser Titus. Er ließ den Zweiten Tempel niederbrennen.

Trotz der Unterschiede zwischen dem modernen Staatswesen Israel und den beiden antiken jüdischen Gemeinwesen gibt es auffallende Ähnlichkeiten: Zum einen in der Entstehungsgeschichte, zum anderen in ihrem Spannungsverhältnis zwischen Zion und der jüdischen Diaspora.

Das alte und das neue Israel.
Historische Einordnung

Eroberung als Geburtsfehler

Die Errichtung aller drei jüdischen Gemeinwesen erfolgte fast unmittelbar auf Katastrophen in der leidensreichen Geschichte des Jüdischen Volkes. Die erste jüdische Gemeinschaft entstand im 13. vorchristlichen Jahrhundert nach der Knechtschaft in Ägypten. Der zweiten Staatsgründung war die Zerstörung des Ersten Tempels im Jahre 586 vor Christus und das babylonische Exil vorangegangen.

Der dritte jüdische Staat, das heutige Israel, entstand nach dem Holocaust, der auf hebräisch in bezeichnender Weise

»Schoah«, auf deutsch: Katastrophe, heißt. Alle drei jüdischen Gemeinwesen entstanden in Phasen einer grundlegenden politischen Un- und Umordnung der gesamten vorderorientalischen Region. Dabei wurden neue politische, doch keine gesellschaftlich-ethnischen Leerräume geschaffen. Mit anderen Worten: Die Eroberer wechselten, die ansässigen Völker blieben und wurden von den nach- und einrückenden jüdischen Siedlern vertrieben; einige gingen mehr oder weniger freiwillig. Bis auf die Propagandisten sind sich heute eigentlich alle ernstzunehmenden israelischen und palästinensischen Historiker, auch Politiker, darüber einig, daß 1947/48 ein Drittel der Palästinenser aus dem heutigen Israel freiwillig den Kampfplatz räumte, ein weiteres Drittel vertrieben und der Rest von Israelis und siegesgewissen militanten palästinensischen Nationalisten »psychologisch überzeugt« wurde, das Land zu verlassen.

Den jüdischen Siedlern blieb (aus ihrer Sicht) keine andere Wahl. Sie sollten – religiös interpretiert – das Gelobte Land erobern. Sie mußten es sich – unreligiös interpretiert – aneignen, weil sie nach erlittenem Leid glaubten, anderswo als Gastvolk nicht mehr weiterleben zu können.

Die vorangegangene Tragödie des Jüdischen Volkes wurde auf diese Weise das Schicksal der einheimischen Völker. Nach dem Holocaust war es das Los der Palästinenser. Das heißt keineswegs, daß Deutschland indirekt am Leid der Palästinenser schuldig wäre. Weder die Katastrophen noch die innere Spannung zwischen Erlösung und Eroberung beziehungsweise Erlösung durch Eroberung, gewollter Befreiung und ungewollter Unterdrückung sind in der jüdischen Geschichte »einzigartig«. Sie sind in der Gegenwart wirksame und wahrgenommene Vergangenheit, sie bestimmen die geschichtspolitische Diskussion über die Entstehung und den moralischen Geburtsfehler des Staates, in Israel selbst und im Ausland.

Anders als für das alte, waren für das neue Israel Kultur und Religion des alteingesessenen, eroberten Volkes weder Verlockung noch Versuchung. Die andere Seite blieb dem modernen Israel unattraktiv, fremd und bedrohlich, und diese Bedrohung schweißte die jüdischen Bürger des jungen Staates, die aus den verschiedensten Weltteilen und Zivilisationen kamen, zu einer neuen Gemeinschaft zusammen.

Das neuisraelische Wir-Gefühl wird deshalb auch durch die äußere Bedrohung und die beachtlichen Aufbauleistungen geprägt, die sowohl trotz als auch wegen dieser Bedrohung erbracht wurden. Die Bedrohung wirkte integrierend, motivierend und mobilisierend. Wie in den altisraelischen Zeiten Esras und Nehemias vor rund 2500 Jahren »arbeiteten sie mit der einen Hand, und die andere hielt die Waffe«. Dieser Satz aus dem Alten Testament (Nehemia 4,11) wird im neuen Israel immer wieder zitiert.

Dieses Zitat schlägt bewußt eine gedanklich-gefühlsgeladene Brücke zwischen dem neuen und dem alten Israel, schafft ein Bewußtsein jüdisch-historischer Kontinuität in Zion und stiftet Legitimität. Für geschichtsbewußte Juden hatte der neue Jüdische Staat einen historisch-geographischen Geburtsfehler: Israel entstand nicht im einstigen biblischen Kernland Judäa und Samaria, sondern hatte sein Zentrum in der Küstenebene, wo einst die Philister gelebt, und in Galiläa, wo Jesus gewirkt hatte.

Die Eroberungen des Sechstagekriegs machten im Juni 1967 aus Israel geographisch einen jüdischen, demographisch einen jüdisch-arabischen Staat. Der historisch-geographische Geburtsfehler wurde getilgt, der moralische gleichzeitig verschärft, obwohl Israel auch 1967 schuldlos schuldig wurde und aus der Verteidigung angriff; eine im klassischen Sinne tragische Situation.

Der 1967 erreichte Höhepunkt der Rückkehr nach Zion wurde damit Wendepunkt in der Geschichte des Jüdischen Staates: moralisch und demographisch. Moralisch, weil man in die Rolle des Besatzers schlüpfte, die über kurz oder lang immer häßlich ist. Demographisch, weil die arabische Minderheit im Jüdischen Staat erheblich größer wurde. Langfristig stellte sich die Frage nach ihrer politischen, rechtlichen und gesellschaftlichen Integration. Damals merkten es wenige, Anfang der neunziger Jahre war genau dies das strukturelle Hauptproblem israelisch-jüdischer Zukunftsgestaltung. Auch deshalb entschlossen sich Rabin und Peres, den Friedensprozeß und damit eben auch die demographische Trennung von Juden und Arabern einzuleiten.

Als Araber standen die Palästinenser in den besetzten Gebieten einem zionistisch-jüdischen Staat bestenfalls freundlich gleichgültig gegenüber. Je mehr die Gebiete, auch ohne formelle Eingliederung, ein Teil Israels wurden, stellte sich die Frage nach der rechtlichen und politischen Gleichheit ihrer arabischen Einwohner. Hätte man ihnen die Gleichheit verweigert, verzichtete man auf die Demokratie. Gewährte man sie ihnen, verzichtete man auf den Zionismus, das heißt auf den jüdischen Charakter des Jüdischen Staats. Zionismus oder Demokratie: das war für Groß-Israel in den Jahren 1967 bis 1996 die Alternative. Sie war die Folge des historischen, geographischen und militärischen Triumphs im Sechstagekrieg. Dieser Triumph erwies sich zunehmend als Pyrrhussieg.

Das Wir-Gefühl, das heißt die Identität und Identifizierung, des neuen, 1948 gegründeten Israel beruht ähnlich wie im biblischen Israel keineswegs nur auf der jüdischen Religion, zumal der Kulturkampf die jüdische Gesellschaft immer mehr spaltet, sondern auch auf der Leidensgeschichte des Volkes. Das vorangegangene Leid bindet und verbindet die jüdischen Bürger Israels heute ebenso wie damals. Je blasser die Erinnerung an das vorangegangene Schicksal, desto poröser wird das israelische Wir-Gefühl. Das ist die eine Seite. Die andere: Der Alltag und seine Probleme schweißen die Menschen zu »Israelis« zusammen.

Und noch etwas: Der Verzicht auf das Bindemittel der Geschichte ist für jede Gemeinschaft riskant, weil er die Identität und Authentizität schwächen könnte.

Nicht zuletzt deswegen wird in Israel die Erinnerung an den Holocaust aufrechterhalten. Waren einst das pharaonische Ägypten oder das Volk der Amalekiter historisch-ideologischgesellschaftliches Bindemittel und weltlich-politische Identitätsstifter, so ist es heute der Holocaust und damit Deutschland. Hierzulande hält man diesen Gebrauch des Holocaust oft für Antigermanismus, aber übersieht dabei die politische Mechanik der innerisraelischen Identitäts- und Identifikationsstiftung. Die orientalischen Juden, das sind inzwischen mehr als die Hälfte der jüdischen Bürger, waren im Gegensatz zu ihren aus Europa stammenden Landsleuten vom Holocaust längst nicht so betroffen. Die orientalische Juden prägende Verfolgung vollzog sich in den nordafrikanischen und westasiatischen Gastgesellschaften in dem Maße, wie der Konflikt zwischen Zionisten und Palästinensern auf die gesamte Arabische Welt überschwappte und dort besonders in den vierziger Jahren zu Judenverfolgungen führte.

Weil der zionistisch-arabische Gegensatz nach Israels Staatsgründung eher zu- als abnahm, blieb bei den orientalischen Juden Israels nicht nur das alte Feindbild erhalten, sondern auch die Intensität des Willens zur Abgrenzung gegenüber der einstigen Heimat, sei es die eigene oder die der Eltern und Großeltern.

Die aus Europa und Amerika stammenden »aschkenasischen« Israelis betrachten ihre einstige Heimat nicht oder nicht mehr feindselig; ja, sie wird durchaus als Alternative zur Existenz im Jüdischen Staat gesehen. Das gilt inzwischen auch für Deutschland, die baltischen und die GUS-Staaten.

Diese Tatsache erklärt zumindest teilweise die im Vergleich zu den euro-amerikanischen Israelis ausgeprägtere Bereitschaft der Juden afro-asiatischer Herkunft, auch in schwierigeren Zeiten eher in Israel zu bleiben und nicht auszuwandern.

Das Verhältnis zur Diaspora stellt sich daher für die orientalischen Israelis ganz anders als für ihre aschkenasischen Landsleute. Nach Europa und Amerika können aschkenasische Israelis jederzeit zurück; für den Irak, den Jemen oder für Syrien, sogar für das inzwischen wieder wesentlich tolerantere Marokko und Tunesien empfiehlt sich das weniger, zumal die islamische Radikalisierung in der gesamten Region des Vorderen Orients strukturell nicht zur jüdisch-arabischen Entspannung beiträgt. Die Alternative zum Leben in Israel wäre für die orientalischen Juden die Lebensgefahr in der alten Heimat.

Die brennende Landschaft der Diaspora verstärkte den Wunsch der Juden auf baldige konkrete Erlösung. Die säkularisierten Juden, und das waren seit dem ausgehenden 19. Jahrhundert immer mehr und bald die meisten, wollten sich nicht mehr durch die Hoffnung auf den Messias vertrösten lassen. Der Zionismus und dann Israel verhießen Befreiung und Erlösung. Sie wurden für die verweltlichten Juden Ersatz für den Messianismus der religiösen Glaubensbrüder. Der »Rückzug auf Zion« war folglich von säkularisierten »Obertönen des Messianismus begleitet« (G. Scholem). Wegen seiner eher politisch-weltlichen als religiösen Natur muß man ihn als Pseudo-Messianismus bezeichnen, was nun keineswegs bedeutet, daß man ihn deswegen verurteilen soll. Sogar neoorthodoxe Kreise des modernen Judentums haben angesichts der Judennot Zionismus und Israel als »Beginn der Erlösung« betrachtet.

Auch auf die wohlwollenden Teile der nichtjüdischen Welt, die es trotz allem immer und überall gab, strahlte der israelische Pseudo-Messianismus aus. Jeder Messianismus und Pseudo-Messianismus erweckt sehr hohe, kaum erfüllbare Erwartungen. Die Enttäuschung von Juden und Nichtjuden über Israel war daher von Anfang an programmiert. Selbst die größten Erfolge Israels konnten nie die gehegten Erwartungen erfüllen. Das mag eine Erklärung für die israelische Selbstbespiegelung und Selbstkritik sowie die häufige und manchmal ätzende Kritik des Auslands sein, über die man sich in Israel oft beklagt. Die Rügen aus dem Ausland sind auch auf die pseudo-messianischen und durchaus wohlwollenden Erwartungen der Außenwelt zurückzuführen. Israel wird aufgrund der so hohen, selbstgesteckten Erwartungen auch von der nichtjüdischen Welt mit hohen, höchsten und daher unrealistischen Maßstäben gemessen. Die Wurzel dieser Israelkritik

schmeichelt dem Jüdischen Staat, und dieses potentielle Wohlwollen wurde von Israel nicht immer genutzt, weil es oft verkannt wurde.

Je alltäglicher sie wurde, desto weniger kümmerten sich
die meisten Israelis um die pseudo-messianische Utopie. Die
Nichtreligiösen fühlten sich von den Religiösen zunehmend
»vergewaltigt«, und die Sozialisten sehnten sich nach Wohlstand und Bürgerlichkeit. Die utopistische Pioniergesellschaft
verwandelte sich so allmählich in eine durch und durch bürgerliche, nicht selten sogar spießbürgerliche Gesellschaft, die
ihr Leben genießen wollte.

Das Leben, das Leben, nichts als das Leben – in einer ständig bedrohlichen, ja, auch feindlichen Umwelt. Leben und Le-
benszeit an sich wurden so Ziel und Zweck des Daseins, das
darüber hinaus auch noch genußvoll sein sollte. Die Kinder
und Kindeskinder der asketischen Gründer-Genossen haben
ebenfalls längst aufs Genießen umgeschaltet. Das ist der historische Hintergrund, die geschichtliche Erklärung für die so
offenkundig materialistische Lebensführung vieler Israelis.

Anmerkungen zum Verhältnis Israel – Diaspora

Wir wollen uns in diesem Abschnitt mehr mit der israelischen
als mit der diasporajüdischen Seite beschäftigen. Der zionistischen Ideologie entsprechend versteht sich Israel als die
Verkörperung des »Allgemeinen Willens« des Jüdischen Volkes.

Jean-Jacques Rousseau zufolge ist der Allgemeine Wille
keineswegs dem »Willen aller« beziehungsweise dem Willen
der Mehrheit gleichzusetzen. Der Allgemeine Wille irrt nicht
und weiß stets, was richtig ist. Mit diesem Selbstverständnis
lösten Israel und der Zionismus das Dilemma, daß die Mehrheit der Juden nicht nach Zion kam und nicht nach Zion
kommt.

Bis zum Holocaust blieb der zionistische Anspruch, den

Allgemeinen Willen des Jüdischen Volkes zu verkörpern, innerjüdisch heftig umstritten. Die Grundannahme des Zionismus, daß es in der Diaspora überall und immer einen lebensgefährlichen Antisemitismus gebe, war bis zum Holocaust ebenso wenig mehrheitsfähig wie die daraus abgeleitete Folgerung: die Forderung nach einem jüdischen Staat, der diese Gefahr beseitigen sollte.

Der Holocaust schien die zionistische Sichtweise zu bestätigen. Trotzdem kam auch seit der Staatsgründung die Mehrheit der Juden nicht nach Israel, doch der gesamtjüdisch-ideologische Führungsanspruch des zionistischen Staates wurde lange Zeit nicht ernsthaft bestritten.

Selbst viele Nichtjuden setzen noch heute Israel und Juden gleich. Man achte in der Berichterstattung über den Nahen Osten einmal darauf, wie oft von »den Juden« gesprochen wird, wenn Israel gemeint ist.

Trotzdem blieb die Mehrheit der Juden auch nach dem Holocaust in der Diaspora; anders als vorher, hatte sie dabei zunächst ein schlechtes Gewissen. Nach dem Sechstagekrieg von 1967 wurde es aufgrund der gesamtjüdischen Israelbegeisterung noch schlechter, aber seit 1977 beruhigte es sich deutlich, und derzeit kann man sogar von einer Re-Emanzipation der Diaspora sprechen. Begonnen hat sie mit der Friedensinitiative des ägyptischen Präsidenten Sadat.

Verglichen mit ihm galten und gelten auch bei vielen Diasporajuden Israels Ministerpräsident Begin und seine Likud-Nachfolger Schamir sowie Netanjahu als halsstarrige Prinzipienreiter. Die aggressive Siedlungspolitik in den besetzten Gebieten sowie der 1982 von Israel geführte Libanonkrieg gegen die PLO, die friedenspolitische Bockigkeit Schamirs und die geradezu selbstverliebten Provokationen Netanjahus entfachten Wellen innerisraelischer Kritik, die auch die Diaspora erreichten.

In den großen Diasporagemeinden der USA, Großbritanniens und Frankreichs ist Israelkritik längst nicht mehr tabu. Die Diaspora hat sich von Israel nicht entfernt, aber doch distanziert. Die Basis mehr als die Führung. So zeigen Umfragen deutlich, daß zum Beispiel die Mehrheit der US-Juden eher den Tauben zuzurechnen ist, als ihre den Falken gegenüber durchaus aufgeschlossenen Funktionäre.

Unter Rabin und Peres war dieser Umschwung schon vor den Abkommen mit den Palästinensern deutlich zu erkennen.

Israelische Außenpolitik betreibe Israels Regierung, nicht die US-Juden, erklärte Rabin schon als frischgebackener Premier im Sommer 1992 den wenig erfreuten Vertretern der amerikanisch-jüdischen Organisationen. Zur Abkühlung der Beziehungen trug 1994 Israels Präsident Weizman zusätzlich bei. Eine authentisch jüdische Existenz sei nur in Israel möglich, verkündete er Diaspora-Repräsentanten, die das lieber nicht hören wollten. Eine bittere Pille. Auch eine bittere Wahrheit?

Von 1992 bis 1996 regierte das Andere Israel, das Schöne Israel. 1993 und 1994 gelang es ihm, durch Verträge mit den arabischen Nachbarn eine Hoffnung auf einen Neuen Nahen Osten zu wecken. Der Minderheit der Falken und besonders der Führung der US-Juden ging die vermeintliche Verzichtspolitik von Rabin und Peres erheblich zu weit. Sie war bereit, bis zum letzten Israeli für Groß-Israel zu kämpfen – sicherheitshalber an der amerikanischen Front.

Für die Diasporajuden, besonders ihre Führung, entsteht durch Frieden in Nahost ein Dilemma: Sie werden nicht mehr als Israel-Lobby benötigt. Israel kann ihnen bei der Identitätsfindung nicht helfen – es sei denn, sie zögen nach Israel.

Bis 1977 galt Israel als »letzter Rettungsanker« vor dem Antisemitismus. Seitdem ist bei kritischen Diasporajuden zu hören, daß Israels zunehmend militante Palästinenser-Politik in der Welt neuen Antisemitismus entfache. Sie gefährde die Diasporajuden, die mit Israel gleichgesetzt würden, weil sie sich lange mit Israel identifiziert haben. Die Fixierung der Diaspora auf Israel hätte sich als Bumerang erwiesen.

Den Rettungsanker glauben nur wenige Diasporajuden noch zu benötigen, weil sie der Rettung nicht mehr bedürfen. In den vergangenen zwei Jahrzehnten hat der Antisemitismus weltweit abgenommen. Endlich. Das vom Institute for Jewish Policy Research veröffentlichte Jahrbuch »Antisemitism World Report« liefert hierzu die Daten für die jüngste Vergangenheit. Natürlich gibt es Antisemitismus, er wird heute jedoch nicht mehr als lebensbedrohlich empfunden. Das ist gut und erfreulich, doch ist es auch dauerhaft? Als Lebensversicherung, doch nicht nur dafür, verdient Israel die Hilfe der Diaspora und diese braucht Israel zur Selbsthilfe, auch wenn sie es heute nicht so sieht. Sähe sie es, handelte sie anders.[154]

Zynisch, aber wahr: Die terroristische Dimension der Islamisten sowie die atomare Terror- und Horrorvision iranischer und irakischer Politik schweißen Israel und die jüdische Diaspora wieder zusammen. Sie stiften (zumindest oberflächlich) alt-neue jüdische Identität. Denn jeder Jude, ob religiös oder weltlich, ob kritisch oder unkritisch, ist als Jude durch den islamistischen Terror und seine Helfershelfer gefährdet.

Ende der neunziger Jahre lebt knapp ein Drittel aller Juden in Israel. Zwar nimmt der Anteil Israels am Weltjudentum zu, und die Diaspora schrumpft, ja, als inhaltlich jüdische und nicht nur plakativ jüdische Gemeinschaft ist sie sogar zum Untergang verdammt, aber das ändert nichts an folgender Aussage: Das Ungleichgewicht zwischen der Diaspora und Israel dürfte sich auf absehbare Zeit nicht verändern. Die jüdische Welt bleibt auf absehbare Zeit bipolar: Hier Israel, dort die Diaspora. Dieser Zustand erinnert ebenfalls an das alte Israel in der Zeit des Zweiten Tempels, als neben dem jüdischen Gemeinwesen in Zion das bedeutende babylonische und ägyptische Judentum bestand. Damals wie heute zog es die Mehrheit der Juden vor, in der Diaspora zu leben und sich mit Israel eher durch Geld und gute Worte als durch Einwanderung zu solidarisieren. Die zionistischen Gründer gingen zunächst ebenso wie später viele Israelis zur Diaspora bewußt auf Distanz. Das neue jüdische Gemeinwesen in Zion sollte in allem anders als die Diaspora sein, ein »neuer jüdischer Mensch« sollte geschaffen, eine »neue jüdische Gesellschaft« errichtet werden. Mit der Diaspora verband man Schwäche, Wehrlosigkeit und Verfolgung. Jetzt demonstrierte man Stärke und Wehrhaftigkeit, nicht zuletzt in den neuen hebräisch-israelischen Vor- oder in den hebraisierten Familiennamen. Je selbstbewußter israelisch und distanzierter zur Diaspora, desto israelistisch-kraftstrotzender die Namen und damit die durch sie ausgedrückte Identität. Im Laufe der Jahre erkannten jedoch Israels Politiker und Gesellschaft, daß die Diaspora, besonders in den USA, die zuverlässigste und unverzichtbare ausländische Stütze des Jüdischen Staates war.

Zwischen Israel und der Diaspora hat sich in den vergangenen vierzig Jahren eine Schere aufgetan. Die Zahlen sprechen eine klare Sprache: Noch in den sechziger Jahren überwiesen die amerikanischen Juden rund 70 Prozent der gesammelten Gelder nach Israel, Ende der neunziger Jahre behielten sie 70 und überwiesen nur noch 30 Prozent. Dies ist ein äußerliches Zeichen für die innerliche Distanzierung und Emanzipierung der Diaspora.

Israel hat sich der Diaspora genähert, während die sich von Israel entfernte. Die Schere wird unabhängig von der Politik des und der Kritik am Jüdischen Staat mit Sicherheit noch größer werden, weil die Religiösen Israel mehr und mehr in einen quasi fundamentalistischen Staat verwandeln, während mehr als zwei Drittel der Diasporajuden eher weltlich, wenn überhaupt jüdisch empfinden und leben.

Versuch einer Bilanz

Dynamische Geographie

Eindeutige Grenzen hatte Israel nie. Weder die biblischen, »von Gott verheißenen«, noch die historischen Grenzen Israels bestanden jemals lange oder standen unumstößlich fest.

Auch die territorialen Ansprüche der zionistischen Bewegung sowie des Staates Israel wechselten. Als Israel 1948 gegründet wurde, war es ein Kleinststaat. Den meisten israelischen Parteien und Politikern fiel es schwer, sich mit diesem beengten Gebiet zu begnügen. Größere Gebiete fielen Israel zu, weil und als die arabische Welt sich auch mit diesem jüdischen Kleinstaat nicht abfinden wollte. Das territorialpolitische Bekenntnis der zionistischen Maximalisten lautete: »Der Jordan hat zwei Ufer!« Diese geographische Binsenweisheit beinhaltete politisch nicht nur den Anspruch auf das West-, sondern auch auf das transjordanische Ostufer des Flusses. Die Behauptung, Israel wolle das Gebiet zwischen Nil und Euphrat erobern, gehörte stets in den Bereich der politischen Legenden und Propaganda. Jedes Wort hierzu erübrigt sich. Die israelischen Maximalisten haben ihr Ziel nicht erreicht. Sie teilen das Schicksal der arabischen Maximalisten, die Israel von der Landkarte tilgen wollten.

Ohne die Frage nach der Kriegsschuld klären zu wollen, stellen wir fest, daß Israels Territorium schon nach dem ersten arabisch-israelischen Waffengang im Jahre 1949 größer war als im Mai 1948, zur Zeit der Staatsgründung. Mit diesen Grenzen hatte sich die überwältigende Mehrheit in Israel abgefunden.

Die Wende kam im Juni 1967, der Sechstagekrieg mischte die Karten neu. Das geschah unerwartet, wobei Ägypten, Jordanien und Syrien unfreiwillig das Anliegen der wenigen noch verbliebenen territorialpolitischen Revisionisten Israels förderten. Fortan bekamen die Aufwind. Durch den 1982 geführten Krieg gegen die PLO im Libanon hatte Israel ungefähr die Gebiete unter Kontrolle, die schon lange vor der Staatsgründung, im Jahre 1919, von der Zionistischen Weltorganisation gefordert worden waren.

Das lange Beharren der meisten arabischen Akteure auf Wiederherstellung der jeweils vorangegangenen Grenzen, ohne eine vorherige öffentliche, unzweideutige Anerkennung des israelischen Existenzrechts, bestärkte die Falken in Israel und führte dazu, daß der Jüdische Staat immer mehr arabisches Land kontrollierte. Erst die Bereitschaft arabischer Staa-

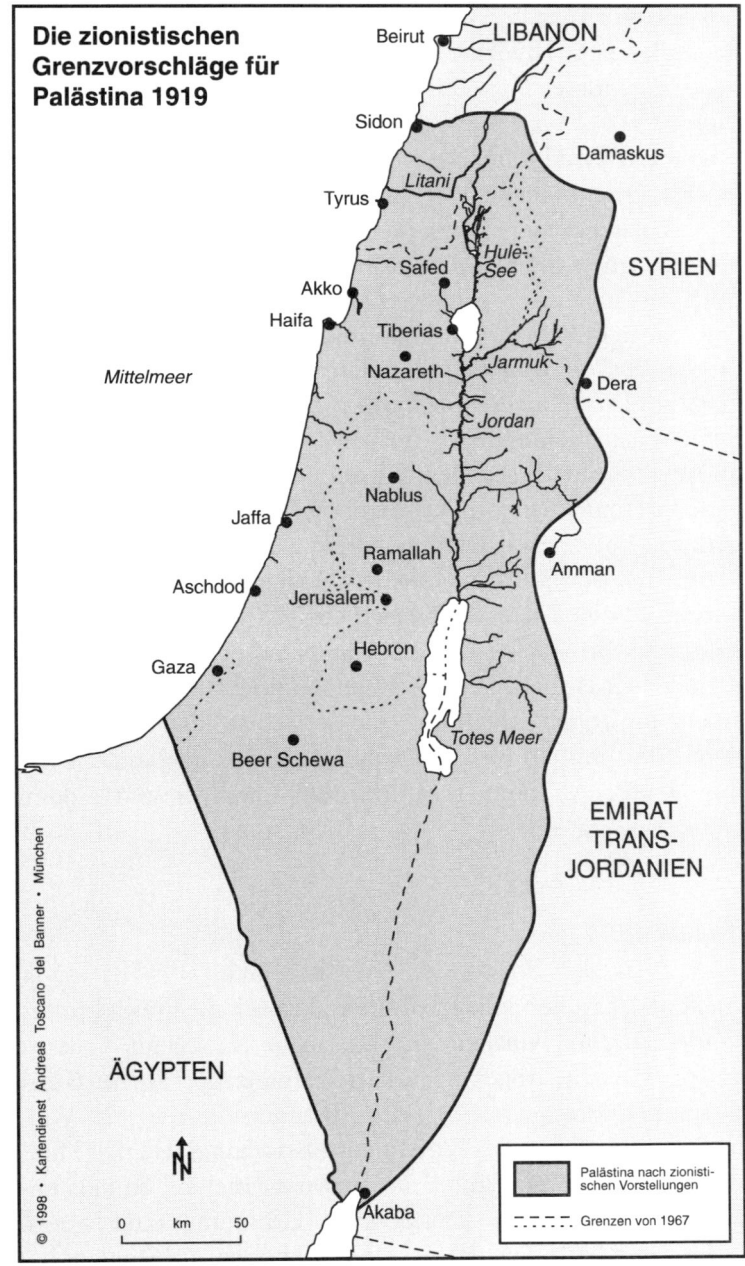

Die zionistischen Grenzvorschläge für Palästina 1919

Beirut

LIBANON

Sidon

Damaskus

Tyrus

Litani

Hule See

SYRIEN

Akko

Safed

Haifa

Tiberias

Mittelmeer

Nazareth

Jarmuk

Dera

Jordan

Nablus

Jaffa

Ramallah

Amman

Aschdod

Jerusalem

Hebron

Gaza

Totes Meer

Beer Schewa

EMIRAT TRANS-JORDANIEN

ÄGYPTEN

N

0   km   50

Akaba

Palästina nach zionisti-
schen Vorstellungen

Grenzen von 1967

© 1998 · Kartendienst Andreas Toscano del Banner · München

ten und der Palästinenser unter Arafat, Israels Existenzrecht anzuerkennen, bewirkte in Israel ein Umdenken und dann auch ein anderes Handeln, besonders in den Jahren 1992 bis 1996.

Die territorialpolitische Kompromißbereitschaft der israelischen Öffentlichkeit war, gemessen an Umfragedaten, seit 1967 zunächst nicht sonderlich hoch, doch in bezug auf die verschiedenen Gebiete unterschiedlich stark ausgeprägt. Den höchsten Stellenwert genießt traditionell das Westjordanland; eine Tatsache, die territorialpolitische Zugeständnisse Israels erschwerte, doch nicht verhinderte. Die Israelis hatten sich lange und stark auch an Scharm el-Scheich, am Südzipfel der Sinai-Wüste, geklammert. Im April 1982 wurde es dennoch an Ägypten zurückgegeben. Ob aber das gesamte von und mit Juden wesentlich dichter besiedelte Westjordanland ohne Bürgerkrieg aufgegeben werden könnte, ist zu bezweifeln. Die knapp 140 000 jüdischen Siedler wählen seit Jahren die politischen Parteien Israels, die sich gegen Gebietskompromisse stemmen. Sie würden die Legitimität und damit auch die Autorität einer Regierung bezweifeln und bekämpfen, die sich zu einem derartigen Schritt entschlösse. Selbst Benjamin Netanjahu beschimpften sie als Weichling, weil er im Januar 1997 das Hebron-Abkommen schloß, und Zahal die Stadt dann weitgehend räumte.

Außenpolitik

Auch in der Außenpolitik bahnte sich durch die Ereignisse des Jahres 1967 für Israel ein grundlegender Wandel an; sichtbar wurde er 1974. Angefangen hatte es ganz anders, für Israel wesentlich erfreulicher: Bei der Abstimmung der UNO-Vollversammlung über die Teilung des britischen Palästina-Mandats standen im November 1947 zwei Drittel der damals unabhängigen Staaten auf der Seite der Gründungsväter Israels. Bis 1967 hatte sich die Zahl der unabhängigen Staaten, be-

sonders in der dritten Welt, vervielfacht. Sie schätzten durchaus die israelische Hilfsbereitschaft, die zahlreiche erfolgreiche Entwicklungsprojekte dokumentieren, doch diese neuen
Staaten sympathisierten stets auch mit dem Unabhängigkeits-
bestreben der Palästinenser. Daß Israel seit 1967 noch mehr
palästinensische Menschen und Gebiete kontrollierte, mißfiel ihnen grundsätzlich. Abstimmungsniederlagen hatte Israel
in der UNO schon seit 1949 oft hinzunehmen. Ab 1967 wurden sie prinzipieller und feindseliger, ab 1973, nach dem Öl-
schock, verstärkte sich dieser Trend noch. Optisch sichtbar
wurde Israels weltweite Isolierung im November 1974, als
PLO-Chef Arafat vor der UNO-Vollversammlung sprach. Das
gleiche politische Forum, dessen überwältigende Mehrheit 1947
Israel unterstützt hatte, bejubelte Israels damaligen Todfeind.
Israels außenpolitische Umwelt hatte sich geändert; 1947 war
diese Umwelt nicht heil, aber intakt; 1974 war sie weitgehend
zerstört. Wir erörtern hier nicht die Frage der vermeintlichen
Schuld, wir beschreiben die Entwicklung.

Das jüdisch-zionistische Gemeinwesen war bereits vor der
Staatsgründung ein Fremdkörper im fast ausschließlich arabisch-islamischen Nahen Osten. Regionalpolitik Israels blieb
deshalb militärisch bestimmt. Die kursangebenden, illusions-
losen Politiker Israels errichteten um ihren Staat eine »Eiserne
Wand«, von der ursprünglich Wladimir Jabotinsky gesprochen hatte. Zwar war der bürgerliche Jabotinsky der Erzrivale der eher sozialistischen Gründungsväter Israels, doch seine
Doktrin wurde zweifellos übernommen: Weil die Araber
Palästina ebenso liebten wie die Juden, würden sie ihre Heimat nicht kampflos aufgeben. Die Juden müßten um ihren
künftigen Staat eine Eiserne Wand errichten. Die Araber würden immer wieder dagegen anrennen, doch schließlich einsehen, daß es sinnvoller sei, sich mit dem Jüdischen Staat
abzufinden, so Jabotinsky. Auch derjenige, der Jabotinskys
Überlegungen moralisch und politisch verwirft, wird nicht bestreiten können, daß dieser sowohl das israelische Vorgehen
als auch das arabische Verhalten zutreffend vorhergesehen hat-

te. Ohne Eiserne Wand gäbe es kein Israel, hätte es keine allmähliche Anerkennung Israels und keine Abkommen mit Ägypten und den Palästinensern gegeben. Soweit die Sichtweise
von und aus Israel.

Die Sichtweise auf Israel lautet dabei ähnlich: Ohne Eiserne Wand, ohne den Jom-Kippur-Krieg und ohne die Intifada
wäre wohl bei den politisch Verantwortlichen und der Gesellschaft Israels auch nicht die Erkenntnis gekommen, daß Kompromisse notwendig sind, wenn man Frieden will.

*

Nach der staatlichen Unabhängigkeit versuchte Israel einen
blockfreien Kurs zu steuern. Das geboten gesamtjüdische Rück-
sichten ebenso wie zionistische Hoffnungen. Sowohl in den
USA als auch in der UdSSR lebten von jeher Millionen von Juden. Ihre Existenz sollte nicht durch Spannungen mit Israel
gefährdet werden. Außerdem hofften die zionistischen Staats-
väter, daß gerade aus diesen großen Diasporagemeinden zahlreiche Glaubensgenossen nach Israel einwandern würden.

Tatsächlich strömten die russischen Juden ins Land – in der
Endphase der Sowjetunion und nach ihrem Zerfall. Gegenüber den amerikanischen Juden gilt nach wie vor das Prinzip
Hoffnung. Gewiß, auch US-Juden kamen: Freilich nicht die
liberale und gemäßigte Mehrheit, sondern Groß-Israel-Fanatiker. Nicht alle waren so fanatisch und extrem wie Baruch
Goldstein, der im Februar 1994 unter muslimischen Gläubigen in Hebron ein Blutbad anrichtete, aber insgesamt hat das
nationalistisch-religiöse Lager von dieser Einwanderungs-
gruppe profitiert. Dem Ausgleich zwischen Juden und Arabern war sie weniger bekömmlich.

Zurück zur Zeit des kalten Kriegs und der beiden Blöcke.
Wie auch andere Möchtegern-Neutrale konnte Israel realisti-
scherweise keinen blockfreien Kurs steuern. Nach Ausbruch
des Korea-Kriegs entschied sich Jerusalem zugunsten des Westens, also der USA. Die Vorentscheidung war bereits im Win-

ter 1948/49 gefallen, als die Kremlführung ihren prozionistischen Kurs aus nationalitätenpolitischen, gesamtsowjetischen Gründen und nahostpolitischen Prioritäten beendete. Damit entfiel – damals – für Israel die Hoffnung auf eine Masseneinwanderung russischer Juden. Im Februar 1953, kurz vor Stalins Tod, brach Moskau die diplomatischen Beziehungen zu Israel ab, um sie schon kurz darauf, im Juli 1953, wieder aufzunehmen. Für den Sechstagekrieg 1967 machte die Sowjetunion Israel allein verantwortlich und brach die diplomatischen Beziehungen erneut ab; die übrigen Staaten des Warschauer Pakts – außer Rumänien – folgten diesem Schritt. Mitte der achtziger Jahre, in der Amtszeit Gorbatschows, erkannte Moskau den 1967 begangenen Fehler: Man verfügte nur über Kontakte zu einer der beiden Seiten im arabisch-israelischen Konflikt. Die späte Korrektur sowjetischer Israel-Politik änderte natürlich nichts am Zusammenbruch des Kommunismus. Das nachkommunistische Rußland unterhält, wie alle GUS-Staaten, auch die muslimischen, intakte Kontakte und Beziehungen zum Jüdischen Staat.

Anders als die Sowjetunion wurden die USA seit den siebziger Jahren zunehmend von beiden Seiten als Gesprächspartner akzeptiert – nicht immer ohne Grollen, auch nicht ohne israelisches Grollen über die USA und amerikanisches Stöhnen über Israel.

Oft ist zu hören, Israel sei schon aufgrund der wirtschaftlichen Abhängigkeit so etwas wie der 51. Staat der USA. Wer dies behauptet, übersieht wichtige Tatsachen: In dem, was Israel als »Lebensfragen« bezeichnet, gelang es den USA nicht, Jerusalem auf Washingtons Kurs zu bringen oder zu zwingen. Wenn es dennoch gelang, hatten die Amerikaner einen hohen Preis zu zahlen: 1973/74, als sie Israels totalen militärischen Sieg im Jom-Kippur-Krieg aus politischen Gründen und Eigeninteresse verhinderten, und 1978/79, als zwischen Israel und Ägypten mit amerikanischer Nachhilfe das Abkommen von Camp David (17. September 1978) sowie der Friedensvertrag (26. März 1979) ausgehandelt wurden. Der Preis waren Rücksichtnahmen gegenüber Israels Palästinenserpolitik und Milliarden US-Dollar. Israel ist eine brüllende Maus, die den amerikanischen Löwen durchaus erschrecken kann.

Daß ihr dies gelingt, liegt keineswegs nur an Einfluß und Macht der legendenumwobenen Israel-Lobby, sondern vor allem an der Tatsache, daß auch die nichtjüdische Öffentlichkeit und politische Klasse der USA davon überzeugt ist, in Israel einen wichtigen und zuverlässigen weltpolitischen Verbündeten zu haben.[155]

In Israel weiß man sehr wohl, wie die politische und wirtschaftliche Unterstützung sowie die Versorgung mit amerikanischen Militärgütern zu interpretieren ist: Sie dokumentiert einerseits das globale und strategische Interesse der USA am Jüdischen Staat; sie signalisiert andererseits die Tatsache, daß sich Israel im Ernstfall selber helfen müßte und an ein direktes amerikanisches Eingreifen kaum zu denken wäre. Höchstens ein Drittel der US-Bürger würden – wie Umfragen immer wieder gezeigt haben – eine derartige Aktion unterstützen – selbst »wenn Israel von den Arabern besiegt würde«. So gesehen gehört die massive Hilfe an Israel auch zum Preis, den die USA zahlen müssen, um ohne einen Großeinsatz eigener Soldaten amerikanische Interessen im Nahen Osten wahrnehmen zu können. Zudem gab Israel Informationen über erbeutete und im militärischen Kampf erprobte sowjetische Waffen zum Nulltarif weiter. Eine Hand wusch und wäscht die andere.

Die Außenbeziehungen Israels zu anderen Staaten sind deutlich nachrangig. Das gilt auch für das deutsch-israelische Verhältnis. Hauptadressat israelischer Außenpolitik war und blieb Washington.

Innenpolitik und Gesellschaft

Daß Israel trotz der ständigen, jahrzehntelangen Bedrohungen und der militärischen Maßnahmen dagegen eine funktionierende Demokratie blieb, ist – nicht nur an der nahöstlichen

Umwelt gemessen – eine große Leistung. Läßt man sich vom selbst erhobenen Anspruch des Zionismus leiten, also vom Pseudo-Messianismus der verweltlichten Nationaljuden, ist diese Errungenschaft gleichwohl eine Selbstverständlichkeit.

Zwei herausragende Bewährungsproben hat diese Demokratie bestanden: Sie fing den Wandel der jüdischen Gesellschaft von einer aschkenasischen in eine aschkenasisch-orientalische institutionell, gesellschaftlich und auch kulturell auf. Diese Entwicklung verlief für alle Beteiligten nicht unproblematisch, doch insgesamt gelang der Wandel. Er führte am 17. Mai 1977 zum Wahlsieg von Menachem Begin und am 29. Mai 1996 zum Triumph von Benjamin Netanjahus Likudblock. Ein regelrechter Machtwechsel wurde zweimal vollzogen, die große, demokratische Bewährungsprobe doppelt bestanden.

Die weitgehend von aschkenasischen Israelis gebildete und gestützte sozialdemokratische Arbeitspartei wurde vom populistisch-nationalistischen religiösen Lager abgelöst, das vor allem die zu kurz gekommenen orientalischen Juden gewählt haben. Mit ihrem Wahlzettel haben sie die Arbeitspartei und damit die aschkenasische »Aristokratie« insgesamt seit 1977 (mit Ausnahme der Wahlen von 1992) gestraft.

Als Israel gegründet wurde, waren die orientalischen Juden eine winzige Minderheit; Ende der Achtziger bildeten sie die Mehrheit der jüdischen Bevölkerung Israels. Dann kamen die russischen Juden, die eine neuerliche Aschkenasierung des Landes bewirkten. Sie wird nicht von Dauer sein, denn die orientalischen Juden sind kinderreicher.

Gewiß, es gab und gibt zum Teil sogar beträchtliche Spannungen zwischen den beiden auch in sich sehr vielfältigen und vielschichtigen jüdischen Bevölkerungsblöcken. Nach wie vor besteht in Politik, Gesellschaft, Wirtschaft und Wissenschaft eine orientalisch-aschkenasische Lücke zugunsten der euroamerikanischen Israelis. Immer noch prägen Europa und Amerika die Kultur»szene« Israels, können sich Literatur, Theater, Musikprogramme oder die Zeitungen Tel Avivs mit den großen westlichen Kulturmetropolen messen. Das Kulturleben Israels ist alles andere als jüdisch-orientalisch. Trotzdem ist die kulturelle und folkloristische Eigenständigkeit der jüdischen Einwanderer aus den nichteuropäischen Regionen im Laufe der Jahre stärker gefördert und entwickelt worden. Die ursprünglich bevorzugte Schmelztiegel-Ideologie wurde weitgehend aufgegeben, Vielfalt der manchmal krampfhaften Vereinheitlichung vorgezogen.

Vielen Aschkenasim fiel es gewiß schwer, sich an ein »orientalisiertes« oder auch nur teilweise »orientalisiertes« Israel zu gewöhnen. Verglichen mit vielen Westeuropäern, auch Deutschen, haben sie sich jedoch der »Ausländer« im Inland angenommen. Anders als in Westeuropa wurde aus dem »orientalischen« *Mitbewohner* des Staates ein weitgehend integrierter und akzeptierter *Mitbürger*.

Die für den künftigen Charakter des Jüdischen Staats wahrscheinlich entscheidende Bewährungsprobe steht allerdings noch bevor: die politische und gesellschaftliche Integration der arabisch-palästinensischen Israelis. Wer die Situation der Araber / Palästinenser in Israel im Jahre 1948 mit der heutigen vergleicht, wird einräumen müssen, daß sich ihre Lebensqualität wie ihre Zahl außerordentlich verändert hat. Damals waren es knapp 150 000, heute sind es mehr als 800 000.

In den Jahren 1948 bis 1958 waren die israelischen Araber vom Schock der Jahre 1947 bis 1949 politisch wie gelähmt. Die gesamtarabische Begeisterung über den damaligen ägyptischen Präsidenten Nasser schwappte 1957/58 auch nach Israel über, wurde aber von den Behörden kontrolliert und damit neutralisiert. Das palästinensische und arabische, letztlich das politische Wiedererwachen der israelischen Araber begann nach dem Krieg im Juni 1967 – also paradoxerweise mit israelischer Hilfe: Sie konnten sich wieder mit Palästinensern im Gazastreifen und Westjordanland treffen und aussprechen. Außerdem erlaubte Israel auf Initiative des damaligen Verteidigungsministers Mosche Dajan den fast ungehinderten Verkehr von Menschen und Waren nach Jordanien. Man nannte dies die »Politik der offenen Brücken«, und von Jordanien aus war der Weg in alle arabischen Staaten offen. Die Politik der offenen Brücken baute Brücken zu einer gesamtpalästinensischen und gesamtarabischen Politik. Sie wirkte auf den Jüdischen Staat zurück, wo sich die »israelischen Araber« nun wieder zunehmend als »Palästinenser« fühlten. Das Aufsehen, das die PLO – wodurch auch immer – weltweit auf sich zog, förderte die Re-Palästinensierung der israelischen Araber, bei denen außerdem eine neue politische Generation herangewachsen war. Diese hatte die Spielregeln der Demokratie in Israel kennengelernt und war entschlossen, sie zu ihren eigenen Gunsten anzuwenden. Psychologischen Auftrieb erhielten sie 1973 durch den Jom-Kippur-Krieg und den damals erfolgreichen Einsatz der arabischen Ölwaffe. Erstmals schien der Jüdische Staat verwundbar. Im März 1976 wurde am »Tag des Bodens« das selbstbewußtere Vorgehen der israelischen Araber sichtbar, auch wenn es gewaltsam eingedämmt wurde. Die seit 1979 (Revolution im Iran) ausstrahlende Radikalisierung des Islam und die seit Ende der siebziger Jahre an Heftigkeit zunehmende Auseinandersetzung zwischen Israel und der Palästinensischen Nationalbewegung in den besetzten Gebieten sowie im Libanon mobilisierten auch die israelischen Araber. Der »Aufstand der Palästinenser« in den besetzten Gebieten, die Intifada, dokumentierte zwischen 1987 und 1993 ebenso wie der Friedensprozeß der Jahre 1993 bis 1996 die immer heftigere Palästinensierung der israelischen Araber. Ein Ende dieser Entwicklung ist nicht abzusehen.

Aus zwei Gründen konnte die über jeden objektiven Zweifel erhabene Verbesserung ihrer ideellen und materiellen Lebensbedingungen die israelischen Araber subjektiv nicht befriedigen: Erstens vergleichen sie verständlicherweise ihre heutige Situation weniger mit jener, die bis 1967 unter bedrückender jordanisch-ägyptischer Vorherrschaft bestand; sie blicken vielmehr auf ihre jüdischen Landsleute und registrieren dabei die nach wie vor vorhandene, sehr große jüdisch-arabische Lücke. Zweitens leben sie als Nichtjuden im Jüdischen Staat, wodurch – sogar bei größter jüdischer Toleranz – ihre Fremdheit grundsätzlich vorgegeben ist. Zwei Völker beanspruchen dieses eine Land als ihr Land (Martin Buber). Es ist geschichtlich jüdisches *und* arabisches Land, wobei nur diejenigen ernsthaft darüber streiten können, wem es länger und mehr gehört, die der jeweils anderen Seite ihre Rechte grundsätzlich streitig machen wollen.[156] Auch die Araber sind in Israel zu Hause; dennoch sind sie Fremde. Sie sind Miteigentümer des Hauses, ohne es zu besitzen, und bleiben auf die Duldung durch die Juden angewiesen. Ihre Rechte und demokratischen Freiheiten, zu denen die gleichberechtigte Ausübung des Wahlrechts gehört, übertreffen zweifellos die in den meisten arabischen Staaten bestehenden politischen Entfaltungsmöglichkeiten. Aber diese Rechte und Freiheiten werden ihnen von den »anderen«, den Juden, gewährt. Sie fürchten als Araber, daß diese Rechte im Jüdischen Staat Rechte auf Abruf oder Widerruf sein könnten. Sie erinnern sich nämlich daran, daß sie bis Ende 1966 unter israelischer Militärverwaltung lebten und strengen Kontrollen unterlagen, die ihre Bewegungsfreiheit in jeder Hinsicht erheblich einengten.

Auch ohne eine Eingliederung der seit 1967 besetzten Gebiete ist die Zahl der arabischen bzw. palästinensischen Einwohner des israelischen Kernlands so beträchtlich gewachsen, daß sie sich langfristig auf der Ebene ihrer politischen Repräsentanz und im politischen Selbstverständnis des Staats widerspiegeln muß – es sei denn, Israel verzichtete auf seine Demokratie. Politisch und in seinem Selbstverständnis ist der Jüdische Staat tatsächlich jüdisch geblieben; seine Gesellschaft ist und wird in Zukunft noch mehr eine jüdisch-arabische sein, selbst wenn alle noch 1997 besetzten Gebiete geräumt würden, denn schon jetzt sind die arabischen Bevölkerungszentren, die Städte, Teil der palästinensischen Autonomie.

Wenn wir die Juden als »Nation« bezeichnen – und vieles spricht dafür –, dann ist Israel zwar der Nationalstaat der Juden; die Gesellschaft Israels ist jedoch bi-national. Der staatlich-politische Überbau entspricht also nicht der gesellschaftlichen Basis. Im Bild gesprochen: Das Dach ist jüdisch, das Haus jüdisch-arabisch. Irgendwann wird das Haus also entweder umgebaut oder zusammenbrechen.

Noch grundsätzlicher hätte eine Annexion der besetzten Gebiete den jüdischen Charakter des Jüdischen Staats verändert. Die Gesellschaft des Jüdischen Staats wäre dann noch schneller jüdisch-arabisch geworden.

Es haben sich seit den frühen achtziger Jahren in der israelischen Politik und Gesellschaft die Stimmen derer gemehrt, die das Problem erkannten und aussprachen. Sie wollten, daß Israel ein Jüdischer Staat bleibt, und warnten deshalb vor einer Annexion der Gebiete. Die fortdauernde Kontrolle über die dort lebenden Palästinenser würde Israel in einen »rassistischen« Staat verwandeln, erklärte Rabin schon 1988 als Verteidigungsminister.[157]

Doch auch ohne Annexion besteht das eigentliche Problem weiter, denn selbst ohne die Palästinenser der besetzten Gebiete wird das israelische Kernland in seiner Gesellschaft immer mehr jüdisch-arabisch. Auf der politischen Ebene muß und wird sich ein Wandel vollziehen, in die eine oder andere Richtung. Ich neige zu der Auffassung, daß die Demokratie bleiben, der zionistisch-jüdische staatliche »Überbau« sich allmählich der jüdisch-arabischen gesellschaftlichen »Basis« angleichen wird. Weshalb? Weil die demokratische Grundüberzeugung der jüdischen Mehrheit tief verwurzelt ist, obwohl es seit Jahrzehnten durchaus besorgniserregende Umfragen gibt. Sie zeigen, daß ungefähr ein Drittel der Juden Israels, bei den Jugendlichen sind es sogar noch mehr, vor die Wahl zwischen »Demokratie« und »Zionismus« gestellt, sich zugunsten des Zionismus und gegen die Demokratie entscheiden würden. Daß zudem extrem antiarabische Tendenzen und Verhaltensweisen seit den achtziger Jahren ebenfalls stärker wurden, kann man freilich nicht verschweigen, und diese gegenläufige Entwicklung dämpft den Optimismus.

Angesichts der jahrhundertelangen Verfolgungen der Diasporajuden, der Pogrome und schließlich des Holocaust hatten sich die Staatsgründer Israels vorgenommen, im eigenen Land einen »neuen jüdischen Menschen« zu schaffen; einen Juden, der sich nicht mehr widerstandslos abschlachten lassen würde. »Nie wieder Opfer!« »Eher frühzeitig und heftig, vielleicht auch zu stark, zuschlagen, als gar nicht und dann möglicherweise wieder tot.« Das war der Grundgedanke aus dem Erlebten und Erlittenen. Die Strategie von Zahal muß man auch vor diesem Hintergrund sehen. Zahal wurde sehr wehrhaft, militärisch erfolgreich und durch unerwartete Gelegenheiten sowie Gegebenheiten seit 1967 Besatzungsarmee. Dabei distanzierten sich viele junge Israelis offenbar von den Idealen der zionistischen Gründungsgroßväter. Die »Reinheit der Waffe« ging nicht selten verloren, sofern es sie überhaupt geben kann.

Vom weltlichen Messianismus zum Realismus

Die Frage nach dem jüdischen Charakter des Jüdischen Staates stellt sich nicht nur im Spannungsbereich zwischen Juden und Arabern. Sie sorgt traditionell auch für innerjüdischen Zündstoff. Die jüdische Orthodoxie hatte von Anfang an ihre Schwierigkeiten mit dem Zionismus, der ihrer Meinung nach in den Gang der Geschichte und damit in »Gottes Werk« eingriff. Von der extremen Ablehnung des Zionismus setzten sich frühzeitig die Nationalreligiösen ab. Sie wollten den »unjüdischen« Zionismus, später den Staat Israel, von innen »jüdischer« gestalten und ihn nicht von außen bekämpfen. Ein Teil der Orthodoxie hat sich diesem »Marsch durch die israelischen Institutionen« seit den vierziger Jahren unter dem Eindruck des Holocaust angeschlossen. Kurz vor der Staatsgründung, im Juni 1947, schlossen Religiöse und Nichtreligiöse eine religionspolitische Vereinbarung, das »Status-quo-Abkommen«. Es regelte das Was und Wieviel an angewandten jüdischen Geboten im Jüdischen Staat. Zwar erwies sich dieser Status quo, besonders unter Likud-geführten Regierungen, als sehr dynamisch, aber die dynamisierte Fassung hielt. Wie lange wird sie halten? Kann sie halten? Die Krisenzeichen mehren sich. Zum Status quo gehört die Nichtanerkennung des in den USA so mitgliederstarken konservativen und des Reformjudentums. Beide sind wesentlich liberaler als das orthodoxe Judentum. Zwei Drittel der praktizierenden Juden gehören in den USA diesen Richtungen an, die Israels Orthodoxe als »Andersgläubige, die sich nur Juden nennen«, beschimpfen. In Israel verfügt die Orthodoxie über das Monopol in Personenstandsfragen. Israels Status quo kennt keine Trennung zwischen Religion und Staat. Von konservativen und Reformrabbinern vollzogene Übertritte zum Judentum oder Eheschließungen werden amtlich nicht anerkannt. Seit 1977 und nochmehr seit 1996 wagt die Orthodoxie den Großangriff gegen die liberalen Strömungen, scheinbar nur in Israel, tatsächlich sind alle Juden der Welt betroffen.

Die nichtreligiösen Israelis (das sind circa 60 bis 70 Prozent) fühlen sich von den Religiösen »vergewaltigt«. Die Religiösen wollen einen jüdischen, und das bedeutet für sie, einen an den religiösen Geboten orientierten Staat. Umstritten ist demnach nicht nur das Mischungsverhältnis von Religion und Staat, sondern die Mischung überhaupt.

Wenn der Jüdische Staat freilich ein »Staat wie jeder andere« wird, so ist es auch das Volk Israel. Genau dagegen sträubt sich die Orthodoxie. Die Frage wirft neben geistlich-religiösen auch brisante politische Probleme der Existenz auf: Wenn Israel nicht mehr religiös-jüdisch ist, hat es damit nicht auch die Rechtfertigung verspielt, das »Gelobte Land«, das »Heilige Land« zu besiedeln? Das geschichtliche Aufbauwerk des modernen Israel wäre, wie jede historische Leistung, veränderbar; nicht metaphysisch und damit absolut, sondern relativierbar. Auch deswegen kommen seit 1967 wieder mehr verunsicherte Israelis zu den Religiösen.

Die innerjüdische Relativierung des Absoluten, also des Religiösen, könnte für das jüdische Israel geradezu politisch selbstmörderisch werden, denn die Araber innerhalb und außerhalb Israels wenden sich verstärkt der islamischen Religion zu. Das verleiht ihnen Sicherheit, während die nichtreligiösen jüdischen Israelis immer unsicherer werden. Für sie wurde alles relativ, für die Araber zunehmend absolut.

Ob die Rückkehr zur alten, vielleicht sogar fundamentalistisch interpretierten jüdischen Religion die Antwort auf die neue Herausforderung ist, kann zumindest bezweifelt werden. Das jüdische Israel muß auch hier die Quadratur des Kreises finden. Ein, religiös gesehen, jüdischeres Israel würde eine jüdisch-arabische Annäherung zusätzlich erschweren, weil es jüdische Exklusivität noch mehr betonen würde.

Die von pseudo-messianischen Hoffnungen durchdrungenen Gründungsgroßväter Israels sowie ihre Kinder und Enkel fielen auch in anderen Bereichen auf den harten Boden der Wirklichkeit. In der Wirtschaft wurde das landwirtschaftliche Pionierideal (»Chalutziut«) von der industriellen Wirklichkeit überrollt, die Landwirtschaft mechanisiert, mit der industriellen Produktion verflochten und damit völlig umgestaltet. Diejenigen Kollektivsiedlungen (»Kibbutzim«) oder landwirtschaftlichen Genossenschaften (»Moschawim«), die den Anschluß verpaßten, kämpfen ums Überleben, und das sozialistische Genossendasein fasziniert ohnehin weit weniger als der materielle Genuß.

Auch andere Abstriche hat man hingenommen: Die einst verpönte Lohnarbeit ist sogar in den Kibbutzim längst zur Regel, »jüdische Arbeit« (»Awoda Iwrith«) oft durch arabische oder seit 1996 aus Übersee importierte Lohnarbeit ersetzt worden.

Die arabischen Lohnarbeiter kommen aus den besetzten Gebieten. Auf diese Weise verletzt man gleich zwei Ideale der Gründungsgroßväter: »jüdische Arbeit« und »Wehrhaftigkeit ohne moralische Beschmutzung«, und durch die Anwerbung überseeischer Lohnarbeiter wird der einst erhoffte jüdische Nationalstaat multi-national.

Das Ideal der »jüdischen Arbeit« klingt neudeutschen Ohren geradezu rassistisch. So war es nie gemeint. Vielmehr strebten die Staatsgründer auch in der Wirtschaft einen »neuen jüdischen Menschen« an. In der Diaspora durfte der Jude lange keine Landwirtschaft betreiben, nicht von seiner eigenen Hände Arbeit leben. Der blasse, durchgeistigte, doch körperlich schwache und wehrlose Jude sollte durch körperliche Arbeit im Jüdischen Staat gesunden. Er sollte die zum Leben notwendigen Produkte in allen Stufen ohne Arbeitsteilung und »Entfremdung« selber herstellen, andere nicht durch Lohnarbeit »ausbeuten«.

Auch in der »realen Utopie« des Zionismus und Israels erwies sich im Alltag die Realität stärker als die Utopie. Der Jüdische Staat ist ein Staat wie viele andere – mit bewundernswerten Leistungen *und* Fehlschlägen. Das ist im allgemeinen Wert- und Weltmaßstab weder eine Schande noch eine Bankrotterklärung, sondern eher angesichts der enormen Probleme und Aufgaben Israels ein hervorragendes Reifezeugnis. An den Wertmaßstäben gläubiger Juden gemessen, ist es freilich ein Armutszeugnis, denn das »auserwählte Volk« darf sich nicht damit begnügen, »wie alle anderen Völker« zu sein. Die Auserwähltheit ist nicht Belohnung und Auszeichnung, sondern Verpflichtung. Ein jüdischer Staat muß messianische Erwartungen nicht nur wecken, sondern erfüllen.

Wir wollten zeigen, daß der Zionismus und der Staat Israel die messianischen Hoffnungen von der Heilsgeschichte in die weltlich-reale Geschichte zu übertragen versuchten.

In Anlehnung an Gerschom Scholem sprachen wir von einem »Pseudo-Messianismus«. Damit waren allerdings Enttäuschungen programmiert. An dieser Enttäuschung leidet Israel am meisten. Das bedrückt auch seine Freunde, und so mancher enttäuschte Freund wurde zum Kritiker. Ich meine, alle sollten realistischer werden und sich nicht länger an pseudo-messianische Hoffnungen klammern. Sie könnten dann die Erwartungen den Möglichkeiten anpassen. Der Verzicht auf die nur für die eigene Seite beste Lösung dürfte die Wahl der zweitbesten erleichtern. Das gilt natürlich auch für die Palästinenser.

»Das Ende der Geschichte« hatte uns allen ein Politikwissenschaftler aus den USA nach dem Zusammenbruch des Kommunismus vorausgesagt. »Die deutsche Geschichte geht weiter«, so eine Binsenweisheit als Buchtitel Richard von Weizsäckers. Wie jede andere, geht auch die israelische weiter. Art und Inhalt des Fortgangs sind ungewiß. Im wörtlichen Sinne müssen wir mit »radikalen« Veränderungen rechnen, sie werden bis »an die Wurzeln« des jüdischen Gemeinwesens reichen; innerjüdisch und jüdisch-arabisch. Israels Geschichte bleibt spannend, und Israels Juden bleiben – zumindest in Deutschland und Europa – einstweilen die ungeliebten Juden. Natürlich können und sollen auch Deutsche Israel punktuell kritisieren, ohne in »Antisemitismusverdacht« zu geraten, doch mehr Verständnis für Israels existentielle Sorgen und Probleme wären sowohl geschichts- als auch tagespolitisch angebracht. Die politische Klasse dieses Landes, Regierung und Opposition, handeln diesem Grundsatz entsprechend, die Gesellschaft nicht.

Anmerkungen

I. Gründungsmythen und Weichenstellungen
Die Gegenwärtigkeit und Zukunft
der Vergangenheit

[1] Zitiert aus Jossi Melmann, Haaretz, 20. 4. 1997.

[2] Ebd.

[3] Ebd.

[4] Zitiert aus Dor Arazi: Itzhak Rabin – Held von Krieg und Frieden, Freiburg/Br.: Herder, 3. Auflage 1996, S. 63.

[5] Encyclopedia Hebraica, Band 6, »Eretz Israel«, 1970, S. 586 f.

[6] Israel 50, hrsg. von Jehuda Schiff u. a., Tel Aviv: Maariv 1997, Juli 1948.

[7] Benny Morris: Israel's Secret Wars, London: Hamish Hamilton 1991, S. 53 f.

[8] Yitzhak Rabin: The Rabin Memoirs, Jerusalem u. a.: Steimatzky's 1979, S. 16.

[9] Michael Wolffsohn: Meine Juden – Eure Juden, München – Zürich: Piper 1997, S. 173 ff.

[10] Moshe Zimmermann: Wende in Israel. Zwischen Nation und Religion, Berlin: Aufbau Taschenbuchverlag 1996, besonders S. 83 ff.

[11] Umfrage bei Lehramtskandidaten israelischer Lehrerseminare, zitiert aus Moshe Zimmermann, a.a.O., S. 92.

[12] Memorandum des Leiters der Nahostabteilung im State Department (Henderson) an Außenminister Marshall, 10. 11. 1947, Foreign Relations of the United States (FRUS), 1947, Band V, Washington: Government Printing Office 1971, S. 1249.

[13] FRUS, 1947, Band V, S. 1300.

[14] Lovett an US-Generalkonsul in Jerusalem, 20. 12. 1947, FRUS, 1947, Band V, S. 1317.

[15] The Forrestal Diaries, hrsg. von Walter Mills, New York: The Wiking Press 1951, S. 360; auch FRUS, 1948, Band V, Teil 2, Washington: Government Printing Office 1976, S. 554.

[16] Israel's Foreign Relations, Selected Documents, 1947–1974, Band I, Jerusalem: Ministry for Foreign Relations 1976, S. 111 f.

[17] Vgl. Dokumente in: Israel's Foreign Relations, a.a.O., S. 112 ff.

[18] Tom Bower: About Britain and the Nazi Gold, International Herald Tribune, 13. 5. 1997.

[19] Vgl. International Herald Tribune, 8. 5. 1997; Frankfurter Allgemeine Zeitung, 9. 5. 1997, und David E. Sanger: Voices From 1946 Echo in the Debate on Swiss Gold, International Herald Tribune, 10. 5. 1997, S. 1 und 5.

[20] Schalom Ben-Chorin, Als Gott schwieg. Ein jüdisches Credo, Mainz: Matthias-Grünewald-Verlag 1986.

[21] Jüdische Theologie im 20. Jahrhundert, hrsg. von Schalom Ben-Chorin und Verena Lenzen, Reihe »Lust an der Erkenntnis«, München–Zürich: Serie Piper 1988.

[22] Verena Lenzen: Jüdisches Leben und Sterben im Namen Gottes, München–Zürich: Piper 1995.

[23] Sammi Sokol, Haaretz, 30. 5. 1997.

[24] Leitartikel Nathan Seew Grossmann, Chefredakteur der Zeitung »Jated Neeman« (der Partei und Anhänger Rabbiner Schachs), 13. 6. 1997.

[25] Ebd.

[26] Benjamin Harshav: Hebräisch. Sprache in Zeiten der Jüdischen Revolution, Frankfurt am Main: Jüdischer Verlag 1995.

[27] Vgl. dazu Michael Wolffsohn: Wem gehört das Heilige Land?, München: edition ferency bei Bruckmann 1997, S. 36 ff.

II. Klein-Israel: 1948 bis 1967

[28] Außenminister Scharett auf der Sitzung der Abteilungsleiter im Außenministerium, Tel Aviv, 25. 5. 1949, Documents on the Foreign Policy of Israel, Band 4 (Mai–Dezember 1949), hrsg. von Yemima Rosenthal, Jerusalem: Israel State Archives 1986, S. 66 ff.

[29] Vgl. diverse Dokumente in Documents on the Foreign Policy of Israel, Band 4.

[30] Auch das beweisen die bislang veröffentlichten israelischen Dokumente eindeutig, vgl. Documents on the Foreign Policy of

Israel. Bis 1997 wurden die Dokumente bis 1953 veröffentlicht. Unveröffentlichtes habe ich, wie alle Forscher, im Israelischen Staatsarchiv bis einschließlich 1966 auswerten können. Auch in Israel gilt in der Regel eine Sperrfrist von dreißig Jahren.

31 Vgl. zum Vorschlag Ägyptens Botschafter Abba Eban an Außenminister Scharett, Genf, 28. 2. 1950, Documents, Band 5, S. 155.

32 Vgl. zu den Gesprächen mit beiden Staaten Reuven Shiloah an Walter Eytan, New York, 2. 11. 1950, Documents on the Foreign Policy of Israel, Band 5, 1950, hrsg. von Yehoshua Freundlich, Jerusalem: Israel State Archives 1988, S. 615 f., und Außenminister Sharett (bzw. Scharett) an Walter Eytan, New York, 24. 11. 1950, a.a.O., S. 673f. sowie zahlreiche andere Dokumente in diesem Band.

33 Bestens dokumentiert ist die Auseinandersetzung in Documents on the Foreign Policy of Israel, Band 6, 1951, hrsg. von Yemima Rosenthal, Jerusalem: Israel State Archives 1991.

34 Außenminister Scharett an Premier Ben-Gurion, Tel Aviv, 16. 4. 1951, Documents, Band 6, S. 249 f.

35 Ebd., S. XVI mit Hinweisen auf die diversen Quellen dazu.

36 Vgl. Documents on the Foreign Policy of Israel, Band 7, 1952, hrsg. von Yehoshua Freundlich, Jerusalem: Israel State Archives 1992.

37 Vgl. S. Divon an R. Shiloah, Paris, 22. 10. 1952, ebd., S. 587.

38 Zusammengefaßt von Serge Schmemann, General Dayan Speaks From the Grave, International Herald Tribune, 12. 5. 1997.

39 Ebd.

40 Ebd.

41 Vgl. Documents, Band 7, 1952.

42 Documents on the Foreign Policy of Israel, Band 8, 1953, hrsg. von Yemima Rosenthal, Jerusalem: Israel State Archives 1995, S. 174 ff.

43 Elijahu Sasson an M. Scharett, Rom, 24. 3. 1953, ebd., S. 244 f. Besonders die Besprechung zwischen Premier Ben-Gurion, Außenminister Scharett und dem Generalstabschef Mordechai Makleff, 27. 3. 1953, ebd., S. 252 ff. Auch im Zentralkomitee der Mapai-Mehrheitspartei stieß Eban am 28. 3. 1953 auf Ablehnung (Documents, Band 8, Ergänzungsband, S. XIV).

[44] Elijahu Elath an Außenministerium, 17. 3. 1953, ebd., S. 228 ff.

[45] Scharett an Eban, Tel Aviv, 15. 3. 1953, ebd., S. 224 f.

[46] M. Scharett an W. Eytan, New York, 11. 4. 1953, ebd., S. 282 ff.
Scharett an Ben-Gurion, Buenos Aires, 17. 4. 1953, S. 294 ff.

[47] Vgl. ebd., S. 358–390.

[48] Vgl. ebd., S. 437 f.

[49] Vgl. Avner Cohen: Cairo, Dimona, and the June 1967 War, in: Middle East Journal, Band 50, Heft 2, S. 190–210.

[50] Avi Shlaim: Collusion Across the Jordan: King Abdullah, the Zionist Movement and the Partition of Palestine, New York: Columbia University Press 1988. Avi Shlaim wird neuerdings vorgeworfen, die entsprechenden Quellen bestenfalls schlampig, eigentlich falsch und absichtlich verzerrend interpretiert zu haben (vgl. Efraim Karsh: Fabricating Israeli History. The ›New Historians‹, London: Frank Cass 1997. Ein aufschlußreiches, ergänzendes Interview in Haaretz-Magazin, 2. 5. 1997.)

[51] Karsh, Fabricating Israeli History.

[52] Documents Fabricating Israeli History, Band 4.

[53] Documents on the Foreign Policy of Israel, 1950 und 1951.

[54] Documents, Band 4, Dokument Nr. 42, J. G. McDonald an Ben-Gurion, Tel Aviv, 29. 5. 1949, ebd., S. 75 ff.

[55] Vgl. für die Interna stets die Documents, Band 4, Außenminister M. Scharett an Botschafter Elijahu Elath (Washington, DC), Tel Aviv, 21. 7. 1949, S. 237 f., und Elath an Scharett, Washington, DC, 28. 7. 1949, ebd., S. 262 f.

[56] Documents, Band 8, 1953, allerdings kein Wortprotokoll. Die ersten Wortprotokolle von israelischen Kabinettssitzungen wurden erst 1996/97 freigegeben. Hieraus zitiert Jossi Melman, Haaretz, 18. 4. 1997, über jene Ministerrunde.

[57] Vgl. Documents, Band 8, 1953, Oktober.

[58] Vgl. ausführlich ebd., 1953, S. 769 ff.

[59] Bulganin an Ben-Gurion, 5. 11. 1956, in: Israel's Foreign Relations. Selected Documents, 1947–1974, Band I, Jerusalem: Ministry for Foreign Relations 1976, S. 557.

[60] Ben-Gurion an Bulganin, 8. 11. 1956, Documents, a.a.O., S. 559.

[61] Interview mit Meir Amit, Haaretz, 30. 5. 1997.

62 Vgl. den ausführlichen und detaillierten Artikel des stets bestens informierten Militärkorrespondenten der israelischen Tageszeitung »Haaretz«, 6. 6. 1997.

63 Zu Dajans Unwillen, Ost-Jerusalem zu erobern, vgl. das Interview des damaligen Befehlshabers des Abschnittes Mitte, General Uzi Narkiss, Nachrichten der »Stimme Israels«, 10. 6. 1997, 13 Uhr MESZ.

64 Michael Wolffsohn: Die Deutschland-Akte. Deutsche und Juden in Ost und West. Tatsachen und Legenden, München: edition ferenczy bei Bruckmann, 3. Auflage 1997 (Erstausgabe 1995).

65 Rede Breschnews vor dem Plenum des ZK der KPdSU, 20. 6. 1967, Stiftung Archiv der Parteien und Massenorganisationen der DDR im Bundesarchiv (SAPMO-BA = ehemaliges Parteiarchiv der SED), IV 2/1/362.

66 SED-Politbüro, Protokoll 7/67 vom 7. 6. 1967, BAB, J, IV, 2/21117.

67 Dazu Michael Wolffsohn/Douglas Bokovoy: Israel. Geschichte, Politik, Gesellschaft, Wirtschaft, Opladen: Leske & Budrich, 5. Auflage 1996, besonders Seite 161 ff.

68 Schachar Ilan, Haaretz, 24. 4. 1997.

69 Daten in Wolffsohn/Bokovoy: Israel, Teil B/VI/2.

70 George Lenczowski: The Middle East in World Affairs, Ithaca, NY, und London: Cornell University Press, 4. Auflage 1980, S. 277.

71 Vgl. dazu Moshe Gat: The Jewish Exodus from Iraq 1948–1951, London: Frank Cass 1997.

72 Lenczowski, The Middle East, S. 277.

73 Vgl. Mordechai Pen-Porat: Nach Bagdad und zurück. Die Geschichte der Aktion Ezra und Nechemija, (hebräisch), Tel Aviv: Maariv-Verlag 1997, besonders S. 147.

74 Vgl. ebd., S. 135.

75 Ebd.

76 Erst im Juli 1997 erfuhr die Öffentlichkeit über diese Beschlagnahmung der Pässe (Rali Saar, Haaretz, 7. 7. 1997).

77 Nach Freigabe der Kabinettsprotokolle veröffentlicht von Jossi Melmann, Haaretz, 27. 4. 1997.

78 Haaretz, 2. 8. 1983.

[79] Vgl. ausführlich dazu Michael Wolffsohn: Spanien, Deutschland und die ›Jüdische Weltmacht‹. Über Moral, Realpolitik und Vergangenheitsbewältigung, München: C. Bertelsmann 1991, Kapitel 8 und 9. Siehe auch Agnès Bensimon: Hassan II et les juifs. Histoire d'une émigration secrète, Paris: Editions du Seuil 1991.

[80] Sehr wichtig, wenngleich natürlich umstritten sind Ilan Pappé: The Making of the Arab-Israeli Conflict 1947–51, London–New York: I.B. Tauris 1992, besonders Kapitel 3, und Benny Morris: The Birth of the Palestinian Refugee Problem, 1947–1949, Cambridge University Press 1990. Zwei israelische Klassiker der israelischen »Abweichler« beziehungsweise »Revisionisten«.

[81] Daten in Wolffsohn/Bokovoy: Israel, S. 314 ff.

[82] Ausführlich und mit weiterführender Literatur vgl. Michael Wolffsohn: Politik in Israel, Opladen: Leske & Budrich 1983, S. 425 ff.

[83] Zitiert aus Wolffsohn: Politik in Israel, S. 427 mit Quellenangabe.

[84] Wolffsohn/Bokovoy: Israel, Teil C: Wirtschaft.

[85] Genaue Daten ebd.

[86] Vgl. mit Belegen Wolffsohn: Die Deutschland-Akte, Teil I.

[87] Zum Treffen Ben-Gurion/Adenauer, auch zu den Waffenlieferungen Yeshayahu A. Jelinek/Rainer A. Blasius: Ben-Gurion und Adenauer im Waldorf Astoria, in: Vierteljahreshefte für Zeitgeschichte, 1997, S. 309–329 mit zahlreichen bibliographischen und dokumentarischen Angaben. Vgl. die Kurzfassung von Rainer A. Blasius in: Das Parlament, 9. 5. 1997, S. 17.

[88] Vgl. dazu Wolffsohn: Die Deutschland-Akte, S. 249 ff.

[89] Jelinek/Blasius, Ben-Gurion und Adenauer.

[90] Ebd., S. 315.

[91] Genaue Daten in Wolffsohn/Bokovoy: Israel, Teil C: Wirtschaft.

[92] Zitiert aus Wolffsohn: Politik in Israel, S. 78. Dort auch Quellenbelege und weiterführende Literatur.

[93] Lorenz Niegel, Mitglied des Deutschen Bundestages, CSU, 13. 12. 1986, Referat vor dem ost- und deutschlandpolitischen Seminar der Oberschlesischen Jugend, zitiert aus der Pressemitteilung seines Büros. Vgl. auch Frankfurter Allgemeine Zeitung, 15. 12. 1986, S. 1.

[94] L. Niegel an den Vizepräsidenten des Deutschen Bundestages, Heinz Westphal (SPD), 24. 2. 1987.

[95] Zitiert aus Michael Bar-Zohar: Ben-Gurion, gekürzte englische Ausgabe, London, Weidenfeld and Nicolson 1978, S. 202.

[96] Ebd., S. 316.

[97] Ebd., S. 277.

[98] Ebd., S. 278.

[99] Zitiert aus ebd., S. 17.

[100] Zitiert aus ebd., S. 91.

[101] Vgl. zum Wendepunkt im Sommer 1929, ebd., S. 81.

[102] Zitiert aus ebd., S. 91.

[103] Zitiert aus ebd., S. 197

[104] Michael Bar-Zohar, Ben-Gurion, vollständige, ungekürzte, hebräische Ausgabe, Tel Aviv, Am Oved 1977, Bd. 3, S. 923, und Itzhak Gilead, Public Opinion in Israel on Relations between the State of Israel and West Germany in the Years 1949–1965, unveröffentlichte Dissertation, Universität Tel Aviv 1984, S. 63; vgl. Haaretz, Davar, Maariv (hebräische Tageszeitungen) am 9. 1. 1952.

[105] Vgl. Michael Wolffsohn: Das deutsch-israelische Wiedergutmachungsabkommen von 1952 im internationalen Zusammenhang, in: Vierteljahreshefte für Zeitgeschichte, Heft 4, 1988, besonders S. 728.

[106] Haaretz, 20. 2. 1957.

[107] Rede Ben-Gurions vor der Knesset, 1. 7. 1959, Divre Haknesset (= Protokolle der Knessetsitzungen), 663. Sitzung, S. 2403 bis 2410.

[108] Interview mit der »Deutschen Zeitung und Wirtschaftszeitung«, abgedruckt in: Deutschlands Weg nach Israel, hrsg. von Rolf Vogel, Stuttgart, Seewald Verlag 1967, S. 148.

[109] Ebd., S. 149.

[110] Ben-Gurion vor der Knesset, 24. 12. 1957, Divre Haknesset, 380. Sitzung, S. 482–486.

[111] Die neueste und beste Biographie stammt von Gabriel Sheffer: Sharett. Biography of a Political Moderate, Oxford University Press 1996.

III. Groß-Israel: 1967 bis 1996

[112] Amir Oren, Haaretz, 23. 5. 1997.

[113] Vgl. das Wortprotokoll (Tonbandaufzeichnung) der Stasivernehmung von Udo Albrecht, dem bundesdeutschen Rechtsextremisten, Berlin, 3. 8. 1981 (im Besitz des Autors).

[114] Vgl. Wolffsohn: Die Deutschland-Akte, Teil I.

[115] Umfragedaten hierzu bei Michael Wolffsohn: Deutsch-Israelische Beziehungen. Umfragen und Interpretationen 1952–1983, München: Bayerische Landeszentrale für politische Bildungsarbeit 1986.

[116] Für Einzelheiten vgl. ebd. und Wolffsohn/Bokovoy: Israel, S. 234 ff.

[117] Auch hierzu vgl. die obige Anmerkung.

[118] Daten dazu Wolffsohn: Deutsch-Israelische Beziehungen.

[119] Veröffentlicht von Or Kaschti, Haaretz, 27. 6. 1997.

[120] Zahlen, Daten und Fakten wollen wir hier nicht ausbreiten. Interessierte finden sie mühelos in Wolffsohn/Bokovoy: Israel.

[121] William Safire, International Herald Tribune, 3. 7. 1997.

[122] Rali Saar, Haaretz, 19. 5. 1997.

[123] Umfrage des Brokdale-Instituts, zitiert ebd.

[124] Schmuel Meiri, Haaretz, 13. 7. 1997.

[125] Ebd.

[126] Rali Saar, Haaretz, 19. 5. 1997.

[127] Dalia Schori, Haaretz, 2. 7. 1997.

[128] Nachzulesen in Wolffsohn/Bokovoy: Israel, Teil C: Wirtschaft.

[129] Vgl. ebd.

[130] Daten des Israel Institute of Applied Social Research.

[131] Umfrage Universität Haifa, Haaretz, 7. 5. 1995.

[132] Dan Margalit, Haaretz, 7. 7. 1997.

[133] Amira Hess, Haaretz, 26. 7. 1997.

[134] Dr. Juwal Dror und Liebermann, Oranim-Seminar, zitiert bei Or Kaschti, Haaretz, 13. 7. 1997.

[135] Haaretz, 13. 6. 1997.

[136] Haaretz, 24. 8. 1996.

[137] Uri Avnery, Maariv, 26. 6. 1997.

[138] Amnon Rubinstein, Haaretz, 27. 6. 1997.

[139] Insgesamt wurden 58 Staaten aufgelistet (Scharon Sadeh, Haaretz, 19. 5. 1997).

[140] Ausführlich Michael Wolffsohn: Frieden jetzt? Nahost im Umbruch, München: edition ferenczy bei Bruckmann 1994, S. 134 ff.

[141] Zu weiteren Umfragen und Reaktionen vgl. Wolffsohn: Frieden jetzt?, S. 143 ff.

[142] Von und über Mosche Dajan vgl. Robert Slater: Warrior Statesman. The Life of Moshe Dayan, New York: St. Martin's Press 1991.

[143] Begins Darstellung seiner Erfahrungen mit den Kommunisten Menachem Begin: White Nights. The Story of a Prisoner in Russia, Jerusalem: Steimatzky's 1953. Zu Begin und seiner Bewegung vgl. weiterhin Nachum Orland: Die Cherut. Analyse einer rechtsorientierten Partei, München: tuduv 1983, sowie ders.: Cherut – Gachal – Likud 1965–1977. Begins Weg zur Macht, Frankfurt am Main u. a.: Peter Lang, 3. Auflage 1994.

[144] Vgl. Begins Darstellung Menachem Begin: The Revolt, New York: Dell 1977 (Erstausgabe 1951).

[145] Vgl. dazu Friedrich Schreiber / Michael Wolffsohn: Nahost. Geschichte und Struktur des Konflikts, Opladen: Leske & Budrich, 4. Auflage 1996, S. 156 ff., auch mit weiterführender Literatur.

[146] In diesem Abschnitt halte ich mich weitgehend an das gleichnamige Kapitel in meinem Buch Frieden jetzt?, S. 97 ff.

[147] Daten bei Wolffsohn/Bokovoy: Israel, S. 86.

[148] Scharon Sadeh und Jossi Werther, Haaretz, 15. 7. 1997.

[149] Israelisches Fernsehen, 18. 7. 1997, in: Deutsche Welle, Monitordienst Nahost, 22. 7. 1997, S. 8.

[150] Jossi Werther, Haaretz, 20. 7. 1997.

[151] Vgl. Haaretz, 29. 5. 1997.

[152] Vgl. Frankfurter Allgemeine Zeitung, 23. 7. 1997.

[153] Haaretz, 17. 7. 1997, und Schlomo Schamir, Haaretz, 20. 7. 1997.

IV. Versuch einer historischen Einordnung und Bilanz

[154] Zu diesen Fragen vgl. ausführlich Michael Wolffsohn: Meine Juden – Eure Juden, München–Zürich: Piper Verlag 1997, besonders Teil I.

[155] Vgl. International Herald Tribune, 28. 7. 1997.

[156] Zu dieser grundsätzlichen Frage vgl. Wolffsohn: Wem gehört das Heilige Land?

[157] Israelischer Rundfunk, 22. 2. 1988, in: Deutsche Welle, Monitordienst Nahost, 23. 2. 1988.

Zeittafel

Um 2350 v. Chr. Ägypter kontrollieren rebellierende Stadtstaaten im (heutigen) Heiligen Land

Um 2000 Westsemitische Invasion (»Amoriter«). Stammväter als Teil dieser Invasion?

Um 1900 Die Amoriter unterliegen Ägypten

Um 1500 Kanaaniter. Erste Quellen über die »Hebräer«

14. Jahrhundert v. Chr. Die vorherrschenden Ägypter nennen die Region des (heutigen) Heiligen Landes »Kanaan«

Mitte 13. Jahrhundert v. Chr. Ägyptens Herrschaft in Kanaan geschwächt. Die »Kinder Israels« dringen ein. Landnahme der »Juden«. Zeit der »Richter«

Um 1025–1006 Königreich Sauls. Vereinigung der zwölf Stämme

990–968 König David

968–928 König Salomon. Nach seinem Tod Teilung des Reiches in »Judäa« (bestehend aus den Stämmen Judas und Benjamin) und »Israel« (die übrigen 10 Stämme)

722 Zerstörung »Israels« durch die Assyrer

586 Zerstörung Judäas und des Ersten Tempels in Jerusalem durch die Babylonier. Erste (mesopotamische) Diaspora der Juden

Um 550 besiegen die Perser die Babylonier

538 Perserkönig Kyros erlaubt den Juden die Rückkehr nach Judäa, das autonome Provinz im Perserreich wird; bis 332

515 Errichtung des Zweiten Tempels in Jerusalem

332 Eroberung durch Alexander den Großen. Nach seinem Tod zunächst Herrschaft der Ptolemäer, ab 200 der Seleukiden

167–164 Siegreiche Revolte der Hasmonäer bzw. Makkabäer

142 Neugründung eines jüdischen Königreiches durch die Hasmonäer

63 v. Chr. Der Römer Pompejus erobert den Jüdischen Staat

66–70 n. Chr. Der »Jüdische Krieg« gegen Rom. Im Jahre 70 brennt der Zweite Tempel nieder. Beginn der europäischen Diaspora der Juden. Im Jahre 73 wird auf der Festung »Massada« der letzte Widerstand der Juden gebrochen. Rom benennt das Land »Palästina«

132–135 Neuer Aufstand der Juden unter Bar-Kochba

Ab 395 Nach der Teilung des Römischen Reiches gehört »Palästina« zu Ostrom bzw. dem Byzantinischen Reich

614 Perser erobern Palästina

634 Araber erobern Palästina

969 Schiitische Fatimiden aus Ägypten erobern Palästina

1098 Türkische Seldschuken erobern Jerusalem

1099 Die Kreuzfahrer erobern Jerusalem

1187 Saladin schlägt die Kreuzfahrer bei Hattin

1250 Mongolensturm

1260 Die Mamelucken, die 1250 die Herrschaft in Ägypten übernahmen, vertreiben die Mongolen

1291 Die Mamelucken erobern Akko, die letzte Festung der Kreuzfahrer

1453 Die Türken erobern Byzanz und

1517 das Heilige Land. Bis 1917 währt die türkische Herrschaft

1882 Beginn der zionistischen Einwanderung

1897 Erster Zionistenkongreß von Theodor Herzl einberufen

1904–1914 Zweite Einwanderungswelle (»Alija«)

1917/18 Großbritannien schlägt im Ersten Weltkrieg die Türkei

1918/22 »Palästina« wird britisches Mandatsgebiet

1936–1939 Arabische Revolte gegen Zionisten und Briten

1939 Großbritannien schränkt die jüdische Einwanderung dramatisch ein

1944 Beginn der »Revolte« Begins gegen die Briten

29. 11. 1947 Die Vollversammlung der UNO beschließt die Teilung »Palästinas«in je einen jüdischen und palästinensischen Staat. Beginn des Bürgerkrieges zwischen Juden und Palästinensern, die von arabischen Nachbarstaaten unterstützt werden

14. 5. 1948 David Ben-Gurion (Mapai) verkündet die Unabhängigkeit des »Jüdischen Staates, Israel«. Er amtiert bis 1953 und dann von 1955 bis 1963

15. 5. 1948 Invasion der arabischen Staaten. Bis zum Januar 1949 dauert der erste Israelisch-Arabische Krieg

1948–1951 Jüdische Masseneinwanderung und Wirtschaftsprobleme

1956 29. 10.–5. 11. Suez-Krieg

1963 bis 1969 Levy Eschkol (Mapai) Ministerpräsident

1967 5.–10. 6., Sechstagekrieg. Israel erobert von Ägypten die Sinai-Halbinsel, den Gazastreifen, der unter ägyptischer Verwaltung stand, das von Jordanien 1948 widerrechtlich eingegliederte Westjordanland und von Syrien die Golanhöhen

1969/70 1. 3. 1969–7. 8. 1970 Abnutzungskrieg am Suezkanal

1969 bis April 1974 Golda Meir (Arbeitspartei; IAP) Ministerpräsidentin

1973 6.–26. 10., Jom-Kippur-Krieg gegen Ägypten und Syrien

Juni 1974 bis Juni 1977 Jitzchak Rabin (IAP) Ministerpräsident

1975 1. 9. erstes Entflechtungsabkommen mit Ägypten

Juni 1977 bis August 1983 Menachem Begin (Likud) Ministerpräsident

1977 19.–21. 11., Ägyptens Präsident Sadat besucht Jerusalem

1978 17. 9. Abkommen von Camp David mit Ägypten

1979 26. 3. Friedensvertrag mit Ägypten

1982 26. 4. Rückgabe der gesamten Sinai-Halbinsel an Ägypten. Ab Juni Krieg Israels gegen die PLO im Libanon

1983/84 Jitzchak Schamir (Likud) Ministerpräsident

1984–1986 Schimon Peres (IAP) Ministerpräsident

1986–1992 Jitzchak Schamir Ministerpräsident

1987 9. 12. 1987 – September 1993 Intifada (Aufstand der Palästinenser im Westjordanland und Gazastreifen gegen die israelische Herrschaft)

Juli 1992 bis November 1995 Jitzchak Rabin (IAP) Ministerpräsident

1993 16. 9. »Oslo I«-Abkommen zwischen Israel und der PLO in Washington, DC, USA, paraphiert

1994 1. 7. Jassir Arafat übernimmt die Führung der Palästinensischen Autonomie in Gaza. 26. 10. Friedensvertrag zwischen Israel und Jordanien

1995 4. 11. Israels Ministerpräsident Rabin wird wegen seiner Friedenspolitik von einem nationalreligiösen Fanatiker ermordet. Schimon Peres (IAP) wird sein Nachfolger

1996 20. 1. Arafat wird mit 88 Prozent der Stimmen zum Palästinenserpräsidenten gewählt. 29. 5. Netanjahu besiegt Rabin-Nachfolger Peres bei den Wahlen

1997 17. 1. Abkommen zwischen Israel und den Palästinensern über die Räumung Hebrons durch die Israelis. März Beginn des Baus der Siedlung »Har Homa«. Die Palästinenser setzen die Friedensgespräche aus

Ausgewählte Literatur zum Thema

Im Jubiläumsjahr 1998 erscheinen auch diese Israel-Bücher:

Doron Arazi, der israelische Journalist, veröffentlicht sein Buch *Land von Milch und Blut. 50 Jahre Abenteuer Israel* im C. Bertelsmann Verlag, München.

Anregend wie immer ist Henryk M. Broder, mit seinem Buch *Die Irren von Zion* bei Hoffmann & Campe, Hamburg.

Micha Brumlik, der Heidelberger Erziehungswissenschaftler und Grünen-Politiker, bringt *Mein Israel* heraus. Das Buch erscheint im Fischer Taschenbuch Verlag in Frankfurt am Main. Es präsentiert sehr persönliche Texte verschiedener Autoren.

Richard C. Schneider, der Münchener Journalist, hat das Buch *Israel am Wendepunkt* für den Kindler Verlag, München, geschrieben.

Friedrich Schreiber, herausragender Israel-Korrespondent der ARD von 1987 bis 1996, publiziert *Schalom Israel. Berichte aus einem friedlosen Land*, im C.H.Beck Verlag, München.

Die »erste Mentalitätsgeschichte« Israels präsentiert Yaron Ezrachi mit *Gewalt und Gewissen. Israels langer Weg in die Moderne* im Alexander Fest Verlag, Berlin.

Zur Geschichte des Zionismus empfehle ich, obwohl nicht mehr neu, die folgenden Werke:

Arthur Hertzberg, Hg.: The Zionist Idea. A Historical Analysis and Reader, Westport, Conn.: Greenwood Press 1959

Walter Laqueur: Der Weg zum Staat Israel. Geschichte des Zionismus, Wien: Europaverlag 1975

Howard M. Sachar: A History of Israel. Volume 1: From the Rise of Zionism to Our Time, Oxford: Blackwell 1977. Volume 2: From the Aftermath of the Kippur-War, ebd. 1987

Gesamtdarstellungen:

Die umfangreichste mit weiterführender Literatur ist Michael Wolff-sohn: Politik in Israel. Entwicklung und Struktur des politischen Systems, Opladen: Leske & Budrich 1983
Zahlen, Daten, Fakten sowie alles, was man schon immer über Israel wissen wollte (und noch viel mehr), findet man in: Michael Wolff-sohn / Douglas Bokovoy: Israel. Geschichte, Politik, Gesellschaft, Wirtschaft, Opladen: Leske & Budrich, 5. Auflage 1996

Zur israelischen Gesellschaft:

Samuel N. Eisenstadt: Die Transformation der israelischen Gesell-schaft, Frankfurt am Main: Suhrkamp 1987

Zur israelischen Kultur:

Anat Feinberg: Kultur in Israel. Eine Einführung, Gerlingen: Bleicher Verlag 1993

Zum Nahostkonflikt:

Adel S. Elias: »Dieser Frieden heißt Krieg«. Israel und Palästina – die feindlichen Brüder, München: Droemer 1997. Der Nahostfach-mann des »Spiegel«.
Wolfgang G. Lerch: Brennpunkt Naher Osten, München: Koehler & Amelang 1995. Ein Buch des kenntnisreichen FAZ-Redak-teurs.
Bernard Lewis: Stern, Kreuz und Halbmond, München – Zürich: Piper Verlag 1997. Vom Großen Alten Mann der Orientwissen-schaft.
Peter Scholl-Latour: Lügen im Heiligen Land, Berlin: Siedler Verlag 1998
Bassam Tibi: Pulverfaß Nahost, Stuttgart: Deutsche Verlags-Anstalt 1997. Aus der Feder des besten Islam- und Arabienkenners in Deutschland.

Zu den deutsch-israelischen Beziehungen:

Yohanan Meroz: In schwieriger Mission. Als Botschafter Israels in
Bonn, Berlin u. a.: Ullstein 1986
Avi Primor: »Mit Ausnahme Deutschlands«. Als Botschafter Israels
in Bonn, Berlin u. a.: Ullstein 1996
Einen eher journalistischen, nicht immer gut recherchierten und vor
allem nicht durch Quellen belegten Überblick vermittelt Inge
Deutschkron: Israel und die Deutschen, erweiterte Neuauflage,
Köln: Verlag Wissenschaft und Politik 1991
Analysen, Selbstverherrlichung der politischen Akteure und harte
Diskussionen findet man in dem vom Haus der Geschichte der
Bundesrepublik Deutschland herausgegebenen Band Israel und
die Bundesrepublik Deutschland. Dreißig Jahre diplomatische Be-
ziehungen, Bonn: Argon-Verlag 1996

Bücher von Michael Wolffsohn zu verwandten Themen:

Ewige Schuld? 40 Jahre deutsch-jüdisch-israelische Beziehungen,
München–Zürich: Serie Piper, 5. Auflage 1993
(mit Friedrich Schreiber) Nahost. Geschichte und Struktur des Konflikts, Opladen: Leske & Budrich, 4. Auflage 1996
Die Deutschland-Akte. Deutsche und Juden in Ost und West. Tatsachen und Legenden, München: edition ferenczy bei Bruckmann,
3. Auflage 1997
Wem gehört das Heilige Land? Neuauflage, München: edition
ferenczy bei Bruckmann 1997
Meine Juden – Eure Juden, München–Zürich: Piper Verlag 1997

Karten und Graphiken

Register